COURS COMPLET

théorique et pratique

D'ARITHMÉTIQUE

OUVRAGES DU MÊME AUTEUR.

Solutions des exercices et problèmes du Cours complet d'arithmétique. Brochure in-12. Prix : 50 c.

Solutions raisonnées des questions et problèmes d'arithmétique et de géométrie usuelle proposés dans les examens de l'Hôtel-de-Ville et de la Sorbonne pour l'obtention des brevets de capacité. In-12 broché. Prix : 1 fr. 25 c.

Cours de Calcul de tête, ou Introduction élémentaire à l'étude de l'arithmétique, d'après la méthode de PESTALOZZI; à l'usage des mères de famille et des instituteurs, pour l'enseignement des jeunes enfants. 2e édition. Un vol. in-12 br. Prix : 2 fr.

Télémaque allemand, contenant les trois premiers livres, avec une traduction littérale sur un nouveau plan, des notes sur les racines des mots et un précis de grammaire. Un vol. in-12. Prix : 3 fr.

Plan proposé pour l'amélioration de l'éducation publique, présenté à la Chambre des députés en 1828, et renvoyé à M. le Ministre de l'instruction publique, sur le rapport de la Commission. Broch. in-8°. Prix : 1 fr.

Mémoire sur l'Instruction publique, présenté en 1832 à MM. les membres de la commission chargée de réviser la législation universitaire.

Mémoire sur cette question : *Quel est le système d'études le plus en harmonie avec les besoins de l'époque?* couronné par l'académie royale des sciences d'Arras.

Grammaire française classique. (Ouvrage épuisé.)

Programme des Cours usuels de *Physique*, de *Chimie*, d'*Astronomie* et de *Physiologie*, professés par M. Rivail au Lycée Polymatique.

Pour paraître prochainement :

Solutions raisonnées des questions de grammaire proposées dans les examens de l'Hôtel-de-Ville et de la Sorbonne pour l'obtention des brevets de capacité.

PARIS, DE L'IMPRIMERIE DE PILLET AINÉ,
Rue des Grands-Augustins, n. 7.

COURS COMPLET

Théorique et Pratique

D'ARITHMÉTIQUE

Contenant près de 3,000 exercices et problèmes gradués, de nombreux Questionnaires, un Traité complet des Poids et Mesures, la Méthode adoptée dans le Commerce pour le Calcul des intérêts et divers autres documents entièrement inédits ;

PAR H. L. D. RIVAIL,

Membre de l'Institut historique, de l'Académie royale des Sciences d'Arras, de la Société des Sciences naturelles de France, et de plusieurs autres Sociétés savantes.

Adopté pour l'enseignement des jeunes gens et des jeunes personnes dans un grand nombre d'établissements de France et de l'étranger.

QUATRIÈME ÉDITION.

Prix : 2 fr. broché.

A PARIS,

CHEZ
PILLET AINÉ, rue des Grands-Augustins, n° 7 ;
BACHELIER, quai des Grands-Augustins, n° 55 ;
MAIRE-NYON, librairie classique, quai Conti, n° 13 ;
RORET, rue Hautefeuille, n° 10 *bis*.

1847.

Les formalités voulues ayant été remplies, les contrefacteurs seront poursuivis suivant toute la rigueur des lois.

Tout Exemplaire non revêtu de la signature ci-dessous sera réputé contrefait.

INTRODUCTION.

L'ouvrage est divisé en deux parties ; la première renferme les démonstrations théoriques, et la seconde les exercices pratiques. Outre les matières ordinaires, il contient des documents que l'on ne trouve dans aucun ouvrage de ce genre, entre autres la *méthode actuellement adoptée dans le commerce et la banque pour le calcul des intérêts ; l'explication claire et précise du cours des rentes sur l'Etat et des actions ;* une table comparative des mesures dont les éléments sont puisés aux sources officielles. Cette table contient également les mesures et monnaies étrangères les plus connues et dont il est utile ou intéressant de connaître la valeur. Outre la valeur réelle et officielle, il y a souvent, pour arrondir les nombres, une valeur de convention admise par l'usage pour les transactions ordinaires ; l'indication de cette valeur, qui ne se trouve nulle part que dans cet ouvrage, est d'une utilité incontestable pour la pratique.

Les développements donnés à un grand nombre d'opérations sont également plus complets que dans beaucoup d'ouvrages élémentaires, d'un mérite du reste incontestable, mais où une trop grande brièveté nuit quelquefois à la clarté. Plusieurs parties, notamment la division et les fractions, qui offrent en général tant de difficultés aux commençants, y sont traitées de manière à en rendre les abstractions en quelque sorte palpables. L'ouvrage contient en outre un grand nombre de notes et d'observations sur les moyens de mettre les démonstrations à la portée de toutes les intelligences. Chaque chapitre est suivi d'un *résumé théorique* qui rappelle en peu de mots, d'une manière concise et pourtant complète, les principes des opérations dont on vient de voir les développements. Ces principes, ainsi réduits à leur plus simple expression, après avoir été compris, et dégagés de tous les accessoires de la démonstration, aident la mémoire, et fournissent aux élèves qui subissent des examens l'énoncé simple et clair qu'ils doivent donner dans leurs réponses.

La seconde partie a également été l'objet d'une attention toute spéciale dans le choix, la nature et la gradation des exercices et des problèmes. Les exercices sur les éléments de certaines opérations ont été multiplés plus qu'ils ne le sont généralement dans les recueils de ce genre, et disposés de manière à présenter toutes les variétés de combinaisons de chiffres qui peuvent embarrasser dans la pratique, en même temps qu'ils offrent une gradation tout-à-fait insensible. A l'égard des problèmes, au lieu de ces questions inusitées dans lesquelles on s'attache souvent à grouper des difficultés choisies à plaisir, qui fatiguent l'élève sans utilité, ils sont, autant que possible, puisés dans l'ordre des opérations et des besoins journaliers. Tout, en un mot, dans l'ouvrage est combiné de manière à donner, à côté d'une instruction sérieuse très-raisonnée, les connaissances usuelles qui seules peuvent rendre cette instruction utile, et à éviter le constraste fort ordinaire d'élèves qui sont en état de résoudre des problèmes très-compliqués, et qui sont embarrassés pour le compte pratique le plus vulgaire.

Une des qualités essentielles de tout ouvrage destiné à l'enseignement, c'est la clarté; et l'arithmétique, plus que toute autre science, a besoin de cette qualité, d'abord parce que, en général, elle s'adresse à des intelligences encore neuves, pour lesquelles un langage trop abstrait serait inintelligible, et en second lieu, parce que, si l'élève ne se rend pas compte de ce qu'il fait, s'il n'y voit pas clair dans ses opérations, en un mot, s'il n'apprend que par routine, il oublie souvent plus vite qu'il n'a appris. Rendre cette science accessible à un plus grand nombre et par conséquent plus profitable, tel a été le but que je me suis proposé, soit dans cet ouvrage, soit dans le *Cours de Calcul de tête* qui en est comme l'introduction. Les améliorations importantes qui y ont été introduites me font espérer que la faveur dont il a joui, malgré les imperfections des premières éditions, ne pourra que s'accroître. Si quelque chose pouvait me faire croire, sinon que j'ai atteint ce but, du moins que j'ai marché dans cette voie, ce serait la faveur avec laquelle il a été accueilli, et le suffrage d'hommes éminemment compétents ; de ce nombre je me fais un devoir de citer feu M. *Ampère*, de l'Académie royale des Sciences, à la bienveillance duquel j'ai dû de précieux avis, et qui l'a souvent recommandé comme une préparation très-utile pour l'intelligence d'ouvrages spéciaux d'une plus haute portée scientifique, tels que ceux de *Bourdon*, *Lacroix*, etc., avec lesquels je n'ai pas la prétention d'entrer en concurrence, heureux seulement si le mien peut mettre les élèves destinés à de plus hautes études mathématiques, à même de mieux apprécier tout le mérite des leurs.

Cet ouvrage, honoré de la souscription de S. A. R. Mme la duchesse d'Orléans, a été mis au nombre de ceux qui sont destinés à être spécialement consultés pour l'éducation de LL. AA. RR. Mgr le comte de Paris et Mgr le duc de Chartres.

Les solutions des exercices contenus dans la seconde partie forment une petite brochure à l'usage de MM. les professeurs. Elles ne doivent pas être confondues avec les SOLUTIONS RAISONNÉES *des Questions et Problèmes d'Arithmétique et de Géométrie usuelle proposés dans les examens de l'Hôtel-de-Ville et de la Sorbonne, pour l'obtention des brevets de capacité*. Ce dernier ouvrage manquait entièrement ; aussi le succès rapide qu'il a obtenu dès son apparition est le meilleur témoignage qu'on puisse rendre de son utilité. On peut le regarder comme le complément de tout traité d'arithmétique, et le résumé le plus complet de la science. Les solutions théoriques y sont exemptes de tout esprit systématique, et tiennent les candidats au courant des doctrines préférées dans les examens. Il sera en outre étudié avec fruit par tous les élèves déjà un peu avancés qui voudront résumer leurs connaissances avec précision et clarté, quel que soit l'auteur qu'ils auront étudié.

ERRATA.

Page 191, ligne 10.—Au lieu de 50000 fr., lisez 4000 fr.
Page 296, problème 43. — Au lieu de 24 pièces, lisez 20 pièces.

COURS

Théorique et Pratique

D'ARITHMÉTIQUE.

PREMIÈRE PARTIE.

THÉORIE.

CHAPITRE PREMIER.

SYSTÈME DE NUMÉRATION.

§ I. De l'Unité.

1. — Lorsqu'on dit qu'une salle a dix mètres de longueur, on compare la longueur de cette salle à une quantité qui est le *mètre*.

On appelle *quantité* tout ce qui est susceptible d'augmentation ou de diminution; ainsi tout objet quelconque est une quantité; un an, un jour, une heure, un mètre, un litre, un franc, sont des quantités.

Lorsqu'on dit qu'un objet pèse dix livres, le terme de comparaison est *la livre*, parce que l'on compare l'objet pesé avec la livre. Dans ces autres expressions : une armée composée de vingt *bataillons*, une ville de trente mille *habitants*, une promenade de six *heures*, les termes de comparaison sont *un bataillon*, *un habitant*, *une heure*.

La quantité que l'on compare et celle à laquelle on la compare ne peuvent être d'espèces différentes ; on ne pourrait comparer la longueur d'une salle avec l'unité qui sert à peser.

D'après cela, on définit ainsi l'unité :

L'unité est une quantité que l'on prend pour terme de comparaison de toutes les quantités de même nature. (Définition de Bezout.) (*).

§ II. Des Nombres.

2. — *Un nombre est une certaine quantité d'unités.*

Lorsqu'on dit, par exemple, *vingt hommes*, la réunion de vingt unités d'hommes forme le nombre de *vingt* hommes.

3. — Le plus petit nombre est nécessairement *un*, puisque c'est l'unité ; quant au plus grand nombre possible, on conçoit qu'il est indéterminé; parce que, quelque grand qu'il soit, on peut toujours supposer qu'on y ajoute de nouvelles unités.

4. — Combiner les différents nombres pour trouver les comptes dont on a besoin, s'appelle *calculer* (**) ; la science des *nombres* s'appelle *arithmétique* (***).

§ III. Différentes espèces de nombres.

5. — Quand on dit simplement *vingt*, ce nombre peut s'appliquer à tout ce que l'on veut, parce que l'espèce

---

(*) Pour des enfants trop jeunes ou d'une intelligence arriérée, cette définition serait trop abstraite. On peut se contenter de leur dire que l'unité est *un; un objet quelconque.*

(**) *Calcul* signifie aussi *petit caillou*. La science des comptes a été appelée *calcul*, parce que, dans l'origine, et avant l'invention des chiffres, les hommes comptaient avec des objets sensibles, et se sont probablement d'abord servis de petits cailloux.

(***) Du latin *arithmetica*, formé du grec *arithmos*, qui signifie *nombre*.

de l'unité n'est pas déterminée ; cela pourrait être *vingt francs, vingt mètres, vingt hommes*, etc. ; c'est ce qu'on appelle un nombre *abstrait*. Quand l'espèce des unités est déterminée, comme dans *vingt francs*, c'est un nombre *concret*.

Ainsi, un nombre *abstrait* est celui dont l'espèce des unités n'est pas déterminée, comme *vingt* ; un nombre *concret* est celui dont l'espèce des unités est déterminée, comme *vingt francs*.

6. — Un nombre qui renferme plusieurs espèces d'unités qui sont des divisions les unes des autres, comme HUIT *jours*, CINQ *heures*, VINGT-CINQ *minutes et* TRENTE *secondes* s'appelle NOMBRE COMPLEXE.

7. — Une quantité qui ne renferme qu'une partie d'une unité, comme *une demie, un tiers, un quart*, etc., s'appelle une *fraction*.

Un nombre qui renferme des unités et des parties d'unités, comme *deux et demi, quatre et un tiers*, s'appelle *nombre fractionnaire*.

Par opposition, celui qui ne renferme que des unités s'appelle *nombre entier*. On désigne souvent aussi les unités sous le nom d'*entiers*.

§ IV. De la Numération parlée.

8. — La *numération* est la manière d'exprimer et de représenter les nombres.

Si l'on avait un nom particulier pour chaque nombre, la mémoire ne pourrait y suffire, puisqu'il en faudrait une quantité illimitée ; c'est pourquoi on a cherché à les exprimer tous au moyen d'un petit nombre de mots combinés entre eux. Tel est le but de ce qu'on appelle *système de numération*.

9. — En examinant la suite des nombres, depuis *un* jusqu'à *cent*, on peut remarquer qu'ils sont divisés en séries de dix en dix unités.

Une collection de dix unités s'appelle une *dizaine*.

Chacune de ces dizaines porte un nom particulier.

La première dizaine se compose des dix premiers nombres : *un, deux, trois, quatre, cinq, six, sept, huit, neuf* et *dix*.

La seconde dizaine se compose de la première dizaine, à laquelle on ajoute successivement chacun des premiers nombres ; ainsi l'on a : *dix-un* ou *onze, dix-deux* ou *douze, dix-trois* ou *treize, dix-quatre* ou *quatorze, dix-cinq* ou *quinze, dix-six* ou *seize, dix-sept, dix-huit, dix-neuf*, et enfin *dix* plus *dix* ou *vingt*.

A la seconde dizaine ou *vingt* on ajoute de même chacun des dix premiers nombres, et l'on a : *vingt-un, vingt-deux, vingt-trois, vingt-quatre, vingt-cinq, vingt-six, vingt-sept, vingt-huit, vingt-neuf*, et enfin *vingt* plus *dix* ou *trente*.

A la troisième dizaine ou *trente* on ajoute de même chacun des dix premiers nombres jusqu'à *trente* plus *dix* ou *quarante*, et ainsi de suite. La cinquième dizaine s'appelle *cinquante*, la sixième *soixante*, la septième *septante* ou *soixante-dix*, la huitième *huitante* ou *quatre-vingts*, la neuvième *nonante* ou *quatre-vingt-dix*, enfin la dixième s'appelle *cent*.

Une collection de cent unités s'appelle une *centaine*.

Remarque. A l'exception du mot *vingt*, le nom de chaque dizaine indique le rang qu'elle occupe parmi les autres ; ainsi : *trente* indique la troisième dizaine, *quarante* la quatrième, *cinquante* la cinquième, *soixante* la sixième, *septante* la septième, *huitante* la huitième, *nonante* la neuvième.

Les expressions *septante*, *huitante* et *nonante* sont infiniment plus naturelles que celles de *soixante-dix*, *quatre-vingts* et *quatre-vingt-dix* ; ces dernières détruisent l'uniformité de ce système, et dans beaucoup d'endroits les premières sont encore usitées ; mais l'usage ayant consacré les autres, il faut les adopter. L'expression *quatre-vingts* vient d'une ancienne habitude de compter par *vingtaines* encore usitée dans quelques-unes de nos campagnes, où l'on dit : *deux vingts*, *trois vingts*, *quatre-vingts*, *cinq vingts* et *six vingts* (*).

(*) C'est de là que vient le nom de *Quinze-Vingts* donné à l'hos-

Si l'on examine la manière dont on a formé les nombres qui suivent *cent*, on observera qu'à la première centaine on ajoute successivement chacun des cent premiers nombres. On a donc *cent-un, cent-deux, cent-trois*, etc., jusqu'à cent plus cent ou *deux cents* pour la seconde centaine ; à cette seconde centaine on ajoute de même les cent premiers nombres, et enfin à chaque centaine on ajoute une nouvelle centaine, jusqu'à ce qu'on en ait dix, ce qui forme un *mille*. On a donc : *deux cent-un, deux cent-deux, deux cent-trois*, etc. ; *quatre cent-un, quatre cent-deux, quatre cent-trois*, etc. ; *cinq cent-un, cinq cent-deux, cinq cent-trois*, etc., jusqu'à *dix cents*, que l'on appelle *mille*.

Un *mille* est une collection de mille unités.

10. — Dix unités, avons-nous dit, forment une dizaine ; dix dizaines forment une centaine ; dix centaines forment un mille. En continuant le même système, on formera de nouvelles collections de dix en dix fois plus fortes jusqu'à l'infini ; ainsi l'on aura une collection de dix mille ou une *dizaine de mille*, de dix dizaines de mille ou une *centaine de mille*, de dix centaines de mille ou un *million*, de dix millions ou une *dizaine de millions*, de dix dizaines de millions ou une *centaine de millions*, etc.

11. — Pour se former une idée exacte de cette progression, supposons qu'on place sur une table un grain de blé, ce sera une unité ; au dessous on posera un tas de dix grains, ce sera une dizaine. Sur une ligne inférieure on posera dix tas de dix grains chacun, ce sera dix dizaines ou une centaine ; sous la centaine on posera dix autres tas de cent grains, ce sera un mille ; sous ce mille on posera dix tas de mille grains, et l'on aura une dizaine de mille, etc.

Telle est cette progression décuple sur laquelle est

---

pice des aveugles fondé par Saint-Louis, parce qu'il était destiné à recevoir *quinze-vingts* ou trois cents aveugles.

basé tout le système de numération. On entend par progression décuple une augmentation successive de dix en dix fois plus forte.

12. — Lorsqu'on veut énoncer un nombre, il suffit d'indiquer le nombre des diverses collections dont il est formé, en commençant par les plus fortes. Si l'on veut exprimer un nombre composé de *deux centaines, trois dizaines* et *huit unités*, on dit : *deux cent-trente-huit.* C'est ainsi qu'on a pu exprimer tous les nombres avec un petit nombre de noms.

On voit que, par ce moyen, on évite un grand nombre de mots qu'il serait presque impossible de retenir si l'on en avait un pour chaque nombre.

Ce système a encore un autre avantage important, c'est d'indiquer au premier coup-d'œil le rang qu'un nombre occupe parmi les autres, et par conséquent sa valeur, ce qui n'aurait pas lieu avec un nom particulier.

Quant à la raison pour laquelle on a choisi cette progression décuple plutôt que toute autre, il est à présumer qu'elle vient des dix doigts, premiers instruments dont les hommes se sont servis pour compter.

Quelle que soit l'origine de ce système, on peut le regarder comme une invention admirable ; la manière dont on écrit les nombres est aussi ingénieuse que celle dont on les énonce.

§ V. Numération écrite, ou Manière d'écrire les nombres (*).

13. — La manière la plus naturelle d'écrire les nombres est de faire autant de traits que le nombre

(*) Le système de numération est la base de tout le calcul ; c'est pourquoi il importe d'en avoir une idée claire, et c'est aussi ce qui manque à la plupart des commençants. Il n'est pas rare de voir des élèves faire des divisions et même des fractions avant de savoir lire ou écrire sans faute des nombres de 3 ou 4 chiffres ; à plus forte rai-

contient d'unités; tel a dû être le moyen employé dans l'origine, moyen encore en usage chez les boulangers pour marquer sur la *taille* (*), et employé par les personnes qui ne savent pas faire les chiffres.

Mais on ne tarda pas à s'apercevoir que ce moyen était très-incommode lorsqu'on avait de grands nombres à écrire. En adoptant un signe particulier pour chaque nombre, on aurait assurément un moyen prompt de les écrire; mais la quantité innombrable de signes qu'il faudrait le rend impraticable.

14. — Au lieu d'un nombre illimité de signes, on n'en a imaginé que neuf pour représenter les neuf premiers nombres. Ces signes, qu'on appelle *chiffres*, sont : 1, 2, 3, 4, 5, 6, 7, 8, 9, auxquels on ajoute le *zéro* 0, dont nous verrons plus tard l'usage. Nous verrons également plus tard comment, avec ces neuf chiffres et le zéro, on a pu représenter tous les nombres.

Remarque. L'invention de ces chiffres est attribuée aux Arabes; c'est pour cette raison qu'on les appelle *chiffres arabes* pour les distinguer des *chiffres romains*, dont on se servait avant leur introduction. Il paraît qu'ils furent apportés en Espagne par les Maures, et delà introduits en France, sous le règne de Hugues Capet, dans le Xe siècle.

15. — On pourrait simplifier beaucoup l'écriture des nombres, si l'on avait un signe particulier pour chacune des collec-

---

son, ne savent-ils pas se rendre un compte exact de la valeur des chiffres; ils diront bien par routine que tel chiffre vaut des dizaines ou des centaines; mais c'est pour eux une abstraction; leur esprit ne conçoit pas cette différence d'une manière lucide; aussi en est-il beaucoup qui ne sauraient pas dire combien un mille contient de dizaines; souvent même ils n'ont pas de la valeur d'une dizaine ou d'une centaine une idée exacte. Si l'élève manque de cette première intuition, tous les calculs subséquents seront nécessairement routiniers; il importe donc d'insister beaucoup sur l'intelligence parfaite, claire et lucide de ce système; ce n'est que par des exercices nombreux, et surtout par l'emploi de moyens matériels, qu'on y parviendra. Les exercices préliminaires du cours de calcul de tête seront à cet effet d'un puissant secours.

(*) Petit morceau de bois sur lequel les boulangers marquent par des raies le nombre de pains vendus à une personne.

tions de *dix*, *cent*, *mille*, *dix mille*, *cent mille*, etc., unités. Ainsi, de même qu'on a des pièces de dix sous et de cent sous pour éviter d'avoir dix ou cent unités de sous, de même on pourrait avoir un signe pour représenter une dizaine, une centaine, etc. Imaginons pour un moment ces signes; nous représenterons une unité par un I, une dizaine par un X, une centaine par un C, un mille par un M, une dizaine de mille par un D.

Pour écrire de cette manière *trente-huit*, au lieu de marquer trente-huit unités, on mettra trois dizaines et huit unités, ou XXXIIIIIIII.

Pour cinq cent-trente-deux, on mettra cinq centaines, trois dizaines et deux unités, ou CCCCCXXXII.

Pour trois mille-deux cent-cinquante-neuf, on aura MMMCCXXXXXIIIIIIIII.

Remarques. 1° Ces lignes ont une valeur croissante dans une progression décuple; c'est-à-dire de dix en dix fois plus forte; ainsi, le signe X vaut dix fois autant que le signe I; le signe C vaut dix fois autant que le signe X; l'M vaut dix fois autant que le C, etc., ou autrement dit, il faut dix I pour équivaloir à un X; dix X pour équivaloir à un C; dix C pour équivaloir à un M.

2° Il suit de là que l'on n'a besoin au plus que de neuf signes de chaque espèce; puisque dix I ou dix unités sont remplacés par un X ou une dizaine; dix X ou dix dizaines sont remplacés par un C ou une centaine; de même dix centaines seront remplacées par un mille; dix mille par une dizaine de mille; dix dizaines de mille par une centaine de mille (*).

(*) Cette manière d'écrire les nombres est éminemment propre à initier parfaitement les élèves à l'intelligence du système de numération; c'est un premier mode d'abréviation, et un premier degré pour arriver à comprendre la valeur des chiffres, suivant la place qu'ils occupent. On pourra donc les exercer à lire et à écrire des nombres représentés par ces signes et par des questions analogues aux suivantes :

Par comb. de I pourrait-on rempl. un X ou XX, XXX, XXXX, etc.
Par comb. de I pourrait-on rempl. un C ou CC, CCC, CCCC, etc.
Par comb. de X pourrait-on rempl. un C ou CC, CCC, CCCC, etc.
Par combien de I, de X ou de C pourrait-on remplacer un M ou MM, MMMM, etc.

Dans le nombre CCXXXIII, combien y a-t-il de dizaines dans tout ce nombre? — Rép. : Une centaine vaut dix dizaines, deux centaines en valent vingt; plus, trois dizaines, cela fait vingt-trois.

Dans MMMMCCCCCXXXXII, combien y a-t-il d'unités, de dizai-

Quoique ce moyen soit infiniment plus commode que si l'on avait un signe pour chaque nombre, ou que si l'on écrivait un nombre par autant d'unités qu'il en contient, néanmoins il est encore trop long; nous allons chercher à le simplifier, en nous servant des neuf chiffres.

Nous avons déjà fait observer qu'on n'a jamais besoin au plus que de neuf signes de chacune des séries d'unités, de dizaines, de centaines, etc.; car, dès l'instant où il en faudrait dix, ils sont remplacés par le signe de la série immédiatement supérieure.

Si nous avons le nombre MMMMMMMMCCCCCCXXXXXIIIIIIIII, au lieu de mettre huit M, six C, cinq X et neuf I, nous pouvons ne mettre qu'un seul signe pour chaque série, et nous placerons au dessous un des neuf chiffres pour en indiquer le nombre, ce qui nous donnera $\overset{M}{8}\,\overset{C}{6}\,\overset{X}{5}\,\overset{I}{9}$, moyen encore plus abrégé.

Enfin, si l'on observe que, à partir des unités, les dizaines occupent le second rang, les centaines le troisième, les mille le quatrième, etc., on verra qu'on peut supprimer les signes I X C M, car la valeur des chiffres est indiquée par le rang qu'ils occupent; on aura donc 8659, et sachant que le 8 étant au 4e rang vaut 8 mille; que le 6 étant au 3e rang vaut 6 centaines; que le 5 vaut 5 dizaines ou cinquante, et enfin que le 9 vaut 9 unités, le nombre total s'énoncera ainsi : *huit mille-six cent-cinquante-neuf.*

Supposons maintenant que l'on ait à écrire $\overset{C}{2}\,\overset{X}{8}$; tant que les signes sont au dessus des chiffres, on connaîtra la valeur de ces derniers; mais comme il n'y a point d'unités, si l'on supprime les signes, il restera 28, et rien n'indiquera que le 8 vaut huit dizaines et le 2 deux centaines; pour leur conserver le rang qu'ils doivent avoir, on remplacera les unités par un zéro, et l'on aura 280.

16. — Il suit de là 1° que le même chiffre peut avoir différentes valeurs; 2° qu'on peut représenter tous les nombres possibles avec neuf chiffres, en donnant à chaque chiffre une valeur différente suivant le rang qu'on

---

nes, de centaines dans tout le nombre, ou autrement dit : par combien de I, de X ou de C pourrait-on représenter tout le nombre?

Nous laissons, du reste, aux professeurs le soin d'user de ce moyen comme ils le jugeront à propos, n'en faisant point une condition de rigueur.

lui fait occuper; 3° que le zéro n'a par lui-même aucune valeur, mais qu'il sert à en donner aux chiffres, en remplissant les rangs qui ne sont pas occupés par des chiffres significatifs; 4° que l'augmentation de la valeur des chiffres a lieu dans une progression décuple, en allant de droite à gauche, et qu'ils diminuent dans la même proportion, en allant de gauche à droite; qu'ainsi, le chiffre 1 vaut *un* dans le premier rang, *dix* dans le le second, *cent* dans le troisième; que le chiffre 2 vaut *deux* dans le premier rang, *vingt* dans le second, *deux cents* dans le troisième, etc; 5° que la colonne des unités occupe le premier rang à droite, la colonne des dizaines le second, celle des centaines le troisième; 6° que le plus petit nombre qu'on peut écrire dans la colonne des unités est *un*, et le plus grand *neuf;* que dans la colonne des dizaines le plus petit nombre qu'on peut y écrire est *dix*, et le plus grand *quatre-vingt-dix;* dans celle des centaines, le plus petit est *cent*, et le plus grand *neuf cents*, etc.

Tel est le système de numération en usage, et que l'on appelle *système décimal*, à cause de la progression décuple que suivent l'augmentation et la diminution de la valeur des chiffres. D'où l'on peut dire que: *Le système décimal est le système de numération, d'après lequel l'accroissement de la valeur des chiffres se fait suivant une progression décuple.*

Remarque. Si l'augmentation de la valeur des chiffres avait lieu dans une progression de douze en douze fois plus forte, le système serait appelé *duodécimal*. Dans ce cas, le 1 dans le premier rang vaudrait 1, dans le second il vaudrait *douze*, dans le troisième douze fois douze, ou *cent-quarante-quatre*.

17. — Le tableau suivant représente les différentes valeurs que peut avoir chaque chiffre jusqu'au douzième rang; on conçoit qu'on peut augmenter à l'infini les rangs sur la gauche (*).

(*) On fera remarquer à l'élève sur ce tableau les différentes valeurs de chaque chiffre: 1° en lui demandant d'énoncer toutes les valeurs que peut avoir un chiffre donné; par exemple: le 5 peut valoir

1 1 1, 1 1 1, 1 1 1, 1 1 1
2 2 2, 2 2 2, 2 2 2, 2 2 2
3 3 3, 3 3 3, 3 3 3, 3 3 3
4 4 4, 4 4 4, 4 4 4, 4 4 4
5 5 5, 5 5 5, 5 5 5, 5 5 5
6 6 6, 6 6 6, 6 6 6, 6 6 6
7 7 7, 7 7 7, 7 7 7, 7 7 7
8 8 8, 8 8 8, 8 8 8, 8 8 8
9 9 9, 9 9 9, 9 9 9, 9 9 9

§ VI. Lecture des nombres.

18. — Si l'on observe la suite des noms des divers rangs ou colonnes, on remarquera que les trois premières à droite renferment les unités, les dizaines et les centaines ; que les trois suivantes renferment les mille, les dizaines de mille et les centaines de mille ; que les trois suivantes renferment les millions, les dizaines de millions et les centaines de millions, etc. On voit, d'après cela, que ces colonnes forment des groupes de trois en trois ; ces groupes sont appelés *tranches* ou *ternaires*. Chaque tranche a un nom particulier et contient ses unités, ses dizaines et ses centaines. La première tranche à droite est dite des *unités*, la seconde celle des *mille*, la troisième celle des *millions*. Viennent ensuite celles des *billions*, des *trillions*, des *quatrillions*, etc.

---

cinq unités, *cinq dizaines* ou *cinquante*, *cinq centaines* ou *cinq cents*, *cinq mille*, *cinq dizaines de mille* ou *cinquante mille*, *etc.* ; 2° en lui montrant au hasard les chiffres du tableau, et en lui en faisant énoncer la valeur ; 3° en lui disant de montrer sur le tableau un chiffre d'une valeur déterminée ; on lui dira, par exemple, de montrer le chiffre qui vaut *six cent mille*, celui qui vaut *quatre cents*, etc. ; 4° enfin, en lui demandant par combien de I, de X, de C, de M, etc., on pourrait remplacer tel ou tel chiffre (15).

On insistera beaucoup sur tous les exercices que nous venons d'indiquer, parce qu'ils sont éminemment propres à donner une intuition parfaite du système de numération.

Tableau des tranches ou ternaires.

Billions			Millions			Mille			Unités		
c.	d.	u.	c.	d.	u.	c.	d.	u.	c.	d.	u.
3	4	5	7	2	9	3	2	1	4	5	4
			3	4	0	0	3	4	0	0	8
					5	0	2	0	2	0	0
				3	0	6	7	1	2	0	8
						1	2	1	1	0	0
			8	4	0	0	5	0	0	8	4

19. — Pour lire un nombre, on énonce chaque tranche séparément, comme si ce n'étaient que des unités simples, en commençant par la gauche, et l'on ajoute ensuite le nom de la tranche ; de sorte que pour lire un nombre, quelque grand qu'il soit, il suffit de savoir lire un nombre de trois chiffres.

Les nombres inscrits dans le tableau ci-dessus s'énonceront donc de la manière suivante, savoir :

Le premier, 345 billions, 729 millions, 321 mille, 454 unités;
Le deuxième, 340 millions, 34 mille, 8 unités;
Le troisième, 5 millions, 20 mille, 200 unités (*).

Comme habituellement les nombres ne sont point inscrits dans un tableau tracé comme ci-dessus, et que sans cela il serait difficile de voir, au premier coup-d'œil, à quel rang appartient chaque chiffre, on figure les tranches en partageant le nombre de trois en trois chiffres

(*) Il est de la plus grande importance d'habituer l'élève à lire et à écrire les nombres avec une grande facilité. Pour cela il faut multiplier les exercices sur le tableau des tranches ou ternaires; c'est le seul moyen de l'habituer à placer les chiffres convenablement, et de lui faire comprendre la nécessité des zéros. A cet effet, on aura un tableau tout tracé, dans lequel on écrira, comme ci-dessus, les nombres qu'il devra lire, et dans lequel il écrira lui-même les nombres qu'on lui dictera; petit à petit on l'habituera à se passer des colonnes tracées.

(Voir la 2e partie, exercices sur la numération.)

au moyen de virgules, de la manière suivante, en commençant par la droite : 345,729,321,454.

Il importe de partager le nombre en commençant par la droite, attendu que la dernière tranche à gauche peut ne contenir qu'*un* ou *deux* chiffres, comme dans 5,020,200 ; et que dans ce cas, on le partagerait d'une manière inexacte, et qui n'aurait pas de sens, si l'on écrivait 502,020,0.

Quand on écrit un nombre sous la dictée, on place les virgules à mesure qu'on énonce le nom des tranches.

20. — Le zéro, comme on l'a vu, sert à remplacer les rangs qui ne sont pas occupés par des chiffres significatifs. Il n'a par lui-même aucune valeur, mais il détermine celles des chiffres, en faisant connaître le rang auquel ils appartiennent; l'omission d'un seul zéro changerait entièrement la valeur d'un nombre ; ainsi, par exemple : 208 sans le zéro, qui indique que le 2 est au troisième rang, ferait 28 ; le zéro mis à la droite du 8, placerait ce dernier chiffre au second rang, et l'on aurait 280.

21. — De ce que nous avons vu, il résulte :

1° Qu'un zéro ajouté à la droite d'un nombre rend ce nombre dix fois plus grand, attendu que chaque chiffre étant reculé d'un rang, acquiert une valeur dix fois plus forte; celui qui était dans la colonne des unités passe dans celle des dixaines, celui qui était dans la colonne des dixaines passe dans celle des centaines, etc. ; si à 28 on ajoute un zéro, on aura 280, nombre dix fois plus fort.

2° Qu'en ajoutant deux zéros à la droite d'un nombre, on rend ce nombre cent fois plus grand ; parce que le chiffre qui était dans la colonne des unités passe dans celle des centaines, etc. ; si à 28 on ajoute deux zéros, on aura 2,800, nombre cent fois plus fort.

3° Que, par la raison inverse, si l'on retranche un, deux ou trois zéros de la droite d'un nombre, on rend ce nombre 10, 100 ou 1,000 fois plus petit.

4° Que des zéros ajoutés à la gauche d'un nombre

n'en changent pas la valeur, parce que les chiffres n'ont pas changé de colonnes.

§ VII. Différence entre le chiffre et le nombre. Valeur absolue et valeur relative.

22. — Le nombre est une certaine quantité d'unités; le chiffre est un signe qui sert à représenter le nombre.

Lorsqu'on prononce *huit*, par exemple, c'est un nombre que l'on énonce, et non pas un chiffre; il n'y a de chiffre que lorsqu'on écrit le signe 8, représentant ce nombre. Il suit de là que 28 n'est pas un chiffre, mais un nombre que l'on écrit avec deux chiffres.

Un caractère distinctif entre le chiffre et le nombre, c'est que la quantité des chiffres est limitée, puisqu'il n'y en a que neuf, tandis que la quantité des nombres est illimitée. Une autre propriété des chiffres, c'est qu'ils peuvent avoir différentes valeurs.

Lorsqu'un chiffre a sa valeur naturelle, c'est-à-dire, lorsqu'il est seul ou dans la colonne des unités, on dit qu'il a une valeur *absolue*. Quand il est accompagné d'autres chiffres qui lui font changer de valeur, ou autrement dit, quand sa valeur dépend du rang qu'il occupe parmi les autres, on dit qu'il a une valeur *relative*; ainsi, dans 36, le 6 a une valeur absolue, et le 3 une valeur relative.

La valeur relative d'un chiffre est toujours plus forte que sa valeur absolue.

§ VIII. Résumé théorique du système de numération.

23. — On appelle *quantité* tout ce qui est susceptible d'augmentation ou de diminution.

Une *unité* est une quantité que l'on prend pour terme de comparaison de toutes les quantités de même espèce (1).

Un *nombre* est une certaine quantité d'unités (2).

Calculer, c'est combiner les nombres de manière à trouver les comptes dont on a besoin.

L'*arithmétique* est la science des nombres (4).

Un nombre *concret* est celui dont l'espèce des unités est déterminée, comme *trente francs*.

Un nombre *abstrait* est celui dont l'espèce des unités n'est pas déterminée, comme *trente* (5).

Un nombre *complexe* est celui qui renferme plusieurs espèces d'unités, comme *dix-heures vingt-cinq minutes* (6).

Une *fraction* est une partie d'unité, comme *une demie*.

Un nombre *fractionnaire* est celui qui renferme des unités et des parties d'unité, comme *deux et demi*.

Un nombre *entier* est celui qui ne renferme que des unités (7).

Le but du système de numération est d'exprimer tous les nombres avec une petite quantité de noms, et de les représenter avec une petite quantité de signes (8).

Pour exprimer tous les nombres avec une petite quantité de noms, on a donné un nom particulier aux dix premiers nombres seulement, et l'on a formé des collections de *dix*, *cent*, *mille*, *dix mille*, *cent mille*, etc., unités, que l'on appelle *dizaines*, *centaines*, *mille*, *dizaines de mille*, *centaines de mille*, etc. (9-10).

Ces diverses collections ont une valeur croissante de dix en dix fois plus forte; c'est ce qu'on appelle progression *décuple*. Ainsi, une dizaine vaut dix unités, une centaine vaut dix dizaines ou cent unités, un mille vaut dix centaines, ou cent dizaines, ou mille unités, etc. (11).

Pour exprimer un nombre, on énonce le nombre des collections d'unités, de dizaines, de centaines, de mille, etc., dont il se compose, en commençant par les plus fortes (12).

Pour écrire tous les nombres, on se sert de neuf chiffres et d'un zéro (13-14).

On peut représenter tous les nombres avec neuf chiffres, en donnant à chaque chiffre une valeur différente suivant le rang qu'il occupe. Dans le premier rang à droite, les chiffres valent des unités simples, dans le second des dizaines, dans le troisième des centaines, etc.

Le zéro n'a par lui-même aucune valeur; mais il sert à remplacer les collections qui manquent dans le courant d'un nombre, et, par conséquent, à déterminer la valeur des chiffres significatifs (16).

Pour lire facilement un nombre, il faut le partager par des virgules en tranches de trois en trois chiffres, en commençant par la droite. Ces tranches s'appellent aussi *ternaires*; elles doivent toutes contenir trois chiffres, excepté la dernière à gauche qui peut quelquefois n'en avoir qu'un ou deux. Chaque tranche a ses unités, ses dizaines et ses centaines; elles ont chacune un nom particulier : la première à droite est la tranche des *unités*, la seconde celle des *mille*, la troisième celle des *millions*, etc. Pour énoncer un nombre, on énonce chaque tranche séparément comme si c'étaient des unités simples, et l'on ajoute à la fin le nom de la tranche; ainsi, 367,891,012 s'énonce de cette manière: 367 millions, 891 mille, 12 unités (18-19).

Un, deux ou trois zéros, placés à la droite d'un nombre, rendent ce nombre dix, cent ou mille fois plus fort; parce que tous les chiffres ont reculé d'un, deux ou trois rangs sur la gauche.

Un, deux ou trois zéros retranchés de la droite d'un nombre, rendent ce nombre dix, cent ou mille fois plus faible.

Des zéros ajoutés à la gauche d'un nombre n'en changent pas la valeur (20-21).

Il y a cette différence entre le chiffre et le nombre, que le nombre est une certaine quantité d'unités, et que le chiffre est un signe qui sert à représenter le nombre.

La valeur absolue d'un chiffre est celle qu'il a par lui-même lorsqu'il exprime des unités simples.

La valeur relative est celle qu'un chiffre acquiert par le rang qu'il occupe parmi les autres (22).

CHAPITRE II.

NUMÉRATION EN CHIFFRES ROMAINS.

---

24. — Avant l'introduction des chiffres arabes, on se servait, pour représenter les nombres, des signes appelés *chiffres romains*. Quoique l'usage en soit très-borné aujourd'hui, on s'en sert encore dans quelques circonstances, principalement pour les dates, l'indication des chapitres, les n^{os} d'ordre des rois, etc.

Ces signes consistent dans certaines lettres de l'alphabet, auxquelles on a attribué une valeur et que l'on combine de manière à pouvoir représenter les différents nombres, quoique d'une manière beaucoup plus bornée que par notre système de numération. Ces lettres et les nombres qu'elles représentent, sont : I un, V cinq, X dix, L cinquante, C cent, D cinq cents, M mille.

Chacune de ces lettres, placée à la droite d'une autre, indique que sa valeur doit être ajoutée ; ainsi, XI signifie *dix* plus *un* ou *onze ;* XVIII, *dix* plus *cinq* plus *trois* ou *dix-huit ;* XXXVI, *trois fois dix* plus *cinq* plus *un* ou *trente-six.*

Les lettres I, X, C, placées à la gauche d'une lettre ayant une valeur supérieure, indiquent au contraire que leur valeur doit être retranchée ; ainsi, IV signifie *cinq* moins *un* ou *quatre ;* IX, *dix* moins *un* ou *neuf ;* XIX, *dix* plus *neuf* ou *dix-neuf ;* XL, *cinquante* moins *dix* ou *quarante ;* XC, *cent* moins *dix* ou *quatre-vingt-dix ;* CD, *cinq cents* moins *cent* ou *quatre cents ;* CM, *mille* moins *cent* ou *neuf cents.*

D'après ces principes, on écrira de la manière suivante :

1	I	18	XVIII	80	LXXX
2	II	19	XIX	90	XC
3	III	20	XX	100	C
4	IV	21	XXI	200	CC
5	V	22	XXII	300	CCC
6	VI	23	XXIII	400	CD
7	VII	24	XXIV	500	D
8	VIII	25	XXV	600	DC
9	IX	26	XXVI	700	DCC
10	X	27	XXVII	800	DCCC
11	XI	28	XXVIII	900	CM
12	XII	29	XXIX	1000	M
13	XIII	30	XXX	2000	MM etc.
14	XIV	40	XL	1619	MDCXIX
15	XV	50	L	1754	MDCCLIV
16	XVI	60	LX	1833	MDCCCXXXIII
17	XVII	70	LXX	1844	MDCCCXLIV

CHAPITRE III.

ADDITION DES NOMBRES ENTIERS.

§ I. Notions préliminaires.

25. — *On a dépensé une fois 20 francs, une autre fois 10 francs et une autre fois encore 5 francs ; combien a-t-on dépensé en tout?*

Pour trouver combien on a dépensé, il faut ajouter les trois sommes partielles, ou autrement dit les *additionner*, et l'opération que l'on fait se nomme *addition;* d'où l'on a la définition suivante :

L'addition est une opération par laquelle on ajoute ensemble plusieurs nombres de même espèce, pour en former un seul appelé SOMME OU TOTAL.

26. — Il est à remarquer que l'on ne peut ajouter ensemble que des quantités de même nature ; en effet, on ne pourrait former un total, par exemple, de 3 francs, 6 mètres, 8 hommes ; attendu que le total 17 ne serait ni 17 francs, ni 17 mètres, ni 17 hommes.

Il résulte de cette observation, que les unités du total d'une addition sont toujours de la même nature que celle des nombres que l'on a additionnés.

Soit cette question : 10 *chevaux,* 12 *vaches,* 20 *moutons, font combien d'animaux?* Dans ce cas, il faut additionner des nombres qui paraissent être d'espèces différentes ; mais comme on demande combien cela fait d'animaux, ces nombres sont de la même espèce, en ce qu'ils expriment tous des animaux, et qu'on ne demande pas combien ils font de chevaux, de vaches ou de moutons.

27. — Le signe de l'addition est une croix faite ainsi

+ et qui signifie *plus*. Ce signe, placé entre deux nombres indique qu'ils doivent être additionnés.

Deux petites raies horizontales = sont le signe de l'égalité.

Ces signes sont appelés *signes algébriques*, parce qu'ils sont en usage dans la science de l'algèbre.

La première question ci-dessus pourrait donc s'écrire de la manière suivante : 20 fr., + 10 fr., + 5 fr., = 35 fr.; ce qui s'exprimerait ainsi : 20 fr., plus 10 fr., plus 5 fr., égalent 35 francs.

§ II. Addition simple sans retenue.

28. Lorsque les nombres sont petits, il est aisé de les additionner de tête, et en quelque sorte à vue d'œil; mais lorsqu'ils sont forts, l'opération est souvent trop compliquée pour être faite de cette manière; il faut alors employer un moyen pour en faciliter l'exécution.

Si l'on a, par exemple, à additionner 345 + 221 + 213, comme il serait trop difficile de le faire de tête et en bloc, on additionne séparément les unités, les dizaines et les centaines, en commençant par les unités. A cet effet, et pour plus de facilité, on place les nombres les uns au dessous des autres, en ayant soin de mettre les unités sous les unités, les dizaines sous les dizaines, les centaines sous les centaines, etc.; et l'on écrit au bas de chaque colonne, et sous une raie, la valeur totale des chiffres de chaque colonne; le tout de la manière suivante :

$$\begin{array}{r} 345 \text{ fr.} \\ 221 \phantom{\text{ fr.}} \\ 213 \phantom{\text{ fr.}} \\ \hline 779 \phantom{\text{ fr.}} \end{array}$$

Dans cet exemple, on voit qu'en additionnant les unités, on en reçoit 9 qu'on écrit au bas de la colonne des unités; on reçoit également 7 dizaines et 7 centaines qu'on place à leurs colonnes respectives.

29. ## § III. Additions avec retenues.

1)	2)	3)	4)
526	461	612	587
212	284	423	654
104	193	761	896
842	938	1,796	2,137

Dans la première opération ci-dessus, on remarque qu'en additionnant les unités on en reçoit 12; or, comme on ne peut mettre qu'un seul chiffre dans une colonne, et que le chiffre le plus fort est 9, on ne peut pas écrire dans la colonne des unités les 12 unités provenant de l'addition de cette colonne; mais, comme dans 12 unités il y a 1 dizaine et 2 unités, on n'écrira que 2 unités dans la première colonne, et l'on retiendra la dizaine pour l'ajouter avec les dizaines.

Dans la seconde opération, c'est la somme des dizaines qui dépasse 9; en les additionnant on en trouve 23; or, dans 23 dizaines, il y a 3 dizaines que l'on pose dans la colonne des dizaines, et 2 centaines que l'on retient pour les ajouter à la colonne des centaines.

Dans la troisième opération, c'est la somme des centaines qui dépasse 9; en les additionnant on en trouve 17; or, dans 17 centaines il y a 7 centaines que l'on pose dans la colonne des centaines, et 1 mille que l'on écrit dans la colonne des mille.

Enfin, dans la quatrième opération, la somme de chaque colonne dépassant 9, il y aura une retenue à faire à chacune (*).

(*) Pour éviter le mécanisme qui existe souvent dans la manière dont on fait résoudre ces opérations, et afin que l'élève se rende parfaitement compte de ce qu'il dit et de ce qu'il fait, il est extrêmement important de lui faire énoncer, dans les commencements, la valeur de chacun des chiffres sur lesquels il opère. Il sentira, d'ailleurs de lui-même et assez tôt, la nécessité d'abréger autant que possible l'opération en supprimant des indications inutiles. Exemple sur la quatrième opération ci-dessus :

7 unités + 4 unités font 11 unités: 11 unités + 6 unités font 17

30. — *Remarques.* 1° La disposition que nous avons indiquée ci-dessus, n° 28, et qui consiste à placer les nombres à additionner les uns au dessous des autres, n'est utile que pour la facilité et la clarté de l'opération ; car on conçoit que, quelle que soit cette disposition, et les nombres fussent-ils placés à la suite les uns des autres sur la même ligne, ou dispersés sans ordre, rien n'empêcherait d'additionner séparément les unités, les dizaines, les centaines.

2° Il est en outre essentiel d'observer que si l'on commence habituellement les additions par la droite, c'est uniquement pour la facilité de l'opération, mais que ce n'est point une condition nécessaire; en effet, toute addition quelconque peut être commencée par la gauche. Cette manière ne présente d'inconvénient que lorsqu'il y a des retenues; parce qu'alors pour ajouter le chiffre retenu, il faut effacer un chiffre déjà posé (*).

§ IV. Résumé théorique de l'addition.

31. — L'addition est une opération par laquelle on ajoute ensemble plusieurs nombres de même espèce pour en former un seul qu'on appelle *somme* ou *total* (25).

On ne peut additionner que des quantités de même nature, et ce total est toujours de même espèce que les quantités additionnées (26).

Le signe de l'addition est une croix + qui signifie *plus*. Le signe de l'égalité consiste en deux petites raies parallèles = (27).

---

unités; dans 17 unités il y a 7 unités et 1 dizaine; je pose 7 dans la colonne des unités et je retiens une dizaine ; 1 dizaine de retenue + 8 dizaines font 9 dizaines ; 9 dizaines + 5 dizaines font 14 dizaines ; 14 dizaines + 9 dizaines font 23 dizaines; dans 23 dizaines il y a 3 dizaines et 2 centaines ; je pose 3 dans la colonne des dizaines et je retiens 2 centaines; 2 centaines de retenues + 5 centaines font 7 centaines ; 7 centaines + 6 centaines font 13 centaines; 13 centaines + 8 centaines font 21 centaines; dans 21 centaines il y a 1 centaine et 2 mille; je pose 1 dans la colonne des centaines, et 2 dans la colonne des mille.

(*) Nous faisons ces deux remarques, parce qu'il y a beaucoup de personnes, celles du moins qui ont appris d'une manière routinière, qui pensent que la disposition des nombres en colonne, et l'usage de commencer par la droite, sont des conditions essentielles et inhérentes à la nature de l'opération. Pour convaincre l'élève du contraire, il sera bon de l'exercer à en faire de différentes manières, c'est-à-dire de lui faire additionner des nombres, soit placés sur une même ligne horizontale, soit dispersés au hasard. On lui fera également faire quelques opérations en commençant par la gauche.

L'addition se fait en additionnant séparément les unités, les dizaines, les centaines, etc.

Pour plus de facilité, on place les nombres à additionner les uns sous les autres, en mettant les unités sous les unités, les dizaines sous les dizaines. On écrit ensuite le total des diverses colonnes au bas de chacune (28).

Lorsque la somme des chiffres d'une colonne dépasse 9, et qu'elle ne peut pas être écrite dans cette colonne, on retient l'excédant pour l'ajouter à la colonne suivante (29).

On peut commencer une addition indifféremment par la droite ou par la gauche; mais, pour plus de facilité, surtout lorsqu'il y a des retenues, on commence toujours par la droite (30).

CHAPITRE IV.

SOUSTRACTION DES NOMBRES ENTIERS.

§ I. Notions préliminaires.

32. — *Une personne avait dans sa bourse 34 fr., elle en a dépensé 22; combien lui reste-t-il?*

Pour trouver combien il reste il faut ôter 22 fr. de 34 fr., ou autrement dit soustraire 22 de 34; l'opération que l'on fait se nomme *soustraction*; d'où la définition suivante :

***La soustraction est une opération par laquelle on ôte un nombre d'un autre; le nombre qui reste s'appelle* RESTE *ou* DIFFÉRENCE.**

33. — Il est à remarquer que, de même que pour l'addition, on ne peut soustraire que des quantités de même espèce; en effet, on ne pourrait soustraire 22 mètres de 34 fr.

Il résulte de cette observation, que les unités du *reste* d'une soustraction sont toujours de la même nature que celles des nombres soustraits.

34. — Le signe de la soustraction est un petit trait

horizontal — qui signifie *moins*. Ce signe, placé entre deux nombres, indique que le plus petit doit être retranché du plus fort.

La question ci-dessus pourrait s'écrire 34 fr. — 22 fr. = 12 fr. ; ce qui s'exprimerait ainsi : 34 fr. moins 22 fr. égale 12 fr.

§ II. Soustraction simple sans emprunts.

35. — Lorsque les nombres sur lesquels on opère sont petits, il est aisé de les soustraire de tête, et en quelque sorte à vue d'œil ; mais lorsqu'ils sont forts l'opération ne peut toujours se faire de cette manière ; il faut alors employer un moyen pour en faciliter l'exécution.

Si l'on a, par exemple, à soustraire 221 de 345, comme il serait trop difficile de le faire de tête et en bloc, on soustrait séparément les unités des unités, les dizaines des dizaines, les centaines des centaines, en commençant par les unités. A cet effet, et pour plus de facilité, on place le plus petit nombre sous le plus fort, en mettant les unités sous les unités, les dizaines sous les dizaines, etc ; et l'on écrit au bas de chaque colonne, et sous une raie, le reste de chacune, le tout de la manière suivante :

$$\begin{array}{r} 345 \\ -\ 221 \\ \hline 124 \end{array}$$

Dans cet exemple, on voit qu'en soustrayant les unités, il reste 4 unités qu'on écrit au bas de la colonne des unités. Il reste également 2 dizaines et 1 centaine qu'on écrit dans leurs colonnes respectives.

§ III. Soustraction avec emprunts.

36. 1) $\begin{array}{r} \dot{4}2 \\ -\ 24 \\ \hline 18 \end{array}$ 2) $\begin{array}{r} 3\dot{2}5 \\ -\ 164 \\ \hline 161 \end{array}$ 3) $\begin{array}{r} 2\dot{3}67 \\ -\ 542 \\ \hline 1825 \end{array}$ 4) $\begin{array}{r} \dot{4}\dot{2}\dot{3}5 \\ -\ 1679 \\ \hline 2556 \end{array}$

Dans la première question ci-dessus, 24 peut bien être soustrait de 42 ; mais on ne peut retrancher 4 unités de 2 unités; dans ce cas voici un des moyens employés :

4 unités ne pouvant être retranchées de 2 unités, on prend, ou autrement dit, on emprunte sur les 4 dizaines 1 dizaine qui vaut dix unités, que l'on ajoute aux 2 unités de la colonne des unités, ce qui fait 12 unités. On retranche alors 4 unités de 12 unités; il en reste 8 que l'on écrit au dessous.

On soustrait ensuite les dizaines; mais comme sur les 4 dizaines de 42 on en a emprunté 1, il n'en reste plus que 3; on aura donc 2 dizaines à retrancher de 3 dizaines; il reste 1 dizaine que l'on écrit au dessous. Le reste total, ou la différence, est donc 18.

Remarque. On doit avoir soin de marquer d'un point le chiffre sur lequel on a emprunté, afin de ne pas être exposé à l'oublier.

Dans la seconde opération, c'est le chiffre de 6 dixaines qui ne peut être soustrait de 2 dizaines; on emprunte alors sur le chiffre des centaines 1 centaine qui vaut 10 dizaines, et que l'on ajoute aux dizaines, ce qui en fait douze. Le reste de l'opération se fait comme dans la précédente, en observant que les 3 centaines n'en valent plus que 2 puisqu'on en a pris une pour l'ajouter aux dizaines.

Dans la troisième opération, ce sont les centaines qui ne peuvent être soustraites des centaines. On emprunte alors sur le chiffre des mille 1 mille, qui vaut 10 centaines, et que l'on ajoute aux centaines.

Enfin, dans la quatrième opération, les unités, les dixaines et les centaines ne pouvant être soustraites des chiffres correspondants supérieurs, il y a 3 emprunts successifs à faire, ce qui ne présente pas plus de difficulté. Il ne faut pas perdre de vue que le chiffre sur lequel on a emprunté doit toujours valoir 1 de moins.

37. — *Remarques.* Nous ferons sur la soustraction les mêmes remarques que nous avons faites sur l'addition (nº 30), au su-

jet de la disposition des nombres à soustraire et de l'usage de commencer par la droite.

1° Si l'on place les nombres l'un sous l'autre, et le plus faible sous le plus fort, c'est uniquement pour plus de facilité; mais on pourrait également faire l'opération en les plaçant d'une manière quelconque.

2° On commence également par la droite pour plus de facilité, mais ce n'est pas une condition inhérente à la nature de l'opération; car on peut aussi commencer par la gauche. Quand il n'y a point d'emprunts, cela ne présente ni difficulté ni inconvénient; quand il y a des emprunts, le seul inconvénient est d'être obligé de changer le chiffre qu'on a déjà posé (*).

38. — Soit à soustraire 1823 de 3000. On ne peut pas emprunter sur les zéros, puisqu'ils n'ont aucune valeur; mais on emprunte sur le premier chiffre significatif. Dans cette question, il faut emprunter 1 mille. Or, pour soustraire les unités on n'a besoin que d'une dizaine, que l'on écrit au dessus de la colonne des unités.

Puisque de ce mille ou 100 dizaines que nous avions emprunté on n'a employé qu'une dizaine, il reste 990; c'est-à-dire 9 centaines et 9 dizaines; on pose les 9 centaines sur le zéro des centaines, et les 9 dizaines sur le zéro des dizaines, le tout de la manière suivante:

(*) Même recommandation que dans les deux notes relatives à l'addition au n° 30.

On a trop souvent l'habitude de faire dire aux élèves, quel que soit le chiffre sur lequel ils empruntent, *j'emprunte 1 qui vaut 10*, ce qui pour eux est tout-à-fait routinier; aussi la plupart ne se rendent aucun compte de ce qu'ils font. Il importe de leur faire spécifier la valeur de l'emprunt, et de leur faire dire : j'emprunte 1 dizaine qui vaut 10 unités, ou 1 centaine qui vaut 10 dizaines, etc.

Certains professeurs ont également l'habitude, pour exercer les élèves, de leur donner des opérations sur des nombres d'une grandeur démesurée. Ces exercices ont le double inconvénient d'être tout-à-fait mécaniques; car la plupart du temps l'élève ne sait pas lire les nombres sur lesquels il opère; et, en second lieu, d'être hors de l'usage ordinaire. Il vaut infiniment mieux que l'élève fasse vingt opérations sur des nombres usuels, que de n'en faire qu'une sur des nombres dont il ne se servira probablement jamais. Cette remarque s'applique à toutes les autres opérations.

$$\begin{array}{r} {}^{\cdot\,9\,9\,10} \\ 3\,0\,0\,0 \\ -\ 1\,8\,2\,3 \\ \hline 1\,1\,7\,7 \end{array}$$

Et l'on dira : 3 unités de 10 unités, reste 7 unités ; 2 dizaines de 9 dixaines, reste 7 dizaines ; 8 centaines de 9 centaines, reste 1 centaine ; 1 mille de 2 mille, reste 1 mille.

39. — Cette opération est rendue sensible au moyen des signes que nous avons employés pour la numération (nº 15). Soit donc l'exemple précédent : 3000 — 1823, ou MMM — MCCCCCCCCXXIII ; on la disposera de la manière suivante :

	MMM	ccccccccc	xxxxxxxxx	....
—	M	CCCCCCCC	XX	III
	M	C	XXXXXXX	IIIIIII

Le mille que l'on emprunte est souligné par un trait ; il ne doit donc plus être compté au nombre des mille ; mais il se trouve converti en 9 centaines, représentées par 9 petits c ; 9 dizaines, représentées par 9 petits x, et 10 unités, représentées par 10 points. Des 10 unités on en retranche 3, il en reste 7 ; des 9 dizaines on en retranche 2, il en reste 7 ; des 9 centaines on en retranche 8, il en reste 1, et enfin des 2 mille on en retranche 1, il en reste 1.

§ IV. Soustraction par compensation.

40. — Soit une ligne de 10 centimètres et une autre ligne de 7 centimètres. La différence entre elles est de 3 centimètres. Si l'on ajoute à chacune une quantité égale, par exemple 5 centimètres, la première en aura 15 et la seconde 12 ; la différence entre elles sera toujours 3 centimètres. Ce principe s'énonce de la manière suivante :

Si à deux quantités on ajoute la même quantité, la différence entre elles ne change pas (*).

(*) Par de nombreux exemples usuels, soit sur des nombres, soit sur des quantités quelconques, on habituera l'élève à se rendre un compte clair de ce principe.

Par la même raison, si de deux quantités on retranche des quantités égales, la différence ne change pas.

C'est sur ce principe qu'est fondée la manière de faire la soustraction par compensation. Ce moyen, remplaçant le système des emprunts, n'est employé que lorsque le chiffre inférieur ne peut être soustrait du chiffre correspondant supérieur.

41. — Soit à faire les soustractions suivantes :

1)	2)	3)	4)
42	234	2454	2231
— 24	— 141	— 621	— 1675
18	93	1833	556

Dans la première opération, ne pouvant ôter 4 unités de 2 unités, on ajoute aux 2 unités 1 dizaine ou 10 unités, ce qui fait 12, et l'on dit : 4 unités ôtées de 12 unités, reste 8 unités.

Ces 10 unités ajoutées n'ayant point été prises sur les dizaines, le 4 conserve toujours la même valeur.

Par cette addition de 10 unités, le nombre 42 se trouve augmenté de 10 ; pour établir la compensation en vertu du principe ci-dessus, il faut aussi augmenter le nombre inférieur de 10. En conséquence, on ajoute 1 dizaine aux 2 dizaines de 24, ce qui en fait 3, et l'on dit : 3 dizaines ôtées de 4 dizaines, reste 1 dizaine.

Dans l'opération que l'on vient de faire, les deux nombres ayant été augmentés de 10, la différence doit toujours être la même ; en effet, de quelque manière que l'on fasse cette soustraction, on trouvera toujours pour reste 18.

Dans la seconde opération, c'est le chiffre des dizaines qui ne peut pas être soustrait ; on ajoute alors 1 centaine ou 10 dizaines aux 3 dizaines, ce qui en fait 13 ; puis, pour établir la compensation, on ajoute 1 centaine au chiffre des centaines du nombre inférieur. Les deux nombres ont ainsi été augmentés chacun de 100.

Dans la troisième opération, c'est le chiffre des centaines qui ne peut être soustrait ; on ajoute alors 1 mille ou 10 centaines au chiffre des centaines du nombre supérieur ; puis 1 mille à la colonne des mille du nombre inférieur.

Dans la quatrième opération, il y a trois chiffres qui ne peuvent être soustraits ; il y aura, par conséquent, à ajouter au nombre supérieur d'abord 10 unités au chiffre des unités, puis 10 dizaines au chiffre des dizaines, puis 10 centaines au chiffre des centaines ; et au nombre inférieur d'abord 1 dizaine, puis 1 centaine, puis 1 mille.

Afin d'éviter les oublis, on doit avoir soin de marquer d'un point les chiffres augmentés (*).

§ V. Des Preuves.

42. — On appelle *preuve* une seconde opération que l'on fait pour s'assurer de l'exactitude de la première.

Souvent il y a plusieurs manières de faire la preuve d'une opération ; on doit naturellement préférer la plus simple ; car si la preuve était plus compliquée, et par conséquent, plus sujette à erreur que l'opération principale, il y aurait plus d'avantage à refaire cette dernière une seconde fois.

§ VI. Preuve de la soustraction.

43. — Si de 25 on ôte 18, il reste 7. Il est évident que si l'on ajoute ce reste 7 au nombre 18 que l'on a soustrait, on doit retrouver 25, puisque 7 est la différence entre 25 et 18.

C'est sur ce principe qu'est fondée la preuve de la soustraction ; il est si simple, qu'il n'a pas besoin d'autre démonstration pour être compris. On en conclut que

---

(*) Voir la note du nº 37. On fera faire les mêmes opérations par les deux systèmes, afin de bien convaincre l'élève que le résultat est le même.

la preuve de la soustraction se fait en ajoutant le reste au plus petit nombre, et que si l'opération est exacte, on doit retrouver le plus grand nombre. Exemple :

$$\begin{array}{r} 2525 \\ -\ 1784 \\ \hline 741 \\ +\ 1784 \\ \hline 2525 \end{array}$$

§ VII. Preuve de l'addition.

44. — Si l'on ajoute 12 + 13 + 6 on trouve 31. Il est évident que si, de cette somme, on retranche successivement les nombres 12, 13 et 6, il ne doit rien rester. Ceci résulte du principe suivant :

Si d'un tout on retranche toutes les parties, il ne reste rien.

C'est sur ce principe qu'est fondée la preuve de l'addition. Elle consiste à retrancher successivement du total tous les nombres que l'on a additionnés.

Soit donc à additionner 234 + 329 + 36, on trouve 599. La preuve donnera : 599 — 234 = 365 — 329 = 36 — 36 = 0.

On voit qu'il faut faire autant de soustractions qu'il y a eu de nombres additionnés. On voit également que, par ce moyen, la preuve est plus longue et plus sujette à erreurs que l'opération principale. Il est donc nécessaire d'avoir recours à un moyen plus simple (*).

45. — Soit à additionner 221 + 353 + 214, on aura :

(*) Quoique ce moyen de faire la preuve de l'addition ne soit pas celui qui est employé dans la pratique, il est bon d'en faire faire beaucoup de cette manière aux élèves ; d'abord parce que c'est en même temps un exercice de soustraction ; mais en second lieu, parce que c'est le moyen qui peut le mieux le convaincre de la vérité du principe général sur lequel est fondée la preuve de l'addition.

221
353
214

788
000

Si l'on additionne de nouveau en commençant par les centaines, et si l'on soustrait à mesure la somme de chaque colonne de la somme correspondante dans le total, il ne doit rien rester si l'opération est exacte. En effet : 2 centaines + 3 centaines + 2 centaines font 7 centaines, qui, ôtées des 7 centaines du total, il ne reste rien. On trouvera la même chose pour les dizaines et les unités.

Ce procédé, comme on le voit, est fondé sur le même principe que le précédent. En retranchant successivement du total toutes les centaines, puis toutes les dizaines, puis toutes les unités, on a retranché toutes les parties du tout, et, si l'opération est exacte, il ne doit rien rester.

Il se peut qu'en ajoutant les unités on ait obtenu des dizaines; de même, en ajoutant les dizaines, on peut avoir reçu des centaines, comme dans l'exemple suivant :

571
253
107

931
110

Les 9 centaines proviennent de l'addition des centaines, plus 1 centaine que l'on avait retenue en additionnant les dizaines.

Si l'on ôte 5 c. + 2 c. + 1 c. de 9 centaines, il restera 1 centaine que l'on place sous le 9; mais comme cette centaine provient de l'addition des dizaines, on l'ajoute par la pensée à la somme de ces dernières, ce qui fait 13 dizaines. De ces 13 dizaines on retranche

7 dizaines + 5 dizaines, il reste 1 dizaine que l'on pose sous le 3, et l'on efface la centaine qui est maintenant inutile. Comme cette dizaine provient de l'addition des unités, on l'ajoute à celles-ci par la pensée, ce qui fait 11. 1 + 3 + 7 de 11, il ne reste rien, donc l'opération est exacte.

46. — Voici encore un autre moyen de faire la preuve de l'addition, mais qui n'est pas aussi simple que celui que nous venons d'indiquer.

Si, après avoir ajouté les 3 nombres 571, 253 et 107, on fait abstraction d'un de ces nombres, par exemple de 571, et que l'on ajoute les deux autres nombres 253 et 107, on aura pour somme 360. Si l'on ôte cette somme 360 de la somme totale de 931, il est clair qu'il doit rester 571, nombre que l'on avait d'abord retranché ; dans ce cas l'opération est exacte.

46 *bis.* — Beaucoup de personnes se contentent, dans la pratique, d'additionner une seconde fois en sens inverse ; c'est-à-dire, que si elles ont fait l'addition en commençant par le haut, elles la recommenceront en commençant par le bas.

§ VIII. Combinaison de l'addition et de la soustraction. Expressions arithmétiques.

47. — *Une personne a reçu un jour* 25 *francs, un autre jour* 66 *fr. ; elle en dépense* 15 *puis* 12 ; *elle reçoit encore une fois* 34 *fr. et une autre fois* 18 *fr. ; puis elle perd* 28 *fr. Combien lui reste-t-il ?*

Pour résoudre cette question il faut faire plusieurs additions et soustractions successives ; il faut d'abord additionner 25 et 66 ; de la somme il faut soustraire 15 puis 12 ; au reste il faut ajouter 34 puis 18 ; enfin, de la dernière somme obtenue il faut encore soustraire 28.

L'opération peut se formuler de la manière suivante :

$$25 + 66 - 15 - 12 + 34 + 18 - 28 = x.$$

On se sert ordinairement de la lettre x pour représenter un nombre inconnu, celui que l'on doit chercher.

Une question dont la solution exige plusieurs opérations, et qui est formulée en chiffres avec les signes algébriques, s'appelle une *expression arithmétique*.

Au lieu de faire une série d'additions et de soustractions successives, on simplifie l'opération en réunissant en une seule somme tous les nombres à additionner, et en une autre somme tous les nombres à soustraire ; on retranche ensuite cette dernière somme de la première.

La question ci-dessus peut donc se disposer ainsi :

$$(25 + 66 + 34 + 18) - (15 + 12 + 28) = x.$$

On a mis entre parenthèses les nombres formant chacune des deux sommes, ce qui donne pour résultat $143 - 55 = 88$.

48. — Soit l'expression suivante : $6 - 9 - 4 + 12 + 5 - 3 + 5 - 7 = x$.

Au premier abord on peut se trouver embarrassé puisque le premier nombre étant 6 on ne peut en soustraire 9 et puis 4 ; mais en s'y prenant comme on vient de l'indiquer, l'opération ne présente aucune difficulté ; en effet : $(6 + 12 + 5 + 5) = 28$; $(9 + 4 + 3 + 7) = 23$; $28 - 23 = 5$.

49. — Soit encore l'expression suivante : $8 + 4 - 5 + 6 - 4 + 5 + 9 + 7 - 8 - 10 = x$.

En la disposant comme on vient de le dire on aura :

$$(8 + 4 + 6 + 5 + 9 + 7) - (5 + 4 + 8 + 10) = 12.$$

On peut remarquer que certains nombres tels que 5, 4, 8, se trouvent dans le nombre à soustraire et dans le nombre dont on doit soustraire ; en les retranchant des deux côtés le résultat doit être le même, et l'opération est beaucoup simplifiée. En supprimant donc des deux côtés les nombres 5, 4 et 8, l'opération se réduit à $(6 + 9 + 7) - 10 = 12$ (40).

§ IX. Résumé théorique de la soustraction, et des preuves de l'addition et de la soustraction.

50. — La soustraction est une opération par laquelle on retranche un nombre d'un autre. Le nombre qui reste après la soustraction s'appelle *reste* ou *différence* (32).

On ne peut soustraire que des quantités de même nature, et le reste est toujours de la même espèce que les nombres soustraits (33).

Le signe de la soustraction est un trait horizontal — qui signifie *moins* (34).

La soustraction se fait en soustrayant séparément les unités des unités, les dizaines des dizaines, etc., en commençant par les unités.

Pour plus de facilité on place le plus petit nombre sous le plus fort, de manière que les unités soient sous les unités, les dizaines sous les dizaines, etc. On écrit ensuite le reste des diverses colonnes au bas de chacune (35).

Lorsque l'un des chiffres du nombre inférieur est plus fort que le chiffre correspondant du nombre supérieur, et ne peut pas en être soustrait, il y a deux manières de résoudre cette difficulté : 1° la soustraction par emprunts ; 2° la soustraction par compensation.

La soustraction par emprunts consiste à emprunter sur le chiffre suivant, soit une dizaine, une centaine, un mille, etc., que l'on ajoute au chiffre trop faible, et le chiffre sur lequel on a emprunté se trouve ainsi diminué de 1. Lorsque le chiffre sur lequel on doit emprunter est un zéro, on emprunte sur le premier chiffre significatif (36-38).

La soustraction par compensation consiste à ajouter au chiffre trop faible 10 unités, ou 10 dizaines, ou 10 centaines, etc., suivant que ce chiffre appartient aux unités, aux dizaines ou aux centaines. Le nombre supérieur se trouvant ainsi augmenté de 10, de 100 ou de 1,000, on augmente le nombre inférieur dans la même proportion en y ajoutant une dizaine, ou une centaine, ou un mille, etc. ; en un mot, la même quantité dont on a augmenté le nombre supérieur.

La soustraction par compensation est fondée sur ce principe, que : si à deux quantités on ajoute la même quantité, la différence entre elles ne change pas (40-41).

On pourrait commencer toute soustraction indifféremment par la droite ou par la gauche ; mais pour plus de facilité, surtout lorsqu'il y a lieu d'emprunter, on commence toujours par les unités (37).

La preuve est une seconde opération que l'on fait pour s'assurer de l'exactitude de la première (42).

La preuve de la soustraction se fait en additionnant le reste avec le nombre le plus faible; si l'opération est exacte, on doit retrouver le nombre le plus fort (43).

La preuve de l'addition est fondée sur ce principe, que : si d'un tout on retranche toutes les parties, il ne doit rien rester. On peut la faire de quatre manières.

1° En soustrayant successivement du total tous les nombres additionnés; si l'opération est exacte il ne doit rien rester (44).

2° En additionnant de nouveau, en commençant par la gauche, et en soustrayant les sommes de chaque colonne de la somme correspondante dans le total (45).

3° En faisant abstraction de l'un des nombres additionnés; on additionne de nouveau les autres nombres, et l'on soustrait du total général la somme que l'on obtient. Si l'opération est exacte, il doit rester le nombre dont on a fait abstraction (46).

4° Enfin, en additionnant de nouveau en sens inverse de la première fois; c'est-à-dire que si l'on a additionné du haut en bas, on additionnera du bas en haut (46 *bis*).

CHAPITRE V.

MULTIPLICATION DES NOMBRES ENTIERS.

§ I. Notions préliminaires.

51. — *Si l'on dépense 6 francs par jour, combien dépensera-t-on en 8 jours?*

Il est clair que pour répondre à cette question il faut répéter 6 fr. autant de fois qu'il y a de jours, ou autant de fois qu'il y a d'unités dans 8. On dépensera donc en 8 jours 8 fois 6 fr. ou 48 fr.

Répéter un nombre plusieurs fois s'appelle *multiplier*, et l'opération que l'on fait s'appelle *multiplication*; d'où l'on a la définition suivante :

La multiplication est une opération par laquelle

on répète un nombre autant de fois qu'il y a d'unités dans un autre nombre.

52. — Le nombre que l'on obtient quand on a fait une multiplication s'appelle *produit*. Le nombre que l'on multiplie ou qui est répété s'appelle *multiplicande*, et celui qui sert à multiplier, ou qui indique combien de fois on répète le multiplicande, s'appelle *multiplicateur* (*). Le multiplicande et le multiplicateur prennent le nom commun de *facteurs* du produit. Ainsi, 3 et 4 sont des facteurs de 12, parce que, multipliés l'un par l'autre, ils donnent 12 pour produit; mais 6 et 6 ne sont point facteurs de 12, parce qu'en les multipliant l'un par l'autre ils ne donnent pas 12, mais 36.

53. — Il est à remarquer que, contrairement à ce qui a été dit pour l'addition et la soustraction (25 et 33), les unités du multiplicande et du multiplicateur sont toujours de natures différentes. Or, comme c'est le multiplicande qui doit être répété un certain nombre de fois, il en résulte que les unités du produit sont toujours de la même espèce que celles du multiplicande. Le multiplicateur indiquant seulement combien de fois il faut répéter le multiplicande, on fait abstraction de l'espèce de ses unités, et on le considère comme un nombre abstrait.

54. — Le signe de la multiplication est une croix oblique $\times$ dite *croix de Saint-André*, et qui signifie *multiplié par*. Ce signe placé entre deux nombres indique qu'ils doivent être multipliés l'un par l'autre. La question ci-dessus n° 51, pourrait donc s'écrire ainsi : $6 \times 8 = 48$.

55. — Le multiplicateur et le multiplicande peuvent être pris indifféremment l'un pour l'autre; c'est-à-dire que le multiplicande peut devenir multiplicateur, et réciproquement, sans que le produit soit changé. Ainsi 4×3 ou 3×4 font également 12; 4×2 ou $2 \times 4 = 8$.

(*) *Multiplicande* vient du participe latin *multiplicandus* (devant être ou qui doit être multiplié); *multiplicateur* est formé de l'infinitif *multiplicare*, auquel on a donné la finale *eur*, qui indique ordinairement une personne ou une chose qui fait une action.

§ II. Nombres premiers et nombres multiples.

56. — Le même nombre peut quelquefois être le produit de plusieurs facteurs différents ; ainsi par exemple, 12 est le produit de 12 fois 1, de 2 fois 6, de 4 fois 3.

Si l'on cherche toutes les combinaisons de cette nature dont sont susceptibles les nombres depuis 1 jusqu'à 100, par exemple, on aura les résultats suivans :

* 1 = 1 × 1
* 2 = 2 × 1
* 3 = 3 × 1
4 = 4 × 1 = 2 × 2
* 5 = 5 × 1
6 = 6 × 1 = 2 × 3
* 7 = 7 × 1
8 = 8 × 1 = 2 × 4
9 = 9 × 1 = 3 × 3
10 = 10 × 1 = 2 × 5
* 11 = 11 × 1
12 = 12 × 1 = 4 × 3
= 2 × 6
* 13 = 13 × 1
14 = 14 × 1 = 2 × 7
15 = 15 × 1 = 3 × 5
16 = 16 × 1 = 2 × 8
= 4 × 4
* 17 = 17 × 1
18 = 18 × 1 = 3 × 6
= 2 × 9
* 19 = 19 × 1
20 = 20 × 1 = 2 × 10
= 4 × 5
21 = 21 × 1 = 3 × 7
22 = 22 × 1 = 2 × 11
* 23 = 23 × 1
24 = 24 × 1 = 4 × 6
= 3 × 8 = 2 × 12
25 = 25 × 1 = 5 × 5
26 = 26 × 1 = 2 × 13
27 = 27 × 1 = 3 × 9
28 = 28 × 1 = 4 × 7
= 2 × 14
* 29 = 29 × 1
30 = 30 × 1 = 3 × 10
= 5 × 6 = 2 × 15
* 31 = 31 × 1
32 = 32 × 1 = 2 × 16
= 4 × 8
33 = 33 × 1 = 3 × 11
34 = 34 × 1 = 2 × 17
35 = 35 × 1 = 5 × 7
36 = 36 × 1 = 2 × 18
= 6 × 6 = 3 × 12
= 4 × 9
* 37 = 37 × 1
38 = 38 × 1 = 2 × 19
39 = 39 × 1 = 3 × 13
40 = 40 × 1 = 2 × 20
= 4 × 10 = 5 × 8
* 41 = 41 × 1
42 = 42 × 1 = 2 × 21
= 3 × 14 = 6 × 7
* 43 = 43 × 1
44 = 44 × 1 = 2 × 22
= 4 × 11
45 = 45 × 1 = 3 × 15
= 5 × 9
46 = 46 × 1 = 2 × 23
* 47 = 47 × 1
48 = 48 × 1 = 2 × 24
= 4 × 12 = 6 × 8
3 × 16
49 = 49 × 1 = 7 × 7
50 = 50 × 1 = 2 × 25
= 5 × 10
51 = 51 × 1 = 3 × 17

52	= 52 × 1	= 2 × 26
	= 4 × 13	
* 53	= 53 × 1	
54	= 54 × 1	= 2 × 27
	= 3 × 18	
55	= 55 × 1	= 5 × 11
56	= 56 × 1	= 2 × 28
	= 4 × 14	
57	= 57 × 1	= 3 × 19
58	= 58 × 1	= 2 × 29
* 59	= 59 × 1	
60	= 60 × 1	= 2 × 30
	= 3 × 20	= 4 × 15
	= 5 × 12	= 6 × 10
* 61	= 61 × 1	
62	= 62 × 1	= 2 × 31
63	= 63 × 1	= 3 × 21
	= 7 × 9	
64	= 64 × 1	= 2 × 32
	= 4 × 16	= 8 × 8
65	= 65 × 1	= 5 × 13
66	= 66 × 1	= 2 × 33
	= 3 × 22	= 6 × 11
* 67	= 67 × 1	
68	= 68 × 1	= 2 × 34
	= 4 × 17	
69	= 69 × 1	= 3 × 23
70	= 70 × 1	= 2 × 35
	= 5 × 14	= 7 × 10
* 71	= 71 × 1	
72	= 72 × 1	= 2 × 36
	= 3 × 24	= 4 × 18
	= 6 × 12	= 8 × 9
* 73	= 73 × 1	
74	= 74 × 1	= 2 × 37
75	= 75 × 1	= 3 × 25
	= 5 × 15	
76	= 76 × 1	= 2 × 38
	= 4 × 19	
77	= 77 × 1	= 7 × 11
78	= 78 × 1	= 2 × 39
	= 3 × 26	= 6 × 13
* 79	= 79 × 1	
80	= 80 × 1	= 2 × 40
	= 4 × 20	= 5 × 16
	= 8 × 10	
81	= 81 × 1	= 3 × 27
	= 9 × 9	
82	= 82 × 1	= 2 × 41
* 83	= 83 × 1	
84	= 84 × 1	= 3 × 28
	= 4 × 21	= 6 × 14
85	= 85 × 1	= 5 × 17
86	= 86 × 1	= 2 × 43
87	= 87 × 1	= 3 × 29
88	= 88 × 1	= 2 × 44
	= 4 × 22	= 8 × 11
* 89	= 89 × 1	
90	= 90 × 1	= 2 × 45
	= 3 × 30	= 6 × 15
	= 9 × 10	= 5 × 18
91	= 91 × 1	= 7 × 13
92	= 92 × 1	= 2 × 46
	= 4 × 23	
93	= 93 × 1	= 3 × 31
94	= 94 × 1	= 2 × 47
95	= 95 × 1	= 5 × 19
96	= 96 × 1	= 2 × 48
	= 3 × 32	= 4 × 24
	= 6 × 16	= 8 × 12
* 97	= 97 × 1	
98	= 98 × 1	= 2 × 49
	= 7 × 14	
99	= 99 × 1	= 3 × 33
	= 9 × 11	
100	= 100 × 1	= 2 × 50
	= 4 × 25	= 5 × 20
	= 10 × 10	

57. — En examinant la table ci-dessus on verra que certains nombres n'ont d'autres facteurs qu'eux-mêmes et l'unité, tels que 1, 2, 3, 5, 7, 11, etc. Ces nombres, qui sont marqués dans la table par un astérisque, s'ap-

pellent *nombres premiers*. Ainsi 19 est un nombre premier, parce que, par la multiplication, on ne peut le composer que de 19 fois 1 ou 1 fois 19 ; 21 au contraire n'est pas un nombre premier, parce qu'il peut être formé de 7 fois 3.

Tous les nombres qui ne sont pas premiers, c'est-à-dire qui peuvent avoir d'autres facteurs qu'eux-mêmes et l'unité, ou qui en contiennent un autre un nombre exact de fois, s'appellent *multiplés*. Ainsi 21 est multiple de 7 et de 3 ; 20 est multiple de 10, de 5, de 4 et de 2, parce que tous ces nombres sont contenus un nombre exact de fois dans 20.

Par opposition, 10, 5, 4 et 2 sont appelés *sous-multiples* de 20. Ainsi tout nombre peut être *sous-multiple* d'un autre nombre dont il est facteur (*).

Remarque. On voit d'après cela que les nombres premiers ne sont pas nécessairement des nombres *impairs*, et que, parmi les nombres *pairs*, il n'y a que 2 qui soit nombre premier; tous les nombres pairs sont nécessairement *multiples*.

§ III. Multiplication par l'addition.

58. — *Une année a 365 jours; combien y a-t-il de jours dans 6 ans?*

Il faut répéter 365 jours 6 fois ou autant de fois qu'il y a d'unités dans 6 : 365 est donc le multiplicande et 6 le multiplicateur.

$$\begin{array}{r} 365 \\ 365 \\ 365 \\ 365 \\ 365 \\ 365 \\ \hline 2190 \end{array}$$

(*) Il serait très-utile de faire composer la table ci-dessus par les élèves eux-mêmes, et il le serait encore plus qu'ils pussent la savoir par cœur; non la réciter d'un bout à l'autre; mais qu'ils pussent indiquer facilement les différents facteurs de tel ou tel nombre donné; ou un nombre étant donné, dire immmédiatement de quel nombre il

Mais si l'on demande combien il y a de jours depuis Jésus-Christ jusqu'en 1844, il faudrait répéter le multiplicande 1844 fois, et faire une addition de 1844 nombres ; opération qui serait très-longue et très-difficile ; c'est pourquoi on emploie pour cela un moyen abrégé que nous allons développer.

On peut donc dire que la multiplication correspond à l'addition, et que c'est un moyen abrégé de faire l'addition dans certains cas (*).

§ IV. Multiplication par un seul chiffre.

59. — *Une personne a 2223 francs de revenu ; combien cela fait-il au bout de 3 ans ?*

Au lieu d'écrire trois fois le multiplicande 2223, et de faire l'addition, on ne l'écrit qu'une fois, et l'on place sous les unités le multiplicateur 3 indiquant combien de fois le multiplicande doit être répété.

$$\begin{array}{r} 2223 \\ \times \quad 3 \\ \hline 6669 \end{array}$$

On multiplie alors séparément les unités, les dizaines, les centaines, en posant le produit des unités sous les unités, celui des dizaines sous les dizaines, et

---

peut être facteur ou sous-multiple. Ce qui nuit surtout à la rapidité et à l'exactitude des calculs, c'est le peu d'habitude qu'ont les élèves de combiner de tête les petits nombres ; on ne saurait donc trop les exercer sur toutes ces combinaisons, afin de les leur rendre familières. Sous ce rapport, ceux qui ont été habitués de bonne heure aux exercices du *cours de calcul de tête* ont un *grand avantage*.

(*) Il est nécessaire de faire résoudre à l'élève un certain nombre de multiplications par l'addition. On lui en fera même résoudre d'un peu longues, afin de lui faire mieux comprendre l'utilité du moyen abrégé employé dans la multiplication proprement dite, et de la nature de la multiplication, qui n'est qu'une addition abrégée. Toutes les opérations de l'arithmétique sont des abréviations, et toute abréviation est une abstraction. Or, l'élève ne doit être conduit aux abstractions que par une pente insensible, autrement la confusion ne tarde pas à s'introduire dans son esprit. C'est surtout en arithmétique que ce précepte trouve une application de tous les instants.

ainsi de suite, en disant : 3 fois 3 unités font 9 unités, je pose 9 dans la colonne des unités ; 3 fois 2 dizaines font 6 dizaines, je pose 6 dans la colonne des dizaines, etc. Le produit total est 6669 francs (*).

60.	2114	3262	2611	4545
	× 3	× 2	× 3	× 3
	6342	6524	7833	13635

Dans la première question le produit des unités contient une dizaine que l'on retient comme dans l'addition pour l'ajouter aux dizaines. On dira donc : 3 fois 4 unités font 12 unités ; dans 12 unités il y a une dizaine et 2 unités ; je pose 2 à la colonne des unités et je retiens 1 dizaine ; 3 fois 1 dizaine font 3 dizaines, et 1 dizaine de retenue font 4 dizaines ; je pose 4 à la colonne des dizaines, etc.

Dans la seconde question il faut retenir une centaine ; dans la troisième un mille ; dans la quatrième il y a trois retenues successives. Ce cas étant absolument analogue à ce qui a été expliqué pour l'addition (n° 29), ne présente aucune difficulté.

§ V. Table de multiplication.

61.— Toutes les multiplications, quelque compliquées qu'elles soient, se réduisent à multiplier un seul chiffre par un seul chiffre. Pour le faire avec facilité, il importe de savoir de mémoire le produit des neuf premiers nombres multipliés l'un par l'autre, ce que l'on appelle savoir la table de multiplication.

On donne ordinairement à cette table l'une des deux dispositions suivantes ; la première est plus facile à comprendre pour les commençants ; la seconde a l'avantage de réunir toutes les combinaisons dans un petit espace. Dans cette dernière dispo-

(*) Nous ferons ici la même recommandation que nous avons faite pour l'addition et pour la soustraction ; c'est de faire énoncer la valeur des chiffres ; ainsi l'élève dira : 3 fois 3 unités font 9 unités, et non pas seulement 3 fois 3 font 9 ; du moins en commençant.

sition elle est appelée table de Pythagore, parce qu'elle est attribuée au mathématicien de ce nom (*).

2 fois	1 font	2	5 fois	1 font	5	8 fois	1 font	8
2	2	4	5	2	10	8	2	16
2	3	6	5	3	15	8	3	24
2	4	8	5	4	20	8	4	32
2	5	10	5	5	25	8	5	40
2	6	12	5	6	30	8	6	48
2	7	14	5	7	35	8	7	56
2	8	16	5	8	40	8	8	64
2	9	18	5	9	45	8	9	72
3 fois	1 font	3	6 fois	1 font	6	9 fois	1 font	9
3	2	6	6	2	12	9	2	18
3	3	9	6	3	18	9	3	27
3	4	12	6	4	24	9	4	36
3	5	15	6	5	30	9	5	45
3	6	18	6	6	36	9	6	54
3	7	21	6	7	42	9	7	63
3	8	24	6	8	48	9	8	72
3	9	27	6	9	54	9	9	81
4 fois	1 font	4	7 fois	1 font	7	10 fois	1 font	10
4	2	8	7	2	14	10	2	20
4	3	12	7	3	21	10	3	30
4	4	16	7	4	28	10	4	40
4	5	20	7	5	35	10	5	50
4	6	24	7	6	42	10	6	60
4	7	28	7	7	49	10	7	70
4	8	32	7	8	56	10	8	80
4	9	36	7	9	63	10	9	90
						10	10	100

(*) Pythagore, célèbre philosophe et mathématicien grec de Samos, habitait l'Italie méridionale, et vivait vers l'an 540 avant J.-C., du temps de Tarquin-le-Superbe.

Table de Pythagore.

1	2	3	4	5	6	7	8	9
2	4	6	8	10	12	14	16	18
3	6	9	12	15	18	21	24	27
4	8	12	16	20	24	28	32	36
5	10	15	20	25	30	35	40	45
6	12	18	24	30	36	42	48	54
7	14	21	28	35	42	49	56	63
8	16	24	32	40	48	56	64	72
9	18	27	36	45	54	63	72	81

Voici quelle est la disposition de cette table. Le rang horizontal supérieur peut être regardé comme multiplicande, et la première colonne à gauche comme multiplicateur. Dans le deuxième rang horizontal, chacun des 9 chiffres se trouve répété deux fois. Dans le troisième, ils sont répétés trois fois, etc.

Si donc on veut avoir le produit de 7 fois 8, par exemple, il faut chercher 8 dans le rang horizontal supérieur, et descendre jusqu'à ce qu'on soit sur le septième rang indiqué par le 7 qui se trouve dans la première colonne; on trouve 56 pour produit. En un mot, le carré où se rencontrent la colonne verticale du multiplicande et le rang horizontal du multiplicateur est celui où se trouve le produit.

On pourrait considérer les nombres de la première colonne verticale comme multiplicandes, et ceux du rang supérieur comme multiplicateurs, sans que cela changeât rien aux produits.

§ VI. Multiplication par plusieurs chiffres.

62.

```
    223         2235          33700
×    12      ×   111      ×    1224
   ----      -------      ---------
    446         2235         134800
   223         2235          67400
   ----       2235          67400
   2676      -------       33700
              248085     ---------
                          41248800
```

Quand on a à multiplier par un nombre de plusieurs chiffres on fait autant de multiplications partielles que l'on a de chiffres au multiplicateur; c'est-à-dire que l'on multiplie d'abord par les unités, ensuite par les dizaines, puis par les centaines, etc. Les produits de ces multiplications partielles s'appellent *produits partiels*. On additionne ensuite les produits partiels pour avoir le produit total.

Pour multiplier 223 par 12, il faut le multiplier deux fois; d'abord par 2 unités, ce qui donne le produit 446; ensuite par 1 dizaine, ce qui donne 223 dizaines. La somme de ces deux produits partiels est 2676.

Pour multiplier par une dizaine, on s'y prend comme si l'on multipliait par une unité, en observant de mettre le premier chiffre de droite du produit dans la colonne des dizaines. La raison en est facile à saisir; car il est clair qu'une dizaine de fois 3 unités font 3 dizaines que l'on place dans la colonne des dizaines. Une dizaine de fois 2 dizaines font 2 centaines que l'on place dans la colonne des centaines. Une dixaine de fois 2 centaines font 2 mille que l'on place dans la colonne des mille (*).

(*) Lorsque l'élève aura la clé de la marche à suivre pour ces sortes d'opérations, il faudra l'abandonner un peu à ses propres forces et lui proposer de résoudre seul les questions suivantes, ce qu'il fera sans peine avec un peu de réflexion; il n'éprouvera pas plus de difficulté à multiplier par trois ou quatre chiffres que par deux.

Si l'on a à multiplier 2235 par 111, ou à répéter 111 fois, il faut faire trois multiplications; la première par une unité, ce qui donne pour premier produit 2235; la seconde par 1 dizaine dont le produit est 2235 dizaines; la troisième par 1 centaine dont le produit est 2235 centaines. La somme de ces trois produits partiels donne pour produit total 248085. On multiplie par des centaines comme si l'on multipliait par des unités, en observant seulement de placer le premier chiffre de droite du produit des centaines dans la colonne des centaines.

La multiplication par quatre chiffres ne diffère de la multiplication par trois qu'en ce qu'il faut opérer quatre multiplications au lieu de trois. Du reste le procédé est le même. On multiplie par les mille comme par des unités, en ayant soin de mettre le premier chiffre du produit dans la colonne des mille.

§ VII. Différentes manières d'abréger la multiplication.

63. — *Un jour a 24 heures; combien y a-t-il d'heures dans 365 jours ou un an?*

```
   24          365
  365           24
 ----         ----
  120         1460
 144          730
 72           ----
 ----         8760
 8760
```

Dans cette question il faut répéter 24 heures 365 fois, c'est-à-dire, multiplier 24 par 365; mais comme d'après ce qu'on a vu (n° 55) il est indifférent de dire: 365 fois 24 ou 24 fois 365, il convient de toujours prendre pour multiplicateur celui des deux facteurs qui a le moins de chiffres, parce qu'alors on a moins de produits partiels, ce qui simplifie l'opération.

64. 1)

1212	1212
203	203
3636	3636
000	2424
2424	246036
246036	

2)

2345	2345
3008	3008
18760	18760
0000	7035
0000	7053760
7035	
7053760	

Dans la première question, le multiplicateur n'ayant point de dizaines, le produit partiel des dizaines sera une ligne de zéros. On voit qu'on peut se dispenser de les écrire, et passer de suite à la multiplication par le chiffre des centaines, en ayant soin de mettre le premier chiffre du produit dans la colonne des centaines.

Dans la seconde question, le multiplicateur n'ayant ni dizaines ni centaines, on évite d'écrire les deux lignes de zéros en passant de suite à la multiplication par le chiffre des mille (*).

65.

365	3650	365	36500
10		100	
000		000	
365		000	
3650		365	
		36500	

La multiplication par 10, 100, 1000, 10000, etc., peut être considérablement abrégée. En effet, on sait, d'après ce qui a été dit (n° 21), que la valeur des chiffres devient de 10 en 10 fois plus grande à mesure qu'ils avancent d'un rang vers la gauche. Or, on com-

(*) Nous avons déjà dit, et nous croyons devoir rappeler, que toutes les fois qu'une opération peut présenter un moyen abrégé, il faut toujours la faire résoudre en commençant par le procédé le plus long, seul moyen de la faire parfaitement comprendre. On devra, autant que possible, amener l'élève à trouver lui-même l'abréviation dont l'opération est susceptible.

prendra facilement qu'en ajoutant un zéro à la droite d'un nombre, la valeur de chaque chiffre devient 10 fois plus forte; que par conséquent tout le nombre est rendu 10 fois plus grand, ou a été multiplié par 10; car le chiffre qui était dans la colonne des unités se trouve dans celle des dizaines; celui qui était dans la colonne des dizaines se trouve dans celle des centaines, etc. Si, au lieu d'un zéro, on en mettait 2, 3, 4, etc., chaque chiffre étant reculé de 2, 3 ou 4 rangs, le nombre aurait été multiplié par 100, 1000 ou 10000.

D'où l'on conclut que, *pour multiplier un nombre par* 10, 100, 1000 ou 10000, *etc., il suffit d'ajouter à la droite de ce nombre* 1, 2, 3 *ou* 4 *zéros.*

```
66.     321            344           2684
         20           1200           3000
       ----          -----        -------
        000            000           0000
       642             000          0000
       ----           688          0000
       6420          344          8052
                    ------        -------
                    412800        8052000
```

Dans le premier exemple ci-dessus, comme il n'y a point d'unités, le produit des unités est remplacé par des zéros. Dans le second et dans le troisième exemple, le produit des unités, des dizaines et des centaines est également remplacé par des zéros. On se dispense d'écrire ces lignes de zéros, en disposant l'opération de la manière suivante :

```
 321          344           2684
  20           1200             3000
----         -----        -------
6420         688          8052000
            344
           ------
           412800
```

D'après cette disposition on met en dehors les zéros qui sont à la fin du multiplicateur; on les supprime par la pensée, ou autrement dit, on en fait abstraction, et l'on multiplie seulement par les chiffres significatifs ; puis au produit total, on ajoute tous les zéros que l'on avait supprimés au multiplicateur.

Ce procédé s'explique ainsi : en supprimant 1 zéro du multiplicateur, ce nombre est rendu 10 fois plus petit (21), et par conséquent le produit sera 10 fois trop petit ; on le rendra dix fois plus grand en ajoutant à la droite le zéro retranché du multiplicateur.

Si, comme dans le second et dans le troisième exemple, on supprime 2 ou 3 zéros, le multiplicateur sera rendu 100 fois ou 1000 fois plus petits ; le produit se trouvant alors 100 fois ou 1000 fois trop faible, on lui rendra sa valeur en ajoutant à la droite les 2 ou 3 zéros retranchés.

Le même raisonnement s'applique au cas où il y aurait à la droite du multiplicande un nombre quelconque de zéros.

Remarque. Nous avons vu (63) que pour simplifier l'opération, il est préférable de prendre pour multiplicateur celui des deux facteurs qui a le moins de chiffres ; si, dans le second exemple ci-dessus (344 × 1200), on multiplie par 1200 qui a 4 chiffres, tandis que le multiplicande 344 n'en a que 3, c'est que le multiplicateur 1200 n'a véritablement que 2 chiffres, puisque l'on fait abstraction des deux zéros.

67.			
	20	3400	5400
	30	600	3000
	00	0000	0000
	60	0000	0000
	600	20400	0000
		2040000	16200
			16200000

Lorsque les deux facteurs sont terminés par des zéros, comme dans les exemples ci-dessus, l'opération se simplifie en la disposant de la manière suivante :

20	3400	5400
30	600	3000
600	2040000	16200000

Dans ce cas on fait abstraction de tous les zéros qui sont à la droite, soit du multiplicande, soit du multiplicateur, et l'on multiplie seulement les chiffres significatifs; puis on ajoute au produit tous les zéros retranchés. Ce procédé s'explique d'une manière analogue à celui du n° précédent.

En retranchant 1 zéro du multiplicande, le produit sera dix fois trop petit; en retranchant de plus 1 zéro du multiplicateur, le produit sera une seconde fois 10 fois trop petit, c'est-à-dire en tout 100 fois trop petit; on lui rend sa valeur en ajoutant les deux zéros retranchés (*).

Dans le second exemple, le retranchement des 2 zéros du multiplicande rend le produit 100 fois trop petit; le retranchement des 2 zéros du multiplicateur le rend de nouveau 100 fois trop petit; or, comme 100 fois 100 font 10000, il en résulte que le produit est 10000 fois trop petit; on lui rend sa valeur en ajoutant les 4 zéros retranchés.

Par un raisonnement analogue on démontre que, dans le troisième exemple, le retranchement des 5 zéros rend le produit 100000 fois trop petit, et qu'il faut y ajouter 5 zéros pour le rendre 100000 fois plus grand.

§ VIII. Combinaison de la multiplication avec l'addition et la soustraction.

68. — *On a vendu 6 mètres d'étoffe à 5 francs le mètre; 8 mètres à 7 francs; 4 mètres à 10 francs; et*

(*) Il est peu d'élèves qui ne se trompent sur cette question et qui ne disent au premier abord que le produit doit être 20 fois trop petit. On aura soin de leur faire comprendre que les deux nombres devant être multipliés l'un par l'autre, le produit sera 10 fois 10 fois ou 100 fois trop petit, et non pas 10 fois plus 10 fois ou 20 fois.

12 mètres à 2 francs; sur la recette on a dépensé 25 fr.; combien reste-t-il?

Dans cette question il faut 1° multiplier 6 par 5, 8 par 7, 4 par 10 et 12 par 2; 2° additionner ces différents produits; 3° de la somme totale soustraire la dépense de 25 francs. Ainsi l'on aura : $6 \times 5 = 30$; $8 \times 7 = 56$; $4 \times 10 = 40$; $12 \times 2 = 24$. Puis $30 + 56 + 40 + 24 = 150$. Enfin, $150 - 25 = 125$.

La question peut se formuler de manière à donner l'expression arithmétique suivante :

$$(6 \times 5) + (8 \times 7) + (4 \times 10) + (12 \times 2) - 25 = x.$$

Si au lieu de mettre entre parenthèses les nombres à multiplier entre eux comme $(6 \times 5) + (8 \times 7)$, ce qui donne 86, on écrivait : $6 \times 5 + 8 \times 7$, le résultat serait tout différent, car dans ce cas on aurait 266.

§ IX. Résumé théorique de la multiplication.

69. — La multiplication est une opération par laquelle on répète un nombre autant de fois qu'il y a d'unités dans un autre nombre (51). Le nombre que l'on multiplie ou que l'on répète s'appelle *multiplicande*; celui qui sert à multiplier, ou qui indique combien de fois il faut répéter le multiplicande, s'appelle *multiplicateur*. Le résultat de la multiplication s'appelle *produit*. Le multiplicande et le multiplicateur prennent en outre le nom commun de *facteurs* (52).

Le signe de la multiplication est une croix oblique × dite croix de Saint-André (54).

Les unités des deux facteurs sont toujours d'espèces différentes; celles du produit sont de la même nature que celles du multiplicande (53).

Les deux facteurs peuvent être indifféremment pris l'un pour l'autre, sans que le produit soit changé; ainsi : 6 fois 8 ou 8 fois 6 font également 48 (55).

On appelle *nombres premiers* les nombres qui n'ont d'autres facteurs qu'eux-mêmes et l'unité, tels que 1, 2, 3, 5, 7, 11, 13, 17, 19, etc.

Les nombres qui peuvent avoir pour facteurs d'autres nombres qu'eux-mêmes et l'unité sont appelés *nombres multiples*;

tels que 4, 6, 8, 9, 10, 12, 14, 15, 16, 18, 20, 21, etc. Les facteurs des nombres multiples sont appelés *sous-multiples*, d'où l'on dit que 6 est un multiple de 3 et 2, et que 3 et 2 sont des sous-multiples de 6 (56-57).

Toute multiplication peut se faire en additionnant le multiplicande autant de fois qu'il y a d'unités dans le multiplicateur. Ce moyen étant beaucoup trop long, on emploie un procédé plus simple ; d'où l'on dit que la multiplication est une addition abrégée (58).

Lorsqu'on multiplie par un nombre d'un seul chiffre on multiplie séparément les unités, les dizaines, les centaines. On écrit les divers produits dans leurs colonnes respectives, en retenant s'il y a lieu, pour ajouter au produit de la colonne suivante, ce qui ne pourrait être écrit dans l'une d'elles (59-60).

Toute multiplication se réduit à multiplier un seul chiffre par un seul chiffre. La table qui donne le produit de la multiplication des 9 premiers nombres l'un par l'autre s'appelle *table de multiplication* ou de *Pythagore* (61).

Lorsqu'on multiplie par un nombre de plusieurs chiffres, on fait autant de multiplications partielles qu'il y a de chiffres au multiplicateur, c'est-à-dire que l'on multiplie successivement par les unités, par les dizaines, par les centaines, etc., ce qui donne autant de produits partiels qu'il y a de chiffres au multiplicateur.

Les différents produits partiels s'écrivent les uns sous les autres, en ayant soin de mettre le premier chiffre à droite du produit des dizaines dans la colonne des dizaines, celui des centaines dans la colonne des centaines, etc. On additionne ensuite tous les produits partiels pour former le produit total (62).

Il y a différents moyens d'abréger la multiplication dans certains cas.

1° Lorsque les deux facteurs n'ont pas le même nombre de chiffres on prend pour multiplicateur celui qui en a le moins, afin d'avoir moins de produits partiels à additionner (63).

2° Lorsque le multiplicateur a des zéros dans le milieu du nombre, on ne multiplie pas par les zéros, et l'on passe de suite au plus prochain chiffre significatif, en ayant soin de mettre le premier chiffre de droite du produit partiel dans la même colonne que le chiffre par lequel on multiplie (64).

3° Pour multiplier par 10, 100, 1000, 10000, etc., il suffit d'ajouter à la droite des nombres 1, 2, 3, 4, etc., zéros, attendu que chaque chiffre se trouvant reculé d'un, deux, trois, quatre etc., rangs vers la gauche acquiert une valeur 10, 100, 1000, 10000 fois etc., plus grande (65).

4° Lorsque le multiplicateur est terminé par des zéros, on retranche un zéro par la pensée, et on ne multiplie que par le reste du nombre. Le produit se trouvant ainsi rendu 10 fois, 100 fois, 1000 fois, etc., trop petit, suivant que l'on a supprimé 1, 2 ou 3 zéros, on lui rend sa valeur en y ajoutant les zéros qu'on avait retranchés du multiplicateur.

Le même procédé s'emploie quand c'est le multiplicande qui est terminé par des zéros (66).

5° Lorsque les deux facteurs sont terminés par des zéros on supprime tous ces zéros par la pensée, et on ne multiplie que le reste des deux nombres ; puis on ajoute au produit total autant de zéros qu'on en avait retranché du multiplicande et du multiplicateur (67).

CHAPITRE VI.

DIVISION DES NOMBRES ENTIERS.

§ I. Notions préliminaires.

70. — *8 mètres d'étoffe coûtent 48 francs ; combien coûte le mètre ?*

Pour répondre à cette question il faut partager 48 francs en 8 parties égales, et l'on aura le prix de chaque mètre, c'est-à-dire 6 francs.

Si 1 mètre d'étoffe coûte 8 francs, combien aura-t-on de mètres pour 48 francs ?

Dans cette question il est clair qu'on aura autant de mètres d'étoffe qu'il y aura de fois 8 francs dans 48 fr. Comme 8 est contenu 6 fois dans 48, on en conclut qu'on aura six mètres.

Dans la première question il s'agissait de partager 48 en 8 parties égales ; dans la seconde de voir combien 8 est contenu de fois dans 48. Dans les deux cas on a trouvé pour résultat le même nombre, c'est-à-dire 6.

Partager un nombre en parties égales, ou voir combien un nombre est contenu de fois dans un autre, cela s'appelle *diviser*, et l'opération que l'on fait s'appelle *division ;* d'où la définition suivante :

La division est une opération par laquelle on partage un nombre en plusieurs parties égales ; ou par laquelle on voit combien un nombre est contenu de fois dans un autre nombre.

71. — Le nombre que l'on divise s'appelle *dividende*. Celui qui divise, c'est-à-dire celui qui indique en combien de parties le dividende doit être partagé, s'appelle *diviseur*. Le nombre que l'on obtient quand on a fait une division, c'est-à-dire celui qui indique en combien de parties le dividende a été partagé, ou combien de fois le diviseur est contenu dans le dividende, s'appelle *quotient* (*). Dans les deux questions ci-dessus le dividende est 48, le diviseur est 8, et le quotient est 6.

72. — Le signe de la division est une petite barre verticale ou deux points placés entre le dividende et le diviseur, ou une ligne horizontale placée entre le dividende au dessus et le diviseur au dessous. Ainsi 48 divisé par 8 peut s'écrire : $48 \mid 8 = 6$ ou $48 : 8 = 6$ ou $\frac{48}{8} = 6$.

73. — Nous avons vu qu'on peut se proposer deux buts dans la division : partager un nombre en parties égales ou voir combien un nombre est contenu de fois dans un autre. Dans l'un et l'autre cas le résultat est le même ; ainsi 48 partagé en 8 parties égales donne 6 ; ou 48 contient 8 également 6 fois.

Sous le rapport de la valeur du quotient il est donc indifférent de se proposer l'un ou l'autre but. Il n'en est pas de même sous le rapport de l'espèce des unités du quotient.

Quand on se propose de partager un nombre en parties égales, les unités du quotient sont toujours de la même nature que celles du dividende. Exemple, 48 francs partagés en 8 parties donnent 6 francs.

(*) *Dividende* vient du participe latin *dividendus* (devant être ou qui doit être divisé). *Diviseur* vient de l'infinitif français *diviser*, et *quotient* de l'adverbe latin *quotiès* (combien de fois) ; parce qu'il indique combien de fois le diviseur est contenu dans le *dividende*.

Quand on se propose de voir combien un nombre est contenu de fois dans un autre, les unités du dividende et celles du diviseur sont toujours de même espèce, et celles du quotient sont toujours d'une espèce différente déterminée par la nature de la question. Exemple : *Si un mètre coûte 8 fr. combien aura-t-on de mètres pour 48 fr.* Dans cette question on se propose de voir combien 8 fr. sont contenus de fois dans 48 fr. et l'on trouve pour résultat 6 mètres.

74. — Nous avons vu que, dans la multiplication, il est indifférent de prendre le multiplicande et le multiplicateur l'un pour l'autre : 8 × 6 ou 6 × 8 donnent également 48. Il n'en est pas de même du dividende et du diviseur qui ne sauraient être pris l'un pour l'autre ; ainsi 48 divisé par 8 ou 8 divisé par 48 donnent des résultats entièrement différents.

§ II. Rapports entre la multiplication et la division.

75. — Si l'on répète 6 4 fois on trouve 24 ; or, il est évident que puisque 6 répété 4 fois ou multiplié par 4 donne 24, 6 sera contenu dans 24 4 fois ; c'est-à-dire que si l'on divise le produit 24 par le facteur 6 on trouvera pour quotient l'autre facteur 4 ; ou si l'on divise le produit 24 par le facteur 4 on trouvera l'autre facteur 6.

Si l'on divise 30 par 5 on trouve pour quotient 6 ; or, il est évident que, puisque 5 est contenu dans 30 6 fois, en répétant 5 6 fois, c'est-à-dire en multipliant le diviseur 5 par le quotient 6, on doit trouver le dividende 30 ; ou, ce qui revient au même, si l'on multiplie le quotient 6 par le diviseur 5 on retrouve également le dividende 30.

De cette observation il résulte que la multiplication et la division sont la contre-partie l'une de l'autre, principe que l'on formule de la manière suivante :

Dans toute multiplication, en divisant le produit par l'un des deux facteurs on trouve pour quotient l'autre facteur.

Dans toute division, en multipliant le diviseur par le quotient ou le quotient par le diviseur, on a pour produit le dividende.

Il résulte de là : 1° que dans une division le dividende peut être considéré comme un produit dont le diviseur et le quotient sont les facteurs ; 2° que la table de multiplication que nous avons donnée n° 61 peut être en même temps une table de division. En effet, nous y trouvons que 7 fois 6 ou 6 fois 7 font 42 ; elle nous apprend en même temps, d'après ce que nous venons de voir, que 7 est contenu dans 42 6 fois, ou que 6 est contenu dans 42 7 fois ; en d'autres termes, que 42 divisé par 6 donne

7 pour quotient, ou que 42 divisé par 7 donne 6 pour quotient. Il en est de même de tous les autres nombres de la table. (*)

§ III. Division par la soustraction.

76. — *Combien 2200 jours font-ils d'années? Il faut 365 jours pour un an.*

Dans cette question il faut voir combien 365 jours sont contenus de fois dans 2200 jours, ce qui donnera le nombre d'années demandé. Pour obtenir ce résultat le moyen le plus naturel est de soustraire 365 jours de 2200 jours autant de fois que nous le pouvons. Nous aurons donc : 2200 — 365 = 1835 — 365 = 1470 — 365 = 1105 — 365 = 740 — 365 = 375 — 365 = 10.

365 jours pouvant être soustraits 6 fois de 2200 jours, plus un reste de 10 jours, on en conclut que 2200 jours font 6 ans et 10 jours (**).

— *Combien y a-t-il de jours dans 8760 heures? Il y a 24 heures dans 1 jour.*

Dans cette question il faut, comme dans la précédente, soustraire 24 heures de 8760 heures autant de fois que cela se pourra. Si on fait l'opération on trouvera qu'il y est contenu 365 fois. Pour trouver ce résultat il aurait donc fallu faire 365 soustractions, opération très-longue, et qui, dans d'autres cas, pourrait l'être encore bien davantage. C'est pourquoi on a, comme pour la multiplication, un autre moyen que nous allons développer.

On peut donc dire que la division correspond à la soustraction, et que c'est un moyen abrégé de faire la soustraction dans certains cas.

(*) On ne saurait trop exercer l'élève sur la pratique de ce que nous venons de dire dans ce dernier paragraphe. L'intelligence parfaite du principe qui y est développé, et la facilité de transformer instantanément la table de multiplication en table de division, lui seront d'un grand secours pour l'intelligence et la pratique des opérations subséquentes. On emploiera donc tous les moyens que l'on croira les plus propres pour atteindre ce double but.

(**) Voir la note relative à la multiplication, n° 58, et qui s'applique également à cette première partie de la division.

77. — Tous les calculs de l'arithmétique se réduisent aux quatre opérations fondamentales : *l'addition*, *la soustraction*, *la multiplication* et *la division*. Il n'en est aucun, quelque compliqué qu'il soit, qui exige autre chose que *additionner*, *soustraire*, *multiplier* ou *diviser*. La difficulté de certains calculs ne consiste donc qu'à savoir faire ces opérations à propos suivant la nature de la question.

Nous avons vu (58) que la multiplication est une addition abrégée; or, comme la division n'est elle-même qu'une soustraction abrégée, il en résulte que toutes les combinaisons que peuvent subir les nombres se réduisent à ces deux principales : *ajouter* et *soustraire*.

§ IV. Division par un seul chiffre (*).

78. — *On a dépensé 42 francs en 2 jours ; combien a-t-on dépensé par jour?*

Dans cette question il faut partager 42 en 2 parties égales, ou, ce qui revient au même, voir combien 2 est contenu de fois dans 42. Quel que soit le but qu'on se propose l'opération se fait de la même manière.

(*) La division est, sans contredit, une des opérations les plus difficiles en arithmétique, non par son mécanisme, mais quand on veut se rendre un compte exact et lucide de ce même mécanisme; aussi est-il peu de personnes qui le comprennent parfaitement. Il est même à remarquer que ce n'est qu'à la longue, en y revenant souvent, et lorsqu'on a une certaine habitude du calcul raisonné, qu'on parvient à s'expliquer avec netteté les nombreuses abstractions de cette opération. Il est donc important de procéder avec une sage lenteur, et de donner à chaque degré de difficulté le temps de s'incruster et de s'éclaircir dans l'esprit par des exercices suffisamment nombreux, et surtout d'une gradation à peine sensible; c'est par ce motif que nous passons en revue à peu près toutes les difficultés de l'opération sur des divisions par un seul chiffre et même sur la division par 2, en recommandant d'insister beaucoup sur ces premiers exercices.

Nous insistons également de nouveau sur la nécessité de se rendre compte de la valeur de tous les nombres que l'on pose, seul moyen d'éviter de faire l'opération d'une manière mécanique; à cet effet, il importe de faire résoudre de vive voix toutes les opérations avec le détail d'explications que nous donnons, et principalement dans les divisions par un seul chiffre. Peu à peu on abrègera ces explications, et on finira par les supprimer lorsqu'on se sera assuré que les élèves se rendent suffisamment compte de leur opération pour ne plus craindre de mécanisme de leur part.

Au lieu de soustraire le diviseur 2 du dividende 42 autant de fois qu'on le peut, on cherche séparément combien le diviseur est contenu de fois dans chacun des chiffres du dividende en commençant par la gauche; d'où il résulte que l'on doit avoir au quotient autant de chiffres qu'il y en a au dividende (80). L'opération se dispose ainsi :

42 | 2 = 21 ou 42 | 2 — 21

Et l'on dit : 2 est contenu dans 4 dizaines 2 dizaines de fois; je pose 2 dizaines au quotient. 2 est contenu dans 2 unités 1 fois; je pose 1 unité au quotient. Donc 2 est contenu dans 42 21 fois.

Puisque 2 est contenu dans 42 21 fois, il est clair, d'après ce que nous avons dit plus haut, n° 75, que 21 répété 2 fois doit faire 42 (*).

79. 32 | 2 = 16 564 | 2 = 282 5756 | 2 = 2878

Dans la première question 2 n'est contenu dans 3 dizaines qu'une dizaine de fois; mais il reste 1 dizaine que l'on ajoute aux unités; on dira donc :

2 est contenu dans 3 dizaines 1 dizaine de fois; je pose 1 dizaine au quotient; il reste 1 dizaine que j'ajoute aux unités; 1 dizaine et 2 unités font 12 unités; 2 est contenu dans 12 unités 6 fois; je pose 6 unités au quotient. Total du quotient 16. *Preuve* : 16 × 2 = 32.

Seconde question. 2 est contenu dans 5 centaines 2 centaines de fois; je pose 2 centaines au quotient; 2 fois 2 font 4; 4 centaines de 5 centaines, il reste 1 centaine que l'on ajoute aux dizaines; 1 centaine et 6 dizaines font 16 dizaines; 2 est contenu dans 16 dizai-

---

(*) On aura soin de faire faire à l'élève, dès le commencement, la contre-partie de chaque division, autrement dit *la preuve*, en multipliant le quotient et le diviseur. On reviendra plus tard sur la preuve; mais en attendant c'est un double exercice qui ne peut être que très-utile.

nes 8 dizaines de fois; je pose 8 dizaines au quotient. 2 est contenu dans 4 unités 2 fois; je pose 2 unités au quotient. Total du quotient 282. *Preuve* : 282 × 2 = 564.

Troisième question. Cette question s'explique comme la précédente à l'exception qu'après avoir divisé les mille il reste 1 mille que l'on ajoute aux centaines; après avoir divisé les centaines il reste 1 centaine que l'on ajoute aux dizaines, et après avoir divisé les dizaines il reste 1 dizaine que l'on ajoute aux unités.

Pour soulager la mémoire, on écrit tous les détails de l'opération de la manière suivante :

```
5756 | 2 = 2878
4
—
17
16
 —
 15
 14
  —
  16
  16
  —
   0
```

Cette opération s'explique ainsi : 2 est contenu dans 5 mille 2 mille fois; on pose 2 mille au quotient; 2 mille fois 2 font 4 mille que l'on écrit sous les 5 mille, et l'on en fait la soustraction; il reste 1 mille. A côté de ce reste 1 on abaisse le chiffre suivant 7 centaines, ce qui fait 17 centaines que l'on divise par 2; 2 est contenu dans 17 centaines 8 centaines de fois; on pose 8 centaines au quotient; 8 centaines de fois 2 font 16 centaines que l'on écrit sous les 17 centaines, et l'on en fait la soustraction; il reste 1 centaine. A côté de ce reste 1 on abaisse le chiffre suivant 5 dizaines, ce qui fait 15 dizaines que l'on divise par 2; 2 est contenu dans 15 dizaines 7 dizaines de fois; on pose

7 dizaines au quotient; 7 dizaines de fois 2 font 14 dizaines que l'on écrit sous les 15 dizaines, et l'on en fait la soustraction ; il reste 1 dixaine. A côté de ce reste 1 on abaisse le chiffre suivant 6 unités, ce qui fait 16 unités que l'on divise par 2; 2 est contenu dans 16 unités 8 fois ; on pose 8 unités au quotient; 8 fois 2 font 16 unités que l'on écrit sous les 16 unités, et l'on en fait la soustraction ; il ne reste rien. Donc 2 est contenu dans 5756 2878 fois ; ou, ce qui revient au même, la moitié de 5756 est 2878.

Preuve : 2878 × 2 = 5756.

80. 124 | 2 = 062 ou 124 | 2 = 62.

Dans cette opération 2 est bien contenu dans 1 centaine; mais il n'y est pas contenu 1 centaine de fois, c'est pourquoi on place un zéro aux centaines du quotient. On ajoute alors la centaine du dividende aux 2 dizaines, ce qui fait 12 dizaines, et l'on dit : 2 est contenu dans 12 dizaines 6 dizaines de fois, on pose 6 dizaines au quotient ; et ainsi de suite pour les unités.

Remarque. Le zéro que nous avons placé aux centaines du quotient n'est pas nécessaire puisqu'il ne change pas la valeur du nombre; c'est pourquoi on s'abstient de l'écrire. Mais il est utile de le mettre dans le commencement pour se rendre un compte exact de la valeur des chiffres. Cette précaution, que l'on néglige généralement, est très-utile pour l'intelligence ultérieure de l'opération.

Nous avons donc eu raison de dire (n° 78) qu'il faut au quotient autant de chiffres qu'il y en a au dividende ; c'est le principe fondamental de la division ; seulement, quand ce chiffre est un zéro, et que ce zéro se trouve à la gauche du nombre, comme il n'en change pas la valeur, on s'abstient de le mettre.

81. 120 | 2 = 060 ou 120 | 2 = 60
5400 | 2 = 2700
1010 | 2 = 0505 ou 1010 | 2 = 505

Première question. 2 n'est pas contenu dans 1 centaine 1 centaine de fois, on pose 0 aux centaines du quotient. 2 est contenu dans 12 dizaines 6 dizaines de fois, on pose 6 aux dizaines du quotient. 2 n'est pas contenu dans les unités, puisque c'est un 0, on pose 0 aux unités du quotient. Total du quotient, 60. *Preuve :* 60 × 2 = 120.

Seconde question. 2 est contenu dans 5 mille 2 mille fois, on pose 2 mille au quotient; 2 fois 2 font 4, 4 mille ôtés de 5 mille il reste 1 mille qui ajouté aux 4 centaines font 14 centaines. 2 est contenu dans 14 centaines 7 centaines de fois, on pose 7 centaines au quotient et il ne reste rien. 2 n'est pas contenu dans les dizaines, puisque c'est un zéro, on pose un 0 aux dizaines du quotient. 2 n'est pas contenu non plus dans les unités puisque c'est également un 0, on pose un 0 aux unités du quotient. Total du quotient, 2,700. *Preuve :* 2,700 × 2 = 5,400.

Troisième question. 2 n'est pas contenu dans 1 mille 1 mille fois, on pose 0 aux mille du quotient. 2 est contenu dans 10 centaines 5 centaines de fois, on pose 5 centaines au quotient, et il ne reste rien. 2 n'est pas contenu dans 1 dizaine 1 dizaine de fois, on pose 0 aux dizaines du quotient et l'on ajoute cette dizaine aux unités, ce qui fait 10 unités. 2 est contenu dans 10 unités 5 fois, on pose 5 unités au quotient. Total du quotient, 0505 ou 505. *Preuve :* 505 × 2 = 1010.

82. 25 | 2 = 12 et il reste 1.

Dans cette opération le diviseur n'est pas contenu dans le dividende un nombre exact de fois. 2 est contenu dans 25 12 fois et il reste 1. Dans ce cas, pour faire la preuve, il ne suffit pas de multiplier le quotient 12 par le diviseur 2; en effet, 2 × 12 font 24. Il faut encore ajouter à ce produit le reste 1, ce qui fait 2 × 12 = 24 + 1 = 25.

Soit cette question : *Il faut 2 mètres de drap pour faire un habit; combien fera-t-on d'habits avec 25 mètres?*

Dans ce cas on a pour but de voir combien il y a de fois 2 mètres dans 25 mètres. On trouvera donc qu'avec 25 mètres on pourra faire 12 habits et qu'il restera 1 mètre d'étoffe.

Dans cette autre question : *On a employé 25 mètres d'étoffe pour couvrir deux meubles ; combien en a-t-on employé pour chaque meuble ?*

Ici il s'agit de partager 25 en deux parties égales, c'est-à-dire d'en prendre la moitié. Or la moitié de 25 est 12 pour 24 ; il reste 1 mètre dont il faut aussi prendre la moitié. La moitié d'un mètre étant un demi-mètre, il en résulte que le quotient total est 12 mètres et demi que l'on écrit $12\frac{1}{2}$.

Pour la preuve on multiplie $12\frac{1}{2}$ par 2, et l'on a : 2 fois $\frac{1}{2}$ mètre font 1 mètre qu'on retient pour l'ajouter aux unités. 2 fois 12 mètres font 24 mètres ; plus 1 mètre de retenu font 25 mètres. On peut se contenter d'ajouter le reste 1 au produit, sans multiplier la fraction, ce qui est plus simple (*).

83. — Quel que soit le but qu'on se propose dans la division, c'est-à-dire que l'on ait en vue de voir combien le diviseur est contenu de fois dans le dividende, ou de partager le dividende en autant de parties égales qu'il y a d'unités dans le diviseur, on procède de la même manière puisque le résultat est le même ; c'est-à-dire que l'on cherche toujours combien le diviseur est contenu de fois dans le dividende. Mais quant au reste il n'en est pas de même ; dans le premier cas on se contente de considérer ce reste comme un reste ;

(*) Il est impossible de faire tous les calculs relatifs à la division sans avoir quelque connaissance des fractions. Comme les premières notions sur cette dernière partie sont très-usuelles et ne sont pas extrêmement difficiles, il est utile de les donner de bonne heure. Nous renvoyons donc, pour cela, au chapitre des fractions, où l'on trouvera les indications nécessaires sur les exercices élémentaires qu'il convient de faire, et nous supposerons ici, pour ne pas nous répéter, que l'élève possède ces premières notions. D'ailleurs, si l'élève a suivi préalablement *le cours de calcul de tête*, il a déjà acquis sur les fractions les connaissances fondamentales nécessaires.

dans le second cas il faut également partager ce reste en autant de parties que l'indique le diviseur, ce qui donne toujours une quantité moindre qu'une unité ou une fraction.

```
84. 639|3=213   570|3=190   2684|3=0894 ou 894 2/3
                3           24
                --          --
                27           28
                27           27
                --           --
                 00           14
                              12
                              --
                               2
```

Il n'est pas plus difficile de diviser un nombre par 3, 4, 5, 6, etc., que par 2; l'opération est exactement la même.

Première question. 3 est contenu dans 6 centaines 2 centaines de fois, on pose 2 centaines au quotient. 3 est contenu dans 3 dizaines 1 dizaine de fois, on pose 1 dizaine au quotient. 3 est contenu dans 9 unités 3 fois, on pose 3 unités au quotient. Total du quotient : 213. *Preuve :* $213 \times 3 = 639$.

Seconde question. 3 est contenu dans 5 centaines 1 centaine de fois, on pose 1 centaine au quotient; il reste 2 centaines que l'on ajoute aux dizaines, ce qui fait 27 dizaines. 3 est contenu dans 27 dizaines 9 dizaines de fois et il ne reste rien, on pose 9 dizaines au quotient. 3 est contenu dans 0 unités point de fois, on pose 0 unités au quotient. Total du quotient : 190. *Preuve :* $190 \times 3 = 570$.

Troisième question. Cette question se résout de la même manière que les précédentes, seulement on a pour reste 2. Pour la preuve on aura donc : $894 \times 3 = 2682 + 2 = 2684$.

Si l'on veut partager le reste 2 en trois parties, c'est-à-dire en prendre le tiers, cela donnera $\frac{2}{3}$; le véritable quotient sera donc $894 \frac{2}{3}$.

§ V. Division par un nombre de plusieurs chiffres (*).

85. — *Un mètre vaut dix décimètres; combien 344 décimètres font-ils de mètres?*

```
décim.    déc.    m.
344  |  10  =  034   ou 34 mètres.
30
--
 44
 40
 --
  4 décimètres.
```

La division par un nombre de plusieurs chiffres se fait exactement de la même manière que par un seul chiffre. Dans la question ci-dessus, on dira : 10 est contenu dans 3 centaines point de centaines de fois, on pose 0 aux centaines du quotient. On ajoute les 3 centaines aux dizaines, ce qui fait 34; 10 est contenu dans 34 dizaines 3 dizaines de fois, on pose 3 dizaines au quotient. 3 fois 10 font 30, qui ôté de 34 il reste 4 dizaines que l'on ajoute aux unités, ce qui fait 44; 10 est contenu dans 44 4 fois, on pose 4 unités au quotient. 4 fois 10 font 40, qui ôté de 44 il reste 4. Donc 344 décimètres font 34 mètres et 4 décimètres.

Preuve : $34 \times 10 = 340 + 4 = 344$.

86. — *Un pied vaut 12 pouces; combien 525 pouces font-ils de pieds?*

```
pouces    pouces
525  |  12  =  043   ou 43 pieds.
48
--
 45
 36
 --
  9 pouces.
```

(*) La gradation la plus simple, pour passer de la division par un seul chiffre à la division par plusieurs chiffres, est de faire diviser par 10, 100, 1,000, etc., parce que le calcul en est très-facile; cette

Dans cette question on dira : 12 est contenu dans 5 centaines point de centaines de fois ; je pose 0 aux centaines du quotient. J'ajoute les 5 centaines aux dizaines, ce qui fait 52 ; 12 est contenu dans 52 dizaines 4 dizaines de fois, je pose 4 dizaines au quotient. 4 fois 12 font 48, qui ôté de 52 il reste 4 dizaines que l'on ajoute aux unités, ce qui fait 45 ; 12 est contenu dans 45 3 fois, je pose 3 aux unités du quotient. 3 fois 12 font 36, qui ôté de 45 il reste 9. Donc 525 pouces font 43 pieds et 9 pouces.

Preuve : 43 × 12 = 516 + 9 = 525.

Chaque partie du dividende que l'on divise séparément s'appelle *dividende partiel* ; ainsi dans la question ci-dessus, le premier dividende partiel est 52, le second est 45.

Remarque. Lorsque la division ne se compose que de très-petits nombres, et sourtout lorsque le diviseur n'a qu'un seul chiffre, on peut très-souvent la faire sans écrire les détails de l'opération ; mais dès qu'elle cesse de pouvoir être faite facilement de tête, il est nécessaire d'écrire ces détails, sans quoi il y aurait confusion.

87. — On conçoit que le reste de la division doit toujours être moins fort que le diviseur, sans cela celui-ci y serait encore contenu, et par conséquent le dernier chiffre du quotient ne serait pas exact. Il en est de même du reste que peut donner chaque dividende partiel après qu'on a fait la soustraction ; si ce reste était plus fort que le diviseur, le chiffre du quotient serait nécessairement trop faible.

---

division peut se faire, comme on le sait, par un moyen très-abrégé ; mais, comme toutes les abréviations sont des abstractions, nous recommandons de ne point parler encore de ce moyen, et de faire faire, au contraire, un assez grand nombre d'opérations sur ces nombres par le procédé ordinaire. Cet exercice aura l'avantage d'initier l'élève aux principes intimes de la division, sans lui donner en même temps l'embarras d'un calcul difficile.

Nous expliquons, dans le paragraphe suivant, les divers moyens d'abréger la division.

88. 25612 | 37 = 00692

```
25612 | 37 = 00692
222
---
 341
 333
---
   82
   74
---
    8
```

Dans cet exemple 37 n'étant pas contenu dans 2 dizaines de mille, on pose un zéro aux dizaines de mille du quotient. 37 n'étant pas non plus contenu dans 25 mille, on pose encore un zéro aux mille du quotient. On cherche alors combien il est contenu dans 256 centaines, et l'on trouve qu'il y est contenu 6 fois, on pose 6 centaines au quotient, et l'on continue l'opération ainsi que nous l'avons indiqué.

De cette observation, et de ce que nous avons dit plus haut au sujet des zéros qui peuvent exister à la gauche du quotient, on peut conclure que :

Lorsque le DIVISEUR *n'est pas contenu dans le premier chiffre du* DIVIDENDE, *on cherche combien il est contenu de fois dans les deux premiers ; s'il n'est pas contenu dans les deux premiers, on cherche combien il est contenu dans les trois premiers, et ainsi de suite.*

Remarque. Comme nous l'avons dit plus haut (80) les zéros qui se trouvent quelquefois à la gauche du quotient étant inutiles dans la pratique, on s'abstient de les écrire ; mais dans ce cas il importe de bien se rendre compte de la valeur du premier chiffre que l'on pose afin de déterminer le nombre total des chiffres que doit avoir le quotient, sans quoi on s'exposerait souvent à commettre des erreurs.

89. — Jusqu'à présent nous avons attribué à chaque chiffre sa véritable valeur ; ainsi dans l'exemple ci-dessus le premier dividende partiel 256 est réellement 256 centaines, le second 341 dizaines, et le troisième 82 unités. Cette distinction devenant inutile dans la pratique et ne pouvant qu'allonger l'opération, on s'abstient de la faire, et l'on considère chaque divi-

dende partiel comme si c'étaient des unités simples. On opèrera donc sur le premier dividende partiel 256 centaines comme s'il ne s'agissait que de 256 unités, et ainsi de suite. Par la même raison on soustrait également les produits partiels sans avoir égard à leur valeur réelle ; ainsi, dans le même exemple ci-dessus, le second produit 333 dizaines qui est à retrancher de 341 dizaines se soustrait comme s'il s'agissait d'ôter 333 unités de 341 unités.

Remarque: Dans les soustractions auxquelles donne lieu la division, il faut dès le principe employer le système de la compensation (40) et non celui des emprunts, attendu que dans certains cas, comme on le verra plus tard, ce dernier mode n'est pas praticable.

90. — Dans certains cas on voit facilement au premier coup-d'œil combien le diviseur est contenu de fois dans un dividende partiel; mais très-souvent on ne le reconnaît pas aussi facilement ; il faut alors faire des essais quelquefois inutiles, et d'autant plus multipliés que les nombres sur lesquels il faut opérer sont plus forts. Voici la manière dont on s'y prend pour diminuer cet inconvénient :

On voit à peu près combien le diviseur est contenu de fois dans chaque dividende partiel en cherchant combien de fois le premier ou les deux premiers chiffres du diviseur sont contenus de fois dans le premier ou les deux premiers chiffres du dividende partiel. Ainsi dans l'exemple précédent, 3 étant contenu 8 fois dans 25, première partie du dividende partiel 256, on en conclut que 37 est contenu *environ* 8 fois dans 256. Mais en multipliant 37 par 8 on trouve 296, nombre qui ne peut être soustrait de 256, d'où l'on conclut que 8 est trop fort. Ce moyen, comme on le voit, ne fait pas toujours connaître exactement le chiffre du quotient ; mais on sait qu'il ne peut pas être plus grand que le nombre indiqué, et qu'il est ordinairement plus petit. Ayant donc trouvé que le premier chiffre du quotient doit être moins que 8, on essaie 7 et 6.

Pour le second dividende partiel 341 on cherchera par le même moyen combien 37 est contenu de fois dans ce nombre ; mais il peut y avoir ici un sujet d'erreur ; car le premier chiffre 3 de 37 n'est contenu qu'une fois dans le premier chiffre de 341 ; or il est évident que 37 est contenu plus d'une fois dans 341. Voici le moyen d'éviter cette erreur.

Il faut considérer le diviseur partiel 341 comme exprimant des unités, bien qu'il exprime réellement des dizaines, et voir alors combien les 3 dizaines du diviseur sont contenues de fois dans les 34 dizaines du dividende. Si le diviseur contenait des centaines, il faudrait voir combien celles-ci seraient contenues de fois dans les centaines du dividende ; en un mot, il faut voir combien les unités d'un certain ordre du diviseur sont contenues de fois dans les unités *du même ordre* du dividende.

Dans le cas précédent, on trouve que 3 est contenu 11 fois dans 34 ; mais remarquez que le plus fort chiffre que l'on puisse écrire dans chaque colonne est 9. Ainsi, bien que ce moyen indique quelquefois pour quotient partiel un nombre plus fort que 9, il ne faut jamais mettre plus. On essaie donc 9 ; on trouve que 9 fois 37 font 333, qui retranché de 341 donne 8 dizaines pour reste.

Remarque. Avec l'habitude du calcul on trouve de soi-même une foule de petits moyens d'abréger cette recherche, moyens qu'il serait impossible d'expliquer ici.

```
91.  29256 | 223 = 131        343678 | 2121
     223                      2121   |------
     ---                      -----    162
      705                     13157
      669                     12726
      ---                     -----
       366                     4318
       223                     4242
       ---                     ----
       143                       76
```

La division par un nombre de 3, 4 ou un plus grand

nombre de chiffres se fait exactement d'après le procédé que nous avons indiqué.

Dans la première question ci-dessus, le quotient est 131 et il reste 143. *Preuve :* 223 × 131 = 29213 + 143 = 29356.

Dans la seconde question le quotient est 162 et il reste 76. *Preuve :* 2121 × 162 = 343602 + 76 = 343678.

Remarque. La disposition que nous donnons ci-dessus au quotient est indifférente.

§ VI. Différents moyens d'abréger la division(*).

92.	3520|10=352		6465|10=646		78240|100=782	
	30		60		700	
	52		46		824	
	50	352,0	40	646,5	800	782,40
	20		65		240	
	20		60		200	
	00		5		40	

Quoique la division par 10, 100, 1000, 10000, etc., s'effectue beaucoup plus facilement que par tout autre nombre, il est un moyen très-simple de la rendre infiniment plus rapide encore,

Nous avons vu (21-65) qu'en ajoutant à la droite

(*) Nous rappelons ici qu'il ne faut jamais présenter de prime-abord les moyens d'abréger les opérations. Si l'on peut amener l'élève à trouver lui-même le moyen d'abréger, cela n'en vaudra que mieux ; dans tous les cas il faut toujours lui faire faire l'opération d'après la règle générale, c'est-à-dire par le procédé le plus long, et ensuite la lui faire répéter en regard par le procédé abrégé. De cette manière il se convaincra mieux de l'identité des deux opérations et pourra les comparer.

Au nombre des moyens d'abréger la division il y a celui qui consiste à soustraire immédiatement les produits partiels des dividendes partiels sans les écrire. Nous recommandons expressément de n'indiquer ce moyen qu'en dernier lieu, et lorsque l'élève sera parfaitement rompu au mécanisme de la division ; ce moyen compliquant l'opération de manière à en rendre l'intelligence difficile.

d'un nombre 1, 2, 3, etc., zéros, on rend ce nombre 10, 100, 1000 fois plus grand ; que, par la même raison, en retranchant de la droite d'un nombre 1, 2, 3, etc., zéros, on rend ce nombre 10, 100, 1000 fois, etc., plus petit. Or, rendre un nombre 10, 100 ou 1000 fois plus petit, c'est le diviser par 10, 100 ou 1000.

Si, comme dans les deux derniers exemples ci-dessus, le nombre à diviser n'est pas terminé par des zéros, ou par autant de zéros qu'il faudrait en retrancher, on retranche autant de chiffres qu'il faudrait supprimer de zéros ; ces chiffres retranchés forment le reste de la division, comme on peut s'en convaincre par les opérations ci-dessus.

En effet, dans la troisième question, si l'on retranche les deux derniers chiffres il reste 782, nombre cent fois plus faible que 78240 ; car le 2 qui valait 200 ne vaut plus que 2 unités, le 8 qui valait 8000 ne vaut plus que 80, le 7 qui valait 70000 ne vaut plus que 700, donc tout le nombre est devenu cent fois plus petit. Le nombre 40 qui a été retranché est le reste de la division. *Preuve* : $782 \times 100 = 78200 + 40 = 78240$.

De ces observations on peut conclure que :

Pour diviser un nombre quelconque par 10, 100, 1000, 10000, etc., il suffit de retrancher 1, 2, 3, 4, etc., chiffres sur la droite ; le nombre que l'on obtient forme le quotient, et le nombre retranché, si ce ne sont pas des zéros, forme le reste de la division.

```
93.   340 | 20 = 17        34. | 2. = 17
      20                   2
      ---                  --
      140                  14
      140                  14
      ---                  --
      000                  00
```

Lorsque le dividende et le diviseur sont terminés par des zéros, on abrège la division en supprimant un nombre égal de zéros au dividende et au diviseur, et le résultat est le même. En effet, on peut voir dans l'exemple ci-dessus que 340 divisé par 20, ou 34 divisé par 2, donnent également pour quotient 17.

Cette opération s'explique de la manière suivante : En retranchant un zéro du diviseur on l'a rendu 10 fois plus petit ; en retranchant un zéro du dividende on l'a également rendu 10 fois plus petit ; or, puisqu'ils ont tous les deux diminué dans la même proportion, le diviseur sera contenu dans le dividende autant de fois qu'il l'aurait été avant la diminution.

Ce principe s'applique, quel que soit le nombre de zéros, pourvu qu'on en retranche un nombre égal, au dividende et au diviseur, ainsi : soit 90000 à diviser par 15000, cela revient à diviser 90 par 15, ce dont on peut se convaincre en faisant la double opération.

```
 90000 | 15000 = 6      90 | 15 = 6
 90000                  90
 -----                  --
 00000                  00
```

94. — Cette abréviation est fondée sur un principe général dont il est important de se pénétrer ; ce principe est celui-ci :

Si l'on divise ou si l'on multiplie le dividende et le diviseur par un même nombre quelconque, le quotient ne varie pas. En effet, soit 24 à diviser par 12, le quotient est 2. Si l'on prend la moitié de 24 et la moitié de 12, on aura 12 divisé par 6, et le quotient sera toujours 2 ; si l'on divise 12 et 6 par 3, on aura 4 divisé par 2 et le quotient sera encore 2. Enfin, si l'on multiplie 24 et 12 par 3, on aura 72 divisé par 36, dont le quotient est toujours 2 (*).

Il est important d'observer que le quotient ne change pas quand le dividende et le diviseur sont multipliés

---

(*) Nous recommandons d'insister, par de nombreux exemples, sur cette démonstration qui constitue une des propriétés caractéristiques de la division. L'intelligence de ce principe sera plus tard d'un grand secours pour comprendre certaines opérations.

ou divisés par le même nombre ; mais qu'il n'en serait point ainsi s'ils étaient augmentés ou diminués par voie d'addition ou de soustraction. Soit donc 24 à diviser par 12; si l'on soustrait, par exemple, 3 de l'un et de l'autre, il restera 21 à diviser par 9, ce qui ne donne pas du tout le même résultat. Il en serait de même si l'on ajoutait 3 à l'un et à l'autre; on aurait 27 à diviser par 15, dont le quotient serait également différent.

95. — Du principe que nous venons d'expliquer découle une autre propriété de la division.

Soit 48 à diviser par 6, on a pour quotient 8. Il est évident que si l'on double le dividende, le quotient sera doublé : 48 × 2 = 96 | 6 = 16. Si on multiplie le dividende par 3, 4, 5, etc., le quotient sera également 3, 4, 5, etc., fois plus fort.

Si on rend le dividende 2, 3, 4, etc., fois plus petit, le quotient sera également 2, 3, 4, etc., fois plus petit. 48 | 2 = 24 | 6 = 4. 48 | 4 = 12 | 6 = 2.

Si l'on rend le diviseur 2, 3, 4, etc., fois plus petit, le quotient sera dans la même proportion 2, 3, 4, etc., fois plus fort. Si au lieu de diviser 48 par 6, on le divise par la moitié de 6 ou par 3, le quotient au lieu d'être 8 sera 16.

Si on rend le diviseur 2, 3, 4, etc., fois plus grand, le quotient sera dans la même proportion 2, 3, 4, etc., fois plus faible. Si au lieu de diviser 48 par 6 on le divise par 12, le quotient sera 4 au lieu d'être 8.

96. — D'après le principe que nous venons de développer ci-dessus (94), on peut simplifier la division d'une autre manière.

En général, il y a toujours avantage à opérer sur les plus petits nombres possibles, parce que les opérations sont alors plus faciles et moins sujettes à erreurs. Or, la division étant une opération très-compliquée, elle se fera d'autant plus aisément que les nombres seront plus petits. Puisque l'on peut diviser le dividende et le diviseur par le même nombre sans changer le résultat, on pourra les diviser par 2 ou par 3 ou par 5 lorsqu'on pourra le faire exactement. Soit donc 31104 à diviser par 1026. Ces deux nombres étant pairs, on peut les diviser par 2, ce qui les réduit à 15552 | 513; nombres déjà plus petits. Ces deux derniers nombres peuvent encore être divisés chacun par 3, ce qui les réduit à 5184 | 171; enfin ces deux derniers pouvant encore se diviser par 3, on a définitivement 1728 | 57, division qui doit donner le même résultat que 31104 | 1026, et qui est plus facile parce que les nombres sont plus petits.

97. — Pour que ce procédé soit avantageux, il faut qu'il puisse être employé sans peine et sans tâtonnements, autrement il vaudrait tout autant faire l'opération entière. A cet effet on s'aidera des principes suivants :

1° Tout nombre terminé à droite par un chiffre pair ou un zéro est un nombre pair et peut être divisé par 2.

2° Tout nombre terminé par un 5 ou un zéro est divisible par 5.

3° Tout nombre terminé par un zéro est divisible par 10.

4° Tout nombre dont les chiffres ajoutés ensemble comme des unités simples donne un nombre divisible par 3 ou par 9, sans reste, est également divisible par 3 ou par 9. Ainsi, par exemple, nous savons que 15552 est divisible par 3, parce que si l'on additionne les chiffres 1 + 5 + 5 + 5 + 2 on trouve 18, nombre qui est divisible par 3.

Au moyen de ces quatre principes on verra au premier coup-d'œil si un nombre peut être divisé exactement, c'est-à-dire sans reste, par 2, par 3 ou par 5.

Remarque. Ces principes recevront surtout une application utile dans les fractions; c'est pourquoi il est utile de s'en bien pénétrer. Nous y ajouterons les considérations suivantes.

Quand un nombre n'est plus divisible par 2, il serait inutile d'essayer de le diviser par 4, par 6, par 8, en un mot, par aucun nombre pair, attendu que s'il était divisible par l'un de ces nombres il l'aurait été par 2.

Quand un nombre n'est plus divisible par 3, il serait inutile d'essayer de le diviser par 6 ou par 9, en un mot par un multiple de 3, attendu que s'il était divisible par un de ces nombres, il l'aurait été par 3.

Il ne pourrait être utile d'essayer que les autres nombres premiers 7, 11, 13, etc., mais cet essai serait trop long appliqué à ce que nous avons dit ci-dessus pour la division.

98.

```
737 | 20 = 36        73 | 2 = 36
60                   6
---                  -
137                  13
120                  12
---                  --
 17                   17
```

Lorsque le diviseur seul est terminé par des zéros, on peut les retrancher, et l'on retranche en même temps du dividende autant de chiffres significatifs qu'on a supprimé de zéros au diviseur. Dans l'exemple ci-dessus 737 | 20 revient à 73 | 2, avec cette différence que le chiffre que l'on a retranché du dividende ayant une valeur ne peut être négligé ; on l'ajoute au reste pour former le reste total 17. Mais on doit observer qu'il ne faut plus diviser ce nombre 17 par 2; car en joignant le chiffre 7 au reste 1 on rétablit le dividende dans son état primitif; il faut alors aussi rétablir le diviseur primitif qui est 20; or, 17 étant moindre que 20 ne peut le contenir. On aura donc, de quelque manière qu'on fasse l'opération, 36 pour quotient, et pour reste 17. Si l'on transformait ce reste en fraction, il faudrait le diviser, non par 2, mais par 20, ce qui donnerait $\frac{17}{20}$.

99.

```
      No 1.                       No 2.
4992 | 221 = 22            4992 | 221 = 22
442                        572
---                        130
 572
 442
 ---
 130
```

Jusqu'à présent, en faisant une division, nous avons écrit le produit du diviseur par chaque chiffre du quotient sous chaque dividende partiel, et nous avons fait la soustraction. On peut abréger l'opération en se dispensant d'écrire les différents produits partiels sous chaque dividende partiel, et en soustrayant à mesure qu'on les obtient les chiffres du produit. Ainsi dans l'exemple ci-dessus n° 1, au lieu d'écrire le produit 442 sous le dividende partiel 499, on peut dire, n°. 2 : 2 fois 1 font 2, 2 de 9 il reste 7 que l'on écrit immédiatement; 2 fois 2 font 4, 4 de 9 il reste 5; 2 fois 2 font 4, 4 de 4 il reste 0. A côté du reste 57 on abaisse le chiffre suivant 2. Ayant trouvé que 221 est contenu 2 fois dans 572, on opère comme ci-dessus et l'on dit : 2 fois 1 font 2, 2 ôté de 2 il reste 0; 2 fois 2 font 4, 4 ôté de 7 il reste 3; 2 fois 2 font 4, 4 ôté de 5 il reste 1. Ainsi le quotient est 22 et il reste 130.

100.

N° 1.	N° 2.
4626 | 121 = 38	4626 | 121 = 38
363	996
996	28
968	
28	

Dans l'exemple donné ci-dessus (99), les soustractions à faire étaient simples et sans emprunts; dans celui-ci il faudrait emprunter; mais nous devons observer que dans la division les soustractions partielles ne se font jamais, s'il y a lieu, par le système des emprunts, mais toujours par celui de la compensation (40). On verra tout-à-l'heure pourquoi. Ainsi dans l'exemple ci-dessus n° 2, ayant trouvé que le diviseur 121 est contenu dans le dividende partiel 462 3 fois, on dira : 3 fois 1 font 3, 3 ôté de 2 on ne peut pas; j'ajoute 1 dizaine aux 2 unités, ce qui fait 12; 3 ôté de 12 il reste 9. 3 fois 2 font 6; mais ayant ajouté 1 dizaine au nombre supérieur, il faut en ajouter 1 au nombre inférieur pour établir la compensation, ce qui fait 7; 7 ne pouvant être retranché de 6 on ajoute 1 centaine qui vaut 10 dizaines, ce qui fait 16; 7 ôté de 16 il reste 9. 3 fois 1 font 3, plus 1 dizaine ajoutée au nombre supérieur cela fait 4; 4 ôté de 4 il reste zéro. Le premier reste est donc 99 à côté duquel on abaisse le chiffre suivant ce qui fait 996. En continuant l'opération on trouve pour quotient total 38 et pour reste définitif 28.

	N° 1.	N° 2.
101.	2129 | 264 = 8 2112 17	2129 | 264 = 8 17

Dans cette question, en multipliant le diviseur 264 par le quotient 8 on trouve d'abord 8 fois 4 qui font 32. 32 ne pouvant être retranché de 9 on ajoute à ce dernier nombre pour pouvoir soustraire; mais si l'on ajoute 1 dizaine on aura 19, nombre insuffisant pour soustraire 32. Pour pouvoir ôter 32 il faut ajouter aux 9 unités 3 dizaines, ce qui fait 39, et l'on dit : 32 ôté de 39 il reste 7, et l'on continue : 8 fois 6 font 48; mais comme on a augmenté le nombre supérieur de 3 dizaines, pour établir la compensation, il faut également augmenter le nombre inférieur de la même quantité; on dira donc 48 dizaines et 3 dizaines font 51 dizaines. 51 dizaines ne pouvant être retranchées de 2 dizaines, on ajoute à ces dernières un nombre de centaines suffisant pour pouvoir soustraire. Or, il en faut au moins 5, ce qui fait 52; 51 dizaines ôtées de 52 dizaines il reste 1 dizaine, et l'on continue : 8 fois 2 centaines font 16 centaines; mais ayant augmenté le nombre supérieur de 5 centaines, il faut également augmenter le nombre inférieur de la même quantité; on dira donc : 16 centaines et 5 centaines font 21 centaines. 21 centaines ôtées de 21 centaines il ne reste rien. Le quotient de la division est donc 8 et il reste 17. *Preuve* : 264 × 8 = 2112 + 17 = 2129.

Ce qui distingue la soustraction que nous venons de faire de la soustraction ordinaire, c'est qu'au lieu de n'augmenter le nombre supérieur, et par compensation le nombre inférieur, que de 1 dizaine, 1 centaine, 1 mille, etc., on est obligé d'en ajouter à la fois 2, 3, 4, 5, etc., autant enfin que cela est nécessaire pour pouvoir faire la soustraction. Il faut remarquer que cette nécessité n'a lieu que lorsqu'on soustrait le produit partiel à mesure qu'on le forme. Si l'on écrivait le produit partiel en totalité sous le dividende partiel avant de soustraire, comme dans le n° 1 ci-dessus, la soustraction se ferait comme à l'ordinaire, et pourrait également se faire par voie d'emprunt. Le système d'emprunts n'est impraticable que lorsqu'on fait la soustraction à mesure pour se dispenser d'écrire le produit partiel (89.)

Remarque. Ce dernier mode abrège l'opération en ce qu'il évite d'écrire des nombres ; mais il exige une certaine habitude dans la pratique pour n'être pas exposé à faire des oublis. Nous donnerons encore l'exemple suivant, qui réunit à peu près tous les cas qui peuvent se présenter.

```
251710 | 239 = 1053        251710 | 239 = 1053
 239                        1271
 ----                         760
  1271                         43
  1195
  ----
    760
    717
    ---
     43
```

§ VII. Preuves de la multiplication et de la division. Preuve par 9.

102. — Nous avons déjà vu (75) que la multiplication et la division étant la contre-partie l'une de l'autre, se servent réciproquement de preuve. Ainsi, dans toute multiplication, en divisant le produit par l'un des deux facteurs, on doit trouver pour quotient l'autre facteur

si l'opération est exacte. Dans toute division, en multipliant le diviseur par le quotient et en y ajoutant le reste, on doit retrouver le dividende si l'opération est exacte ; c'est ce que nous avons fait jusqu'à présent à chaque opération.

On emploie souvent pour la preuve de la multiplication un autre moyen qui consiste à multiplier une seconde fois en changeant l'ordre des facteurs ; c'est-à-dire en prenant pour multiplicateur le nombre qui était multiplicande. Ce changement n'influant pas sur le résultat (55), si l'on obtient le même produit par cette nouvelle combinaison, c'est que ce produit est nécessairement exact, à moins que l'on n'eût fait dans la seconde opération une erreur qui compensât exactement celle de la première, ce qui est peu probable.

Ces moyens de faire la preuve de la multiplication et de la division présentent un inconvénient, c'est que l'opération de la preuve est elle-même longue et sujette à erreur, et quelquefois plus difficile que l'opération principale. On a recours à un autre procédé beaucoup plus simple, qu'on appelle *preuve par* 9.

103. — Si l'on divise par 9 un nombre exprimé par un seul chiffre suivi d'un nombre quelconque de zéros, le reste sera toujours égal à ce même chiffre ; par exemple : après avoir divisé 6000 par 9 on trouve pour reste 6 ; 800 divisé par 9 donne pour reste 8 ; 5000 divisé par 9 donne pour reste 5, etc. D'après cela il est facile de concevoir que si l'on divise par 9 un nombre quelconque, par exemple 7829, le reste sera le même que si l'on divise par 9 la somme des chiffres qui le composent ajoutés ensemble comme des unités simples : car 7829 n'est autre chose que $7000 + 800 + 20 + 9$. En effet, en divisant ce nombre par 9, on trouve pour reste 8. La somme des chiffres 7, 8, 2, $9 = 26$. Si l'on en retranche tous les 9 il restera de même 8.

C'est sur ces deux faits qu'est basée la preuve par 9.

```
  3679          25 reste   7
  5268          21 reste × 3
 ------                  ---
  29432                  21 reste 3.
 22074
 7358
18395
19380
--------
19380972        39 reste 3.
```

Soit à multiplier 3679 par 5268, on trouve pour produit 19380972. La somme des chiffres du multiplicande est 25, et après en avoir retranché les 9 il reste 7. Après avoir fait la même opération sur les chiffres du multiplicateur il reste 3. Ces deux restes multipliés l'un par l'autre donnent 21, et en divisant ce produit 21 par 9, on trouve 3 pour reste. Si l'opération est exacte, on doit trouver de même 3 pour reste en retranchant tous les 9 de la somme des chiffres du produit.

Pour simplifier cette opération, il n'est pas toujours nécessaire d'ajouter tous les chiffres qui composent un nombre. Par exemple, si l'on veut retrancher tous les 9 du produit 19380972, on voit qu'il y a deux 9 que l'on peut retrancher; 7 et 2, dont la somme est 9, peuvent aussi être retranchés de même que 1 et 8, dont la somme est également 9. Il ne reste donc plus que 3.

L'usage apprendra d'ailleurs les moyens d'abréger cette opération.

Voici plusieurs cas qui pourraient embarrasser:

$$1^{\circ}\ 35 \times 24 = 840.$$

Dans cet exemple, la somme des chiffres des facteurs est moindre que 9; cette somme est alors considérée comme reste, et l'opération est la même que dans le cas précédent. En effet, $3 + 5 = 8$; $2 + 4 = 6$; $6 \times 8 = 48$. Si du produit 48 on retranche tous les 9, il restera 3. Le reste que donne la suppression des 9 dans le produit 840 est aussi 3.

$$2^{o}\ 36 \times 47 = 1692.$$

Dans cet exemple, le multiplicande donne pour reste 0 et le multiplicateur 2. Or, $2 \times 0 = 0$; le reste du produit des restes étant nul, il doit être également nul dans le produit total 1692. C'est ce qui a lieu en effet.

3° Si les deux facteurs sont divisibles par 9, le produit doit l'être également.

104. — La preuve de la division se fait de la manière suivante.

Nous avons vu que, dans toute division, le produit du quotient par le diviseur est égal au dividende (75). D'après cela, lorsque l'on veut vérifier l'exactitude d'une division au moyen de la preuve par 9, il faut considérer le diviseur et le quotient comme facteurs, et le dividende comme produit, et l'opération se réduit à la preuve de la multiplication. Le cas qui pourrait embarrasser l'élève est celui où la division ne s'effectuerait pas exactement, comme celle-ci : 357 | 29 = 12, mais remarquez que puisque 29 est
9

contenu dans 357 12 fois, et qu'il reste 9, 12 fois 29 ne doivent pas faire exactement 357, mais 357 — 9. Il faut donc avoir soin de retrancher le reste du dividende, et le nombre qui en résultera sera exactement le produit du diviseur par le quotient.

§ VIII. Combinaison des quatre opérations.

105. — Soit à calculer l'expression suivante :

$$\frac{12 + 8 + 10 - 9}{4} = x.$$

Cela signifie qu'il faut additionner $12 + 8 + 10$; du total 30 il faut soustraire 9; et le reste 21 doit être divisé par 4, ce qui donne pour résultat définitif

$5\frac{1}{4}$. On place sous les nombres à diviser le nombre diviseur en le séparant par un trait.

Autre ex.: $\frac{(10 \times 4) + (9 \times 6) + 12 + 5}{12}$

Solution : $10 \times 4 = 40$; $9 \times 6 = 54$; $40 + 54 + 12 + 5 = 111$; $111 | 12 = 9\frac{3}{12}$.

Autre ex.: $\frac{8 + 7 + 20 - (2 \times 4) + (6 \times 5)}{(3 \times 5) - (2 \times 3)} =$

Solution : $8 + 7 + 20 = 35$; de ce nombre il faut soustraire le produit de 2×4 ou 8 ; $35 - 8 = 27$, à ce nombre il faut ajouter le produit de 6×5 ou 30 ; $27 + 30 = 57$. Le diviseur se compose de 3×5 ou 15 moins 2×3 ou 6 ; $15 - 6 = 9$. On aura donc à diviser 57 par 9, ce qui donne $6\frac{3}{9}$ ou $6\frac{1}{3}$.

Autre exemple : On achète 5 coupons d'étoffe de chacun 6 mètres à 10 francs le mètre ; 3 autres coupons de chacun 5 mètres à 12 francs le mètre. Avec cela on fait des robes pour chacune desquelles on emploie 9 mètres d'étoffe. On demande combien on pourra faire de robes, et à combien elles reviendront chacune ?

Solution : Ce problème présente deux questions à résoudre.

1° Combien pourra-t-on faire de robes ?

On aura d'une part $5 \times 6 = 30$ mètres ; d'autre part $3 \times 5 = 15$ mètres ; total $30 + 15 = 45$ mètres. 45 divisé par 9, nombre de mètres nécessaire pour chaque robe, donne 5 robes. Cette question peut se formuler de la manière suivante :

$$\frac{(5 \times 6) + (3 \times 5)}{9} = 5 \text{ robes.}$$

2° Combien coûte chaque robe ?

On a d'abord 30 mètres $\times 10 = 300$ francs ; d'autre

part, 15 mètres $\times$ 12 = 180 francs, total 480 francs. Cette somme divisée par 5, nombre de robes, donne pour le prix de chacune 96 francs. Cette question peut se formuler de la manière suivante :

$$\frac{(5 \times 6 \times 10) + (3 \times 5 \times 12)}{5} = 96 \text{ fr.}$$

106. — Soit à calculer l'expression suivante :

$$\frac{6 \times 3 \times 2}{18 \times 2}$$

On a pour dividende $6 \times 3 \times 2 = 36$, et pour diviseur $18 \times 2 = 36$; le quotient sera 1.

Nous avons vu (94) que, dans toute division, on peut diviser le dividende et le diviseur par le même nombre sans changer la valeur du quotient. Dans la question ci-dessus, puisque nous avons le facteur 2 au dividende et au diviseur, si nous le supprimons nous aurons en réalité rendu le diviseur et le dividende chacun 2 fois plus petit. Dans ce cas, le résultat doit être le même et l'opération sera simplifiée ; en effet, en supprimant le facteur 2 la question se réduit à celle-ci qui donne le même quotient 1.

$$\frac{6 \times 3}{18} = 1$$

107. — Soit l'expression suivante :

$$\frac{12 \times 5 \times 8 \times 9}{4 \times 5 \times 8 \times 2} = 13 \tfrac{1}{2}$$

On a pour dividende $12 \times 5 \times 8 \times 9 = 4320$; pour diviseur $4 \times 5 \times 8 \times 2 = 320$, et pour quotient 13 plus $\frac{160}{320}$ ou $\frac{1}{2}$.

On peut simplifier l'opération en supprimant dans le dividende et dans le diviseur les facteurs 5 et 8 qui sont communs aux deux nombres, ce qui la réduit à :

$$\frac{12 \times 9}{4 \times 2} = 13 \tfrac{1}{2}$$

On peut la simplifier encore s'il y a dans le dividende et dans le diviseur deux nombres qui puissent être divisés par le même nombre ; ainsi, dans la question ci-dessus, 12 et 4 sont divisibles par 4 ; ce qui la réduit encore à :

$$\frac{3 \times 9}{1 \times 2} \text{ ou } \frac{3 \times 9}{2} = 13 \tfrac{1}{2}$$

On voit que par ces retranchements successifs l'opération a été réduite à de très-petits nombres beaucoup plus faciles à calculer ; c'est une application du moyen que nous avons indiqué (94-95-96) pour abréger la division.

§ IX. Opérations de règle de trois simple résolues par la méthode de l'unité (*).

108. — *Si* 20 *mètres d'étoffe coûtent* 100 *francs, combien coûteront* 28 *mètres?*

Solution. Pour savoir le prix de 28 mètres il faut connaître le prix du mètre ; or, sachant que 20 mètres coûtent 100 francs, on aura le prix du mètre en divisant 100 francs par 20, ce qui donne 5 francs ; 28 mètres coûteront donc 5 francs $\times$ 28 $=$ 140 francs.

Si un ouvrier gagne 60 *francs en* 20 *jours, combien gagnera-t-il en* 25 *jours?*

Solution. S'il gagne 60 francs en 20 jours, en 1 jour

(*) Parmi les problèmes résultant de la combinaison des quatre règles ou de quelques-unes des quatre règles, nous mettons quelques questions de *règle de trois simple* résolues par la méthode de l'unité. Ces opérations sont très-usuelles et faciles à comprendre, et comme la théorie complète de la règle de trois ne peut venir que plus tard, il n'y a aucun inconvénient à anticiper dès ce moment pour les questions usuelles qui n'offrent pas de difficultés particulières. (Voir les exercices de la 2e partie.) On y reviendra d'une manière complète au chapitre spécial de la règle de trois.

il gagnera la 20e partie de 60 francs ou 3 francs ; et en 25 jours il gagnera 25 fois 3 francs ou 75 francs.

Si l'on dépense 100 francs en 25 jours, combien dépensera-t-on en un an?

Solution. Si l'on dépense 100 francs en 25 jours, en 1 jour on dépensera la 25e partie de 100 francs ou 4 fr. ; et en un an ou 365 jours on dépensera 365 fois 4 fr. ou 1460 francs.

§ X. Opérations simples et usuelles sur les nombres complexes (6) (*).

109. — *Combien 30 jours font-ils de secondes ?* (1 j. = 24 h. ; 1 h. = 60 min. ; 1 m. = 60 sec.)

Pour résoudre cette question il faut d'abord réduire les 30 jours en heures en les multipliant par 24, ce qui fait 720. On réduit ensuite les 720 heures en minutes en les multipliant par 60, ce qui donne 43200

(*) Les opérations simples et usuelles des nombres complexes ne sont autre chose que des applications faciles des quatre règles combinées, et ne dépendent d'aucune théorie spéciale ; c'est pourquoi nous plaçons les exercices qui s'y rattachent à la suite de ceux de la division, attendu qu'ils sont d'un usage journalier, et qu'il peut être utile de savoir les calculer le plus tôt possible. On trouvera, à ce sujet, une série d'applications dans la 2e partie ; nous ne donnons ici que les types des exercices avec la manière de les résoudre. Telles sont entre autres : la réduction d'un nombre complexe à la plus petite espèce d'unité ; l'extraction des unités les plus fortes ; l'addition et la soustraction ; enfin, la multiplication d'un nombre complexe par un nombre entier. Les autres opérations telles que la multiplication par un nombre complexe, et la division sont beaucoup plus difficiles, et infiniment moins usuelles depuis l'adoption du système métrique, c'est pourquoi nous ne nous en occuperons pas ici. Le système métrique rendrait même le calcul des nombres complexes tout-à-fait inutile, s'il n'y avait pas encore des mesures non soumises au système décimal, telles que les mesures du temps, celles du cercle, ainsi que la plupart des mesures étrangères. Une foule de circonstances, dans la pratique, mettent en outre dans le cas, sinon de se servir des anciennes mesures, du moins de savoir les calculer. C'est donc à tort, selon nous, que dans quelques traités élémentaires de calcul on rejette d'une manière absolue tout ce qui se rattache à la connaissance et au calcul des anciennes mesures. La comparaison des deux espèces de calculs fait d'ailleurs mieux comprendre l'avantage du système décimal.

minutes ; enfin on réduit les minutes en secondes en les multipliant encore par 60, ce qui donne 2592000 secondes.

110. — 8 *toises* 4 *pieds* 6 *pouces* 10 *lignes font combien de lignes?* (1 t. = 6 pieds ; 1 pi. = 12 pouces ; 1 p. = 12 lignes).

On réduit les toises en pieds en les multipliant par 6, ce qui donne 48 pieds auxquels on ajoute les 4 pieds qui sont dans la question, ce qui fait 52 pieds. On réduit ensuite ces 52 pieds en pouces en multipliant par 12, puis les pouces en lignes en multipliant également par 12, en ayant soin d'ajouter les pouces et les lignes comme on l'a fait pour les pieds. L'opération sera formulée de la manière suivante :

$$8 \times 6 = 48 + 4 = 52 \text{ pieds.}$$
$$52 \times 12 = 624 + 6 = 630 \text{ pouces.}$$
$$630 \times 12 = 7560 + 10 = 7570 \text{ lignes.}$$

111. 18956 *minutes font combien de jours?*

```
  m.            h.
18956 | 60 = 315 | 24 = 13 jours.
  95           75
  356          3 heures.
   56 minutes.
```

Il faut d'abord diviser 18956 minutes par 60 pour voir combien cela fait d'heures ; on trouve 315 heures et il reste 56 minutes. On divise enuite 315 heures par 24 pour voir combien cela fait de jours ; on trouve 13 jours, il reste 3 heures. Donc 18956 minutes font 13 jours 3 heures 56 minutes.

112. — Soit à additionner les nombres suivants :

34 toises	5 pieds	8 pouces	9 lignes.
27	4	5	10
6	3	9	7
12	»	4	5
»	»	»	11
7	1	9	4
88 toises	4 pieds	2 pouces	10 lignes.

On additionne séparément chaque espèce d'unités en commençant par les plus faibles. En additionnant les lignes on trouve 46 que l'on divise par 12 pour les réduire en pouces, ce qui donne 3 pouces et 10 lignes; on écrit les 10 lignes dans la colonne des lignes et l'on retient 3 pouces. En additionnant les pouces on trouve 35 qui, avec les 3 pouces retenus, font 38 que l'on divise par 12 pour les réduire en pieds, ce qui donne 3 pieds 2 pouces; on écrit les 2 pouces dans la colonne des pouces et l'on retient 3 pieds. En additionnant les pieds on trouve 13 qui, avec les 3 pieds retenus, font 16 que l'on divise par 6 pour les réduire en toises, ce qui donne 2 toises et 4 pieds; on écrit les 4 pieds dans la colonne des pieds et l'on retient 2 toises. En additionnant les toises on trouve 86 qui, avec les 2 toises retenues, font 88 toises.

113. — *De 10 toises 2 pieds 6 pouces 4 lignes on retranche 4 toises 6 pieds 8 pouces 9 lignes; combien reste-t-il?*

	10 t.	2 p.	6 p.	4 l.
—	4	6	8	9
	5 t.	1 p.	9 p.	7 l.

On soustrait successivement les lignes des lignes, les pouces des pouces, les pieds des pieds, etc.

9 lignes ne pouvant pas être retranchées de 4 lignes, on emprunte 1 pouce qui vaut 12 lignes que l'on ajoute aux 4 lignes, ce qui fait 16; 9 lignes ôtées de 16 lignes il reste 7 lignes.

On procède de la même manière pour les autres unités, en observant que s'il faut emprunter sur les unités immédiatement supérieures, ce n'est plus 10 que l'on emprunte comme dans la soustraction ordinaire, mais un nombre qui dépend de la manière dont cette unité est subdivisée; ainsi, si pour soustraire les pouces on emprunte 1 pied, c'est 12 qu'il faut ajouter au nombre de pouces; si pour soustraire les pieds on emprunte 1 toise, c'est 6 qu'il faut ajouter au nombre de pieds.

114. — *Si de 10 pieds on ôte 5 pieds 6 pouces 4 lignes, combien reste-t-il?*

		11	12
	10 p.	0 p.	0 l.
—	5	6	4
	4 p.	5 p.	8 l.

Dans cette question, pour soustraire les lignes il faut emprunter 1 pouce; mais comme il n'y en a point on emprunte 1 pied que l'on réduit en 12 pouces; de ces 12 pouces on en laisse 11 sur les pouces, et l'on en prend un que l'on réduit en 12 lignes et que l'on écrit au dessus des lignes; la question se borne donc à soustraire 4 lignes de 12 lignes, 6 pouces de 11 pouces et 5 pieds de 9 pieds.

115. — *Un ouvrier fait 3 toises 6 pieds 4 pouces d'ouvrage par jour; combien en fera-t-il en 8 jours?*

	3 t.	6 p.	4 p.
×			8
	32 t.	2 p.	8 p.

On multiplie séparément chaque espèce d'unité en commençant par les plus faibles. 8 fois 4 pouces font 32 pouces que l'on divise par 12 pour les réduire en pieds, ce qui donne 2 pieds 8 pouces; on écrit les 8 pouces dans la colonne des pouces et l'on retient 2 pieds. 8 fois 6 pieds font 48 pieds, plus 2 pieds retenus cela fait 50 pieds que l'on divise par 6 pour les réduire en toises, ce qui donne 8 toises 2 pieds, etc.

115 *bis. On a dépensé 35 fr. 14 sous en 6 jours; combien cela fait-il par jour?*

On divise 35 fr. par 6, ce qui donne 5 fr.; il reste 5 fr. que l'on convertit en sous en les multipliant par 20, et auxquels on ajoute les 14 sous de la question. $5 \times 20 + 14 = 114$ sous que l'on divise par 6, ce qui donne 19 sous. Le quotient est donc 5 fr. 19 sous.

La preuve se fait en multipliant ce quotient par 6, d'après le procédé indiqué ci-dessus n° 115.

Une montre retarde de 11 h. 25 m. 36 secondes en 4 jours; combien cela fait-il par jour?

11 heures divisées par 4 = 2 heures; il reste 3 heures que l'on réduit en minutes en les multipliant par 60, et auxquelles on ajoute les 25 minutes de la question. 3 × 60 + 25 = 205 minutes que l'on divise par 4; 205 minutes divisées par 4 = 51 minutes; il reste 1 minute que l'on convertit en secondes en multipliant par 60 et auxquelles on ajoute les 36 secondes de la question. 1 × 60 + 36 = 96 secondes que l'on divise par 4; 96 divisé par 4 = 24 secondes. Le quotient est donc 3 heures 51 minutes 24 secondes.

On a fait 2 toises 4 pieds 6 pouces 8 lignes d'un certain ouvrage en 8 heures; combien cela fait-il par heure?

2 toises ne pouvant être divisées par 8 on les convertit en pieds : 2 t. × 6 + 4 pi. = 16 pi. qui divisés par 8 = 2 pieds. 6 pouces ne pouvant être divisés par 8 on les convertit en lignes : 6 × 12 + 8 = 80 lignes qui divisées par 8 = 10 lignes. Le quotient est donc 2 pieds 10 lignes.

§ XI. Du Terme moyen.

116. — *On a dépensé un jour 10 fr., le 2e jour 8 fr., le 3e jour 12 fr., le 4e jour 7 fr., le 5e jour 9 fr.; on demande combien on a dépensé par jour l'un dans l'autre?*

Comme on a dépensé chaque jour une somme différente, on demande combien le total de la dépense ferait par jour si l'on eût dépensé chaque fois une somme égale; c'est ce que l'on entend par les expressions : *l'un dans l'autre, l'un portant l'autre*, ou *terme moyen*. Le nombre cherché est appelé la *moyenne* ou le *terme moyen* entre les différents nombres donnés.

Pour résoudre la question ci-dessus il faut additionner toutes les sommes dépensées, et diviser le total par le nombre de jours. On aura donc : 10 + 8 + 12 + 6 + 9 = 45 | 5 = 9 fr. par jour.

§ XIII. Résumé théorique de la division et des preuves.

117. — La division est une opération par laquelle on partage un nombre en plusieurs parties égales, ou par laquelle on voit combien un nombre est contenu de fois dans un autre nombre (70).

Le nombre que l'on divise s'appelle *dividende;* celui qui sert à diviser s'appelle *diviseur*. Le résultat de la division s'appelle *quotient* (71).

Le signe de la division est une petite barre verticale placée entre le dividende et le diviseur, ou une barre horizontale placée entre le dividende au dessus et le diviseur au dessous (72).

On peut se proposer deux buts dans la division : partager un nombre en parties égales, ou voir combien un nombre est contenu de fois dans un autre. Dans l'un et l'autre cas le résultat est le même (73).

Quand on a pour but de partager un nombre en parties égales, les unités du quotient sont toujours de la même espèce que celles du dividende. Quand on cherche combien un nombre est contenu de fois dans un autre, les unités du dividende et celles du diviseur sont de la même espèce, et celles du quotient sont toujours d'une espèce différente déterminée par la nature de la question (73).

La multiplication et la division sont la contre-partie l'une de l'autre. Dans toute multiplication si l'on divise le produit par l'un des deux facteurs on trouve pour quotient l'autre facteur. Dans toute division en multipliant le diviseur et le quotient on a pour produit le dividende.

Il résulte de là que, dans une division, le dividende peut être considéré comme un produit dont le diviseur et le quotient sont les facteurs (75).

Toute division peut se faire en soustrayant le diviseur du dividende autant de fois qu'on le peut, ce qui indique le quotient, c'est-à-dire combien de fois il est contenu dans le dividende. Ce moyen étant beaucoup trop long, on emploie un procédé plus simple; d'où l'on dit que la division est une soustraction abrégée (76).

L'addition, la soustraction, la multiplication et la division sont les quatre opérations fondamentales de l'arithmétique; tous les calculs se réduisent à ces quatre opérations (77).

Puisque la multiplication et la division ne sont que des

moyens abrégés de faire dans certains cas l'addition et la soustraction, il en résulte que toutes les combinaisons des nombres se réduisent à *ajouter* et à *soustraire* (77).

La division se fait en cherchant combien le diviseur est contenu de fois dans chaque partie du dividende en commençant par la gauche (*).

Chaque partie du dividende total que l'on divise séparément se nomme *dividende partiel*.

Chaque dividende partiel est composé d'autant de chiffres que cela est nécessaire pour contenir le diviseur au moins 1 fois.

Le quotient se compose d'autant de chiffres qu'il y a de dividendes partiels. La valeur de chaque chiffre est déterminée par celle du dernier chiffre à droite du dividende partiel qui y correspond.

Lorsque le diviseur n'est pas contenu dans un dividende partiel on met un zéro au quotient, et l'on abaisse à droite du dividende partiel le chiffre suivant du dividende total.

Lorsqu'après avoir divisé un nombre il reste quelque chose, ce *reste* indique que le diviseur n'est pas contenu dans le dividende un nombre exact de fois.

Si, après avoir soustrait d'un dividende partiel le produit du diviseur multiplié par le chiffre que l'on vient de poser au quotient, le reste de la soustraction était plus fort que le diviseur, cela indiquerait que le chiffre du quotient est trop faible et que le diviseur est contenu un plus grand nombre de fois dans le dividende partiel. Il en serait de même si le reste final de toute la division était plus fort que le diviseur.

Dans certaines questions le reste d'une division est quelquefois considéré comme un simple reste; dans d'autres questions il doit être, comme le nombre principal, partagé en autant de parties égales que l'indique le diviseur; mais le diviseur n'y étant pas contenu, même 1 fois, le reste ainsi partagé donne une fraction (de 78 à 91).

Il y a différents moyens d'abréger la division dans certains cas.

1° Pour diviser par 10, 100, 1000, 10000, etc., il suffit de retrancher 1, 2, 3, 4 chiffres sur la droite du dividende; c'est-à-dire que chaque chiffre se trouvant avancé d'un, deux, trois, quatre rangs sur la droite, sa valeur est rendue 10, 100,

(*) Le mécanisme de la division est trop compliqué pour pouvoir être analysé clairement en peu de mots; nous nous bornons à rappeler les principes fondamentaux sur lesquels il repose.

1000; 10000 fois plus faible. Ces chiffres retranchés, si ce ne sont pas des zéros, forment le reste de la division (92).

2° Lorsque le dividende et le diviseur sont terminés par des zéros, on peut retrancher de l'un et de l'autre un nombre égal de zéros, sans que le résultat soit changé (93).

Cette abréviation est fondée sur ce principe : si l'on multiplie ou si l'on divise le dividende et le diviseur par le même nombre le quotient reste le même (94).

De ce principe découle cette autre propriété de la division : que plus le dividende est fort plus le quotient est fort; plus il est faible plus le quotient est faible; que plus le diviseur est fort plus le quotient est faible; et que plus le diviseur est faible plus le quotient est fort (95).

3° D'après le principe qu'en divisant par le même nombre le dividende et le diviseur le quotient ne change pas, on simplifie la division en divisant au préalable, si cela ce peut, le dividende et le diviseur par 2, par 3, ou par 5, de manière à n'avoir à opérer ensuite que sur des nombres plus faibles (96-97).

4° Lorsque le diviseur seul est terminé par des zéros on peut les retrancher et retrancher en même temps un nombre égal de chiffres à la droite du dividende. Les chiffres retranchés du dividende font partie du reste de la division (98).

5° Enfin on abrège encore la division en se dispensant d'écrire les différents produits partiels sous chaque dividende partiel, et en soustrayant de suite les chiffres du produit à mesure qu'on les obtient.

La soustraction, dans ce cas, ne peut se faire que par le système de compensation, et non par celui des emprunts (99-100-101).

La preuve ordinaire de la multiplication se fait en divisant le produit par l'un des deux facteurs; si l'opération est exacte on doit retrouver l'autre facteur (102).

La preuve ordinaire de la division se fait en multipliant le diviseur par le quotient, et l'on ajoute au produit le reste de la division. Si l'opération est exacte on doit retrouver le dividende (102).

La preuve par 9 se fait, pour la multiplication, en retranchant tous les 9 de chaque facteur; on multiplie les deux restes, et de ce produit on retranche de même tous les 9; le reste que l'on obtient alors doit être le même, si l'opération est exacte, que celui que l'on reçoit après avoir retranché tous les 9 du produit total.

Pour connaître le reste que présente la suppression de tous

les 9 dans un nombre, il suffit d'ajouter les chiffres de ce nombre comme des unités simples et d'en retrancher 9 autant de fois qu'on le peut (103).

La preuve de la division se fait de la même manière, en considérant le diviseur et le quotient comme facteurs et le dividende comme produit. Si la division avait un reste, il faudrait le retrancher du dividende avant de faire la preuve (104).

CHAPITRE VII.

FORMATION DES CARRÉS ET DES CUBES (*). — MESURE DES SURFACES ET DES SOLIDES RECTANGULAIRES.

§ I. Mesure des carrés.

118. — *Un carré* est une surface qui a 4 côtés égaux et 4 angles droits, comme dans la figure suivante :

Un carré peut avoir toutes les dimensions. Celui qui a un mètre dans tous les sens forme ce qu'on appelle *un mètre carré ;* s'il n'a qu'un décimètre ou un centimètre, c'est un décimètre ou un centimètre carré.

Remarque. Tous les commençants sont portés à dire qu'un carré ayant 1 mètre en tous sens a 4 mètres carrés; mais il est facile de leur faire remarquer que c'est la circonférence du

(*) La formation des carrés et des cubes n'étant qu'une application de la multiplication ordinaire et ne présentant aucune difficulté, il convient de l'enseigner de bonne heure en raison surtout des applications usuelles auxquelles elle donne lieu. L'extraction des racines carrées et cubiques présente, au contraire, d'assez grandes difficultés et n'est pas d'une utilité pratique aussi immédiate; c'est pourquoi nous ne la traiterons que plus tard.

carré qui a 4 mètres d'étendue, ce qu'il ne faut pas confondre avec la superficie; or la superficie d'un carré se désigne toujours par la longueur d'un des côtés.

119. — *Si un carré a 2 centimètres de chaque côté, combien aura-t-il de centimètres de superficie? — Même question s'il a 3 centimètres.*

Par la même erreur que nous venons de signaler les commerçants sont portés à dire que cela doit faire 8 centimètres dans le premier cas et 12 dans le second. L'erreur sera démontrée facilement en traçant les figures suivantes :

N° 1. N° 2.

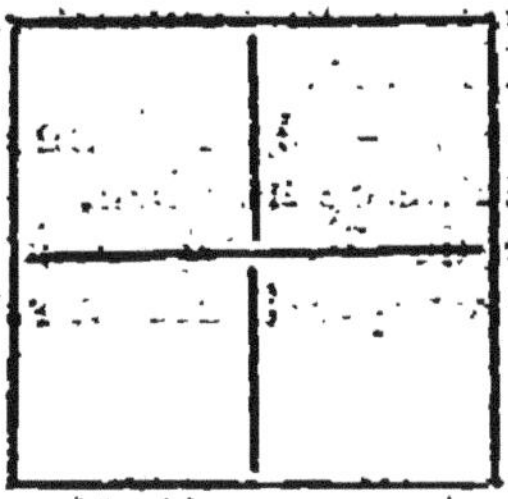

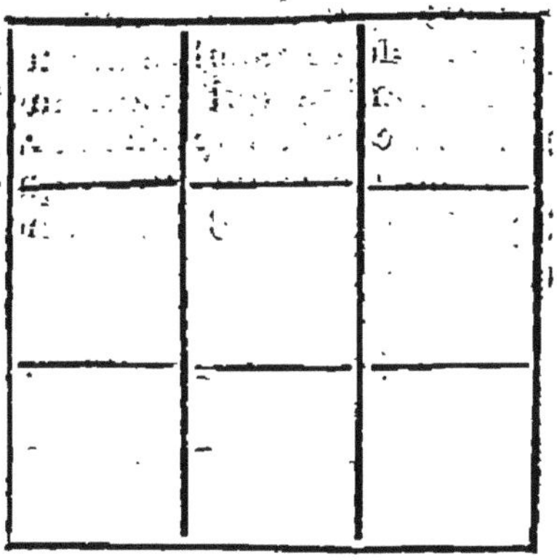

En divisant chaque côté en autant de parties qu'il contient de centimètres, et en traçant des lignes parallèles pour partager la superficie en petits carrés, chacun de ces petits carrés aura 1 centimètre; or, on voit que dans la 1re figure il y en a 4, et dans la 2e 9.

En faisant la même opération pour d'autres nombres, on trouvera qu'un carré qui a 4 centimètres de chaque côté a une superficie de 16 centimètres carrés; 5 centimètres de chaque côté donneront 25 centimètres carrés; 6 centimètres en donneront 36, etc. (*).

En observant la manière dont se forment les nombres qui expriment la nature de la superficie totale on remarquera facilement qu'on les obtient en multipliant la longueur d'un côté par elle-même, ou, ce qui revient au même, en multipliant la longueur du carré par sa largeur; mais comme il est aussi

(*) Il est indispensable de faire trouver un certain nombre de superficies par l'élève en lui faisant diviser des carrés tracés sur le papier, et cela avant de lui indiquer la formule au moyen de laquelle on peut les calculer.

long que large, il est plus simple de dire qu'on multiplie un côté par lui-même.

Soit donc un carré ayant 7 mètres de chaque côté, sa superficie sera 7×7 ou 49 mètres carrés; s'il en a 8, elle sera de 8×8 ou 64, etc.

§ II. Des Nombres carrés.

120. — Un nombre multiplié par lui-même donnant la superficie d'un carré, on appelle en général *nombre carré* tout nombre qui est le produit d'un nombre multiplié par lui-même; d'où l'on dit encore que le carré d'un nombre est le produit de ce nombre multiplié par lui-même.

Le nombre qui étant multiplié par lui-même donne un nombre carré, s'appelle la *racine carrée* de ce nombre.

D'après cela on dira : que le carré de 3 est 9 parce que $3 \times 3 = 9$; que 9 est un nombre carré; que 3 est la racine carrée de 9 (*).

§ III. Mesure des surfaces rectangulaires.

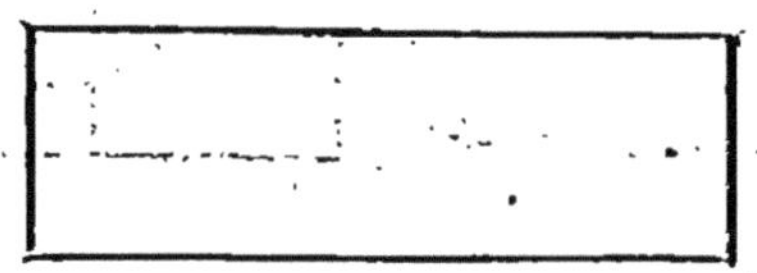

121. — Une surface, comme celle ci-dessus, dont les côtés sont égaux et parallèles deux à deux, et qui a 4 angles droits, s'appelle un *parallélogramme rectangle*, ou simplement un *rectangle*. C'est ce qu'on nomme vulgairement *un carré long*.

Soit un rectangle ayant 4 centimètres de long et 2 de large, on demande combien il a de centimètres carrés de superficie?

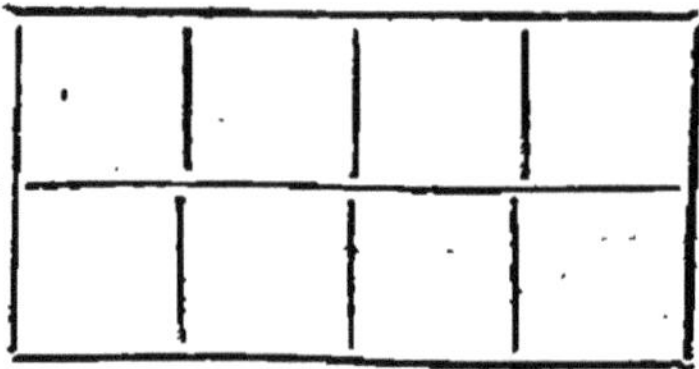

En partageant ce rectangle comme on l'a fait pour trouver

(*) On fera former à l'élève la table des nombres carrés depuis 1 jusqu'à 20.

la superficie des carrés, on verra qu'il contient 8 centimètres carrés.

En faisant la même opération sur des rectangles de différentes dimensions on trouvera qu'un rectangle de 6 centimètres de long sur 3 de large aura 18 centimètres carrés; 8 mètres de long sur 4 mètres de large donneront 32 mètres carrés.

En observant la manière dont on obtient ce résultat on reconnaîtra facilement le principe suivant :

Pour trouver la superficie d'une surface rectangulaire quelconque il faut multiplier la longueur par la largeur.

Remarque. La superficie de toute surface, quelle qu'en soit la forme, s'évalue en carrés; c'est-à-dire qu'on se propose de savoir combien une mesure carrée donnée, 1 mètre par exemple, est contenu dans cette surface quelque irrégulière qu'elle soit; mais le calcul des surfaces qui ne sont pas rectangulaires présente des difficultés qui ne sont pas du ressort de l'arithmétique.

§ IV. Mesure des cubes.

122. — Un cube est un corps ou solide géométrique qui a six faces carrées égales.

La forme d'un cube est celle d'un dé à jouer. De la définition que nous venons de donner il résulte que tous les côtés d'un cube sont égaux, et que tous les angles sont droits.

La figure ci-après représente un cube en perspective. Dans cette position il est impossible d'en voir toutes les faces à la fois et de les faire égales.

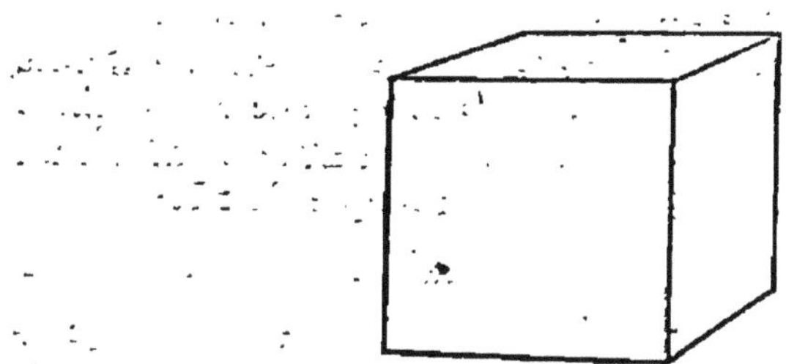

Un cube, comme un carré, peut avoir toutes les dimensions. Celui qui a un mètre dans tous les sens forme ce qu'on appelle *un mètre cube*; s'il n'a qu'un décimètre ou un centimètre, c'est un décimètre ou un centimètre cube.

123. — *Si un cube a 2 centimètres sur chaque côté, combien*

contiendra-t-il de centimètres cubes ? — *Même question s'il en a* 3 (*).

Soit une ligne de 2 centimètres de long ; le carré formé sur cette ligne aura 4 centimètres carrés ; on pourra donc la couvrir avec 4 cubes d'un centimètre chacun. Le cube total devant avoir autant de hauteur que de largeur, il faudra pour le compléter ajouter un second rang de quatre cubes, ce qui fera en tout 8. Ainsi un cube ayant 2 centimètres de chaque côté contiendra 8 centimètres cubes.

Par une démonstration analogue on trouve qu'un cube de 3 centimètres de côté renferme 27 centimètres cubes ; 4 centimètres de côté donneront 64 centimètres cubes ; 5 centimètres en donneront 125, etc.

Par cette même démonstration on reconnaîtra qu'on obtient le nombre de cubes partiels renfermés dans le cube total en multipliant la longueur d'un côté 2 fois par elle-même. Ainsi un cube qui a 8 décimètres de côté renfermera $8 \times 8 \times 8$ ou 512 décimètres cubes ; s'il en a 10 cela fera $10 \times 10 \times 10$ ou 1000 décimètres cubes.

Calculer le nombre de cubes partiels contenus dans un cube total ou dans un corps quelconque s'appelle en calculer la *solidité*.

§ V. Des Nombres cubiques.

124. — Un nombre multiplié 2 fois par lui-même donnant la solidité d'un cube, on appelle en général *nombre cubique* tout nombre qui est le produit d'un nombre multiplié deux fois par lui-même ; d'où l'on dit encore que le cube d'un nombre est le produit de ce nombre multiplié deux fois par lui-même.

Le nombre qui étant multiplié 2 fois par lui-même donne un nombre cubique s'appelle la *racine cubique* de ce nombre.

D'après cela on dira : que le cube de 3 est 27, que 27 est un nombre cubique, et que 3 est la racine cubique de 27.

(*) On ne peut parfaitement comprendre le calcul des cubes qu'au moyen d'objets sensibles. Il est donc nécessaire d'en avoir un certain nombre d'une égale dimension avec lesquels on formera des cubes plus ou moins grands. On trouvera, chez l'éditeur, un décimètre cube divisé en centimètres et avec lequel on peut en composer de diverses grandeurs.

§ VI. Mesure des solides rectangulaires.

125. — Un solide allongé à 6 faces dont les côtés sont égaux et parallèles deux à deux et tous les angles droits s'appelle un *parallélipipède rectangle.*

Soit un parallélipipède rectangle ayant 5 centimètres de long, 3 centimètres de large et 2 de hauteur, on demande quelle en est la solidité ; c'est-à-dire combien il renferme de centimètres cubes?

En composant le *parallélipipède* avec des cubes mobiles, comme on l'a fait pour les cubes, on trouvera que pour couvrir la surface de la base il en faut 3 × 5 ou 15. Mais comme il doit avoir 2 centimètres de hauteur, il faudra mettre un second rang de 15 cubes, ce qui fera en tout 30 centimètres cubes.

En faisant la même opération sur des parallélipipèdes de différentes dimensions on reconnaîtra le principe suivant :

Pour trouver la solidité d'un parallélipipède rectangle quelconque il faut multiplier la longueur par la largeur, et le produit par la hauteur.

Remarque. La solidité de tout corps, quelle qu'en soit la forme, s'évalue en cubes ; c'est-à-dire qu'on se propose de savoir combien il contient de cubes d'une dimension donnée ; mais le calcul de la solidité des corps qui ne sont pas rectangulaires présente des difficultés qui ne sont pas du ressort de l'arithmétique.

§ VII. Mesure des capacités rectangulaires.

126. — Une capacité peut avoir la forme d'un cube ou d'un parallélipipède rectangle. La mesure de toute capacité s'évalue en cubes ; c'est-à-dire qu'on se propose de savoir combien cette capacité pourrait contenir de cubes d'une dimension donnée ; on dit alors qu'elle a *tant* de centimètres, décimètres ou mètres cubes.

Le principe que nous avons posé pour la mesure des solides rectangulaires s'applique également à celle des capacités ; c'est-à-dire qu'on multiplie la longueur par la largeur et le produit par la profondeur. Seulement au lieu de dire qu'on en cherche la solidité, on dit qu'on en cherche la capacité.

Soit un bassin de 30 mètres de long sur 4 mètres de large et 3 mètres de profondeur, on demande quelle en est la capacité ; c'est-à-dire combien il contient de mètres cubes?

En multipliant la longueur 30 par la largeur 4 on a 120, et ce produit par la profondeur 3 on a 360. La capacité de ce bassin est donc de 360 mètres cubes.

Nota. La remarque ci-dessus, placée à la fin du numéro 123, s'applique également à la mesure des capacités.

§ VIII. Résumé théorique des carrés et des cubes.

127. — Un carré est une surface qui a 4 côtés égaux et 4 angles droits.

La superficie d'un carré se désigne par la longueur d'un de ses côtés ; ainsi *un mètre carré* est un carré qui a un mètre dans tous les sens (118).

Calculer la superficie d'une surface c'est chercher combien elle contient de carrés d'une dimension donnée.

On calcule la superficie d'un carré en multipliant la longueur d'un côté par elle-même ; le produit donne la superficie du carré ; c'est-à-dire le nombre de carrés partiels contenus dans le carré total (119).

Former le carré d'un nombre, c'est le multiplier par lui-même ; d'où l'on appelle *nombre carré* le produit d'un nombre multiplié par lui-même, et *racine carrée* le nombre qu'il faut multiplier par lui-même pour avoir un nombre carré donné (120).

Un parallélogramme rectangle ou simplement un rectangle est une surface dont les côtés sont égaux et parallèles deux à deux et qui a 4 angles droits.

La superficie d'un rectangle se calcule en multipliant la longueur par la largeur (121).

Un cube est un solide qui a six faces carrées égales et qui a la forme d'un dé à jouer.

Le volume d'un cube se désigne par la longueur d'un de ses côtés ; ainsi un *mètre cube* est un cube qui a un mètre dans tous les sens (122).

Calculer la *solidité* d'un corps c'est chercher combien son volume contient de cubes d'une dimension donnée.

On trouve la solidité d'un cube en multipliant la longueur d'un côté deux fois par elle-même (123).

Former le cube d'un nombre c'est le multiplier deux fois par lui-même ; d'où l'on appelle *nombre cubique* le produit d'un nombre multiplié deux fois par lui-même, et *racine cubique* le nombre qu'il faut multiplier deux fois par lui-même pour avoir un nombre cubique donné (124).

Un *parallélipipède rectangle* est un solide allongé à 6 faces dont les côtés sont égaux et parallèles deux à deux et tous les angles droits.

La solidité d'un parallélipipède se calcule en multipliant la longueur par la largeur et le produit par la hauteur (125).

Les capacités se mesurent comme la solidité en calculant le nombre de cubes d'une dimension donnée qu'elles peuvent contenir.

Toute capacité de forme rectangulaire se mesure comme les solides en multipliant la longueur par la largeur, et ce produit par la profondeur (126).

CHAPITRE VIII.

FRACTIONS ORDINAIRES. — PROPRIÉTÉS DES FRACTIONS. — ADDITION ET SOUSTRACTION.

---

§ I. Notions préliminaires.

128. — Toute unité peut être partagée en un nombre indéfini de parties. Les parties de l'unité s'appellent *fractions* (*). Les fractions supposent toujours que l'unité a été partagée en parties égales.

Si une unité est partagée en 2 parties, chaque partie est *une demie*; si elle est partagée en 3 parties, chaque partie est *un tiers*; en 4 parties chaque partie est *un quart*; en 5 parties chaque partie est *un cinquième*, etc.

L'unité pouvant être plus ou moins grande, il en résulte que la grandeur des fractions est relative, et qu'elle dépend de celle de l'unité principale; ainsi les demies ou les tiers, par exemple, seront plus ou moins grands selon qu'ils proviendront d'unités plus ou moins grandes.

129. — Plus il y a de parties dans une unité, plus ces parties

---

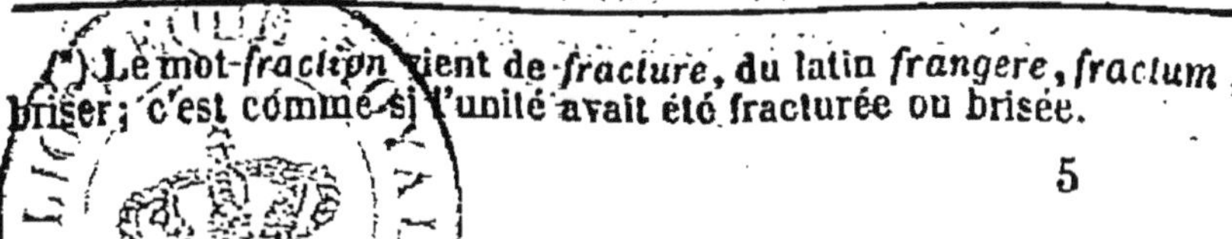

(*) Le mot *fraction* vient de *fracture*, du latin *frangere*, *fractum*, briser; c'est comme si l'unité avait été fracturée ou brisée.

sont petites ; elles diminuent dans la proportion que le nombre en augmente. Ainsi, si l'on double le nombre des parties contenues dans une unité, elles deviendront chacune deux fois plus petites ; si on le triple, elles deviendront trois fois plus petites et ainsi de suite.

Par la même raison, moins il y a de parties dans une unité, plus ces parties sont grandes ; elles augmentent dans la proportion que le nombre en diminue. Ainsi, si l'on rend le nombre des parties contenues dans l'unité deux fois plus petit, chaque partie deviendra deux fois plus grande ; si on le rend trois fois plus petit, elles deviendront trois fois plus grandes, et ainsi de suite. Il résulte de là qu'une demie est plus grande qu'un tiers, qu'un tiers est plus grand qu'un quart, etc.

Remarque. Lorsque l'on compare deux fractions de cette manière, il faut toujours supposer qu'elles proviennent d'unités parfaitement semblables ; car il est clair que le quart d'une grosse pomme, par exemple, pourrait être plus grand que la moitié d'une pomme plus petite, ainsi que nous l'avons dit ci-dessus (*).

130. — On peut souvent considérer une unité comme une fraction d'une unité plus grande, et une fraction comme unité si on la prend pour terme de comparaison d'une autre quantité plus petite de même espèce. Ainsi *une heure* est une véritable fraction par rapport au jour ; elle en est le vingt-quatrième ; tandis que c'est une unité par rapport aux minutes.

Un nombre peut être également considéré comme une fraction par rapport à un autre nombre ; ainsi 2 est la moitié de 4, le tiers de 6, le quart de 8, etc. ; 4 est les deux tiers de 6 ; 9 est les trois quarts de 12, etc.

§ II. Manière d'écrire les fractions.

131. — Lorsqu'une unité est partagée en un certain nombre de parties, en 6, par exemple, on a des sixièmes. La fraction

---

(*) La difficulté que présente l'étude des fractions tient à ce que l'élève n'a pas des idées claires sur leur valeur et leurs propriétés élémentaires ; ce sont pour lui des abstractions. C'est pourquoi il est important d'insister beaucoup sur les notions préliminaires, jusqu'à ce qu'on se soit assuré qu'il les possède avec précision. Le seul moyen d'y arriver est de multiplier les exercices avec des objets sensibles, comme des lignes divisées ou autres objets. Nous recommandons surtout les exercices du cours de calcul de tête, comme une introduction éminemment propre à donner sur ce sujet une parfaite intuition.

peut se composer de 1, 2, 3, 4 ou 5 de ces parties; on aura alors un sixième, deux sixièmes, trois sixièmes, quatre sixièmes, cinq sixièmes. Si l'on avait six sixièmes, cela ferait une unité.

Il résulte de là que, pour exprimer une fraction, il faut nécessairement deux nombres : l'un qui indique en combien de parties l'unité est partagée et qu'on appelle *dénominateur*; l'autre qui indique combien on prend de ces parties et qu'on appelle *numérateur*. Le numérateur et le dénominateur s'appellent les deux *termes* de la fraction. Ainsi dans *cinq sixièmes*, *six* est le dénominateur, parce qu'il indique que l'unité est partagée en six parties; *cinq* est le numérateur, parce qu'il indique que l'on prend cinq de ces parties.

Pour écrire les fractions on place le dénominateur sous le numérateur en les séparant par un trait horizontal; ainsi *cinq sixièmes* s'écriront : $\frac{5}{6}$.

132. — De ces observations il résulte :

1° Que lorsque dans une fraction le numérateur est plus petit que le dénominateur, comme dans $\frac{4}{5}$, la fraction vaut moins qu'un entier;

2° Que lorsque le numérateur est égal au dénominateur, comme dans $\frac{5}{5}$, la fraction est égale à un entier ou à une unité. Dans ce cas ce n'est point une fraction proprement dite, puisqu'une fraction n'est qu'une partie d'unité; c'est un entier sous forme de fraction;

3° Que lorsque le numérateur est plus fort que le dénominateur, comme dans $\frac{12}{5}$, la fraction est plus forte qu'une unité. Ce n'est point non plus une fraction proprement dite; c'est ce qu'on appelle *un nombre fractionnaire*. Un nombre fractionnaire est un nombre qui renferme des entiers et des fractions, comme $2\frac{2}{5}$ ou $\frac{12}{5}$.

§ III. Réduction des entiers en fractions et des nombres fractionnaires en entiers.

133. — *4 heures $\frac{3}{4}$ font combien de quarts d'heure?*

Il est évident que, puisqu'une heure contient 4 quarts, 4 heures contiendront 4 fois 4 quarts ou 16 quarts, auxquels il faut ajouter les $\frac{3}{4}$ qui sont en plus, ce qui fait $\frac{19}{4}$. On conclut de là que :

Pour réduire des entiers en fractions il faut multiplier le nombre d'entiers par le dénominateur de la fraction, et ajouter au produit le numérateur de la fraction.

134. — *Combien $\frac{14}{4}$ d'heure font-ils d'heures?*

Puisqu'il qu'il faut 4 quarts pour faire 1 heure, il est évident qu'on aura autant d'heures qu'il y a de fois 4 quarts dans $\frac{14}{4}$; or dans $\frac{14}{4}$ il y a 3 fois 4 quarts qui font 12 quarts, et il reste 2 quarts; cela fait donc 3 heures $\frac{2}{4}$. On conclut de là que :

Pour extraire les entiers d'un nombre fractionnaire il faut diviser le numérateur par le dénominateur. Le quotient indique le nombre d'entiers, et le reste, s'il y en a un, est une fraction en plus.

§ IV. Transformation du reste d'une division en fraction.

134 *bis*. — *Si l'on a 2 pommes à partager entre 3 personnes, quelle sera la part de chacune?*

S'il n'y avait qu'une pomme il est évident que chaque personne en aurait $\frac{1}{3}$; puisqu'il y en a 2, la part sera nécessairement double, c'est-à-dire $\frac{2}{3}$.

Par la même raison si l'on a 4 pommes à partager entre 5 personnes, la part de chacune sera $\frac{4}{5}$ de pomme. S'il y avait 5 pommes chaque personne en aurait une; comme il y en a moins de 5 chaque personne doit avoir moins d'une pomme. S'il n'y en avait qu'une, chaque personne en aurait $\frac{1}{5}$; puisqu'il y en a 4, chaque personne doit avoir le $\frac{1}{5}$ *de chaque pomme*, c'est-à-dire $\frac{4}{5}$ de pomme.

Ce résultat peut être démontré matériellement au moyen de lignes divisées.

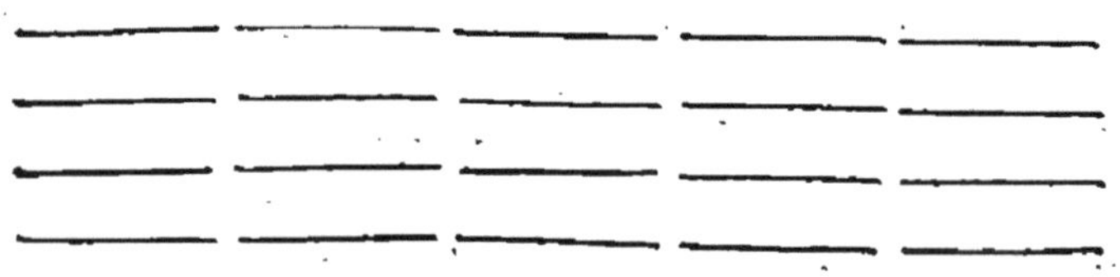

Par le même raisonnement on démontre que 5 divisé par 6 donne $\frac{5}{6}$, que 8 divisé par 10 donne $\frac{8}{10}$, etc.;

en un mot, que toutes les fois que le diviseur est plus fort que le dividende, le quotient est exprimé par une fraction dont le numérateur est formé par le dividende et le dénominateur par le diviseur.

Le raisonnement est le même lorsque le nombre à diviser est le reste d'une division.

Soit 20 à diviser par 7 ; le quotient est 2 et il reste 6 qu'il faut aussi diviser par 7, ce qui, d'après ce que nous venons de dire, fait $\frac{6}{7}$; le quotient est donc 2 $\frac{6}{7}$.

On a vu que la preuve de la division se fait en multipliant le quotient par le diviseur, et qu'au produit on ajoute le reste de la division s'il y en a un. Si le reste a été transformé en fraction, après avoir multiplié les entiers on ajoute au produit le numérateur de la fraction, puisque ce numérateur est formé du reste de la division.

On peut aussi multiplier d'abord cette fraction dont on extrait ensuite les entiers, s'il y a lieu, pour les ajouter au produit des entiers du quotient.

Dans la question ci-dessus pour multiplier le quotient 2 $\frac{6}{7}$ par 7, on peut multiplier d'abord $\frac{6}{7}$; or, 7 fois $\frac{6}{7}$ font $\frac{42}{7}$ ou 6 entiers ; puis on multiplie 2 entiers par 7, ce qui donne 14, qui avec les 6 entiers provenant de la fraction font 20.

Remarque. De ces observations il résulte :

1° Qu'on peut considérer toute fraction comme une division dont le numérateur serait le dividende, et le dénominateur serait le diviseur ;

2° Que toute division peut être exprimée sous forme d'une fraction en faisant du dividende le numérateur, et du diviseur le dénominateur ; ainsi, par exemple, 350 à diviser par 10 peut s'écrire et s'énoncer $\frac{350}{10}$.

§ V. Augmentation et diminution de la valeur des fractions.

135. — Nous avons vu que plus une unité contient de parties, plus ces parties sont petites. Il en résulte que de deux fractions qui ont le même numérateur et

des dénominateurs différents, telles que $\frac{5}{5}$ et $\frac{5}{8}$, la plus forte est celle qui a le plus petit dénominateur.

Le numérateur indiquant le nombre de parties contenues dans la fraction, il en résulte que de deux fractions qui ont le même dénominateur et des numérateurs différents, telles que $\frac{5}{8}$ et $\frac{7}{8}$, la plus forte est celle qui a le plus fort numérateur.

D'où l'on conclut que : dans une fraction plus le dénominateur est fort plus la fraction est faible ; plus il est faible plus la fraction est forte ; que plus le numérateur est fort plus la fraction est forte ; plus il est faible plus la fraction est faible.

De ces observations il résulte encore : qu'en augmentant le dénominateur on diminue la valeur de la fraction ; en le diminuant on en augmente la valeur ; qu'en augmentant le numérateur on augmente la valeur de la fraction ; en le diminuant on en diminue la valeur.

Soit donc la fraction $\frac{6}{8}$; si l'on divise le numérateur 6 par 2, on aura $\frac{3}{8}$, fraction qui est évidemment la moitié de $\frac{6}{8}$; si on multiplie le numérateur 6 par 2 on aura $\frac{12}{8}$, fraction double de $\frac{6}{8}$. Si on multiplie le dénominateur 8 par 2 on aura $\frac{6}{16}$, fraction qui est la moitié de $\frac{6}{8}$, attendu que le nombre des parties étant doublé, chaque partie doit être moitié plus petite. Si l'on divise le dénominateur 8 par 2 on aura $\frac{6}{4}$, fraction qui est double de $\frac{6}{8}$, attendu que le nombre des parties étant moitié moindre, chaque partie doit être deux fois plus forte (*).

136. — D'après cela on voit que pour prendre la

(*) Ces principes, très-simples en apparence, sont néanmoins très-abstraits pour les élèves ; de l'intelligence parfaite de ces principes dépend cependant entièrement l'intelligence de toute la théorie des fractions. Il est impossible de les rendre parfaitement clairs si l'on n'en fait la démonstration au moyen d'objets sensibles. A cet effet, on tracera des lignes divisées en parties égales, sur lesquelles on fera montrer la valeur du numérateur et du dénominateur, ainsi que les changements qu'ils subissent en augmentant et en diminuant le nombre des parties. On ne saurait trop insister sur ces exercices préliminaires avant d'aller plus loin.

moitié, le tiers, le quart, etc., d'une fraction on peut s'y prendre de deux manières; soit en divisant le numérateur, soit en multipliant le dénominateur par 2, 3, 4, etc. Ainsi : la moitié de $\frac{2}{4}$ sera $\frac{1}{4}$ ou $\frac{2}{8}$; la moitié de $\frac{4}{5}$ sera $\frac{2}{5}$ ou $\frac{4}{10}$; la moitié de $\frac{6}{7}$ sera $\frac{3}{7}$ ou $\frac{6}{14}$. Le tiers de $\frac{3}{4}$ sera $\frac{1}{4}$ ou $\frac{3}{12}$; le tiers de $\frac{6}{7}$ sera $\frac{2}{7}$ ou $\frac{6}{21}$; le tiers de $\frac{9}{12}$ sera $\frac{3}{12}$ ou $\frac{9}{36}$.

Pour rendre une fraction 2, 3, 4, etc., fois plus forte, on peut également s'y prendre de deux manières; soit en multipliant le numérateur, soit en divisant le dénominateur par 2, 3, 4, etc. Ainsi : le double de la fraction $\frac{2}{6}$ sera $\frac{4}{6}$ ou $\frac{2}{3}$; le double de $\frac{3}{4}$ sera $\frac{6}{4}$ ou $\frac{3}{2}$; le double de $\frac{4}{10}$ sera $\frac{8}{10}$ ou $\frac{4}{5}$. Le triple de $\frac{2}{6}$ sera $\frac{6}{6}$ ou $\frac{2}{2}$; le triple de $\frac{3}{12}$ sera $\frac{9}{12}$ ou $\frac{3}{4}$.

137. — Le double moyen d'augmenter et de diminuer une fraction n'est pas toujours praticable sur toutes les fractions; on ne peut l'employer lorsque le nombre par lequel on doit diviser n'est pas exactement contenu dans les termes qu'il faudrait diviser ; ainsi, par exemple, pour prendre la moitié de $\frac{3}{4}$, il faut ou doubler le dénominateur, ce qui donne $\frac{3}{8}$, ou diviser le numérateur par 2, ce qui ne se peut pas exactement. On ne pourra donc prendre la moitié de $\frac{3}{4}$ que d'une seule manière. Pour prendre le tiers de $\frac{5}{6}$, on ne pourra également que multiplier le dénominateur 6 par 3, ce qui donne $\frac{5}{18}$, attendu qu'on ne peut prendre exactement le tiers du numérateur 5. Pour doubler la fraction $\frac{3}{5}$, le dénominateur 5 n'étant pas divisible par 2, on ne peut que multiplier le numérateur 3 par 2, ce qui donne $\frac{6}{5}$.

§ VI. Fractions équivalentes.

138. — On conçoit facilement que $\frac{2}{4}$, $\frac{3}{6}$, $\frac{4}{8}$ ont la même valeur ou équivalent à $\frac{1}{2}$; que $\frac{2}{6}$, $\frac{3}{9}$, $\frac{4}{12}$ équivalent à $\frac{1}{3}$.

Il est évident, en effet, que puisque le dénominateur indique combien il y a de parties dans l'unité, et le numérateur combien on prend de ces parties, si le numérateur est lui-même la moitié, le tiers, le quart, etc., du dénominateur, la fraction équivaudra à $\frac{1}{2}$, $\frac{1}{3}$ ou $\frac{1}{4}$.

Par la même raison puisque $\frac{2}{6}$ équivalent à $\frac{1}{3}$, $\frac{4}{6}$ équivaudront à $\frac{2}{3}$; $\frac{2}{8}$ équivalant à $\frac{1}{4}$, $\frac{4}{8}$ équivaudront à $\frac{2}{4}$, $\frac{6}{8}$ à $\frac{3}{4}$, et $\frac{8}{8}$ à $\frac{4}{4}$ ou à 1 entier.

On voit, d'après cela, que des fractions exprimées en nombres différents peuvent avoir la même valeur (*).

§ VII. Réduction des fractions à leur plus simple expression.

139. — Nous venons de voir que la même fraction peut être exprimée avec des nombres différents sans changer de valeur; cette propriété est d'une grande utilité en ce qu'elle permet de simplifier beaucoup les opérations dans certains cas; comme les calculs sont toujours infiniment plus faciles sur de petits nombres, on profite de la facilité que donnent certaines fractions d'être exprimées avec le moins de chiffres possible. C'est ainsi, par exemple, que $\frac{500}{1000}$ équivalant à $\frac{1}{2}$, il sera plus simple de calculer avec $\frac{1}{2}$ qu'avec $\frac{500}{1000}$.

Exprimer une fraction avec les plus petits nombres possibles s'appelle *réduire une fraction à sa plus simple expression*; ainsi $\frac{1}{2}$ est la plus simple expression de $\frac{500}{1000}$.

Il est des fractions dont on reconnaît la plus simple expression à première vue; ainsi on voit de suite que $\frac{500}{1000}$ équivalent à $\frac{1}{2}$; que $\frac{25}{100}$ équivalent à $\frac{1}{4}$, que $\frac{6}{18}$ équivalent à $\frac{1}{3}$, etc.; mais il en est beaucoup dont on ne peut pas trouver aussi aisément la plus simple expression; il faut alors avoir recours à une formule que nous allons expliquer.

139 *bis*. — Nous avons vu (135-136-137) qu'on augmente une fraction en mutipliant son numérateur,

(*) C'est surtout au moyen de lignes divisées qu'on rendra sensible l'égalité de valeur entre les fractions équivalentes.

et qu'on la diminue en multipliant son dénominateur. Soit donc la fraction $\frac{1}{3}$; si on multiplie le numérateur par 4 on aura $\frac{4}{3}$, fraction quatre fois plus forte; si d'un autre côté on multiplie le dénominateur par 4, on aura $\frac{4}{12}$, fraction quatre fois plus petite que $\frac{4}{3}$. Or, la fraction $\frac{1}{3}$ ayant été rendue d'un côté 4 fois plus forte, et de l'autre 4 fois plus faible, il y a nécessairement compensation; en effet, nous voyons que $\frac{4}{12}$ et $\frac{1}{3}$ ont la même valeur.

D'après les mêmes principes nous savons qu'en divisant le numérateur d'une fraction on la rend plus petite, et qu'en divisant le dénominateur on la rend plus grande. Soit donc la fraction $\frac{8}{20}$; si l'on divise le numérateur par 4 on aura $\frac{2}{20}$, fraction 4 fois plus petite; si d'un autre côté on divise le dénominateur par 4 on aura $\frac{2}{5}$, fraction 4 fois plus forte que $\frac{2}{20}$; or, la fraction $\frac{8}{20}$ ayant été rendue d'un côté 4 fois plus faible et de l'autre 4 fois plus forte, il y a nécessairement compensation; en effet, on voit que $\frac{8}{20}$ et $\frac{2}{5}$ ont la même valeur.

Des observations précédentes on conclut que : *si l'on multiplie ou si l'on divise les deux termes d'une fraction par le même nombre, la fraction ne change pas de valeur.*

140. — Ce principe fournit naturellement le moyen de simplifier l'expression d'une fraction en divisant les deux termes par le même nombre, puisque dans ce cas elle ne change pas de valeur.

Soit donc la fraction $\frac{40}{100}$; les deux termes étant terminés par un zéro, on peut les diviser par 10 en retranchant ce zéro, ce qui donne $\frac{4}{10}$, fraction déjà plus simple; mais on voit que les deux termes de $\frac{4}{10}$ peuvent être divisés par 2, ce qui la réduit à $\frac{2}{5}$ qui est sa plus simple expression.

Soit la fraction $\frac{25}{30}$; on voit que les deux termes peuvent être divisés par 5, ce qui la réduit à $\frac{5}{6}$.

Soit la fraction $\frac{36}{54}$; les deux termes étant des nombres pairs peuvent être divisés par 2, ce qui la réduit à $\frac{18}{27}$; ces deux nouveaux termes sont à leur tour divisibles par 3, ce qui la réduit encore à $\frac{6}{9}$; enfin ces deux derniers termes peuvent encore être divisés chacun par 3, ce qui la réduit en définitive à $\frac{2}{3}$.

Soit la fraction $\frac{96}{120}$; en divisant les deux termes par 2, on trouve $\frac{48}{60}$; une seconde division par 2 donne $\frac{24}{30}$; une troisième division par 2 donne $\frac{12}{15}$; ces deux termes ne sont plus divisibles par 2, mais on voit qu'on peut les diviser par 3, ce qui donne pour la plus simple expression $\frac{4}{5}$.

Soit enfin la fraction $\frac{900}{1000}$; les deux termes sont divisibles par 100 en retranchant deux zéros de chacun, ce qui donne $\frac{9}{10}$.

Pour arriver à la plus simple expression d'une fraction il faut souvent faire, comme on le voit, plusieurs divisions successives, en divisant d'abord par 2 autant de fois qu'on le peut, puis par 3, puis par 5. Pour ne pas faire des essais inutiles, il faut se guider d'après les règles que nous avons indiquées à la division (nº 97), et nous résumerons ce que nous venons de dire par le principe suivant :

Pour réduire une fraction à sa plus simple expression, il faut diviser successivement les deux termes par les nombres premiers autant de fois que cela se peut (*).

Remarque. Si les deux termes sont terminés par des zéros, la première chose à faire est de diviser par 10, 100, 1000, etc., suivant le nombre de zéros qu'on peut retrancher. Dans beaucoup de cas on peut se dispenser d'avoir recours à toutes ces divisions successives, lorsqu'on voit au premier coup-d'œil la plus simple expression d'une fraction; c'est ainsi qu'on voit de suite que la plus simple expression de $\frac{24}{48}$ est $\frac{1}{2}$, de $\frac{12}{36}$ est $\frac{1}{3}$, de $\frac{24}{36}$ est $\frac{2}{3}$, etc.

(*) Dans le paragraphe suivant nous donnerons le moyen de trouver le plus grand commun diviseur; mais il est inutile de se hâter de l'indiquer; on peut attendre sans inconvénient; la théorie des fractions est déjà si abstraite qu'il ne faut pas la compliquer trop rapidement par de nouvelles formules dont la nécessité n'est pas absolue, et qui ne pourraient qu'apporter de la confusion dans l'esprit.

§ VIII. Du plus grand commun diviseur.

141. — Soit la fraction $\frac{16}{24}$ à réduire à sa plus simple expression. On peut diviser les deux termes par 2, ce qui donne $\frac{8}{12}$; une seconde division par 2 donne $\frac{4}{6}$, enfin une troisième division par 2 donne $\frac{2}{3}$. Mais on peut observer qu'au lieu de faire trois divisions successives par 2 on aurait pu immédiatement diviser les deux termes par 8, ce qui eût donné également $\frac{2}{3}$. Le plus grand nombre qui divise également les deux termes s'appelle *le plus grand commun diviseur*.

On conçoit que si l'on divisait immédiatement les deux termes par le plus grand commun diviseur, on abrègerait l'opération en évitant plusieurs divisions successives. Dans beaucoup de cas on reconnaît le plus grand commun diviseur à la simple inspection des nombres; ainsi, par exemple, dans $\frac{24}{36}$ on voit de suite que les deux termes sont divisibles par 12, ce qui donne $\frac{2}{3}$; mais aussi dans beaucoup de cas on ne le voit pas aussi aisément, c'est pourquoi on a recours à la formule suivante pour le trouver.

142. — Soit la fraction $\frac{60}{144}$ dont on veut connaître le plus grand commun diviseur :

	2	2	2
144	60	24	12
24	12	0	

On divise le plus grand terme par le plus petit, 144 par 60. Il y est contenu 2 fois et il reste 24. On pose le quotient 2 au dessus du diviseur 24, seulement

Il est donc préférable que, pour la réduction des fractions à leur plus simple expression, les élèves s'en tiennent jusqu'à nouvel ordre au mode des divisions successives que nous venons d'indiquer, ce mode étant même d'ailleurs plus abrégé dans une foule de cas. Nous recommandons surtout d'habituer l'élève, par de nombreux exercices, à se passer des formules toutes les fois que cela se peut, et à trouver de tête et à la simple inspection, la plus simple expression d'une fraction.

pour mémoire, attendu qu'il n'est plus d'aucune utilité.

On divise de nouveau 60 par le reste 24; il y est contenu 2 fois et il reste 12; on divise ensuite le premier reste 24 par le second reste 12; il y est contenu 2 fois; cette fois l'opération se fait sans reste; on en conclut que c'est 12 qui est le plus grand commun diviseur. En effet, en divisant 60 et 144 par 12, on trouve $\frac{5}{12}$ qui est la plus simple expression de $\frac{60}{144}$.

L'opération se réduit donc à diviser le plus grand terme par le plus petit, celui-ci par le reste, ce reste par le nouveau reste, et ainsi de suite jusqu'à ce que la division s'opère sans reste. C'est le nombre qui a divisé exactement qui est le plus grand commun diviseur.

Soit à trouver le plus grand commun diviseur de $\frac{37}{229}$.

	6	5	3
229	37	7	2
7	2	1	

Lorsqu'il arrive, comme dans cet exemple, que le dernier reste est 1, c'est une preuve que la fraction est irréductible, puisque c'est 1 qui est le plus grand commun diviseur.

143. — Voici deux observations qui peuvent guider dans la recherche du plus grand commun diviseur.

1° Si le numérateur est une partie exacte du dénominateur, comme dans $\frac{12}{36}$, c'est ce numérateur qui est lui-même le plus grand commun diviseur.

2° Si l'un des termes est un nombre premier, comme dans $\frac{29}{36}$, la fraction est irréductible. Elle serait cependant réductible dans le cas où le numérateur étant un nombre premier serait un sous-multiple du dénominateur, comme dans $\frac{11}{44}$ qui équivaut à $\frac{1}{4}$.

§ IX. Addition des fractions. — Réduction des fractions au même dénominateur (*).

144. — *On a écrit $\frac{3}{8} + \frac{5}{8} + \frac{6}{8} + \frac{1}{8}$ de page; combien a-t-on écrit en tout?*

Il est évident que pour additionner ces quatre fractions il faut ajouter leurs numérateurs. On trouve pour total $\frac{15}{8}$ de page ou 1 page $\frac{7}{8}$. On en conclut que :

Pour additionner les fractions il faut additionner tous les numérateurs et donner au total le dénominateur des fractions additionnées.

145. — Soit à additionner :

$$\begin{array}{r} 3\ \frac{1}{3} \\ 2\ \frac{2}{3} \\ 5\ \frac{2}{3} \\ 1\ \frac{1}{3} \\ 2\ \frac{1}{3} \\ \hline 15\ \frac{1}{3} \end{array} \qquad\qquad \begin{array}{r} 2\ \frac{1}{4} \\ 3\ \frac{3}{4} \\ 1\ \frac{3}{4} \\ 5\ \frac{1}{4} \\ \hline 13 \end{array}$$

Lorsque l'addition se compose d'entiers et de fractions, on commence à additionner les fractions; si elles donnent des entiers, on les retient pour les ajouter avec les entiers.

Remarque. On pourrait également commencer l'addition par les entiers. Si l'on commence par les fractions, c'est pour que, dans le cas où les fractions donneraient des entiers, on ne soit pas obligé de changer le nombre qui aurait déjà été posé. Cette observation est la même que celle que nous avons déjà faite pour l'addition des entiers (30).

146. — Soit à additionner :

$$\begin{array}{lcl} 2\ \frac{1}{2} & = & \frac{2}{4} \\ 3\ \frac{1}{4} & = & \frac{1}{4} \\ \hline 5 & & \frac{3}{4} \end{array} \qquad \begin{array}{lcl} 3\ \frac{1}{2} & = & \frac{3}{6} \\ 4\ \frac{1}{3} & = & \frac{2}{6} \\ 2\ \frac{5}{6} & = & \frac{5}{6} \\ \hline 10 & & \frac{4}{6} \text{ ou } \frac{2}{3} \end{array} \qquad \begin{array}{lcl} 5\ \frac{1}{4} & = & \frac{3}{12} \\ 6\ \frac{2}{3} & = & \frac{8}{12} \\ 4\ \frac{5}{12} & = & \frac{5}{12} \\ \hline 16 & & \frac{4}{12} \text{ ou } \frac{1}{3} \end{array}$$

(*) Nous faisons marcher simultanément ces deux parties, parce que l'élève ne peut bien comprendre l'utilité de la réduction au même dénominateur que par l'application que l'on en fait à l'addition.

Dans la première question on ne peut additionner une demie et un quart, parce qu'on ne peut additionner que des quantités de même espèce (26) ; mais on peut transformer $\frac{1}{2}$ en $\frac{2}{4}$; on aura donc : $\frac{2}{4} + \frac{1}{4} = \frac{3}{4}$; 2 entiers + 3 entiers = 5 entiers.

Dans la seconde question on voit que toutes les fractions peuvent être transformées en sixièmes ; $\frac{1}{2} = \frac{3}{6}$, $\frac{1}{3} = \frac{2}{6}$. On aura donc : $\frac{3}{6} + \frac{2}{6} + \frac{5}{6} = \frac{10}{6} = 1$ entier $\frac{4}{6}$ ou $\frac{2}{3}$.

Dans la troisième question toutes ces fractions peuvent être transformées en douzièmes ; l'opération se fait comme les précédentes.

De ces observations on conclut :

1° Qu'on ne peut additionner que des fractions de même espèce, c'est-à-dire ayant le même dénominateur ;

2° Que lorsque les fractions à additionner n'ont pas le même dénominateur, il faut en changer l'expression sans en changer la valeur, et leur donner à toutes le même dénominateur ; c'est ce qu'on appelle *réduire les fractions au même dénominateur.*

147. — Soit à additionner :

$$\begin{array}{rcl} 3\,\frac{1}{2} & = & \frac{3}{6} \\ 4\,\frac{2}{3} & = & \frac{4}{6} \\ \hline 8 & & \frac{1}{6} \end{array} \qquad\qquad \begin{array}{rcl} 6\,\frac{2}{3} & = & \frac{8}{12} \\ 4\,\frac{3}{4} & = & \frac{9}{12} \\ 2\,\frac{5}{6} & = & \frac{10}{12} \\ 3\,\frac{1}{2} & = & \frac{6}{12} \\ \hline 17 & & \frac{9}{12} \text{ ou } \frac{3}{4} \end{array}$$

Lorsqu'on ne trouve pas dans les fractions de la question un dénominateur commun qui puisse convenir à toutes, on est obligé de le chercher en dehors ; ainsi dans la première question les *demies* ne pouvant être changées en *tiers*, ni les tiers en demies, on voit que les deux fractions peuvent être changées en sixièmes ; $\frac{1}{2} = \frac{3}{6}$, $\frac{2}{3} = \frac{4}{6}$.

Dans la seconde question elles peuvent toutes être changées en douzièmes.

La manière de faire ce changement est facile à concevoir ; il faut d'abord que le nombre que l'on prend pour dénominateur commun soit un multiple des dénominateurs de toutes les fractions à réduire ; il faut ensuite voir par quel nombre il faudrait multiplier chaque dénominateur pour avoir le dénominateur commun. Soit, par exemple, $\frac{2}{3}$ à changer en douzièmes. Pour changer le dénominateur 3 en 12 il faut le multiplier par 4 ; mais pour que la fraction ne change pas de valeur il faut multiplier les deux termes par le même nombre, ce qui donne $\frac{8}{12}$. On voit de la même manière que pour changer $\frac{3}{4}$ en douzièmes il faut multiplier les deux termes par 3, ce qui donne $\frac{9}{12}$; pour $\frac{5}{6}$ il faut les multiplier par 2, ce qui donne $\frac{10}{12}$; pour $\frac{1}{2}$ il faut les multiplier par 6, ce qui donne $\frac{6}{12}$.

148. — Soit à additionner :

$$\begin{array}{l} 3\,\frac{4}{8} = \frac{1}{2} \\ 5\,\frac{3}{6} = \frac{1}{2} \\ 2\,\frac{6}{12} = \frac{1}{2} \\ 4\,\frac{5}{10} = \frac{1}{2} \\ \hline 17 \end{array} \qquad\qquad \begin{array}{l} 2\,\frac{10}{15} = \frac{2}{3} = \frac{8}{12} \\ 4\,\frac{6}{9} = \frac{2}{3} = \frac{8}{12} \\ 6\,\frac{6}{8} = \frac{3}{4} = \frac{9}{12} \\ 3\,\frac{5}{10} = \frac{1}{2} = \frac{6}{12} \\ \hline 17 \qquad\qquad \frac{7}{12} \end{array}$$

Une des premières choses à considérer dans toutes les opérations sur les fractions, c'est de voir s'il en est qu'on puisse réduire à une expression plus simple. Dans la première question ci-dessus, la plus simple expression de toutes les fractions étant $\frac{1}{2}$, elles se trouvent par cela même réduites au même dénominateur.

Dans la seconde question, la fraction $\frac{10}{15}$ équivaut à $\frac{2}{3}$, $\frac{6}{9}$ à $\frac{2}{3}$, $\frac{6}{8}$ à $\frac{3}{4}$, $\frac{5}{10}$ à $\frac{1}{2}$; ces fractions étant ainsi réduites, il est facile de trouver qu'elles peuvent être transformées en douzièmes pour leur donner le même dénominateur.

§ X. Formule de réduction au même dénominateur.

149. — Jusqu'à présent, pour les fractions sur lesquelles nous avons opéré, il était facile de trouver le dénominateur commun ; mais lorsqu'il n'est pas possible de le faire de tête, on a recours à une formule que nous allons expliquer.

Soit à réduire au même dénominateur les fractions $\frac{2}{3}$ et $\frac{3}{4}$.

L'opération consiste à multiplier les deux termes de chaque fraction par le dénominateur de l'autre fraction. En effet, si l'on multiplie les deux termes de $\frac{2}{3}$ par le dénominateur 4, on aura $\frac{8}{12}$, et si l'on multiplie les deux termes de $\frac{3}{4}$ par le dénominateur 3, on aura $\frac{9}{12}$; par ce moyen les deux fractions n'ont pas changé de valeur et elles se trouvent avoir le même dénominateur.

Elles n'ont pas changé de valeur parce que les deux termes ont été multipliés par le même nombre. Elles ont le même dénominateur parce que les deux dénominateurs ayant été multipliés l'un par l'autre donnent nécessairement le même résultat, attendu que 3×4 ou 4×3 font également 12.

150.—*Soit à réduire au même dénominateur* $\frac{2}{3} + \frac{3}{4} + \frac{5}{7}$.

Lorqu'il y a plus de deux fractions, l'opération se réduit toujours à multiplier les deux termes de chacune par tous les autres dénominateurs que l'on ne considère que comme un seul nombre en les multipliant.

Dans la question précédente on commence à multiplier la première fraction $\frac{2}{3}$ par le produit de 4×7 ou 28. On aura donc pour numérateur $2 \times 28 = 56$, et pour dénominateur $3 \times 28 = 84$, soit $\frac{56}{84}$. On opère sur la seconde en multipliant les deux termes par le produit de 3×7 ou 21, ce qui donne $\frac{63}{84}$. Enfin pour la troisième on multiplie les deux termes par le produit de 3×4 ou 12, ce qui donne $\frac{60}{84}$.

Pour plus de facilité, l'opération se dispose ordinairement de la manière suivante; c'est-à-dire, qu'on répète chaque dénominateur à côté de la fraction, afin qu'il y ait moins de confusion lorsqu'on les multiplie.

$$\begin{array}{llll} \frac{2}{3} & 3 = & \frac{56}{84} & 56 \\ \frac{3}{4} & 4 = & \frac{63}{84} & 63 \\ \frac{5}{7} & 7 = & \frac{60}{84} & 60 \\ \hline & & \frac{179}{84}, & = 2\,\frac{11}{84} \end{array}$$

Soit à réduire au même dénominateur $\frac{3}{5}+\frac{6}{7}+\frac{1}{2}+\frac{3}{4}$.

Pour quatre fractions, ou un plus grand nombre, on opère de la même manière en multipliant les deux termes de chacune par le produit de tous les autres dénominateurs.

$$\begin{array}{llll} \frac{3}{5} & 5 = & \frac{168}{280} & 168 \\ \frac{6}{7} & 7 = & \frac{240}{280} & 240 \\ \frac{1}{2} & 2 = & \frac{140}{280} & 140 \\ \frac{3}{4} & 4 = & \frac{210}{280} & 210 \\ & & \frac{758}{280} & 2\,\frac{198}{280} \text{ ou } \frac{99}{140} \end{array}$$

151. — *Soit à réduire au même dénominateur* $\frac{3}{9}+\frac{9}{12}+\frac{5}{7}$.

Nous avons recommandé (148) de simplifier avant tout, s'il y a lieu, l'expression des fractions sur lesquelles il faut opérer. Dans cette question on voit que $\frac{3}{9}$ peuvent être changés en $\frac{1}{3}$, et $\frac{9}{12}$ en $\frac{3}{4}$; on aura donc :

$$\begin{array}{lllll} \frac{3}{9} = & \frac{1}{3} & 3 = & \frac{28}{84} & 28 \\ \frac{9}{12} = & \frac{3}{4} & 4 = & \frac{63}{84} & 63 \\ \frac{5}{7} = & \frac{5}{7} & 7 = & \frac{60}{84} & 60 \end{array}$$

Le dénominateur commun est 84, tandis que si l'on n'eût pas réduit les fractions à leur plus simple expression il eût été de 756.

152. — *Soit à additionner* : $\frac{4}{5}+\frac{2}{5}+\frac{3}{4}+\frac{3}{4}$.

Lorsque dans une addition de fractions il y en a qui ont le même dénominateur, il faut les additionner avant de faire la réduction au même dénominateur, ce qui simplifie beaucoup l'opération. Dans la question ci-dessus, on trouve que $\frac{4}{5}+\frac{2}{5}=\frac{6}{5}$ ou $1\,\frac{1}{5}$; que $\frac{3}{4}+\frac{3}{4}=\frac{6}{4}$ ou $1\,\frac{2}{4}$ ou $1\,\frac{1}{2}$. La question se réduit donc à ajouter $1\,\frac{1}{2}+1\,\frac{1}{5}$, ou, en réduisant au même dénominateur, $1\,\frac{5}{10}+1\,\frac{2}{10}=2\,\frac{7}{10}$. Si l'on eût fait la réduction selon la règle, on aurait eu pour dénominateur commun 400.

Soit à additionner : $\frac{5}{6} + \frac{1}{6} + \frac{4}{7} + \frac{3}{7} + \frac{1}{8}$.

En additionnant $\frac{5}{6} + \frac{1}{6}$ on a $\frac{6}{6}$ ou 1 entier ; $\frac{4}{7} + \frac{3}{7} = \frac{7}{7}$ ou 1 entier.

Le total est donc $2\ \frac{1}{8}$.

Remarque. Les moyens de simplifier et d'abréger ces opérations se présentent sous une infinité de formes dans la pratique. On voit, par ceux que nous avons cités, combien il importe de ne pas les négliger pour éviter des calculs très-longs sans aucune utilité.

§ XI. Soustraction des fractions.

153. — *Si sur $\frac{3}{4}$ d'heure il y a $\frac{1}{4}$ d'heure d'écoulé, combien reste-t-il de temps ?*

Il est évident que pour faire cette soustraction il faut soustraire le numérateur de la plus faible fraction du numérateur de la plus forte, le dénominateur restant le même. Tel est en effet le principe de la soustraction des fractions.

154. — *Soit à faire la soustraction suivante :*

$$\begin{array}{rl} & 6\ \frac{1}{5} \\ - & 4\ \frac{3}{5} \\ \hline & 1\ \frac{3}{5} \end{array}$$

Dans cette question, $\frac{3}{5}$ ne pouvant être soustraits de $\frac{1}{5}$ on emprunte 1 entier qui vaut $\frac{5}{5}$; $\frac{5}{5} + \frac{1}{5} = \frac{6}{5}$, $\frac{3}{5}$ de $\frac{6}{5}$ reste $\frac{3}{5}$, 4 entiers de 5 entiers reste 1 entier.

155. — *Soit à soustraire :*

$$\begin{array}{rlcl} & 8\ \frac{1}{2} & = & \frac{3}{6} \\ - & 2\ \frac{5}{6} & = & \frac{5}{6} \\ \hline & 5 & & \frac{4}{6} \text{ ou } \frac{2}{3} \end{array} \qquad \begin{array}{rlcl} & 6\ \frac{3}{4} & = & \frac{9}{12} \\ - & 4\ \frac{1}{6} & = & \frac{2}{12} \\ \hline & 2 & & \frac{7}{12} \end{array} \qquad \begin{array}{rlcl} & 10\ \frac{4}{5} & = & \frac{28}{35} \\ - & 5\ \frac{4}{7} & = & \frac{20}{35} \\ \hline & 5 & & \frac{8}{35} \end{array}$$

Comme on ne peut soustraire que des quantités de même espèce, si les fractions à soustraire ont des dénominateurs différents, il faut préalablement les réduire au même dénominateur, après quoi l'opération se fait comme à l'ordinaire.

Remarque. On aura soin d'abréger la réduction au même dénominateur toutes les fois que l'occasion s'en présentera, par les moyens que nous avons indiqués.

§ XII. Résumé théorique des fractions. — Propriétés générales. — Addition et soustraction.

156. — Les fractions sont des parties égales de l'unité (128).

Plus il y a de parties dans une unité plus elles sont petites, et moins il y en a plus elles sont grandes (129).

Une unité peut être considérée comme une fraction d'une unité plus grande de la même espèce, et une fraction comme une unité par rapport à une quantité plus petite (130).

Un nombre peut également être considéré comme une fraction d'un autre nombre plus fort (130).

Pour exprimer une fraction il faut deux nombres, l'un qui indique en combien de parties l'unité est partagée, et qu'on appelle *dénominateur*, et l'autre combien on prend de ces parties, et qu'on appelle *numérateur*.

Le numérateur et le dénominateur s'appellent les deux *termes* de la fraction.

Pour écrire une fraction on place le numérateur sur le dénominateur, en les séparant par un trait. Exemple : $\frac{4}{5}$ (131).

On appelle *nombre fractionnaire* un nombre qui contient des entiers et des fractions, comme $2\ \frac{4}{5}$ ou $\frac{14}{5}$ (132).

Pour réduire des entiers en fractions il faut multiplier le nombre d'entiers par le dénominateur de la fraction et ajouter au produit le numérateur de cette fraction. Exemple : $6\ \frac{2}{5} = \frac{20}{5}$ (133).

Pour extraire les entiers d'un nombre fractionnaire il faut diviser le numérateur par le dénominateur ; le quotient indique le nombre d'entiers, et le reste, s'il y en a un, est une fraction en plus. Exemple : $\frac{20}{5} = 6\frac{2}{5}$ (134).

Lorsqu'un nombre doit être divisé par un nombre plus fort, le quotient est exprimé par une fraction dont le numérateur est formé par le dividende et le dénominateur par le diviseur. Exemple : $3 \mid 5 = \frac{3}{5}$.

Toute fraction peut être considérée comme une division dont le numérateur serait le dividende et le dénominateur serait le diviseur (134 *bis*).

Plus le numérateur d'une fraction est fort plus la fraction est forte, parce qu'on prend plus de parties ; plus il est faible plus la fraction est faible, parce qu'on prend moins de parties. Au contraire, plus le dénominateur est fort plus la fraction est faible, parce que l'unité étant partagée en plus de parties, ces parties sont plus petites ; plus il est faible plus la fraction est forte, parce que l'unité étant partagée en moins de parties, ces parties sont plus fortes.

On diminue la valeur d'une fraction ou en multipliant le dénominateur, ou en divisant le numérateur. On l'augmente soit en multipliant le numérateur, soit en divisant le dénominateur (135-136-137).

Les fractions *équivalentes* sont des fractions qui ont la même valeur quoique exprimées avec des nombres différents. Ainsi : $\frac{2}{4}$, $\frac{3}{6}$, $\frac{4}{8}$ équivalent à $\frac{1}{2}$ (138).

Si l'on multiplie ou si l'on divise les deux termes d'une fraction par le même nombre, la fraction ne change pas de valeur et donne une fraction équivalente à la première.

Exprimer une fraction avec les plus petits nombres possibles s'appelle la réduire à *sa plus simple expression*. Ainsi $\frac{1}{2}$ est la plus simple expression de $\frac{10}{20}$ (139).

Pour réduire une fraction à une expression plus simple il faut diviser les deux termes par le même nombre. Le nombre qui divise exactement les deux termes s'appelle *le commun diviseur*, et si ce nombre est le plus grand possible il s'appelle *le plus grand commun diviseur* (140).

Pour trouver le plus grand commun diviseur on divise le plus grand terme de la fraction par le plus petit, celui-ci par le reste, ce reste par le nouveau reste, et ainsi de suite jusqu'à ce que la division s'opère exactement. Le dernier nombre qui a divisé exactement est le plus grand commun diviseur (141-142-143).

Les fractions sont susceptibles d'être additionnées comme les nombres entiers.

L'addition des fractions se fait en additionnant les numérateurs et en donnant au total le dénominateur commun (144).

Si l'addition des fractions donne des entiers on les extrait du nombre fractionnaire total, pour les ajouter avec les entiers (145).

Pour que des fractions puissent être additionnées il faut qu'elles aient le même dénominateur, d'après le principe qu'on ne peut additionner que des quantités de même espèce. Si les fractions ont des dénominateurs différents, il faut les réduire au même dénominateur.

Réduire des fractions au même dénominateur c'est leur donner un même dénominateur sans en changer la valeur (146-147-148).

Pour réduire deux fractions au même dénominateur il faut multiplier les deux termes de chacune par le dénominateur de l'autre.

Par cette opération les fractions n'ont pas changé de valeur, parce que les deux termes de chacune ont été multipliés par le même nombre; elles ont en outre le même dénominateur, parce que les deux dénominateurs ayant été multipliés l'un par l'autre ont donné deux produits égaux.

Lorsqu'il y a plus de deux fractions à réduire au même dénominateur, on multiplie les deux termes de chacune par le produit des dénominateurs de toutes les autres fractions multipliés les uns par les autres (149-150-151-152).

La soustraction des fractions se fait en soustrayant le numérateur de la plus faible du numérateur de la plus forte.

Pour que des fractions soient susceptibles d'être soustraites, il faut qu'elles aient le même dénominateur.

Si, dans la soustraction d'un nombre fractionnaire, la fraction à soustraire est plus forte que la fraction du nombre supérieur, on emprunte sur les entiers une unité que l'on ajoute à la fraction trop faible (153-154-155).

CHAPITRE IX.

MULTIPLICATION DES FRACTIONS.

---

§ I. Multiplication d'une fraction par un nombre entier.

157. — *S'il faut $\frac{1}{4}$ d'heure pour écrire une page, combien faudra-t-il de temps pour écrire 6 pages?*

Pour résoudre cette question il est évident qu'il faut répéter $\frac{1}{4}$ d'heure 6 fois, c'est-à-dire le multiplier par 6; or 6 fois $\frac{1}{4}$ d'heure font $\frac{6}{4}$ d'heure ou 1 heure $\frac{2}{4}$ ou 1 heure $\frac{1}{2}$.

On voit d'après cela que pour multiplier une fraction par un nombre entier il faut multiplier le numérateur par le nombre des entiers; et, si le produit donne des entiers, on les extrait par le moyen que nous avons indiqué (134).

158. — *S'il faut 2 heures $\frac{3}{4}$ pour faire une page, combien faudra-t-il de temps pour faire 6 pages?*

Dans cette question il faut multiplier 2 heures $\frac{3}{4}$ par 6. A cet effet on multiplie d'abord la fraction, puis ensuite les entiers. L'opération se dispose comme les multiplications ordinaires :

$$\begin{array}{r} 2\ \frac{3}{4} \\ \times\quad 6 \\ \hline 16\ \frac{2}{4}\ \text{ou}\ \frac{1}{2} \end{array}$$

Et l'on dit : 6 fois $\frac{3}{4}$ font $\frac{18}{4}$ ou 4 entiers $\frac{2}{4}$; je pose $\frac{2}{4}$ ou $\frac{1}{2}$ et je retiens 4 entiers. 6 fois 2 entiers font 12 entiers, plus 4 entiers de retenus font 16 entiers. Produit total : 16 heures $\frac{2}{4}$ ou $\frac{1}{2}$.

§ II. Multiplication d'un nombre entier par une fraction.

159.—*Si l'on écrit 12 pages en 1 heure, combien en écrira-t-on en 3 heures?—en 2 heures?—en $\frac{1}{2}$ heure? — en $\frac{1}{3}$ d'heure? — en $\frac{1}{4}$ d'heure?*

Dans le premier cas on aura. . . $12 \times 3 = 36$
Dans le second . . . . $12 \times 2 = 24$
Dans le troisième . . . . $12 \times \frac{1}{2} = 6$
Dans le quatrième. . . . . $12 \times \frac{1}{3} = 4$
Dans le cinquième. . . . . $12 \times \frac{1}{4} = 3$

On voit d'après cela que multiplier un nombre par $\frac{1}{2}$ c'est en prendre la moitié ; le multiplier par $\frac{1}{3}$ c'est en prendre le tiers; le multiplier par $\frac{1}{4}$ c'est en prendre le quart. En résumé, multiplier une quantité quelconque par une fraction revient à faire une véritable division.

Jusqu'à présent on avait toujours vu le produit de la multiplication plus fort que le multiplicande; en comparant les produits ci-dessus on remarquera que ceux qui proviennent de la multiplication par des fractions sont plus petits que le multiplicande. Ce résultat n'a rien qui doive étonner quand on se reporte à la définition de la multiplication. En effet, d'après cette définition *la multiplication est une opération par laquelle on répète un nombre appelé multiplicande autant de fois qu'il y a d'unités dans un autre nombre appelé multiplicateur.* Si le multiplicateur a 2 unités le multiplicande est répété 2 fois, et le produit sera le double du multiplicande; si le multiplicateur n'a qu'une unité le multiplicande est répété 1 fois, et le produit est égal au multiplicande; si le multiplicateur est $\frac{1}{2}$ unité le multiplicande est répété une demi-fois; or, répéter un nombre une demi-fois c'est en prendre la moitié; dans ce cas on doit donc avoir un produit deux fois plus petit que le multiplicande.

160. — *Si l'on écrit 12 pages en 1 heure, combien en écrira-t-on en $\frac{3}{4}$ d'heure?*

Dans cette question il faut multiplier 12 par $\frac{3}{4}$ ou en prendre les $\frac{3}{4}$; or, prendre les $\frac{3}{4}$ d'un nombre c'est en prendre le $\frac{1}{4}$ et le répéter 3 fois. Le quart de 12 est 3, et les trois quarts seront 3×3 ou 9.

Cette question peut encore se résoudre d'une autre manière. Puisque dans la multiplication on peut prendre les deux facteurs l'un pour l'autre sans changer le produit, on conçoit qu'au lieu de multiplier 12 par $\frac{3}{4}$ on peut multiplier $\frac{3}{4}$ par 12; or, 12 fois $\frac{3}{4} = \frac{36}{4} = 9$ entiers; ce qui revient donc à multiplier une fraction par des entiers ainsi que nous l'avons vu (n° 157). On emploiera l'un ou l'autre moyen selon celui qui sera le plus facile d'après la nature de la question.

161. — *Si l'on fait 11 pages par heure, combien en fera-t-on en $\frac{3}{4}$ d'heure?*

Cette question est analogue à la précédente, avec cette différence que le nombre d'entiers n'est pas divisible exactement et donne une fraction.

1re *Solution.* Le quart de $11 = 2\frac{3}{4}$; et 3 fois $2\frac{3}{4} = 8\frac{1}{4}$.

2e *Solution.* 11 fois $\frac{3}{4} = \frac{33}{4} = 8\frac{1}{4}$.

§ III. Multiplication d'une fraction par une fraction.

162. — *Si l'on fait $\frac{2}{3}$ de page en 1 heure, combien en fera-t-on en $\frac{1}{4}$ d'heure?*

Il faut multiplier $\frac{2}{3}$ par $\frac{1}{4}$, c'est-à-dire en prendre le quart, ce que l'on fait en multipliant le dénominateur 3 par le dénominateur 4, on aura $\frac{2}{12}$.

Si l'on voulait savoir combien on en ferait en $\frac{3}{4}$ d'heure, il faudrait répéter $\frac{2}{12}$ trois fois, en multipliant le numérateur 2 par 3, on aura $\frac{6}{12}$.

On voit qu'on obtient le produit d'une fraction par une autre fraction en multipliant le numérateur de l'une par le numérateur de l'autre, et de même le dénominateur par le dénominateur.

Multiplier $\frac{3}{7}$ par $\frac{3}{4}$ c'est faire l'opération suivante : $\frac{3}{7} \times \frac{3}{4} = \frac{9}{28}$. En effet, en multipliant le dénominateur 7 par le dénominateur 4 on prend le quart de la fraction, et en multipliant le numérateur de la première par le numérateur de la seconde on répète ce quart trois fois.

Donc pour multiplier une fraction par une autre, il faut multiplier numérateur par numérateur et dénominateur par dénominateur.

163. — Si l'on a un nombre d'entiers à multiplier par une fraction, par exemple 6 par $\frac{2}{3}$, nous avons vu que l'opération consiste simplement à multiplier le numérateur de la fraction par le nombre d'entiers ; nous aurons donc ici 6 fois $\frac{2}{3}$ ou $\frac{12}{3}$ ou 4 entiers. On peut aussi dans ce cas considérer le nombre d'entiers comme un numérateur auquel on donne pour dénominateur l'unité, et l'on fait l'opération comme il est dit ci-dessus. On aura donc : $\frac{6}{1} \times \frac{2}{3} = \frac{12}{3} = 4$ entiers.

§ IV. Multiplication d'un nombre fractionnaire par un autre nombre fractionnaire.

164. — *Si un voyageur fait par jour* 6 *lieues* $\frac{2}{3}$, *combien fera-t-il en* 3 *jours* $\frac{3}{4}$?

Il faut multiplier 6 $\frac{2}{3}$ par 3 $\frac{3}{4}$. A cet effet on réduit les entiers en fractions ce qui donne $\frac{20}{3}$ et $\frac{15}{4}$, et l'on fait l'opération comme on l'a indiqué ci-dessus (n° 162), en multipliant le numérateur par le numérateur et le dénominateur par le dénominateur. On aura donc $\frac{20}{3} \times \frac{15}{4} = \frac{300}{12} = 25$ entiers.

§ V. Des Fractions de fractions.

165. — Quels sont les $\frac{3}{4}$ de $\frac{3}{5}$ de $\frac{1}{2}$?

Il est clair que cette question se réduit à prendre les $\frac{3}{5}$ de $\frac{1}{2}$, ce qui donne $\frac{3}{10}$ et ensuite les $\frac{3}{4}$ de $\frac{3}{10}$ ou $\frac{9}{40}$. Il faut donc faire deux multiplications, et chaque fraction est considérée comme facteur. Il y aurait un plus grand nombre de fractions que l'opération serait la même.

On obtiendra le même résultat en multipliant tous les numérateurs entre eux ainsi que les dénominateurs; ainsi : $3 \times 3 \times 1 = 9$, $4 \times 5 \times 2 = 40 = \frac{9}{40}$.

Ces suites de fractions, considérées comme facteurs, se nomment *fractions de fractions*.

§ VI. Des Carrés et des Cubes des fractions.

166. — On a vu (119) que pour former le carré d'un nombre il faut multiplier ce nombre par lui-même. Pour avoir le carré de $\frac{1}{2}$ mètre il faudra donc multiplier $\frac{1}{2}$ par $\frac{1}{2}$ ce qui donne $\frac{1}{4}$.

Il faut remarquer que, contrairement à ce que l'on a vu dans le carré des entiers, le carré d'une fraction est une fraction plus petite que la première. Ce résultat n'a rien d'étonnant si l'on se rappelle que le produit d'une quantité quelconque multipliée par une fraction est plus petit que le multiplicande (159). On s'en fait du reste une idée plus claire au moyen d'une figure.

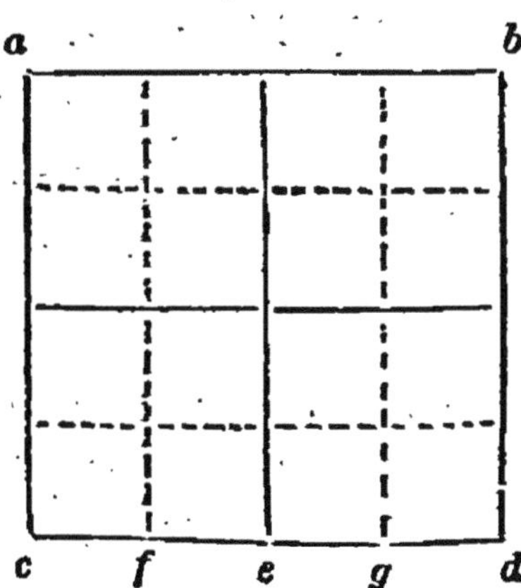

Supposons le carré total ci-dessus *a b c d* de 1 mètre de base *c d*, on aura 1 mètre carré.

Le carré fait sur la moitié de la base *c d*, c'est-à-dire sur *c e* est, comme on le voit, le quart du carré total; c'est-à-dire du carré de l'unité.

Le carré fait sur le quart de la base *c d*, c'est-à-dire sur *c f*, est le $\frac{1}{16}$ du carré total ou du carré de l'unité.

Le carré fait sur les $\frac{3}{4}$ de la base *c d*, c'est-à-dire sur *c g*, contiendra 9 des petits carrés dont il faut 16 pour former le carré total; ce sera donc les $\frac{9}{16}$.

En suivant le procédé indiqué (162) on aura également $\frac{3}{4} \times \frac{3}{4} = \frac{9}{16}$.

Ainsi la fraction qui exprime le carré d'une autre fraction est elle-même une fraction du carré de l'unité; ou autrement dit, elle exprime le rapport entre le carré de la fraction et le carré de l'unité.

167. — *Quelle est la surface d'un carré qui a 4 mètres $\frac{3}{5}$ de longueur?*

Cette question n'est autre chose que l'application de la multiplication d'un nombre fractionnaire par un nombre fractionnaire (164). On réduit les entiers en fractions, ce qui donne $\frac{23}{5}$ dont le carré est $\frac{23}{5} \times \frac{23}{5} = \frac{529}{25} = 21$ mètres $\frac{4}{25}$.

168. — *Quel est le volume d'un cube qui a $\frac{1}{2}$ mètre de long?*

On forme le cube d'un nombre en multipliant ce nombre 2 fois par lui-même. Le cube de $\frac{1}{2}$ sera donc $\frac{1}{2} \times \frac{1}{2} \times \frac{1}{2} = \frac{1}{8}$.

Le cube de $\frac{1}{4}$ sera $\frac{1}{4} \times \frac{1}{4} \times \frac{1}{4} = \frac{1}{64}$.

Le cube de $\frac{3}{4}$ sera $\frac{3}{4} \times \frac{3}{4} \times \frac{3}{4} = \frac{27}{64}$.

Le cube d'une fraction exprime le rapport qu'il y a entre le cube de cette fraction et le cube de l'unité; ainsi : le cube de $\frac{3}{4}$ qui est $\frac{27}{64}$ indique que ce sont les $\frac{27}{64}$ du cube de l'unité.

Remarque. On peut démontrer matériellement ces résultats au moyen de cubes mobiles (voir la note page 94); si l'on met 4 de ces cubes de front, pour compléter le cube total il en faudra 64. Si l'on considère ensuite la longueur de ce cube total comme unité, la longueur de 1 des petits cubes en sera le $\frac{1}{4}$, de deux les $\frac{2}{4}$, de trois les $\frac{3}{4}$. On pourra ainsi vérifier matériellement les nombres que nous avons trouvés.

§ VII. Résumé théorique de la multiplication des fractions.

169. — Pour multiplier une fraction par un nombre entier il faut multiplier le numérateur par le nombre des entiers, et du produit on extrait les entiers s'il y en a (157).

Pour multiplier un nombre fractionnaire par un nombre entier on multiplie d'abord la fraction puis les entiers ; si le produit de la fraction donne des entiers on les extrait et on les retient pour les ajouter au produit des entiers (158).

Multiplier un nombre par $\frac{1}{2}$, $\frac{1}{3}$, $\frac{1}{4}$, etc., c'est en prendre la moitié, le tiers ou le quart ; d'où il suit que la multiplication par une fraction est une véritable division. Il est à remarquer en outre que lorsqu'on multiplie une quantité par une fraction le produit est plus petit que le multiplicande (159). Multiplier une quantité par $\frac{3}{4}$ c'est en prendre les trois quarts ; c'est-à-dire en prendre le quart et le répéter 3 fois.

Multiplier un nombre entier par une fraction, cela revient à multiplier une fraction par un nombre entier (160-161).

Pour multiplier une fraction par une autre fraction il faut multiplier numérateur par numérateur et dénominateur par dénominateur (162-163).

Pour multiplier un nombre fractionnaire par un autre nombre fractionnaire on réduit les entiers en fractions et l'on fait l'opération comme s'il n'y avait que des fractions ; du produit on extrait les entiers s'il y a lieu (164).

On appelle *fractions de fractions* une suite de fractions considérées comme facteurs, comme lorsqu'on demande la $\frac{1}{2}$ des $\frac{2}{3}$ de $\frac{3}{4}$. L'opération se fait en multipliant tous les numérateurs entre eux, ainsi que tous les dénominateurs (165).

Pour trouver le carré d'une fraction on multiplie cette fraction par elle-même.

Le carré d'une fraction est toujours exprimé par une fraction plus petite que la fraction multiplicande ; parce que celle-ci n'exprime qu'une partie de l'unité de longueur, tandis que le produit exprime une partie de la surface totale du carré de l'unité (166).

Pour trouver le carré d'un nombre fractionnaire il faut préalablement réduire les entiers en fractions et multiplier ensuite ce nombre par lui-même ; puis du produit extraire les entiers (167).

Pour former le cube d'une fraction on multiplie cette fraction deux fois par elle-même (168).

CHAPITRE X.

DIVISION DES FRACTIONS.

§ I. Division d'un nombre entier par une fraction.

170. — On a vu (70-73) qu'on peut se proposer deux buts dans la division : 1° partager un nombre en parties égales ; 2° voir combien un nombre est contenu de fois dans un autre nombre. On a vu également que pour les entiers le résultat est le même, quel que soit celui de ces deux buts que l'on se propose ; il n'en est pas ainsi des fractions.

Soit à diviser 6 par $\frac{1}{2}$; on peut demander 1° quelle est la moitié de 6, ce qui donne 3 ; 2° combien $\frac{1}{2}$ est contenue de fois dans 6, ce qui donne 12. Les résultats, comme on le voit, sont très-différents. C'est le second but seul que l'on se propose dans la division des fractions, le premier appartient à la multiplication.

On doit également remarquer que, tandis que dans la multiplication par une fraction on obtient un produit plus faible que le multiplicande, dans la division par une fraction on obtient un quotient plus fort que le dividende ; cela tient à ce que ce quotient indique combien de fois le diviseur est contenu dans le dividende ; or, plus le diviseur est faible plus le nombre de fois qu'il est contenu dans le dividende doit être fort. Soit 6 à diviser par 1 on aura 6, parce que 1 y est contenu 6 fois ; mais si le diviseur est moindre qu'une unité, il y sera nécessairement contenu plus de 6 fois ; $\frac{1}{3}$, par exemple, étant 3 fois plus petit qu'une unité, y sera contenu 3 fois plus, c'est-à-dire 18 fois.

171. — *On fait 1 page par quart d'heure ; combien en fera-t-on en 12 heures ?*

Il faut diviser 12 par $\frac{1}{4}$; c'est-à-dire voir combien $\frac{1}{4}$ est contenu de fois dans 12. On trouve qu'il y est contenu 48 fois ; donc on fera 48 pages dans 12 heures. L'opération se raisonne ainsi : un entier serait contenu dans 12 douze fois; $\frac{1}{4}$ doit y être contenu 4 fois plus ou 48 fois.

L'opération se réduit, comme on le voit, à multiplier le nombre entier par le dénominateur de la fraction.

172. — *On fait 1 page en $\frac{3}{4}$ d'heure, combien en fera-t-on en 12 heures?*

Solution. Un entier serait contenu dans 12 douze fois; $\frac{1}{4}$ y sera contenu 4 fois plus ou 48 fois; $\frac{3}{4}$ étant 3 fois plus que $\frac{1}{4}$ y seront contenus 3 fois moins.

Il faudra donc diviser 48 par 3, ce qui donne 16; ainsi en 12 heures on fera 16 pages.

L'opération consiste à multiplier le nombre entier par le dénominateur de la fraction, et à diviser le produit par le numérateur.

Si l'on fait 1 lieue en $\frac{2}{3}$ d'une heure; combien en fera-t-on en 11 heures?

Solution. Un entier serait contenu dans 11 onze fois; $\frac{1}{3}$ y sera contenu trois fois plus ou 33 fois; $\frac{2}{3}$ y seront contenus deux fois moins que $\frac{1}{3}$ ou 16 fois $\frac{1}{2}$. En 11 heures on fera donc 16 lieues $\frac{1}{2}$.

§ II. Division d'une fraction par une fraction.

173. — *Combien $\frac{1}{6}$ est-il contenu de fois dans $\frac{5}{6}$?*
Combien $\frac{2}{7}$ sont-ils contenus de fois dans $\frac{6}{7}$?
Combien $\frac{3}{5}$ sont-ils contenus de fois dans $\frac{12}{5}$?
Combien $\frac{2}{9}$ sont-ils contenus de fois dans $\frac{7}{9}$?

Il est évident que dans le premier cas $\frac{1}{6}$ est contenu dans $\frac{5}{6}$ 5 fois; dans le second cas $\frac{2}{7}$ sont contenus dans $\frac{6}{7}$ 3 fois; dans le troisième cas $\frac{3}{5}$ sont contenus dans $\frac{12}{5}$ 4 fois; dans le quatrième cas $\frac{2}{9}$ sont contenus dans $\frac{7}{9}$ 3 fois $\frac{1}{2}$; c'est-à-dire 3 fois, plus une demi-fois.

L'opération, comme on le voit, se réduit à diviser le numérateur de la fraction dividende par le numérateur de la fraction diviseur.

On remarquera qu'en divisant une fraction par une fraction on peut recevoir des entiers au quotient; ce résultat ne doit pas étonner si l'on fait attention que ce quotient n'est point une partie du dividende, mais qu'il indique le nombre de fois que le diviseur est contenu dans le dividende.

174. — *Combien $\frac{2}{7}$ sont-ils contenus de fois dans $\frac{3}{4}$?*

Dans cette question les deux fractions n'étant pas de même nature, si on les réduit au même dénominateur on aura $\frac{21}{28}$ à diviser par $\frac{8}{28}$; opérant ensuite comme on vient de le dire, on trouve que $\frac{8}{28}$ sont contenus dans $\frac{21}{28}$ 2 fois, plus $\frac{5}{8}$ de fois.

Quand les fractions ont le même dénominateur, ce dénominateur devient en quelque sorte inutile pour le calcul, et l'on peut en faire abstraction. La question ci-dessus se réduit donc en réalité à voir combien 8 est contenu de fois dans 21.

Combien $\frac{5}{8}$ sont-ils contenus de fois dans $\frac{4}{9}$?

Réduisant les deux fractions au même dénominateur on aura $\frac{32}{72}$ à diviser par $\frac{45}{72}$, ou ce qui revient au même, ainsi qu'on vient de le dire, 32 à diviser par 45. Dans cette question le diviseur étant plus grand que le dividende, il n'y sera pas contenu 1 fois, mais seulement une fraction de fois ; or, 32 divisé par 45 donne $\frac{32}{45}$; donc $\frac{5}{8}$ sont contenus dans $\frac{4}{9}$ $\frac{32}{45}$ de fois.

Remarque. Il est important d'observer que, si au lieu de diviser $\frac{4}{9}$ par $\frac{5}{8}$, on divisait $\frac{5}{8}$ par $\frac{4}{9}$, le résultat serait tout différent ; attendu que $\frac{4}{9}$ étant moins que $\frac{5}{8}$ y seraient contenus plus d'une fois ; en effet, les fractions réduites au même dénominateur donnant $\frac{45}{72}$ à diviser par $\frac{32}{72}$ on aurait pour quotient 1 fois, plus $\frac{13}{32}$ de fois.

175. — *Combien 3 $\frac{2}{5}$ sont-ils contenus de fois dans 8 $\frac{1}{2}$?*

Pour résoudre cette question il faut d'abord réduire les entiers en fractions, ce qui donne $\frac{17}{2}$ à diviser par $\frac{17}{5}$. Réduisant ensuite les fractions au même dénominateur on aura $\frac{85}{10}$ à diviser par $\frac{34}{10}$, ou simplement 85 à diviser par 34, ce qui donne pour quotien 2 fois, plus $\frac{17}{34}$ de fois ou $\frac{1}{2}$ fois.

§ III. Autre manière de résoudre la division des fractions.

176. — *Combien $\frac{1}{5}$ est-il contenu de fois dans $\frac{3}{4}$?*

Solution. Un entier serait contenu dans $\frac{3}{4}$ trois quarts de fois; mais $\frac{1}{5}$ y est contenu 5 fois plus, par conséquent $\frac{15}{4}$ de fois ou 3 fois $\frac{3}{4}$.

Combien $\frac{2}{3}$ sont-ils contenus de fois dans $\frac{5}{6}$?

Solution. Un entier serait contenu dans $\frac{5}{6}$ cinq sixièmes de fois, $\frac{1}{3}$ y est contenu trois fois plus ou $\frac{15}{6}$ de fois; mais $\frac{2}{3}$ doivent être contenus dans $\frac{5}{6}$ 2 fois moins qu'un tiers ou $\frac{15}{12}$ de fois ou 1 fois $\frac{3}{12}$.

On voit que pour trouver le quotient d'une fraction par une autre l'opération se réduit à multiplier le numérateur de la fraction dividende par le dénominateur de la fraction diviseur, et le dénominateur de la fraction dividende par le numérateur de la fraction diviseur. Par exemple :

$$\frac{6}{7} : \frac{2}{5} = \frac{30}{14} \text{ ou } 2 \text{ fois } \frac{2}{14}.$$

Mais pour éviter la confusion, on renverse la fraction diviseur, c'est-à-dire que l'on met le dénominateur à la place du numérateur ***et vice versâ***, et l'opération revient à une multiplication.

Soit par exemple $\frac{5}{8} : \frac{2}{7}$, on aura :

$$\frac{5}{8} \times \frac{7}{2} = \frac{35}{16} \text{ ou } 2 \text{ fois } \frac{3}{16}.$$

Si l'on avait un nombre entier à diviser par une fraction, par exemple 8 à diviser par $\frac{1}{3}$, il faudrait mettre l'entier sous la forme d'une fraction, en lui donnant l'unité pour dénominateur; on opèrera ensuite comme il a été indiqué ci-dessus.

$$8 : \frac{1}{3} = \frac{8}{1} \times \frac{3}{1} = \frac{24}{1} \text{ ou } 24 \text{ fois.}$$
$$7 : \frac{3}{4} = \frac{7}{1} \times \frac{4}{3} = \frac{28}{3} \text{ ou } 9 \text{ fois } \frac{1}{3}.$$

§ IV. Résumé théorique de la division des fractions.

177. — Dans la division des fractions on ne se propose qu'un but, celui de voir combien un nombre est contenu de fois dans un autre (170).

Dans toute division le quotient étant d'autant plus fort que le diviseur est plus faible, il en résulte que si le diviseur est une fraction, le quotient doit être plus fort que le dividende (170).

Si l'on a à diviser un nombre entier par une fraction dont le numérateur est 1, comme par exemple 3 par $\frac{1}{5}$, il suffit de multiplier le nombre entier par le dénominateur de la fraction ; le produit indique le nombre de fois que la fraction diviseur est contenue dans le dividende (171).

Pour diviser un nombre entier par une fraction dont le numérateur est plus que 1, comme par exemple 3 par $\frac{5}{5}$, il faut d'abord multiplier le nombre entier par le dénominateur de la fraction diviseur, puis diviser le produit par le numérateur (172).

Pour diviser une fraction par une fraction, si elles ont le même dénominateur, comme par exemple $\frac{6}{7}$: $\frac{2}{7}$, la fraction diviseur sera contenue dans la fraction dividende autant de fois que le numérateur sera contenu dans le numérateur. Il suffira donc de diviser le numérateur de la fraction dividende par le numérateur de la fraction diviseur, en faisant abstraction du dénominateur ; dans l'exemple ci-dessus, $\frac{2}{7}$ sont contenus dans $\frac{6}{7}$ 3 fois. Si les deux fractions ont des dénominateurs différents, on les réduit préalablement au même dénominateur (173-174).

Pour diviser un nombre fractionnaire par un nombre fractionnaire, on s'y prend comme pour les fractions simples, en ayant soin de réduire préalablement les entiers en fractions (175).

On obtient aussi le quotient d'une fraction divisée par une autre fraction en multipliant le dénominateur de la fraction dividende par le numérateur de la fraction diviseur, et le numérateur de la fraction dividende par le dénominateur de la fraction diviseur; ou ce qui revient au même, et pour que l'opération soit plus claire, on renverse les termes de la fraction diviseur et l'on fait l'opération comme dans la multiplication.

Si l'on avait un nombre entier sans fraction à diviser par une fraction on pourrait le mettre sous la forme d'une fraction, en lui donnant l'unité pour dénominateur (176).

CHAPITRE XI.

DES FRACTIONS DÉCIMALES. — NOTIONS FONDAMENTALES.

§ I. Nature des fractions décimales.

178. — Si l'on partage une unité en 10 parties égales on a dix dixièmes. Si l'on partage chaque dixième en 10 parties égales, l'unité contiendra en tout 10 fois 10 ou 100 parties, c'est-à-dire cent centièmes. Si l'on partage chaque centième en 10 parties égales, l'unité contiendra en tout 10 fois 100 ou 1000 parties, c'est-à-dire mille millièmes. En continuant ainsi cette division successive par 10, on aura des dix-millièmes, des cent-millièmes, des millionnièmes, etc.

Les fractions qui résultent de la division successive de l'unité par dix s'appellent *fractions décimales*.

Les fractions décimales résultant de la division successive de l'unité par 10 ne peuvent avoir pour dénominateur que les nombres 10, 100, 1000, 10000, 100000, etc.

§ II. Ecriture et lecture des fractions décimales.

i	h	g	f	a	b	c	d	e
1	1	1	1	**1**	1	1	1	1

179.—On sait, d'après le système de numération, que la valeur des chiffres diminue de dix en dix à mesure qu'ils avancent d'un rang vers la droite. Or, en suivant la même progression et en conservant à l'unité sa valeur, le chiffre 1 placé à la droite de l'unité aura une valeur dix fois moindre et vaudra un dixième. Ce sera une fraction. Telle est en effet la valeur du chiffre ci-dessus désigné par la lettre *b*. Celui qui est désigné par la lettre *c* vaut dix fois moins qu'un dixième, c'est-à-dire un centième. Le chiffre *d* vaut un millième, et le chiffre *e* un dix-millième.

180.—On s'exercera sur le tableau suivant à trouver la valeur des chiffres pris séparément et au hasard, comme on l'a fait dans la numération sur un tableau analogue (17). La colonne des unités est celle du milieu.

1	1	1	1	1	1	1	1	1	1	1
2	2	2	2	2	2	2	2	2	2	2
3	3	3	3	3	3	3	3	3	3	3
4	4	4	4	4	4	4	4	4	4	4
5	5	5	5	5	5	5	5	5	5	5
6	6	6	6	6	6	6	6	6	6	6
7	7	7	7	7	7	7	7	7	7	7
8	8	8	8	8	8	8	8	8	8	8
9	9	9	9	9	9	9	9	9	9	9

181. — Le nombre 12,11 peut être énoncé de deux manières, soit en disant : 12 entiers 1 dixième et 1 centième, ou si l'on fait attention que 1 dixième vaut 10 centièmes, on verra qu'on peut dire de suite 11 centièmes.

Par la même raison on peut énoncer à la fois tous les chiffres décimaux du nombre 34,348, et dire : 34 entiers 348 millièmes ; car 3 dixièmes = 300 millièmes; 4 centièmes = 40 millièmes; donc 300 millièmes + 40 millièmes + 8 millièmes font 348 millièmes. En général on énonce toutes les fractions qui suivent les unités comme si c'étaient des unités simples, en ajoutant le nom qui exprime la valeur de la dernière colonne à droite.

182. — Les fractions décimales peuvent s'écrire de deux manières : un dixième peut s'écrire $\frac{1}{10}$ ou 0,1; vingt-cinq centièmes peuvent s'écrire $\frac{25}{100}$ ou 0,25. On dit alors que, dans le premier cas, elles sont écrites sous forme de fractions ordinaires, et dans le second sous forme de fractions décimales; c'est surtout lorsqu'on les écrit sous cette dernière forme qu'on les appelle plus spécialement *fractions décimales.* Les chiffres qui expriment les fractions décimales sont appelés *chiffres décimaux.* Ils se mettent à la droite de la colonne des unités dont on les sépare par une virgule (*).

183. — Les fractions décimales ont, comme toutes les fractions, un numérateur et un dénominateur; or, quoique dans l'écriture de ces fractions il n'y ait qu'un seul nombre, les deux termes n'en sont pas moins désignés; le numérateur est seul écrit, et le dénominateur est indiqué par le nombre de colonnes employées à la droite des unités. Ainsi dans cette fraction 0,244, le numérateur est 244 et le dénominateur est *mille*, parce qu'il

(*) Pour les exercices de lecture et d'écriture des fractions décimales, voyez la deuxième partie.

y a trois colonnes employées à la droite des unités; en effet, sous forme ordinaire cette fraction s'écrirait $\frac{244}{1000}$ (*).

§ III. Propriétés des fractions décimales.

184. — Soit la fraction décimale 0,1 ; si l'on ajoute un zéro à la droite on aura 0,10 fraction égale à 0,1. L'addition du zéro ne lui a point fait changer de valeur. En effet, il est d'abord évident que un dixième ou dix centièmes ont la même valeur; mais supposons cette fraction écrite sous la forme ordinaire $\frac{1}{10}$, pour en faire des centièmes il faudra ajouter un zéro à chaque terme et l'on aura $\frac{10}{100}$. Par l'addition de ce zéro au numérateur et au dénominateur on a multiplié les deux termes par le même nombre 10, ce qui n'en change pas la valeur. Or, nous avons vu que dans une fraction décimale les deux termes sont renfermés dans un même nombre ; donc en ajoutant un zéro à la droite, on multiplie en réalité par le même nombre 10 le numérateur et le dénominateur ; en ajoutant 2 zéros on les multiplie par 100, en en ajoutant 3 on les multiplie par 1000, etc.

Si en ajoutant un zéro à la droite d'une fraction décimale elle ne change pas de valeur parce que les deux termes se trouvent multipliés par 10, par la même raison en retranchant un zéro de la droite elle ne changera pas non plus de valeur, parce que les deux termes sont divisés par le même nombre 10. D'après le même raisonnement elle ne changera pas si l'on retranche un nombre quelconque de zéros.

Cette propriété s'explique encore en ce que, par l'addition des zéros, les chiffres décimaux n'ont pas changé de rang; ainsi que l'on écrive 0,4 ou 0,400, le 4 est toujours dans le rang des dixièmes.

De ces observations on conclut qu'on peut ajouter à la droite d'une fraction décimale un nombre quelconque de zéros, ou en retrancher, sans en changer la valeur. Par conséquent 0,3 = 0,30 = 0,300 = 0,3000, etc. 0,7 = 0,70 = 0,700 = 0,7000, etc. 0,6000 = 0,600 = 0,60 = 0,6.

185. — Soit la fraction décimale 0,1 ; si l'on ajoute un zéro à la gauche du chiffre décimal on aura 0,01, fraction 10 fois plus petite que 0,1 ; attendu que le chiffre 1 qui était dans le rang des dixièmes se trouve dans le rang des centièmes où il vaut 10 fois moins qu'un dixième.

(*) Il serait préférable de séparer les fractions décimales des entiers par un point au lieu d'une virgule; cela éviterait de confondre cette division avec celle des tranches ou ternaires.

Par le même raisonnement on démontre qu'en ajoutant 2, 3, 4, etc., zéros à la gauche des chiffres décimaux leur valeur devient 100, 1000 ou 10000 fois plus faible.

186. — Soit la fraction décimale 348,26; si l'on avance la virgule d'un rang sur la gauche on aura 34,826. Par ce changement le chiffre 3 qui valait 3 centaines étant passé dans le rang des dizaines ne vaut plus que 3 dizaines; le chiffre 4 qui valait 4 dizaines ne vaut plus que 4 unités; le chiffre 8 qui valait 8 unités ne vaut plus que 8 dixièmes; le chiffre 2 qui valait 2 dixièmes ne vaut plus que 2 centièmes; le chiffre 6 qui valait 6 centièmes ne vaut plus que 6 millièmes. Ainsi chaque chiffre ayant une valeur dix fois moindre, tout le nombre est devenu 10 fois plus petit.

Par un raisonnement semblable on démontre que le nombre devient cent ou mille fois plus petit en reculant la virgule de deux ou trois rangs sur la gauche.

Si au lieu de reculer la virgule sur la gauche on la recule d'un rang sur la droite au lieu de 348,26 on aura 3482,6. Par ce changement le 6 qui valait 6 centièmes vaut 6 dixièmes; le 2 qui valait 2 dixièmes vaut deux unités; le 8 qui valait 8 unités vaut 8 dizaines, etc. Ainsi chaque chiffre ayant acquis une valeur dix fois plus forte, tout le nombre est devenu 10 fois plus fort.

Par un raisonnement semblable on démontre que le nombre devient cent ou mille fois plus fort en reculant la virgule de deux ou trois rangs sur la droite.

Soit à rendre les nombres 2,0 12,05 5,25 cent fois plus petits ou à diviser par cent, on aura : 0,020 0,1205 0,0525.

Soit à rendre les mêmes nombres cent fois plus grands ou à multiplier par cent on aura : 200,0 1205,0 525,0.

187. — Soit la fraction 4,8. Si l'on supprime la virgule par la pensée en conservant à chaque chiffre sa valeur, on aura 48 dixièmes; en effet, 4 entiers valent 40 dixièmes; plus 8 dixièmes cela fait 48 dixièmes.

D'après cela si l'on avait 25,34 à réduire en centièmes, il suffira de supprimer la virgule par la pensée et d'énoncer, comme un seul nombre, les entiers et les fractions en conservant au dernier chiffre décimal à droite sa valeur primitive; dans ce dernier exemple on aura donc 2534 centièmes.

Nous avons dit qu'en supprimant la virgule par la pensée il faut conserver à chaque chiffre sa valeur, sans cela la suppression pure et simple de la virgule donnerait pour 4,8 48 entiers et pour 25,34 2534 entiers.

Cette opération pour la réduction des entiers en fractions décimales est fondée sur le même principe que l'on a développé (nº 133) pour la réduction des entiers en fractions ordinaires. En effet, soit $4\frac{8}{10}$ à réduire en fractions; on sait qu'il faut multiplier le dénominateur par le nombre d'entiers, et qu'au produit on ajoute le numérateur, ce qui fait $\frac{48}{10}$; or, quand la fraction est écrite sous forme décimale, par la suppression de la virgule le nombre des entiers se trouve multiplié par le dénominateur 10, et le numérateur 8 se trouve naturellement ajouté. Le même raisonnement s'applique à toutes les fractions décimales.

188. — Par la raison inverse de ce qu'on vient de dire, quand il s'agit d'extraire les entiers d'un nombre fractionnaire décimal, il suffit de diviser ce nombre par 10, 100, 1000, etc., suivant la nature du dénominateur, ce qui se fait en séparant sur la droite par une virgule 1, 2, 3, etc., chiffres. Soit donc 2534 centièmes dont on veut extraire les entiers, il faut diviser ce nombre par le dénominateur 100, ce qui donne 25,34.

§ IV. Réduction des fractions décimales au même dénominateur.

189. — Soit à réduire les fractions décimales suivantes au même dénominateur ; on aura :

3,6	=	3,6000	5,6	=	5,60
5,25	=	5,2500	3,9000	=	3,90
0,244	=	0,2440	54,21	=	54,21
6,7367	=	6,7367	0,20000	=	0,20

En effet, puisque le dénominateur des fractions décimales est exprimé par le nombre de colonnes employées (183), et que l'on peut ajouter à la droite un nombre quelconque de zéros ou en retrancher sans en changer la valeur (184), on les réduit au même dénominateur en égalisant le nombre des colonnes employées par l'addition ou le retranchement d'un nombre suffisant de zéros (*).

(*) Nous donnons dans le chapitre suivant l'exposé complet du système des poids et mesures avant d'expliquer les opérations arithmétiques sur les fractions décimales, parce que le système métrique doit nous fournir les applications les plus nombreuses de ces sortes de calculs; si d'un autre côté nous avons fait précéder l'exposé du système métrique des notions fondamentales des fractions décimales, c'est parce que ces notions étaient indispensables pour l'intelligence du système. Nous donnerons le résumé théorique des fractions décimales tout à la fois à la fin du chapitre XIII.

CHAPITRE XII.

SYSTÈME DES POIDS ET MESURES.

§ I. Anciennes mesures (*).

190. — On divise généralement les mesures en huit classes d'après l'usage auquel elles sont destinées; ce sont :

Les mesures
- de longueur;
- de poids;
- de capacité;
- agraires et de superficie;
- de solidité;
- monétaires;
- du temps (**);
- du cercle.

191. — Les principales mesures dont on faisait usage en France avant l'introduction du système métrique étaient les suivantes :

Mesures de longueur. *La toise* qui se divisait en 6 pieds; *le pied* en 12 pouces; *le pouce* en 12 lignes; *la ligne* en 12 points.

La perche spécialement affectée à la mesure des terrains; elle valait 18, 20 ou 22 pieds selon les localités.

L'aune spécialement affectée à la mesure des étoffes; elle valait 3 pieds 8 pouces, et se divisait en *demies*, *tiers*, *quarts*, etc.

La lieue pour la mesure des grandes distances. On distinguait : *la lieue terrestre* de 25 au degré et qui valait 2282 toises; *la lieue marine* de 20 au degré ou de 2854 toises; *la lieue de poste* de 2000 toises.

Le mille géographique de 60 au degré ou 948 toises (***).

(*) Voy. la note du n° 109, page 82.

(**) On ne compte ordinairement que six espèces de mesures; nous croyons devoir y ajouter celles du temps et du cercle, qui sont d'une nature toute spéciale et ne peuvent être assimilées à aucune des autres.

(***) Le mille anglais vaut 820 toises ou un peu plus d'un tiers de lieue (1,6 kilomètre); le mille allemand vaut 4,000 toises ou 2 lieues

La brasse encore en usage dans la marine principalement pour mesurer la longueur des cordages et la profondeur de la mer ; elle vaut de 5 à 6 pieds ; c'est la mesure des deux bras étendus.

MESURES DE POIDS. *La livre* ; elle se divisait en 14, 15, 16, 17 ou 18 onces suivant les localités ; *le marc* valait 8 onces ; *l'once* 8 gros ; *le gros* ou *drachme* 72 *grains*. Le grain était environ le poids d'un grain de blé.

La livre de 16 onces, qui était celle de Paris, se désignait par le nom de *poids de marc*.

Le scrupule, principalement en usage pour les médicaments, valait 24 grains.

Le karat, spécialement affecté au poids de l'or, de l'argent et des diamants, valait 4 grains.

Le quintal, pour les poids considérables, valait 100 livres.

Le tonneau, spécialement affecté et encore en usage pour déterminer la charge des vaisseaux et les poids considérables de fer et de charbon, pèse 2000 livres. C'est aussi un espace de 40 pieds cubes.

MESURES DE CAPACITÉ. Pour les liquides.

La pinte ou *bouteille* valait 2 chopines ; *la chopine* 2 demi-setiers ; *le demi-setier* 2 poissons.

Le pot contenait 2 pintes ; *le setier* 8 pintes ; *le muid* 36 setiers ou 288 pintes, *le demi-muid* ou *feuillette* 18 setiers ou 144 pintes ; *la barrique* 26 setiers et un quart ou 210 pintes.

Pour les grains et autres matières sèches, telles que le blé, les légumes, les châtaignes, etc.

Le boisseau divisé en demi-boisseau et quart de boisseau.

Le muid contenait 144 boisseaux ; *le setier* 12 boisseaux ; *la mine* 6 boisseaux ; *le minot* 3 boisseaux.

Les capacités qui n'étaient affectées à la mesure ni des liquides ni des grains étaient mesurées à la toise, au pied ou au pouce cube.

MESURES DE SUPERFICIE. Pour les champs ou *mesures agraires*.

La perche carrée.

L'arpent, surface de 100 perches carrées ; c'est-à-dire formant un carré de 10 perches de face, ce qui fait en tout 100 perches carrées. Comme il y avait des perches de 18, 20 ou 22 pieds, on distinguait les arpents de 18, 20 ou 22 pieds à la perche.

---

de poste (7,58 kilomètres) ; le mille d'Italie vaut 948 toises ou environ $\frac{2}{5}$ de lieue (1,85 kilomètre) ; le mille romain vaut 759 toises (1,48 kilomètre).

L'acre, mesure très-variable d'environ un arpent et demi.

Les surfaces autres que celles des champs se mesuraient à la toise, au pied ou au pouce carré. La superficie des contrées se mesurait à *la lieue carrée*.

MESURES DE SOLIDITÉ. Pour le bois de chauffage.

La voie qui avait 4 pieds de haut et 4 de large.

La corde était le double de la voie.

Tous les autres volumes se mesuraient à la toise, au pied ou au pouce cube.

MESURES DU TEMPS. *Le siècle* espace de 100 années; *l'année* divisée en 365 jours; *le jour* en 24 heures; *l'heure* en 60 minutes; *la minute* en 60 secondes; *la seconde* en 60 tierces.

MESURES DU CERCLE. Tout cercle est divisé en 360 degrés; *le degré* en 60 minutes; *la minute* en 60 secondes; *la seconde* en 60 *tierces*.

Remarques. 1° Les minutes, secondes et tierces servant de divisions au cercle n'ont aucun rapport avec les divisions de l'heure qui portent les mêmes noms.

2° Tout cercle, quelle qu'en soit la grandeur, étant partagé en 360 degrés, il en résulte que les degrés ont une grandeur variable dépendante de celle du cercle. Ainsi les degrés de longitude à l'équateur ont 25 lieues; mais ils diminuent à mesure qu'on s'approche des pôles.

MONNAIES. L'unité des monnaies était *la livre* dite *tournois* (*), qui se divisait en 20 sous, le *sou* en *4 liards* ou en 12 *deniers*.

Les pièces de monnaie étaient : en or, *le double louis* de 48 livres; *le louis* de 24 livres; en argent, *l'écu* de 6 livres; *l'écu* de 3 livres; les pièces de 30, de 24, de 12 et de 6 sous; en cuivre ou composition, les sous et les deux sous, les liards et les pièces de 6 liards.

192.—Ces mesures présentaient plusieurs inconvénients très-graves :

1° *La multiplicité pour ainsi dire indéfinie de ces mesures*. Nous n'avons nommé ici que les plus connues et les plus généralement répandues; mais comme non-seulement chaque province, mais encore chaque canton avait les siennes propres, on

---

(*) *La livre tournois* était ainsi nommée de la ville de Tours où on la fabriquait, et par opposition à *la livre parisis*, qui était plus forte d'un quart que la première. Toutes les deux se divisaient également en 20 sous, d'où l'on distinguait aussi *les sous tournois* et *les sous parisis*.

en comptait environ 900 différentes pour toute la France. C'étaient surtout les mesures de capacité et les mesures agraires qui présentaient le plus de diversité.

2° *Le défaut de fixité dans la valeur.* La même mesure avait souvent une valeur différente suivant les localités, ce qui était pour le commerce un sujet continuel d'embarras et de fraudes. Ainsi dans certains endroits l'arpent était établi sur la perche de 18 pieds, dans d'autres sur celle de 20 pieds, et dans d'autres sur celle de 22 pieds. L'aune de Paris était de 44 pouces et n'était pas le même dans toutes les villes.

Outre cette diversité, les mesures n'étant point établies d'après une base fixe et invariable, il en résultait qu'elles s'altéraient avec le temps, et qu'on n'avait aucune donnée pour retrouver la valeur exacte primitive.

3° *Le défaut d'uniformité dans les divisions.* Comme on l'a vu par le tableau ci-dessus, chaque mesure avait ses subdivisions particulières, sans aucune règle uniforme, ce qui rendait les calculs très-longs, très-compliqués, et par conséquent très-difficiles.

4° *Le défaut d'uniformité dans les dénominations.* Chaque mesure avait un nom spécial qui n'avait aucun rapport ni avec la mesure principale, ni avec sa valeur ; en effet, rien dans le mot *pied* par exemple, n'indiquait que ce fût une division de la toise, ni la 6e partie de la toise; il en était de même de toutes les autres.

195. — Depuis long-temps on en reconnaissait les inconvénients; dès le 14e siècle, Philippe V avait conçu le projet d'établir un système uniforme de poids et mesures pour toute la France ; mais la mort l'empêcha de le réaliser. Ce ne fut que lors de la révolution française, en 1790, que l'assemblée nationale décréta l'uniformité des poids et mesures, et chargea l'Institut de proposer un nouveau système qui fut présenté et adopté en 1799 et prit le nom de *système métrique.* Pendant longtemps encore la force de l'habitude empêcha beaucoup de personnes de s'en servir; mais à partir du 1er janvier 1840 une loi interdit d'une manière absolue l'usage des anciennes mesures.

La diversité qui existait en France entre les différentes provinces à l'égard des poids et mesures continue à subsister entre les différents peuples. Cette diversité est une grande entrave pour les négociations commerciales ; quelques peuples, tels que la Belgique et la Sardaigne, ont déjà adopté le système métrique ; il est à désirer de voir les autres suivre cet exemple.

§ II. Système métrique.

194. — Le nom de *système métrique* donné au nouveau système des poids et mesures vient du *mètre*, mesure fondamentale sur laquelle on a formé toutes les autres. Pour rendre ces mesures inaltérables on a pris des précautions très-minutieuses que nous allons exposer.

On a cherché la longueur du mètre dans la nature afin d'avoir une base invariable qui pût être retrouvée dans tous les temps, et qui fût la même dans tous les lieux. Cette base est la distance du pôle à l'équateur ou du quart du méridien terrestre. Cette distance ayant été mesurée avec la plus grande exactitude a été partagée en dix millions de parties; ce qui a donné *le mètre*; le mètre est donc la dix millionième partie du quart du méridien terrestre, et par conséquent la terre a 40 millions de mètres de circonférence.

Le mètre comparé aux anciennes mesures a 3 pieds 11 lignes $\frac{1}{2}$, ou plus exactement 3 p. 11,296 lig.

C'est sur le mètre qu'ont été formées toutes les autres mesures de capacité, de poids, de superficie, de solidité et de monnaies; de sorte que le mètre étant invariable, toutes les autres le sont également.

Pour obvier à l'inconvénient de la diversité des subdivisions on a adopté pour toutes une division uniforme de 10 en 10; c'est-à-dire la division décimale, de sorte que chaque mesure se divise en dix 10es; chaque dixième en dix 100es; chaque centième en dix 1000es; chaque millième en dix 10000es, et ainsi de suite, ce qui peut être poussé à l'infini.

Pour les mesures plus grandes que l'unité on a suivi le système de numération décimale ordinaire, c'est-à-dire que l'on a eu pour chaque mesure des dizaines, des centaines, des mille, des dizaines de mille, etc.

Pour obvier à l'inconvénient de la diversité des noms, on a nommé chaque division et chaque augmentation du nom de la mesure principale auquel on ajoute les mots *déci* pour dixième, *centi* pour centième, *milli* pour millième, *déca* pour dixaine, *hecto* pour centaine, *kilo* pour mille, et *myria* pour dixaine de mille. De sorte que *un centimètre* indique de suite une division et en même temps la centième partie du mètre; *un kilomètre* indique également de suite un multiple du mètre et en même temps la valeur de mille mètres.

Mesures de longueur. LE MÈTRE; unité fondamentale qui a servi à former toutes les mesures, et qui a remplacé toutes les anciennes mesures de longueur.

Il se divise en dix décimètres ; chaque décimètre en 10 centimètres ; chaque centimètre en 10 millimètres.

Les multiples du mètre sont : le *décamètre* ou 10 mètres ; l'*hectomètre* ou 100 mètres ; le *kilomètre* ou 1000 mètres ; le *myriamètre* ou 10000 mètres.

Mesures de capacité. LE LITRE ; c'est la capacité d'un décimètre cube ; c'est-à-dire que si l'on a un vase de forme cubique ayant un décimètre dans tous les sens, on aura la capacité du litre. Pour l'usage ordinaire on donne au litre une forme plus commode ; soit celle d'un cylindre, soit celle d'une bouteille ; mais la contenance est toujours la même.

Il se divise en 10 *décilitres* ; chaque décilitre en 10 *centilitres*, etc.

Les multiples du litre sont le *décalitre* ou 10 litres ; l'*hectolitre* ou 100 litres.

Le litre est spécialement affecté à la mesure des liquides et des matières sèches de consommation. Toutes les autres capacités s'évaluent simplement en mètres, décimètres et centimètres cubes (*).

Mesures de poids. LE GRAMME ; c'est le poids d'un centimètre cube d'eau distillée à la température de zéro (**) ; c'est-à-dire que si l'on a un petit vase de forme cubique ayant en dedans un centimètre dans tous les sens, et si on le remplit d'eau distillée, le poids de cette eau est celui du gramme.

Le gramme se divise en 10 *décigrammes* ; chaque décigramme en 10 *centigrammes*, etc.

Les multiples du gramme sont le *décagramme* ou 10 grammes ; l'*hectogramme* ou 100 grammes ; le *kilogramme* ou 1000 grammes ; le *myriagramme* ou 10000 grammes.

Remarque. 1° Pour avoir un poids parfaitement identique en tous temps on a déterminé la qualité et la température de l'eau. En effet, l'eau est plus ou moins pesante selon qu'elle est plus ou moins chargée de matières étrangères ; or, l'eau distillée étant la plus pure, on l'a prise pour établir le poids du gramme. Le poids de l'eau varie également avec la température ; l'eau chaude pèse moins que l'eau froide ; il était donc nécessaire de déterminer la température de l'eau servant à faire l'expérience ; d'où il suit que, dans quelque lieu et à quelque époque que ce soit, en prenant un centimètre cube d'eau, et en ayant soin de

---

(*) Voir la note du n° 123, page 94.

(**) Ou plus exactement à la température du maximum de densité de l'eau, qui est 3°,2 Réaumur, ou 4° centigrades au dessus de zéro.

prendre de l'eau distillée, et à la température fixée, on aura toujours très-exactement le poids du gramme.

2° Le litre étant 1 décimètre cube, et le décimètre cube contenant 1000 centimètres cubes (123); le gramme étant en outre, le poids d'un centimètre cube d'eau, il en résulte qu'un litre d'eau pèse 1000 grammes ou 1 kilogramme. Le gramme pèse 19 grains de l'ancien poids.

Mesures de superficie. L'ARE; pour les champs ou *mesures agraires*. C'est un carré dont les côtés ont chacun 10 mètres, ce qui fait en tout 100 mètres carrés. Il remplace l'arpent et toutes les autres mesures de superficie pour les champs. Il se divise en 10 *déciares*, et chaque déciare en 10 *centiares*.

Les multiples de l'are sont le *décare* (pour décaare), l'*hectare* (pour hectoare).

L'are vaut environ 2 centièmes d'arpent de l'ancienne mesure, et l'*hectare* environ 2 arpents. (Voir la table de réduction des mesures, à la fin de l'ouvrage.)

L'are est spécialement affecté à la mesure des champs; toutes les autres superficies s'évaluent en mètres, décimètres et centimètres carrés.

Mesures de solidité. LE STÈRE; c'est le volume d'un mètre cube. Ses divisions sont analogues aux précédentes; mais elles sont peu usitées. On dirait: *un décistère*, *un centistère*. Pour les multiples: *un décastère*, un *hectostère*.

Le stère est spécialement affecté à la mesure du bois de chauffage; il vaut à peu près une demi-voie de l'ancienne mesure.

Tous les autres volumes s'évaluent en mètres, décimètres et centimètres cubes.

Monnaies. LE FRANC; c'est l'unité monétaire qui a remplacé l'ancienne livre tournois et qui a, à peu de chose près, la même valeur; 80 fr. valent 81 livres.

Le franc est le poids de 5 grammes d'argent avec 0,1 d'alliage. Il se divise en 10 *décimes* et chaque décime en 10 *centimes*.

Les pièces de monnaie sont: en or, la pièce de 40 fr. et la pièce de 20 fr.; en argent, la pièce de 5 fr., celles de 2 fr., de 1 fr., d'un demi-franc ou 50 centimes et d'un quart de franc ou 25 centimes (*).

(*) Il y a encore dans la circulation des pièces dites de 30 sous et de 15 sous; ces pièces font partie de l'ancien système monétaire, et l'usage n'en est que toléré; mais on n'en fabrique plus.

La série des pièces de cuivre n'est pas encore adoptée; jusqu'à ce qu'une loi l'établisse, on se sert des anciennes pièces.

On a cependant des pièces de 1 et de 10 centimes.

MESURES DU TEMPS ET DU CERCLE. Le système décimal n'a point encore été appliqué à ces deux espèces de mesures dont les subdivisions sont toujours telles que nous les avons indiquées, page 136.

195. — La nomenclature du système métrique se réduit aux noms des six mesures principales et aux sept mots dont on les fait précéder pour en indiquer la valeur; en tout 13 noms qui, par leur combinaison, peuvent désigner toutes les mesures. Le tableau ci-après résume tout le système (*).

myria.	kilo.	hecto.	déca.		déci.	centi.	milli.
1	2	3	4	mètre	5	6	7
8	9	10	11	gramme	12	13	14
		15	16	litre	17	18	
		19 hectare	20 décare	are	21	22	
			23	stère			
				franc	24 décime	25 centime	

196. — On a vu (n° 130) que les unités pouvaient quelquefois être considérées comme des fractions d'une unité plus grande; de même qu'une fraction peut être considérée comme une unité par rapport à une fraction plus petite. D'après ce principe on peut considérer comme unités tous les multiples et toutes les divisions des diverses mesures; c'est ce qui a lieu fréquemment dans la pratique. Soit donc 24445 grammes; dans ce nombre si l'on prend pour unité *le kilogramme* on aura 24 kilogrammes

(*) L'usage de ce tableau est facile à comprendre; la case n° 15, par exemple, qui correspond au *litre* et à *l'hecto*, est celle de *l'hectolitre;* la case 18 est celle du *centilitre*, etc. On exercera l'élève à désigner les noms remplacés par chaque numéro; les cases sans numéro sont celles des noms inusités.

445 grammes; dans ce cas les hectogrammes, les décagrammes et les grammes deviennent des fractions du kilogramme.

Les principaux multiples dont l'usage a consacré l'adoption comme unités, d'après la nature des choses à mesurer, sont :

Le myriamètre et *le kilomètre* affectés à la mesure des grandes distances; ils remplacent *la lieue*. Le myriamètre comparé à la lieue commune de 25 au degré ou de 2282 toises, vaut 5130 toises ou 2,2 lieues; le kilomètre vaut 513 toises ou un peu moins d'un quart de lieue.

Le kilogramme pour peser les objets d'un certain poids; il remplace *la livre*. Le kilogramme comparé à la livre pèse 2 livres 5 gros 35,15 grains. Dans l'usage ordinaire on le compte pour 2 livres seulement; ainsi un poids de 3 livres pourra s'énoncer : 1 kg. $\frac{1}{2}$ ou 1 kg. 500 grammes.

Dans le langage usuel, en parlant du kilogramme on fait souvent abstraction du mot *gramme*, et l'on dit simplement *tant de kilos*. Cette abréviation n'est consacrée que pour les grammes.

L'hectolitre, destiné à la mesure des vins en gros. Il contient 13 setiers et 4 pintes ou environ une demi-barrique.

L'hectolitre et *le décalitre* pour les grains; ils remplacent le boisseau. L'hectolitre vaut 0,6 setiers ou un peu plus d'un demi-setier ou 7,6 boisseaux. Le décalitre vaut 0,7 de boisseau. On se sert également du *double décalitre* qui vaut par conséquent 1,4 de boisseau ou un peu moins d'un boisseau et demi.

L'hectare pour la mesure des champs; il remplace l'arpent et vaut environ 2 arpents de 22 pieds à la perche.

§ III. Application des fractions décimales au système métrique.

197. — Les subdivisions des nouvelles mesures étant établies d'après une progression décuple sont par conséquent des fractions décimales et s'écrivent comme ces dernières. Ainsi, par exemple, 3 mètres et 4 dixièmes s'écriront $3^{m},4$.

Le nombre $6^{m},25$ signifie : 6 mètres 2 décimètres et 5 centimètres, ou 6 mètres 25 centimètres.

$0^{gr.},64$ signifie : zéro gramme 6 décigrammes, 4 centigr. ou simplement 64 centigrammes.

$2548^{gr.},0$ signifie 2 kilogrammes, 5 hectogr., 4 décag., 8 gram., que l'on énonce en une seule fois 2548 gram.

$545^{lit.},34$ signifie : 5 hectolit., 4 décal., 5 lit., 3 décilitres, et 4 centil., ou 545 litres et 34 centilitres.

198. — En appliquant aux mesures métriques les principes développés plus haut (186-187), on verra que pour réduire, par

exemple, $6^{m},25$ en centimètres il suffit de supprimer la virgule ce qui fait 625 centimètres. De même 225 fr. 75 centimes font 22575 centimes; $15^{kg.},250$ font 15250 gram.; $5^{hlit.},345$ font 5345 décilitres.

Par la même raison si l'on a 5844 centimes, pour en extraire les francs, il faut diviser ce nombre par 100 en séparant par une virgule 2 chiffres sur la droite, ce qui fait 58 fr. 44 centimes. De même 2456 millimètres font $2^{m},456$ millimètres; 754 gram. font $0^{kg.},754$ gr.; 5829 mètres font $5^{km.},829$ mètres.

§ IV. Conversion des anciennes mesures en nouvelles, et réciproquement.

199. — Malgré l'adoption légale et exclusive en France du système métrique, on trouve fréquemment des évaluations en anciennes mesures qu'il importe de pouvoir convertir en nouvelles et réciproquement. La manière d'opérer cette réduction s'applique également aux mesures des pays étrangers qui n'ont point encore adopté le système métrique et avec lesquels le commerce a de fréquentes relations.

Cette réduction est du reste très-simple quand on connaît la valeur réciproque des unités des mesures que l'on veut convertir, car alors l'opération se réduit à la multiplication et à l'addition.

Soit 12 toises à réduire en mètres. Sachant que 1 toise = $1^{m},949$, 12 toises vaudront 12 × $1^{m},949$ ou $23^{m},388$:

6 toises 4 pieds 9 pouces font combien de mètres et de parties de mètre?

On réduit séparément les 6 toises, les 4 pieds et les 9 pouces, et l'on additionne les trois produits.

	m.		m.		m.
1 toise =	1,949;	6 toises =	6 × 1,949	ou	11,694
1 pied =	0,324;	4 pieds =	4 × 0,324	ou	1,299
1 pouce =	0,027;	9 pouces =	9 × 0,027	ou	0,243
					13,236

Remarque. Nous donnons à la fin de l'ouvrage une table de réduction des mesures françaises et des mesures étrangères les plus usitées. Cette table, faite d'après l'Annuaire du Bureau des longitudes, est par conséquent d'une exactitude officielle. Avec une table semblable complète on est dispensé de faire les multiplications dont nous venons de parler, attendu que l'on y trouve la réduction de chaque mesure pour tous les nombres à l'aide d'une simple addition et par le procédé suivant:

Combien 1 lieue de 2282 toises vaut-elle de mètres?

On trouve dans la table :

	m.
Pour 2000 toises.	3898,073
— 200 —	389,807
— 80 —	155,922
— 2 —	3,898
	4447,700 ou 4 kilom., 447 mètres.

§ V. Résumé théorique du système des poids et mesures.

200. — Il y a huit espèces de mesures : 1° les mesures de longueur; 2° celles de poids; 3° celles de capacité; 4° les mesures agraires et de superficie; 5° celles de solidité; 6° les monnaies; 7° les mesures du temps; 8° celles du cercle (190).

Les inconvénients que présentaient les anciennes mesures dont on faisait usage en France avant l'adoption du système métrique étaient :

1° La multiplicité pour ainsi dire indéfinie des mesures; ces mesures variant d'une localité à l'autre;

2° Le défaut de fixité dans la valeur; la même mesure n'ayant pas partout la même valeur;

3° Le défaut d'uniformité dans les subdivisions; chaque mesure ayant une division différente;

4° Le défaut d'uniformité dans les dénominations; les noms des mesures n'ayant aucun rapport ni avec le nom de la mesure principale ni avec la valeur de la mesure (191-192).

On a obvié : 1° à la multiplicité des mesures en adoptant des mesures uniformes pour toute la France;

2° Au défaut de fixité dans la valeur, en choisissant l'unité fondamentale dans quelque chose d'invariable dans la nature, de telle sorte qu'on pût la retrouver exacte dans tous les temps et dans tous les lieux;

3° Au défaut d'uniformité dans les divisions, en adoptant pour toutes une division uniforme de 10 en 10;

4° Au défaut d'uniformité dans les dénominations, en leur donnant des noms qui fissent connaître à la fois la nature et la valeur de la mesure.

L'unité des mesures de longueur dans le nouveau système est le *mètre*. Sa longueur est la dix-millionnième partie du quart du méridien terrestre; c'est-à-dire de la distance du pôle à l'équateur. Le mètre étant invariable, toutes les autres mesures le sont également, parce qu'elles ont toutes été formées sur le *mètre* qui est ainsi l'unité fondamentale de tout le nouveau système auquel on a, par cette raison, donné le nom de *système métrique*.

L'unité des mesures de capacité est le *litre*. Le litre est la capacité d'un décimètre cube.

L'unité des mesures de poids est le *gramme*. Le gramme est le poids d'un centimètre cube d'eau distillée à la température de 0, ou plus exactement du maximum de densité de l'eau qui est 4 degrés au dessus de 0.

L'unité des mesures agraires est l'*are* qui contient 100 mètres carrés. Les autres superficies se mesurent au mètre ou parties du mètre carré.

L'unité des mesures de solidité pour le bois est le *stère* qui a 1 mètre cube. Les autres volumes se mesurent au mètre ou parties du mètre cube.

L'unité des monnaies est le *franc* qui pèse 5 grammes.

Les divisions de ces mesures sont exprimées par les mots *déci* pour dixième, *centi* pour centième, *milli* pour millième; les multiples sont exprimés par les mots *déca* pour dizaine, *hecto* pour centaine, *kilo* pour mille et *myria* pour dizaine de mille, auxquels on ajoute le nom de la mesure principale; d'où l'on a : *décilitre* pour 1 dixième de litre, *kilogramme* pour 1000 grammes, *myriamètre* pour dix mille mètres.

Les mesures du temps et du cercle n'ont point été soumises au système métrique et ont conservé les anciennes divisions et dénominations (193-194-195).

Les divisions et les multiples des mesures métriques étant fondés sur le système décimal, s'écrivent comme les fractions décimales; ainsi, $24^{m},45$ signifie 24 mètres 4 décimètres, 5 centimètres ou 24 m. 45 centimètres. D'où il résulte que toutes les opérations arithmétiques des fractions décimales s'appliquent au calcul des mesures métriques (196-197-198).

CHAPITRE XIII.

OPÉRATIONS DE L'ARITHMÉTIQUE SUR LES FRACTIONS DÉCIMALES ET LES MESURES MÉTRIQUES.

§ I. Addition des fractions décimales.

201. — Soit à additionner les nombres suivants :

$$\begin{array}{r} 34,25 \\ 124,21 \\ 721,89 \\ \hline 880,35 \end{array}$$

On a vu (144) que pour additionner les fractions il faut additionner les numérateurs ; or, dans l'opération ci-dessus, les nombres 25, 21 et 89 étant les numérateurs des fractions $\frac{25}{100}$, $\frac{21}{100}$ et $\frac{89}{100}$, ce sont donc ces nombres qu'il faut additionner. De plus, comme les chiffres décimaux suivent la progression décuple, il en résulte qu'on les additionne comme les nombres entiers, en considérant la dernière colonne à droite comme des unités. Dans la question ci-dessus on considérera les centièmes comme des unités, les dixièmes comme des dizaines, les unités comme des centaines ; et en effet, les dixièmes sont véritablement des dizaines et les unités des centaines par rapport aux centièmes. Ainsi, dans cet exemple, l'addition de la colonne des centièmes donne 15 centièmes ; on écrit 5 sous la colonne des centièmes et l'on retient 1 dixième pour la colonne des dixièmes ; l'addition de la colonne des dixièmes donne 12, plus 1 dixième de retenu cela fait 13 dixièmes ; dans 13 dixièmes il y a 3 dixièmes que l'on écrit sous la colonne des dixièmes, et 1 entier que l'on retient pour la colonne des entiers, et ainsi de suite.

De ces observations on conclut le principe suivant : *L'addition des fractions décimales se fait comme celle des nombres entiers en faisant, par la pensée, abstraction de la virgule, et en considérant la dernière colonne à droite comme des unités.*

Quant à la place de la virgule dans le total, elle se met toujours entre la somme de la colonne des unités et celle de la colonne des dixièmes.

202. — Soit à additionner :

3,4	3,400
5,25	5,250
2,053	2,053
10,703	10,703

On a vu (146) qu'on ne peut additionner que les fractions ayant le même dénominateur ; or dans cette question il faut additionner des 10es, des 100es et des 1000es. On a vu également que pour réduire les fractions décimales au même dénominateur, il suffit d'égaliser le nombre des décimales au moyen de zéros ; mais, pour l'addition cette réduction n'a pas besoin d'être faite en réalité, attendu qu'elle n'apporte aucun changement dans le résultat, chaque chiffre étant toujours compté pour sa valeur, c'est-à-dire les dixièmes pour des dixièmes, les centièmes pour des centièmes, etc. ; il suffit donc de faire cette réduction par la pensée, et d'additionner les nombres tels qu'ils sont.

Cette addition n'éprouve aucune modification quand les fractions décimales sont appliquées aux mesures métriques, comme dans les exemples suivants :

m.	k.m.	gr.	k.gr.
15,2	5,245	25,2	26,250
6,68	6,568	68,55	12,064
156,229	28,044	6,39	69,736
68,77	12,8	50,8	0,540
246,879	52,657	150,94	108,590

§ II. Soustraction des fractions décimales.

203. — Soit à soustraire :

lit.	h.l.
845,68	67,25
— 64,27	— 18,68
781,41	48,57

Les mêmes raisonnements que l'on a faits pour l'addition s'appliquent à la soustraction ; d'où il résulte que la soustraction des fractions décimales se fait comme celle des nombres entiers; on fait, par la pensée, abstraction de la virgule, et l'on considère les entiers et les fractions comme ne faisant qu'un seul nombre. Dans la première question ci-dessus on soustraira donc d'abord 7 centièmes de 8 centièmes, puis 2 dixièmes de 6 dixièmes ; ensuite 4 unités de 5 unités, etc.

Dans le second exemple les emprunts se font comme dans les nombres entiers ; ainsi pour pouvoir soustraire les centièmes on empruntera un 10ᵉ qui vaut dix centièmes ; pour soustraire les dixièmes on empruntera un entier qui vaut dix dixièmes, et ainsi de suite.

La soustraction peut également se faire par le mode de compensation (40).

La virgule, dans le reste, se place toujours comme dans l'addition, entre le chiffre des unités et celui des dixièmes.

204. — Soit à soustraire :

1)	1)	2) fr. c.	2) fr. c.
3,4	3,400	36,00	36,00
— 1,648	1,648	— 12,45	12,45
	1,752		23,55

Si, pour additionner les fractions décimales, il n'est pas nécessaire d'opérer en réalité la réduction au même dénominateur, il n'en est pas de même dans la soustraction. Si, dans le nombre dont il faut soustraire, il n'y a pas le même nombre de chiffres décimaux que dans le nombre à soustraire, comme dans le premier exemple ci-dessus, ou s'il n'y en a pas du tout, comme dans le second, on remplace les chiffres décimaux manquant par des zéros, et l'opération se fait comme celle des nombres entiers.

§ III. Multiplication des fractions décimales.

205.—*Si un mètre d'étoffe coûte* 15 *fr.* 35 *c.*, *combien coûteront* 6 *mètres?*

$$\begin{array}{r} 15,35 \\ 6 \\ \hline 92,10 \end{array}$$

Dans cette question il faut multiplier 15 fr. 35 c. par 6; à cet effet on supprime la virgule par la pensée, ce qui réduit les 15 fr. 35 c. en 1535 centimes (198). Le produit sera 9210 centimes. Pour séparer les francs et les centimes dans le produit on divise celui-ci par 100 en séparant 2 chiffres décimaux sur la droite, c'est-à-dire autant qu'il y en avait dans le multiplicande.

On fait 0m,85 *d'ouvrage dans une heure; combien en fera-t-on en* 8 *heures?*

$$\begin{array}{r} 0,85 \\ 8 \\ \hline 6,80 \end{array}$$

Cet exemple est analogue au précédent, avec cette différence qu'il n'y a pas d'entiers au multiplicande. Le produit est 680 centimètres dont on extrait les entiers en le divisant par *cent*.

206.—*Si un mètre d'étoffe coûte* 6 *fr.* 25 *c.*, *combien coûteront* 8,5 *mèt.?*

$$\begin{array}{r} 6,25 \\ 8,5 \\ \hline 3\ 12\ 5 \\ 50\ 00 \\ \hline 53,12\ 5 \end{array}$$

Dans cet exemple les deux facteurs ont des décimales. Pour faire l'opération on réduit les entiers en fractions par la suppression de la virgule, et l'on a 625 centimes ou centièmes à multiplier par 85 décimètres ou dixièmes, ce qui donne au produit 53125. Ce produit est un nombre fractionnaire dont on extrait les entiers en *séparant sur la droite autant de chiffres décimaux qu'il y en a dans les deux facteurs ensemble*. On aura donc 53 fr., 125.

207. — Comme on ne compte pas par millièmes de francs on pourra, dans ce cas, négliger le 3e chiffre, et dire que le résultat est 53 fr. 12 c. L'abandon des millièmes produit une petite erreur en moins. Si ce 3e chiffre était plus fort que 5 ; si l'on avait, par exemple, 53 fr. 128, on augmenterait de 1 le chiffre des centièmes, et l'on aurait 53 fr. 13 c.; ici l'erreur serait en plus.

Ce principe s'applique toutes les fois que l'on a un nombre de chiffres décimaux plus grand que celui dont on a rigoureusement besoin. Comme dans les deux cas il y a une erreur, d'un côté en moins et de l'autre en plus, on adoptera celle des deux qui sera la moins importante, ou la moins préjudiciable d'après la nature de la question.

208. — Pour se rendre compte de la raison pour laquelle on sépare du produit autant de chiffres décimaux qu'il y en a dans les deux facteurs ensemble, il faut se reporter au principe de la multiplication des fractions ordinaires. On a vu 1° (n° 162) que pour multiplier une fraction par une fraction on multiplie numérateur par numérateur et dénominateur par dénominateur; 2° (n° 164) que lorsqu'on multiplie des nombres fractionnaires on réduit préalablement les entiers en fractions, et qu'on multiplie ensuite comme il vient d'être dit; après quoi on extrait, s'il y a lieu, les entiers du produit en divisant le numérateur par le dénominateur. C'est précisément ce que nous avons fait dans l'exemple ci-dessus.

$$6,25 \text{ ou } 6\,\frac{25}{100} = \frac{625}{100}$$
$$8,5 \text{ ou } 8\,\frac{5}{10} = \frac{85}{10}$$
$$\frac{625}{100} \times \frac{85}{10} = \frac{53125}{1000} = 53\,\frac{125}{1000}.$$

On sait que dans les fractions décimales le numérateur seul est exprimé ; le dénominateur est indiqué par le nombre de chiffres décimaux. Par la suppression de la virgule on a réduit les entiers en fractions, ce qui a donné 625 centièmes et 85 dixièmes. En multipliant 625 par 85 on a multiplié les deux numérateurs l'un par l'autre, ce qui a donné 53125 ; quant au dénominateur, il résulte de la multiplication du dénominateur 100 de la première fraction par le dénominateur 10 de la seconde ; c'est-à-dire que ce dénominateur est 1000 ; le produit 53125 exprime donc des millièmes dont on extrait les entiers en le divisant par 1000, ce que l'on fait en séparant 3 chiffres décimaux sur la droite.

L'expérience et le raisonnement démontrent que ce dénominateur est toujours indiqué par un nombre de chiffres égal à ceux du multiplicande et du multiplicateur (*).

209.

$$\begin{array}{r} 0,15 \\ \times\ 0,4 \\ \hline 0,060 \end{array}$$

Cette dernière opération pourrait embarrasser, attendu que le produit ne donne que deux chiffres, et que la règle prescrit d'en séparer trois ; mais si l'on observe que 15 centièmes multipliés par 4 dixièmes donnent 60 millièmes, on verra qu'il doit y avoir

(*) Pour bien convaincre l'élève des principes que nous venons de développer, il sera très-utile de lui faire résoudre un certain nombre de questions par le procédé des fractions décimales et en même temps par celui des fractions ordinaires ; par ce moyen l'identité des deux opérations sera évidente, et il comprendra mieux encore la simplicité du procédé décimal.

trois colonnes décimales, et par conséquent qu'il faut remplacer celle des dixièmes par un zéro.

Nous voyons encore ici l'application d'un autre principe de la multiplication des fractions. On a vu (159) que lorsqu'on multiplie par une fraction on obtient un produit plus faible que le multiplicande; or, en effet, 15 centièmes multipliés par 4 dixièmes donnent pour produit 60 millièmes qui sont moins que 15 centièmes.

De toutes ces observations on conclut que :

Pour multiplier deux nombres décimaux, on fait l'opération comme celle des entiers, sans avoir égard à la virgule. On retranche ensuite du produit autant de chiffres décimaux qu'il y en a dans les deux facteurs.

210. — *Une toise vaut* $1^{m},949$; *combien de mètres vaudront* 10, 100, 1000 *toises?*

D'après le principe exposé n° 186 on multiplie un nombre décimal par 10 en reculant la virgule d'un rang sur la droite; par 100 en la reculant de deux rangs; par 1000 en la reculant de trois rangs, etc. Donc si une toise vaut $1^{m},949$, 10 toises vaudront $19^{m},49$; 100 toises $194^{m},9$, et 1000 toises 1949 mètres.

§ IV. Division des fractions décimales.

211.—*Si un mètre d'étoffe coûte 5 fr. 34 c., combien en aura-t-on pour 42 fr. 72 c.*

Il faut voir combien 5 fr. 34 c. sont contenus de fois dans 42 fr. 72 c. A cet effet on réduit les entiers en fractions par la suppression de la virgule, ce qui donne

$$4272^{c} \mid 534^{c} = 8 \text{ mètres.}$$

Il est évident que la suppression de la virgule ne doit rien changer au quotient, car 534 centimes sont contenus dans 4272 centimes autant de fois que 534 unités dans 4272 unités. On peut donc opérer comme si c'étaient des unités simples.

212. — Soit à diviser 34,6 par 8,65.

En supprimant la virgule on aura 346 dixièmes à diviser par 865 centièmes ; c'est-à-dire qu'il faut voir combien 865 centièmes sont contenus de fois dans 346 dixièmes ; ce qui ne se peut pas, à moins d'avoir des fractions de même espèce ; il faut donc les réduire au même dénominateur en égalisant le nombre des décimales au moyen d'un zéro ; on aura alors 3460 centièmes à diviser par 865 centièmes.

$$3460 \mid 865 = 4$$

213. — Soit à diviser 218,4 par 27,30. Dans l'exemple précédent on a égalisé le nombre des décimales en ajoutant un zéro ; dans celui-ci on peut l'égaliser, soit en en ajoutant un au dividende, soit en en retranchant un du diviseur ; ce qui, comme on le sait (184), dans aucun cas ne change la valeur de la fraction décimale. On aura donc à voir combien 2730 centièmes sont contenus de fois dans 21840 centièmes, ou, ce qui revient au même, combien 273 dixièmes sont contenus dans 2184 dixièmes. On conçoit que ce dernier mode est préférable puisqu'il simplifie l'opération.

214. — Ce que l'on vient de faire pour la division des fractions décimales est entièrement analogue à ce qui a été prescrit pour la division des fractions ordinaires (173-174-175). Si la question ci-dessus était exprimée en fractions ordinaires on opèrerait ainsi :

$$218\,\frac{4}{10} = \frac{2184}{10} \quad . \quad 27\,\frac{30}{100} = \frac{2730}{100}$$

La seconde fraction réduite au même dénominateur que la première donnera $\frac{273}{10}$. Faisant abstraction du dénominateur on a $2184 \mid 273 = 8$.

En opérant par fractions décimales on a, par la suppression de la virgule, réduit les entiers en fractions ; en égalisant le nombre des décimales on a réduit les deux fractions au même dénominateur; enfin en divisant 2184 par 273 on a divisé le numérateur de la fraction dividende par le numérateur de la fraction diviseur, sans égard au dénominateur, et l'on a également pour quotient 8 qui indique que le nombre 27,30 est contenu 8 fois dans 218,4 (*).

215. — On pourrait se trouver embarrassé sur la valeur des chiffres du quotient. Peut-être sera-t-on tenté d'en faire des décimales; mais en réfléchissant un peu on verra que le quotient indiquant le nombre de fois que le dividende contient le diviseur, doit être des entiers, à moins que ce dernier n'y soit pas contenu une seule fois. D'ailleurs c'est la nature de la question qui doit le déterminer. Il arrive aussi souvent que le diviseur n'est pas contenu un nombre exact de fois dans le dividende; mais c'est un cas que nous examinerons tout-à-l'heure.

216. — *Si l'on fait* 0,^{m}02 *d'un ouvrage en 1 heure, en combien d'heures fera-t-on* 0^{m},3 *du même ouvrage?*

Il est clair qu'il faudra autant d'heures que 2 centimètres seront contenus de fois dans 3 décimètres. Egalisant le nombre des décimales on aura :

0,30 | 0,02 = 15 heures.

Le nombre 15 du quotient exprime 15 entiers, parce qu'il indique que 2 centièmes sont contenus dans 30 centièmes 15 fois. On voit également dans ce résultat l'application du principe développé dans les fractions ordinaires (170-173) et d'après lequel on sait que, dans la division d'une fraction par une fraction, le quotient est plus fort que le dividende, parce que ce quotient indique combien de fois la fraction diviseur est contenue

(*) Nous faisons ici la même recommandation que nous avons faite dans la note du n° 208, page 151, au sujet de la multiplication des fractions décimales.

dans la fraction dividende. Quant à la nature des unités du quotient, elle est déterminée par la nature de la question.

217. — *Si l'on fait 0m,25 d'un ouvrage en 1 heure, en combien de temps fera-t-on 6 mètres du même ouvrage?*

Il faut diviser 6 mètres par 25 centimètres. Procédant comme nous l'avons dit, on réduit les mètres en centimètres en ajoutant deux zéros; la question se réduit donc à voir combien 25 centimètres sont contenus de fois dans 600 centimètres :

$$600 \mid 0{,}25 = 24.$$

Le quotient 24 indique qu'il y est contenu 24 fois, c'est-à-dire que l'ouvrage sera fait en 24 heures.

De toutes les observations précédentes on conclut que : *pour diviser les nombres décimaux, il faut faire abstraction de la virgule, égaliser le nombre des décimales au moyen de zéros, et diviser les deux nombres comme si c'étaient des nombres entiers.*

218. — 100 *arpents valent* 51hect.,072; *combien d'hectares valent* 10 *arpents? id.* 1 *arpent?*

D'après le principe exposé no 186 on divise un nombre décimal par 10 en reculant la virgule d'un rang sur la gauche; par 100 en la reculant de deux rangs; par 1000 en la reculant de trois rangs, etc. Donc si 100 arpents valent 51hect.,072, 10 arpents vaudront 5hect.,1072; 1 arpent vaudra 0hect.,51072.

§ V. Conversion du reste d'une division en décimales.

219. — *On a dépensé* 18 *francs en* 8 *jours; combien cela fait-il par jour?*

Après avoir divisé 18 par 8 on trouve pour reste 2 qui lui-même divisé par 8 donne $\frac{2}{8}$ ou $\frac{1}{4}$; ainsi l'on dépensera par jour 2 fr. $\frac{1}{4}$.

Dans une foule de circonstances, et surtout quand il s'agit des mesures métriques, il est plus commode de transformer le reste en une fraction décimale au lieu d'avoir une fraction ordinaire; à cet effet voici la manière d'opérer:

```
18 | 8 = 2,25
 20
  40
```

8 est contenu dans 18 2 fois; on pose 2 unités au quotient; il reste 2 fr. que l'on convertit en dixièmes en ajoutant un 0, ce qui donne 20 dixièmes; 8 est contenu dans 20 dixièmes 2 dixièmes de fois; on pose au quotient 2 dixièmes que l'on sépare des entiers par une virgule. Il reste 4 dixièmes que l'on convertit en centièmes en ajoutant un 0, ce qui donne 40 centièmes; 8 est contenu dans 40 centièmes 5 centièmes de fois; on pose 5 centièmes au quotient et il ne reste plus rien. Donc 8 est contenu dans 18 2 fois et 25 centièmes de fois; c'est-à-dire que l'on dépensera par jour 2 francs 25 centimes.

Si, après avoir obtenu les centièmes du quotient, on a encore un reste, on le convertit en millièmes en ajoutant un zéro, puis le nouveau reste, s'il y a lieu, en dix millièmes et ainsi de suite jusqu'à ce que la division ne donne plus de reste.

220. — *Un homme a bu en 7 jours 31 litres de vin; combien cela fait-il par jour?*

```
31 | 7 = 4,428571
 30
  20
   60
    40
     50
      10
       3
```

En opérant pour cette question comme nous venons de l'indiquer, on conçoit que la division ne finira jamais, puisque nous avons obtenu pour dernier reste 3 qui recommence la même série de dividendes partiels que l'on a déjà eus.

En se bornant aux $4^{lit.},428$ et en négligeant le reste 4, il y a une erreur en moins de $\frac{4}{7}$ de millièmes, erreur si peu considérable en elle-même qu'on peut la négliger sans nuire sensiblement au résultat. On sent qu'on peut pousser l'exactitude à tel degré qu'on voudra en augmentant à volonté le nombre des décimales.

Dans l'exemple précédent, nous avons été jusqu'aux millionnièmes, et le reste 3 que nous avons négligé fait une erreur de $\frac{3}{7}$ de millionnièmes.

Pour les francs on s'arrête ordinairement aux centimes; pour le litre, le mètre, le gramme, aux centièmes ou quelquefois aux millièmes ou dix-millièmes. Pour les calculs qui exigent une grande précision, tels que les calculs astronomiques, on porte l'exactitude beaucoup plus loin. Cependant si l'on avait à faire une addition ou une muliplication de quotients décimaux obtenus par ce moyen, on pourrait se servir d'un plus grand nombre de décimales que celui qui est requis par l'usage, même dans les calculs ordinaires, parce que par l'addition ou la multiplication des moindres parties on peut obtenir des parties plus considérables qu'il est important de ne pas négliger, comme dans cette question :

1 *pied vaut* $0^m,3248$; *combien* 9 *pieds feront-ils de mètres?*

En multipliant $0^m,3248$ par 9 on a $2^m,9232$, ou si l'on veut $2^m,923$. Si dans le multiplicande on se fût arrêté aux millièmes on aurait eu $0^m,324 \times 9 = 2^m,916$, c'est-à-dire 7 millimètres de moins; si l'on se fût arrêté aux centièmes on aurait eu $0^m,32 \times 9 = 2^m,88$, c'est-à-dire 43 millimètres de moins.

221. — *Soit à diviser* 20 *fr. par* 6, *et* 19 *fr. par* 6.

20	6		19	6
20	3f,333 ou 3f,33		10	3f,166 ou 3f,17
20			40	
20			40	
			4	

Lorsqu'on veut se contenter d'un certain nombre de décimales et abandonner les suivantes, cet abandon produit une erreur en moins ; cette erreur est plus ou moins forte suivant que le chiffre qui suit celui auquel on s'arrête est plus ou moins fort. Dans les exemples ci-dessus, si l'on s'arrête aux centièmes, il y aura une erreur de 3 millièmes dans le premier, et de 6 millièmes dans le second ; pour diminuer l'importance de cette erreur il est d'usage, lorsque le chiffre qui suit le dernier chiffre auquel on s'arrête est supérieur à 5, d'augmenter ce dernier chiffre de 1 ; ainsi dans le second exemple ci-dessus, voulant s'arrêter aux centimes, au lieu de 3 fr. 16 on mettra 3 fr. 17, parce que le chiffre suivant est 6 ; dans le premier exemple, au contraire, on laissera 3 fr. 33, parce que le chiffre suivant n'est que 3. Il est à remarquer que par cette augmentation, l'erreur au lieu d'être en moins se trouve en plus. On se règle à cet égard d'après le plus ou le moins d'importance de cette erreur eu égard à la nature de la question.

§ VI. Conversion des fractions ordinaires en fractions décimales.

222. — Les calculs sur les fractions décimales étant beaucoup plus simples que sur les fractions ordinaires, il est souvent très-utile de convertir celles-ci en fractions décimales équivalentes. Certaines fractions peuvent être transformées facilement, et pour ainsi dire à vue d'œil ; ainsi on voit sans peine que $\frac{1}{2}$ équivaut à 0,5 ; $\frac{1}{5}$ à 0,2 ; $\frac{1}{4}$ à 0,25 ; $\frac{3}{4}$ à 0,75. Mais le plus souvent cette conversion ne pouvant pas se faire aussi facilement, on a recours au procédé suivant :

Dans toute fraction on peut considérer le numérateur comme un nombre entier dont le dénominateur est le diviseur. En effet, $\frac{3}{5}$ par exemple, ne sont autre chose que 3 entiers divisés par 5, ce qui donne $\frac{3}{5}$. On peut encore considérer le numérateur 3 comme le reste d'une division dont 5 est le diviseur; on procède alors à sa réduction en décimales comme on l'a indiqué dans l'article précédent. On observera de mettre au quotient un zéro pour remplacer les entiers. Ainsi, les fractions $\frac{3}{5}$ et $\frac{5}{8}$ transformées en décimales donneront :

$\frac{3}{5}$ = 30 | 5 = 0,6 $\frac{5}{8}$ = 50 | 8 = 0,625
20
40

Il arrive souvent que, de même que dans le reste d'une division, la fraction ne peut se transformer exactement; on dit alors qu'elle est *irréductible*. Dans ce cas plus on met de décimales plus on approche de l'exactitude; on se règle à cet égard d'après l'importance de la question; le plus ordinairement on se borne à 4. *Exemple :*

$\frac{1}{3}$ = 10 | 3
10 0,333
10
10

$\frac{7}{15}$ = 70 | 15
100 0,46666 ou 0,4667
100
100
100
10

§ VII. Conversion des nombres complexes en décimales.

223. — *Soit* 6 *heures* 25 *minutes* 44 *secondes à convertir en décimales de l'heure.*

25 minutes et 44 secondes font 1544 secondes. Une heure contenant 3600 secondes, les 25 minutes 44 secondes ne sont autre chose que $\frac{1544}{3600}$ d'heure. Cette fraction transformée en décimales par le procédé indiqué ci-dessus, on trouvera que 6 h. 25 m. 44 s. = 6 h.,4289.

§ VIII. Résumé théorique des fractions décimales.

224.—Les fractions décimales sont celles qui résultent de la division de l'unité de 10 en 10, c'est-à-dire qui ont pour dénominateur 10, 100, 1000, 10000, etc. (178).

Les chiffres placés à la droite des unités expriment des fractions ou parties d'unité. Ils ont une valeur décroissante de dix en dix, comme les entiers, en allant de gauche à droite, d'où il suit que le chiffre placé dans le premier rang à la droite des unités exprime des *dixièmes*, dans le second rang des *centièmes*, dans le troisième rang des *millièmes*, etc. (179).

Le nombre 25,34 peut s'énoncer de deux manières; on peut dire 25 entiers 3 dixièmes et 4 centièmes, ou 34 centièmes (181).

Les chiffres placés à la droite des unités sont appelés *chiffres décimaux*, parce qu'ils expriment des fractions décimales. On les sépare des unités par une virgule.

Les fractions décimales peuvent s'écrire de deux manières : sous forme de fraction ordinaire comme $\frac{1}{10}$, et sous forme décimale comme 0,1 (182).

Dans les fractions décimales le numérateur seul est écrit et représenté par les chiffres à droite des unités; le dénominateur est indiqué par le nombre de colonnes occupées par les chiffres décimaux (183).

Dans toute fraction décimale on peut ajouter à la droite un nombre quelconque de zéros ou en retrancher sans en changer la valeur, attendu que chaque chiffre décimal conserve le rang qu'il occupait (184).

Si l'on ajoute un, deux, trois, etc., zéros à la gauche des chiffres décimaux la fraction devient 10, 100, 1000, etc., fois plus petite, parce que chaque chiffre décimal a reculé d'un, deux, trois, etc., rangs sur la droite (185).

Dans toute fraction décimale si l'on avance la virgule d'un, deux, trois, etc., rangs sur la gauche, le nombre devient 10, 100, 1000, etc., fois plus petit. Si on avance la virgule d'un, deux, trois, etc., rangs sur la droite, le nombre devient 10, 100, 1000, etc., fois plus fort (186).

Dans un nombre fractionnaire décimal, pour réduire les entiers en fractions, il suffit de supprimer la virgule en conservant à chaque chiffre sa valeur; ainsi 25,34 font 2534 centièmes (187).

Pour extraire les entiers d'un nombre fractionnaire décimal il faut séparer sur la droite autant de chiffres décimaux que l'indique le dénominateur. Ainsi 6789 millièmes font 6 entiers 789 millièmes (188).

Pour réduire des fractions décimales au même dénominateur il faut égaliser le nombre des chiffres décimaux en ajoutant sur la droite autant de zéros que cela est nécessaire (189).

L'addition des fractions décimales se fait comme celle des nombres entiers en faisant, par la pensée, abstraction de la virgule, et en multipliant la dernière colonne à droite comme des unités (200).

On peut, pour l'addition des fractions décimales, se dispenser d'égaliser en réalité le nombre des chiffres décimaux; la réduction au même dénominateur existe par le fait même de l'addition (201).

La soustraction des fractions décimales se fait comme celle des nombres entiers, en faisant, par la pensée, abstraction de la virgule et en considérant le dernier chiffre à droite comme des unités. Elle peut se faire par le système des emprunts ou par celui de la compensation (202).

Si, dans la soustraction des fractions décimales, le nombre des chiffres décimaux n'est pas le même dans les deux nombres, on l'égalise en ajoutant à la droite autant de zéros que cela est nécessaire (203).

Pour multiplier deux nombres décimaux, on fait l'opération comme celle des entiers, sans avoir égard à la virgule. On sépare ensuite sur la droite du produit autant de chiffres décimaux qu'il y en a dans les deux facteurs (204 à 208).

Pour multiplier un nombre décimal par 10, 100, 1000, etc., il suffit de reculer la virgule d'un, deux, trois, etc., rangs sur la droite (209).

Pour diviser les nombres décimaux on opère comme sur les entiers en faisant abstraction de la virgule, mais en ayant soin d'égaliser préalablement le nombre des décimales, ce qui revient à les réduire au même dénominateur.

Le quotient indiquant le nombre de fois que le diviseur est contenu dans le dividende, il peut arriver, comme cela a lieu dans les fractions ordinaires, qu'en divisant une fraction décimale par une fraction décimale on reçoive des entiers pour quotient (210 à 216).

Pour diviser un nombre décimal par 10, 100, 1000, etc., il suffit de reculer la virgule d'un, deux, trois, etc., rangs sur la gauche (217).

Pour transformer en décimales le reste d'une division, on y ajoute un zéro et l'on voit combien le diviseur est contenu de fois dans ce nouveau dividende partiel; mais le chiffre que l'on obtient appartient aux dixièmes et doit par conséquent être séparé par une virgule des entiers du quotient. Au nouveau reste, s'il y en a un, on ajoute encore un zéro et l'on divise comme précédemment; mais le chiffre que l'on obtient appartient aux centièmes. Il est des opérations qui peuvent être prolongées ainsi indéfiniment. On pousse alors l'exactitude aussi loin que l'exige la nature de la question et l'on néglige le dernier reste (218-219-220).

Pour transformer une fraction ordinaire en fraction décimale, il faut considérer le numérateur de la fraction comme le reste d'une division et opérer absolument comme il a été indiqué pour le reste d'une division. Il faut avoir soin de remplacer les unités par un zéro (221-222).

CHAPITRE XIV.

DES PROPORTIONS (*).

§ I. Des Rapports.

225. — Lorsque l'on compare deux nombres on peut le faire de deux manières, soit en considérant la différence qui existe entre eux, soit en cherchant combien l'un est contenu de fois dans l'autre. Ainsi, lorsqu'on dit qu'entre 10 et 5 la différence est 5, on les compare sous le rapport de la différence; et lorsqu'on dit que 5 est contenu deux fois dans 10, on les compare sous le rapport du quotient. Deux nombres ainsi comparés forment un *rapport*. Si l'on considère la différence, le rapport est dit *arithmétique;* si au contraire on considère le quotient, il est dit *géométrique.*

Remarque. Ces deux noms sont impropres; car ces rapports ne sont ni plus arithmétiques ni plus géométriques l'un que l'autre; mais l'usage les ayant consacrés, il faut les adopter; cependant on les appelle aussi et plus exactement, le premier : *rapport par différence*, et le second : *rapport par quotient.*

(*) Avant de commencer les proportions, il est bon de faire faire aux élèves les exercices sur cette partie qui se trouvent dans *le cours de calcul de tête.* Cette préparation facilitera beaucoup l'intelligence des principes que nous allons développer.

Chacun des nombres qui composent un rapport s'appelle *terme* ou *membre ;* le premier s'appelle *antécédent* et le second *conséquent.* Le résultat de la comparaison de deux nombres s'appelle *raison ;* dans le rapport 7 et 9, 7 est l'antécédent, 9 le conséquent et 2 la raison.

226. — Entre 4 et 6 la raison est 2 ; c'est donc un rapport arithmétique ; mais on voit qu'un rapport arithmétique n'est autre chose qu'une soustraction, et que la *raison* en est la différence. D'après cela, si l'on ajoute à chaque terme la même quantité, le rapport ne doit pas changer ; les termes ont changé, mais le rapport qui existe entre les deux nombres est le même. Par exemple, si à 4 et à 6 on ajoute 5, on aura 9 et 11 dont la raison est également 2. Cela est évident, puisque nous avons vu que, dans la soustraction, la différence est toujours la même lorsqu'on ajoute à deux nombres ou lorsqu'on en retranche la même quantité. Ainsi l'on peut dire que lorsqu'on ajoute la même quantité à l'antécédent et au conséquent d'un rapport, ce rapport reste le même.

227. — A quelle opération correspond le rapport géométrique ? Il est évident que, puisque l'on considère le quotient, ce rapport est une véritable division et doit en avoir les propriétés. Ainsi nous avons vu qu'on pouvait multiplier ou diviser le dividende et le diviseur par un même nombre sans changer le quotient ; donc en multipliant par un même nombre les deux termes d'un rapport géométrique, le rapport n'a point changé.

En effet, soit le rapport géométrique 3 et 9 dont la raison est 3 ; si on multiplie les deux termes par 2, par exemple, on aura 6 et 18 dont la raison est également 3 ; si on les multiplie par 4, on aura 12 et 36 dont la raison est encore 3. Si on divise les deux termes 12 et 36 par 3, par exemple, on aura 4 et 12, dont la raison est toujours 3.

§ II. Proportions.

228. — Dans le rapport 3 et 5 la raison est 2 ; elle est de même 2 dans le rapport 7 et 9. Il y a donc égalité entre ces deux rapports ; c'est pourquoi l'on peut dire que 3 se rapporte à 5 comme 7 se rapporte à 9. Ces deux rapports égaux forment ce qu'on appelle une *proportion* et s'écrivent ainsi 3 . 5 : 7 . 9, ce qui veut dire 3 est à 5 comme 7 est à 9. Cette proportion est dite *arithmétique* ou *par différence*, parce que les rapports sont arithmétiques.

229. — Si les rapports sont géométriques, la proportion est dite *géométrique* ou *par quotient.* Par exemple 3 et 6, et 4 et 8

forment une proportion, parce que les rapports sont égaux; mais 3 et 6, et 4 et 12 ne forment pas une proportion, parce que l'une des *raisons* est 2 et l'autre 3.

Les proportions géométriques s'écrivent ainsi 3 : 6 : : 4 : 8, ce qui veut dire 3 est à 6 comme 4 est à 8.

Les deux termes qui sont au milieu s'appellent *termes moyens*, et ceux qui sont aux extrémités *extrêmes*. Dans la proportion précédente 6 et 4 sont les moyens et 3 et 8 les extrêmes.

3 est l'antécédent du premier rapport et on l'appelle *premier antécédent*; l'antécédent du second rapport, qui est ici 4, s'appelle *second antécédent*. 6 est le *premier conséquent* et 8 le *second conséquent*.

230. — *Si un ouvrier fait en un certain temps 10 mètres d'ouvrage, combien 3 ouvriers en feront-ils dans le même temps?*

Il est évident que plus il y a d'ouvriers, plus l'ouvrage est considérable; si au contraire il y a moins d'ouvriers, l'ouvrage sera moindre. Il est encore évident qu'il doit y avoir le même rapport entre le nombre de mètres cherché et le premier nombre de mètres qu'entre le premier et le second nombre d'ouvriers; c'est-à-dire que s'il y a le double d'ouvriers, l'ouvrage sera deux fois plus considérable, et s'il y a la moitié moins d'ouvriers, l'ouvrage sera réduit à moitié. En effet, puisque dans la question ci-dessus le premier nombre d'ouvriers est 1 et le second 3, le premier nombre de mètres étant 10, le second doit être trois fois autant ou 30. Ces quatre nombres forment la proportion géométrique suivante :

$$1 : 3 :: 10 : 30,$$

qui s'énonce ainsi :

1 ouvrier est à 3 ouvriers, comme 10 mètres sont à 30 mètres.

Remarquez que dans cette proportion on place dans chaque rapport les quantités de même nature. Dans le premier on compare les deux nombres d'ouvriers, et dans le second les deux ouvrages.

Si 4 mètres coûtent 7 fr., combien coûteront 16 mètres?

Cette question forme encore une proportion. Le second nombre de mètres étant quadruple du premier, le second prix doit être aussi quadruple du premier; on aura donc 4 : 16 : : 7 : x; ou 4 : 16 : : 7 : 28.

On voit, d'après cela, qu'on peut toujours trouver le quatrième terme d'une proportion, quand on en connaît trois et le rapport qu'il y a entre les deux premiers. Mais ce rapport n'est pas toujours aussi facile à reconnaître que dans ces questions; c'est pourquoi il est nécessaire d'avoir une formule que nous expliquerons plus tard. Tel est le but et l'usage des proportions.

§ III. Proportions continues.

231. — Lorsque dans une proportion quelconque les deux termes moyens sont égaux, cette proportion est appelée *continue*. Ainsi 7 . 10 : 10 . 13 est une proportion arithmétique continue; 3 : 9 : : 9 : 27 est une proportion géométrique continue.

Par abréviation on les écrit ainsi :

÷ 7 . 10 . 13.
∺ 3 : 9 : 27.

Le signe placé au commencement indique que la proportion est continue et que par conséquent le terme moyen est censé être répété 2 fois.

§ IV. Propriétés des proportions.

3 . 5 : 7 . 9.

232. — Une proportion quelconque consiste dans l'égalité des rapports, quels que soient ces derniers. Or, lors même qu'on changerait les termes d'un rapport, la proportion subsistera toujours si le nouveau rapport est égal au premier. Prenons la proportion arithmétique ci-dessus et ajoutons aux termes 3 et 5 un nombre quelconque, par exemple 6, nous aurons 9 . 11 : 7 . 9. La proportion existe toujours, puisque les rapports sont égaux. On pourrait de même retrancher un nombre des deux termes sans altérer la proportion.

La raison même peut changer, que la proportion subsistera toujours, si elle change également dans les deux rapports. Ainsi on peut changer les moyens de place et dire 3 . 7 : 5 . 9, ce qui forme toujours une proportion, quoique la raison soit 4 au lieu d'être 2.

On pourrait enfin ajouter une même quantité aux deux antécédents ou aux deux conséquents, ou la retrancher sans changer la proportion.

D'après cela on voit donc que, puisqu'une proportion consiste uniquement dans l'égalité des rapports, il importe de s'assurer de cette égalité; nous allons donner le moyen de la reconnaître. Dans les proportions arithmétiques sans fractions elle est facile à observer; mais il n'en est pas de même lorsqu'il y a des fractions ou lorsque la proportion est géométrique.

233. 7 . 10 : 11 . 14
8 . 13 : 9 . 14

5 . 8 : 10 . 15
8 . 12 : 9 . 11

Il est évident que les deux premières proportions ci-dessus sont exactes et que les deux secondes sont fausses. Or si l'on compare, dans les deux premières, la somme des termes moyens à celle des extrêmes, on trouvera qu'elles sont égales. En effet $10 + 11 = 21$, $7 + 14 = 21$. $13 + 9 = 22$, $8 + 14 = 22$. Dans les deux dernières qui sont fausses, la somme des moyens n'est pas égale à celle des extrêmes.

De cette observation on conclut *qu'une proportion arithmétique est exacte lorsque la somme des moyens est égale à la somme des extrêmes*, et qu'elle est fausse dans le cas contraire. Telle est la principale propriété des proportions arithmétiques.

234.—La raison de cette propriété est facile à saisir. Soit la proportion 7. 10 : 11. 14; la *raison* est 3. Si l'on ajoute ce nombre aux deux plus petits termes, on aura 10 . 10 : 14 . 14, proportion évidemment exacte et dont il est évident que la somme des moyens est égale à la somme des extrêmes.

Or, puisqu'en ajoutant *la raison* aux deux plus petits termes on a rendu évidente l'égalité de la somme des extrêmes et de celle des moyens, qu'il est prouvé mathématiquement qu'en retranchant cette même *raison* des deux sommes, l'égalité doit subsister, on en conclut, dis-je, que *dans toute proportion arithmétique, la somme des moyens est égale à la somme des extrêmes.*

235.—De cette propriété fondamentale des proportions arithmétiques on tire cette conséquence que : lorsque dans une proportion on connaît trois termes, on peut trouver le quatrième terme inconnu de la manière suivante :

Soit la proportion 6 . 9 : 10 . x.

Si le terme inconnu est un extrême on additionne les deux moyens, et de la somme on soustrait l'extrême connu; la différence est l'extrême inconnu; en effet, $9 + 10 = 19$; $19 - 6 = 13$; donc la proportion complète est 6 . 9 : 10 . 13.

Si le terme inconnu est un moyen, on additionne les deux extrêmes, et de la somme on soustrait le moyen connu; la différence est le moyen inconnu; en effet, soit la proportion :

6 . 9 : x . 13 ; on aura 6 + 13 = 19 ; 19 — 9 = 10 ; donc la proportion complète est 6 . 9 : 10 . 13.

236. — Puisque, d'après la propriété que nous venons de reconnaître dans une proportion arithmétique que la somme des extrêmes est égale à la somme des moyens, il suit que dans une proportion continue la somme des extrêmes est double du terme moyen, ou que le terme moyen est la moitié de la somme des extrêmes. D'après cela, si l'on veut trouver un *moyen* arithmétique entre deux nombres, c'est-à-dire si l'on veut trouver un nombre qui soit le terme moyen d'une proportion arithmétique continue dont on a les extrêmes, il faut prendre la moitié de la somme de ces extrêmes. Ainsi, si l'on veut trouver un moyen arithmétique entre 8 et 19, on prendra la moitié de 8 + 19 ou de 27 qui est 13 ½ et l'on aura 8 . 13 ½ : 13 ½ . 19, ou ÷ 8 . 13 ½ . 19.

Les proportions arithmétiques ne sont pas d'une aussi grande utilité que les proportions géométriques ; c'est pourquoi nous ne nous étendrons pas davantage sur leurs propriétés ; mais nous donnerons plus de développement à ces dernières, parce que leur usage est bien plus étendu.

237.

$$
\begin{array}{l}
3 : 9 :: 5 : 15 \\
5 : 10 :: 4 : 8. \\
\hline
7 : 14 :: 3 : 12. \\
5 : 15 :: 2 : 8.
\end{array}
$$

Les deux premières proportions sont évidemment exactes et les deux dernières évidemment fausses ; mais, comme nous l'avons dit, le rapport n'étant pas toujours aussi facile à observer, il faut un moyen de s'assurer de l'exactitude d'une proportion. Si l'on compare, dans les proportions précédentes, le produit des termes moyens et celui des extrêmes, on verra que dans les deux premières ces produits sont égaux et qu'ils ne le sont pas dans les deux secondes. En effet, 9 × 5 = 45, 3 × 15 = 45, 10 × 4 = 40, 8 × 5 = 40.

De cette observation on conclut *qu'une proportion géométrique est exacte lorsque le produit des moyens est égal au produit des extrêmes*, et qu'elle est fausse dans le cas contraire, c'est-à-dire qu'alors il n'y a pas égalité entre les rapports.

La démonstration de ce principe est fondée sur cet axiôme : *si l'on divise ou si l'on multiplie par le même nombre deux quantités égales, le résultat est de même deux quantités égales.*

D'après cela, soit la proportion 5 : 20 : : 4 : 16, *la raison* est 4 ; si l'on multiplie par cette *raison* 4 les deux plus petits termes, on aura 20 : 20 : : 16 : 16, proportion évidemment exacte; il est en outre évident que le produit des moyens est ici égal au produit des extrêmes; ces deux produits sont chacun 320. Mais si on les divise par 4 on aura pour chacun 80, suivant l'axiôme ci-dessus énoncé. Or en divisant les deux produits 320 par 4, on ramène la proportion à son état primitif.

On conclut de ce raisonnement que, puisqu'en multipliant les deux plus petits termes par la *raison* 4, on a obtenu une proportion dans laquelle il est évident que le produit des extrêmes est égal au produit des moyens; que, puisqu'en divisant les deux produits par cette même raison 4, il est prouvé mathématiquement que l'égalité doit encore subsister, on conclut, dis-je, qu'elle subsistait également avant de multiplier par la raison. *Donc dans toute proportion géométrique le produit des extrêmes est égal au produit des moyens.*

238. — Ce principe a conduit à la manière de trouver le quatrième terme d'une proportion géométrique lorsqu'on connaît les trois autres. Soit la question suivante à résoudre :

Si 8 mètres d'étoffe coûtent 16 fr., combien coûtent 20 mètres?

Cette question donne la proportion suivante :

$$8 : 20 :: 16 : x.$$

On sait que le produit des extrêmes est égal au produit des moyens. Ainsi puisque $20 \times 16 = 320$, $8 \times x = 320$. On trouvera donc la valeur de x ou du nombre par lequel il faut multiplier 8 pour avoir 320, en divisant ce nombre par 8; en effet on trouve 40; on aura donc la proportion 8 : 20 : : 16 : 40 par laquelle on voit que les 20 mètres coûteront 40 fr.

De cette démonstration on conclut que *pour trouver le quatrième terme d'une proportion géométrique il suffit de multiplier les deux moyens et de diviser le produit par l'extrême connu.*

Si c'était un terme moyen qui fût inconnu comme dans cette proportion 8 : 20 : : x : 40, il faudrait multiplier les deux extrêmes et diviser le produit par le moyen connu.

C'est sur ce principe qu'est fondé l'usage des proportions; mais il peut présenter plusieurs cas que nous examinerons à l'article de la règle de trois. Les proportions ont encore plusieurs propriétés que nous allons examiner.

239. — Soit la proportion 9 : 12 : : 6 : 8; on demande si, en multipliant ou en divisant par un nombre quelconque les deux antécédents ou les deux conséquents, la proportion subsistera toujours?

1° En multipliant les deux antécédents par 3, par exemple, on aura 27 : 12 : : 18 : 8. Le produit des moyens et celui des extrêmes étant égaux, on en conclut que la proportion est exacte; mais on peut s'en assurer par le raisonnement suivant : en multipliant le premier antécédent par 3, on a rendu le produit des extrêmes 3 fois plus grand qu'il ne devrait être, et en multipliant le second antécédent par 3, on a de même rendu le produit des moyens 3 fois plus grand; donc l'égalité doit encore subsister.

2° En divisant les deux antécédents par 3, par exemple, on aura 3 : 12 : : 2 : 8, proportion exacte, parce que le produit des moyens est égal au produit des extrêmes. On le prouve encore par un raisonnement analogue au précédent; mais au lieu de rendre les produits plus grands on les rend trois fois plus petits.

3° En multipliant les conséquents par 4, par exemple, on aura 9 : 48 : : 6 : 32. En les divisant au contraire par 4, on aura 9 : 3 : : 6 : 2; ces deux dernières proportions sont exactes, ce dont on peut s'assurer par les procédés que nous avons indiqués.

4° On peut encore multiplier ou diviser les deux termes d'un rapport sans altérer la proportion. Ainsi, soit la question suivante à résoudre : 200 *mètres d'étoffe ont coûté* 1500 *fr.; combien coûteront* 300 *mètres?* on aura la proportion :

$$200 : 300 :: 1500 : x = 2250$$
$$\text{ou } 2 : 3 :: 1500 : x = 2250$$
$$\text{ou } 2 : 300 :: 15 : x = 2250.$$

On ne pourrait pas retrancher les deux zéros des trois termes connus, ce qui donnerait évidemment un résultat faux; on ne pourrait pas non plus les retrancher des deux termes moyens.

240. — Si 5 ouvriers font 15 mètres d'ouvrage, 20 ouvriers en feront 60. On a la proportion :

$$5 : 20 :: 15 : 60,$$

parce que le plus petit nombre d'ouvriers se rapporte au plus grand nombre d'ouvriers, comme le plus petit ouvrage se rapporte au plus fort. On peut encore dire : le plus grand nombre d'ouvriers est au plus petit comme le plus grand ouvrage se rapporte au plus faible. On aura :

$$20 : 5 :: 60 : 15.$$

On peut encore dire : le plus faible ouvrage est au plus fort comme le plus petit nombre d'ouvriers est au plus grand ; ou le plus fort ouvrage est au plus faible comme le plus grand nombre d'ouvriers est au plus petit. De là les proportions :

15 : 60 : : 5 : 20
ou 60 : 15 : : 20 : 5.

Cette même proportion peut encore subir les changements suivants, sans que pour cela elle soit détruite, ce dont on peut s'assurer par le procédé connu.

5 : 15 : : 20 : 60
60 : 20 : : 15 : 5
20 : 60 : : 5 : 15
15 : 5 : : 60 : 20.

On conclut de là, que *dans toute proportion on peut sans l'altérer*, 1° *mettre les extrêmes à la place des moyens* et vice versâ, 2° *changer la place des moyens ou celle des extrêmes.*

241. — Du principe précédent on déduit celui-ci : dans toute proportion le premier antécédent est au second antécédent comme le premier conséquent est au second conséquent.

242. — *Autre principe.* La somme des termes du premier rapport est à la somme des termes du second rapport comme le premier antécédent est au second antécédent, ou comme le premier conséquent est au second. *Exemple :*

3 : 9 : : 5 : 15.

3 + 9 : 5 + 15 : : 3 : 5 ou 12 : 20 : : 3 : 5.

243. — *Autre principe.* La différence des termes du premier rapport est à la différence des termes du second rapport comme le premier antécédent est au second, ou comme le premier conséquent est au second. *Exemple :*

3 : 9 : : 5 : 15
9 — 3 : 15 — 5 : : 3 : 5 ou 6 : 10 : : 3 : 5.

244. — *Autre principe.* La somme des antécédents et la somme des conséquents forment un troisième rapport égal aux deux premiers. *Exemple :*

3 : 9 : : 5 : 15.

$3 + 5 = 8$; $9 + 15 = 24$. Il y a le même rapport entre 8 et 24 qu'entre 3 et 9 et entre 5 et 15.

245. — *Autre principe.* La différence des antécédents et la différence des conséquents forment un troisième rapport égal aux deux premiers. Exemple précédent. $5 - 3 = 2$; $15 - 9 = 6$. Il y a entre 2 et 6 le même rapport qu'entre 3 et 9 et entre 5 et 15.

246. — *Autre principe.* La somme des antécédents est à la somme des conséquents comme un antécédent est à son conséquent. Il en est de même de la différence. Exemple précédent.

$$3 + 5 : 9 + 15 :: 3 : 9 \quad \Big| \quad 5 - 3 : 15 - 9 :: 3 : 9$$
$$\text{ou } 8 : 24 :: 3 : 9 \quad \Big| \quad \text{ou } 2 : 6 :: 3 : 9$$

247. — *Autre principe.* Dans une suite de rapports égaux, la somme de tous les antécédents est à la somme de tous les conséquents comme un antécédent est à son conséquent. *Ex.* :

$$3 : 9 :: 4 : 12 :: 5 : 15 :: 6 : 18.$$
$$3 + 4 + 5 + 6 : 9 + 12 + 15 + 18 :: 3 : 9$$
$$\text{ou } 18 : 54 :: 3 : 9.$$

248. — *Autre principe.* Si l'on multiplie chaque terme d'une proportion par chaque terme d'un autre proportion, les quatre nombres qui en résultent sont en proportion. *Exemple* :

$$\begin{array}{rcccc} & 3 : & 9 :: & 4 : & 12 \\ \times & 5 : & 20 :: & 2 : & 8 \\ \hline & 15 : & 180 :: & 8 : & 96 \end{array}$$

249. — Le rapport qui résulte de la multiplication de deux rapports terme à terme s'appelle *rapport composé* ; ainsi le rapport 15 : 180 est un rapport composé, parce qu'il résulte de la multiplication des deux rapports 3 : 9 et 5 : 20. Il est dit doublé, parce qu'on n'a multiplié que deux rapports ; si l'on multipliait encore le rapport 15 : 180 par un autre rapport, le résultat serait un rapport triplé, etc. La *raison* du rapport 15 : 180 est la même que si l'on multipliait la raison des rapports composants 3 : 9 et 5 : 20.

250. — *Autre principe.* Les carrés et les cubes (*) de quatre

(*) Voir pages 90 et suivantes, nos 118 et suivants, la formation des carrés et des cubes.

nombres en proportion forment aussi une proportion. Soit la proportion $3 : 9 :: 4 : 12$, on aura pour le carré :

$$3 \times 3 \text{ ou } 9 : 9 \times 9 \text{ ou } 81 :: 4 \times 4 \text{ ou } 16 : 12 \times 12 \text{ ou } 144.$$

Pour le cube :

$$3 \times 3 \times 3 \text{ ou } 27 : 9 \times 9 \times 9 \text{ ou } 729 :: 4 \times 4 \times 4 \text{ ou } 64 : 12 \times 12 \times 12 \text{ ou } 1728.$$

Remarque. Nous renvoyons au chapitre XVII, *des progressions*, pour le développement de quelques principes relatifs aux proportions, et notamment pour la manière de trouver les moyens proportionnels dans les proportions géométriques continues.

§ V. Proportions des fractions et des nombres fractionnaires.

251. — Soit la proportion $\frac{2}{5} : \frac{4}{5} :: 6 : x$.

Multipliant les deux moyens on a $\frac{4}{5} \times 6 = \frac{24}{5}$; divisant ensuite ce produit par $\frac{2}{5}$ on trouve pour le quatrième terme $\frac{120}{10}$ ou 12 entiers.

On peut aussi résoudre cette question d'une autre manière. Les deux fractions du premier rapport ayant le même dénominateur 5, en supprimant ce dénominateur on multiplie les deux termes par 5 ce qui donne $2 : 4 :: 6 : x$, proportion exacte puisqu'on peut, sans altérer la proportion, multiplier les 2 termes d'un rapport par le même nombre (239). En effet, on trouve que le 4e terme est 12, et que le produit des extrêmes est égal au produit des moyens.

252. $\frac{2}{3} : \frac{1}{5} :: 8 : x$.

On peut résoudre cette question de deux manières, comme la précédente.

1° Multipliant les 2 moyens on a $\frac{1}{5} \times 8 = \frac{8}{5}$; ce produit divisé par $\frac{2}{3} = \frac{24}{10} = 2\frac{4}{10}$.

2° On peut opérer comme ci-dessus en réduisant les fractions au même dénominateur ; ce qui donne

$\frac{10}{15} : \frac{3}{15} :: 8 : x$ ou $10 : 3 :: 8 : x, = 2\frac{4}{10}$.

253. $\frac{2}{5} : \frac{1}{4} :: \frac{3}{8} : x.$

On peut également résoudre cette question de différentes manières.

1° Multipliant les 2 moyens on a $\frac{1}{4} \times \frac{3}{8} = \frac{3}{32}$; ce produit divisé par $\frac{2}{5} = \frac{15}{64}$.

2° Si l'on opère en réduisant au même dénominateur il ne faut réduire que les 2 fractions du premier rapport ce qui donne $\frac{8}{20} : \frac{5}{20} :: \frac{3}{8} : x$, ou en faisant abstraction des dénominateurs communs $8 : 5 :: \frac{3}{8} : x$, proportion que l'on peut résoudre par le procédé ordinaire et qui donne $5 \times \frac{3}{8} = \frac{15}{8}$; ce produit divisé par 8 donne $\frac{15}{64}$.

3° On peut encore faire disparaître la fraction $\frac{3}{8}$ en supprimant le dénominateur 8; mais comme par cette suppression on a multiplié le second antécédent par 8, il faut aussi, d'après ce qui a été dit (n° 239), pour maintenir l'égalité des rapports, multiplier le premier antécédent par 8 ce qui donne la proportion :

$64 : 5 :: 3 : x = \frac{15}{64}$.

254. $6 : \frac{1}{3} :: 8 : x.$

1re *Solution.* $\frac{1}{3} \times 8 = \frac{8}{3}$; ce produit divisé par 6 donne $\frac{8}{18}$.

2e *Solution.* On peut supprimer le dénominateur 3; mais par cette suppression le second terme a été multiplié par 3; pour maintenir l'égalité des rapports il faut aussi multiplier le premier terme par 3, ce qui donne la proportion $18 : 1 :: 8 : x = \frac{8}{18}$.

255. $5 : 9 :: \frac{1}{4} : x.$

1re *Solution.* $9 \times \frac{1}{4} = \frac{9}{4}$; ce produit divisé par 5 $= \frac{9}{20}$.

2e *Solution.* En supprimant le dénominateur 4 on rend le second antécédent 4 fois plus fort; pour maintenir l'égalité des rapports, il faut aussi multiplier le premier antécédent par 4 ce qui donne la proportion

$20 : 9 :: 1 : x = \frac{9}{20}$.

256. $3\frac{1}{2} : 5\frac{1}{2} :: 8 : x$.

Lorsqu'au lieu de simples fractions la proportion renferme des nombres fractionnaires, la solution se fait exactement comme on vient de l'indiquer pour les cas précédents, en réduisant préalablement les entiers en fractions. Dans la proportion ci-dessus on aura donc :

$$\frac{7}{2} : \frac{11}{2} :: 8 : x = 12\tfrac{8}{11} \text{ ou } \tfrac{4}{7}$$
$$\text{ou } 7 : 11 :: 8 : x = 12\tfrac{4}{7}$$

§ VI. Proportions des fractions décimales.

257. $3,5 : 5,3 :: 8 : x$.

En faisant abstraction de la virgule les deux termes du premier rapport ont été multipliés par 10, et par conséquent la proportion n'a pas été altérée. La proportion ci-dessus est donc égale à celle-ci :

$35 : 53 :: 8 : x = 12,114$.

Cette solution, ainsi que celle des questions suivantes, est en tout point analogue à celle des fractions ordinaires, et fondée sur le même principe; en effet, par la suppression de la virgule les entiers ont été réduits en fractions; c'est donc comme si l'on avait 35 dixièmes : 53 dixièmes :: 8 : x; les dénominateurs étant les mêmes on en fait abstraction et il reste :

$35 : 53 :: 8 : x$.

258. $5,04 : 7,2 :: 8 : x$.

En supprimant la virgule dans les deux termes du premier rapport, l'un a été multiplié par 100 et l'autre par 10, ce qui détruit la proportion. Pour maintenir l'égalité il aurait fallu multiplier les deux termes par le même nombre; c'est ce que l'on fait en égalisant le nombre des décimales du second terme par l'addition d'un zéro, ce qui, par le fait, les réduit au même dénominateur. Dans ce cas on a :

$$5,04 : 7,20 :: 8 : x$$
$$\text{ou } 504 : 720 :: 8 : x = 11,4285\tfrac{360}{504} \text{ ou } \tfrac{5}{7}.$$

259. $6,7 : 5 :: 3,002 : x$.

Egalisant le nombre des décimales pour réduire les fractions au même dénominateur, et supprimant la virgule pour réduire les entiers en fractions, ou pour multiplier les deux antécédents par le même nombre 1000, on a $6700 : 5 :: 3002 : x = 2,24$.

260. $8,34 : 7,9 :: 10,234 : x$

Dans cette question il y a des décimales différentes à chaque terme. Egalisant d'abord le nombre des décimales du premier rapport et supprimant la virgule on a $834 : 790 :: 10,234 : x$. Si l'on supprime la virgule du second antécédent on le multiplie par 1000 ; pour maintenir l'égalité des rapports il faudra également multiplier le premier antécédent par 1000 en ajoutant 3 zéros, et l'on aura définitivement la proportion suivante :

$$834000 : 790 :: 10234 : x = 9,6940$$

261. $0,3 : 0,25 :: 0,045 : x = 0,0375$

Comme dans cette question il n'y a point d'entiers, l'opération se fait sans réduction des entiers en fractions, et simplement par le procédé indiqué pour la multiplication et la division des fractions décimales. En multipliant les deux moyens 0,25 et 0,045 on trouve 0,01125. Pour diviser ce nombre par 0,3, comme il faut que le diviseur et le dividende aient le même nombre de décimales, on ajoutera au diviseur 0,3 quatre zéros ce qui fait 0,30000. Divisant donc le produit des moyens 0,01125 par 0,30000 on trouve pour le quatrième terme inconnu 0,0375.

§ VII. Résumé théorique des rapports et proportions.

262. — Deux quantités mises en comparaison forment un *rapport*. Le résultat de cette comparaison s'appelle *raison*.

Le rapport est dit *arithmétique* ou *par différence* quand on considère la différence des quantités; il est dit *géométrique* ou *par quotient* quand on considère combien l'une des deux quantités est contenue dans l'autre.

Les deux nombres qui composent un rapport se nomment *termes*; le premier se nomme *antécédent*, et le second *conséquent* (225).

On ne change point un rapport arithmétique en ajoutant la même quantité à ses deux termes ou en la retranchant (226).

On ne change point un rapport géométrique en multipliant ou en divisant les deux termes par le même nombre (227).

La comparaison de deux rapports égaux forme une *proportion*. La proportion est dite alors *arithmétique* ou *géométrique*, selon que les rapports sont *arithmétiques* ou *géométriques*; ou ce qui revient au même *proportion par différence* ou *par quotient*.

Les proportions arithmétiques s'écrivent ainsi 3 . 5 : 8 . 10, et les proportions géométriques 3 : 6 : : 5 : 10, ce qui s'énonce 3 est à 5 comme 8 est à 10, etc. (228-229).

Une proportion dont les deux termes moyens sont égaux comme 2 : 6 : : 6 : 18, s'appelle proportion continue (231).

Ce qui constitue une proportion c'est l'égalité des rapports.

Tout changement qui, dans une proportion, n'altère pas l'égalité des rapports ne détruit pas la proportion.

Dans une proportion arithmétique on peut, sans détruire la proportion :

1° Ajouter le même nombre aux deux termes de l'un ou des deux rapports.

2° Soustraire le même nombre des deux termes de l'un ou des deux rapports;

3° Ajouter le même nombre aux deux antécédents ou aux deux conséquents, ou le soustraire;

4° Changer les moyens de place;

5° Mettre les moyens à la place des extrêmes et réciproquement (232).

La propriété fondamentale des proportions arithmétiques est que *la somme des extrêmes est égale à la somme des moyens*. On s'assure de l'exactitude d'une proportion arithmétique en vérifiant l'égalité de ces deux sommes (233-234).

De cette propriété il résulte que, si dans une proportion arithmétique on ne connaît que 3 termes, on trouve le 4e terme inconnu, savoir : si le terme inconnu est un des extrêmes, en additionnant les 2 moyens et en soustrayant de la somme l'extrême connu; si le terme inconnu est un des moyens, en additionnant les 2 extrêmes et en soustrayant de la somme le moyen connu; la différence donne le terme inconnu (235).

Dans toute proportion arithmétique continue le terme moyen est la moitié de la somme des extrêmes ; d'où il suit que pour avoir un nombre moyen entre 2 nombres il faut les additionner et prendre la moitié de la somme (236).

La propriété fondamentale des proportions géométriques est que : *le produit des extrêmes est égal au produit des moyens.* On s'assure de l'exactitude d'une proportion géométrique en vérifiant l'égalité de ces deux produits (237).

De cette propriété il résulte que, si dans une proportion géométrique on ne connaît que 3 termes, on trouve le 4e terme inconnu savoir : si le terme inconnu est un extrême, en multipliant les deux moyens et en divisant le produit par l'extrême connu ; si le terme inconnu est un des moyens, en multipliant les 2 extrêmes, et en divisant le produit par le moyen connu ; le quotient donne le terme inconnu (238).

Dans toute proportion géométrique on peut, sans détruire la proportion :

1° Multiplier ou diviser par le même nombre les deux termes de chaque rapport ;

2° Multiplier ou diviser par le même nombre les deux antécédents ou les deux conséquents ;

3° Changer la place des moyens ou celle des extrêmes ;

4° Mettre les extrêmes à la place des moyens et réciproquement (239-240).

Nota. Pour les autres propriétés des proportions géométriques, voir les nos de 241 à 250.

CHAPITRE XV.

OPÉRATIONS DÉPENDANTES DES PROPORTIONS.

§ I. Règle de Trois simple directe. Solution par les proportions.

263. — *Si* 10 *mètres d'étoffe coûtent* 25 *fr., combien coûteront* 15 *mètres?*

D'après ce que l'on a dit dans le chapitre précédent, il est évident que cette question n'est autre chose qu'une proportion dont le 4e terme est inconnu ; en effet, il doit y avoir entre le premier et le second prix le même rapport qu'entre le premier et le second nombre de mètres ; c'est-à-dire que si la seconde quantité d'étoffe est double, triple ou la moitié de la première, le prix qui s'y rapporte sera également double, triple ou la moitié du premier. Ainsi il faudra comparer les deux quantités d'étoffe et les deux prix, ce qui formera les deux rapports suivants :

$$10^{m} : 15^{m} :: 25 \text{ fr.} : x \text{ fr.}$$

Opérant ensuite comme il a été dit (238) pour trouver le 4e terme inconnu, en multipliant les deux moyens et en divisant par l'extrême connu, on aura :

$$\frac{15 \times 25}{10} = 37 \text{ fr. } 50 \text{ c.}$$

Comme dans les questions analogues à celle-ci on trouve un nombre inconnu au moyen de *trois* nombres connus, c'est la raison pour laquelle on donne à cette opération le nom de RÈGLE DE TROIS. On voit que ce n'est qu'une application de la théorie des proportions.

Il faut avoir soin de mettre dans le même rapport les deux quantités de même espèce. Il faut également que le premier terme du second rapport soit le nombre qui se rapporte au premier terme du premier rapport ; il en est de même des seconds termes. De sorte que si l'on changeait l'ordre des termes, et que l'on mît par exemple $15^{m} : 10^{m}$, il faudrait que le second rapport fût établi ainsi : : x fr. : 25 fr. Ceci résulte du principe établi dans les proportions (240), d'après lequel on peut, sans altérer la proportion, mettre les conséquents à la place des antécédents.

On pourrait encore, toujours d'après le même principe, mettre dans le même rapport *les mètres* et *le nombre de francs* correspondant ; on aurait ainsi $10^{m} : 25 \text{ fr.} :: 15^{m} : x \text{ fr.}$

264. — *On a payé* 29 *fr. à* 6 *ouvriers pour un*

certain ouvrage; combien aurait-on payé à 4 ouvriers?

Solut. 6 ouv. : 4 ouv. : : 29 fr. : x fr. = 19 fr. 33 c.
ou 4 ouv. : 6 ouv. : : x fr. : 29 fr. = 19 fr. 33 c.
ou 6 ouv. : 29 fr. : : 4 ouv. : x fr. = 19 fr. 33 c.

§ II. Solution de la règle de Trois par la méthode de l'unité (*).

265. — *Si* 5 *mètres d'étoffe coûtent* 20 *fr., combien coûteront* 8 *mètres?*

Les questions dites de *règle de trois* peuvent se résoudre de deux manières : par les proportions, comme on vient de le voir, et par la méthode dite de *l'unité*. Cette méthode est ainsi appelée, parce qu'on ramène la question à la valeur d'une unité.

Dans la question ci-dessus on peut raisonner ainsi : pour savoir combien coûteront 8 mètres, il faut d'abord savoir le prix d'un mètre; or, si l'on sait que 5 mètres coûtent 20 fr., on aura le prix d'un mètre en divisant 20 par 5, ce qui donne 4 fr. Le prix du mètre étant de 4 fr., 8 mètres coûteront 8 fois 4 fr. ou 32 fr.

266. — *Si* 3 *ouvriers font* 34 *mètres d'ouvrage en un certain temps, combien* 7 *ouvriers en feront-ils dans le même temps?*

Solution. Si 3 ouvriers font 34 mètres, 1 ouvrier en fera la troisième partie, c'est-à-dire 34 | 3 = $11^{m}\frac{1}{3}$ ou $11^{m},333$; 7 ouvriers en feront 7 fois autant, c'est-à-dire $11\frac{1}{3} \times 7 = 79\frac{1}{3}$ ou $11,333 \times 7 = 79,331$.

267. — *On a employé* 3 *heures* $\frac{3}{4}$ *pour faire* 8 *mètres d'ouvrage; combien faudra-t-il de temps pour en faire* 5 *mètres?*

Solution. Si pour 8 mètres d'ouvrage on a employé 3 heures $\frac{3}{4}$, pour 1 mètre on en emploiera la 8e partie, c'est-à-dire 3 $\frac{3}{4}$ | 8. 3 ne pouvant pas être divisé par 8

(*) On a déjà vu la solution de questions analogues (no 108) à l'article de la combinaison des quatre règles.

on le réduit en quarts ce qui, avec les $\frac{3}{4}$, fait $\frac{15}{4}$ qui divisés par 8 donnent $\frac{15}{32}$. Si pour 1 mètre d'ouvrage on emploie $\frac{15}{32}$ d'heure, pour 7 mètres on en emploiera 7 fois autant, c'est-à-dire $\frac{15}{32} \times 7 = \frac{105}{32}$ ou 3 h. $\frac{9}{32}$.

On pourrait aussi réduire les 3 h. $\frac{3}{4}$ en minutes ce qui fait 225 minutes; ce nombre divisé par 8 donne pour 1 mètre : 28 minutes $\frac{1}{8}$, et pour 7 mètres : $28\frac{1}{8} \times 7 = 196$ min. $\frac{7}{8}$ ou 3 heures 16 min. $\frac{7}{8}$.

§ III. Règle de Trois inverse.

268. — *Un équipage composé de* 50 *hommes a des provisions pour* 30 *jours; combien de jours dureraient ces provisions s'il y avait* 100 *personnes?*

Dans la question ci-dessus n° 265 le prix augmente en proportion de l'étoffe; c'est-à-dire que plus il y a d'étoffe plus le prix est considérable; moins il y en a, moins le prix est considérable. Dans la question suivante, n° 266, plus il y a d'ouvriers plus il y a d'ouvrage et *vice versâ*. Il en est de même de toutes les autres questions de cette nature.

Dans la dernière question n° 268, le nombre de jours cherché, au lieu d'augmenter, diminue en raison de l'augmentation du nombre d'hommes. Il est évident, en effet, que 100 hommes auront plus tôt consommé les vivres que 50 hommes. Ici *le plus produit le moins*, tandis que dans les autres questions *le plus produit le plus;* c'est ce qui distingue la *règle de trois inverse* de la règle de trois *directe*.

La règle de trois inverse ne présente aucune difficulté si on la raisonne de la manière suivante : le plus grand nombre d'hommes est au plus petit, comme le plus grand nombre de jours est au plus petit ; 10 h. : 50 h. : : 30 j. : x j. = 15 jours. En effet le nombre d'hommes étant double, les vivres dureront la moitié moins de temps; c'est ce qui a lieu.

La difficulté ne consiste que dans l'examen de la question. Observant toujours que chaque rapport doit être formé de deux quantités de même nature, il faut remarquer si la quantité cherchée doit être plus forte ou plus faible que la quantité de même espèce, ce qui détermine la position de x.

269. — *Si* 10 *ouvriers font un certain ouvrage en* 12 *jours, en combien de jours* 7 *ouvriers l'auront-ils achevé.*

Solution. Le nombre de jours cherché doit être plus grand que le premier, parce que les ouvriers étant en plus petit nombre, doivent employer plus de temps; on aura donc : le plus grand nombre d'ouvriers est au plus petit comme le plus grand nombre de jours est au plus petit. Sachant que x représente le plus grand nombre de jours, on aura :

$$10 : 7 :: x : 12. \quad \textit{Rép.}\ 17 \tfrac{1}{7}.$$

270. — *Une garnison de* 1500 *hommes a des vivres pour* 20 *jours; il arrive un détachement de* 530 *hommes; combien de temps dureront les vivres?*

Solution. Le détachement de 530 h. avec les 1500 h. forment un total de 2030 h. x représente le plus petit nombre de jours. On aura donc :

$$1500 \text{ h.} : 2030 \text{ h.} :: x \text{ j.} : 20 \text{ j.} = 14 \text{ j.}, 78.$$

271. — *Une garnison de* 1200 *h. a des vivres pour* 15 *jours; il arrive un détachement de sorte qu'il n'y a plus de vivres que pour* 9 *j. De combien d'hommes se composait ce détachement?*

Solution. Il y a ici une double opération à faire. x représente la totalité des hommes, c'est-à-dire les 1200 plus ceux du détachement. Lorsqu'on aura trouvé le total des hommes on en soustraira 1200 et la différence donnera le détachement. On aura donc : le plus grand nombre de jours 15 est au plus petit 9, comme le plus grand nombre d'hommes x est au plus petit 1200; soit $15 : 9 :: x : 1200 = 2000$ hommes. Puis $2000 - 1200 = 800$ hommes, force du détachement.

272. — *Une garnison de 1500 hommes a des vivres pour 20 jours. Chaque ration est de 730 grammes. Il arrive un détachement de 600 hommes ; on demande à combien il faut réduire la ration pour que les vivres durent également 20 jours.*

Solution. x représente la plus petite ration. On aura donc : le plus petit nombre d'hommes 1500 est au plus grand 2100, comme la plus petite ration x est à la plus forte 730 ; c'est-à-dire,

$$1500 : 2100 :: x : 730$$
$$\text{ou } 15 : 21 :: x : 730 = 521^{\text{gr.}},42$$

273. — *Il faut pour une tenture 12 mètres d'une étoffe large de $\frac{5}{8}$; combien en faudrait-il d'une étoffe large de $\frac{5}{16}$?*

Solution. Les deux fractions réduites au même dénominateur donnent $\frac{10}{16}$ et $\frac{5}{16}$. Moins l'étoffe est large plus il en faut. x représentant la longueur de l'étoffe de $\frac{5}{16}$ de large, on aura : la plus grande largeur $\frac{10}{16}$ est à la plus petite $\frac{5}{16}$ comme la plus grande longueur x est à la plus petite 12 ; c'est-à-dire,

$$\frac{10}{16} : \frac{5}{16} :: x : 12$$
$$\text{ou } 10 : 5 :: x : 12 = 24$$

Remarque. On aurait pu voir au premier coup-d'œil que, dans cette question, la largeur de la seconde étoffe étant la moitié de la première, il fallait une longueur double, ce qui eût évité de faire toute l'opération.

§ IV. Règle de Trois composée.

274. — 8 *ouvriers ont fait* 20 *mètres d'ouvrage en travaillant* 7 *jours ; combien* 10 *ouvriers en feront-ils en* 12 *jours ?*

Dans cette question le nombre de mètres dépend du nombre d'hommes et du nombre de jours, d'où l'on voit que les deux termes du premier rapport se composent chacun de deux nombres :

$$8 \text{ ouv. } 7 \text{ j.} : 10 \text{ ouv. } 12 \text{ j.} :: 20 \text{ m.} : x \text{ m.}$$

Si 8 ouvriers font 20 mètres en 7 jours, pour faire le même ouvrage en 1 jour il faudrait 7 fois autant d'ouvriers, c'est-à-dire 56. Il est donc indifférent de dire 56 ouvriers font en 1 jour 20 mètres, ou 8 ouvriers font en 7 jours 20 mètres. Par la même raison les 10 ouvriers et les 12 jours pourront être remplacés par 120 ouvriers en 1 jour, et l'on aura la proportion :

$$56 : 120 :: 20 : x = 42^{m.},86.$$

275. — *3 copistes ont fait en 5 jours 150 pages; combien 10 copistes en feront-ils en 3 jours?*

Solution par les proportions. 3 copistes en 5 jours = 15 copistes en 1 jour; 10 copistes en 3 jours = 30 copistes en 1 jour; ce qui donne la proportion :

$15 : 30 :: 150 : x = 300$ pages.

Solution par l'unité. Si 3 copistes font en 5 jours 150 pages, 1 copiste en fera en 5 jours la 3e partie ou 50, et en 1 jour la 5e partie de 50 ou 10. Si 1 copiste fait en 1 jour 10 pages, 10 copistes en feront en 1 jour 10 fois autant ou 100 pages, et en 3 jours, 3 fois 100 pages ou 300 pages.

276. — *4 copistes font 97 pages en 3 jours et en travaillant 5 heures par jour; combien 5 copistes en feront-ils en 4 jours en travaillant 2 heures par jour?*

Solution. Pour faire le même ouvrage en 1 jour il faudra 3 fois autant de copistes, c'est-à-dire 12. Pour le faire en 1 heure il faudra 5 fois autant de copistes qu'il en faut pour faire l'ouvrage en 1 jour, c'est-à-dire 60. Le premier terme de la proportion est donc 60.

Par le même raisonnement on trouvera que 5 copistes en 4 jours et en travaillant 2 heures par jour sont la même chose que 40 copistes en 1 heure, ce qui donne la proportion :

$$60 : 40 :: 97 : x = 64\tfrac{2}{3}$$

D'après les observations précédentes on voit que lorsqu'un des membres de la proportion est exprimé par plusieurs nombres, on ramène l'opération à une règle de trois simple en multipliant entre eux les nombres qui forment un même terme.

277. — 6 *ouvriers font en* 1 *jour, en travaillant* 8 *heures*, 24 *mètres d'ouvrage; combien* 4 *ouvriers en feront-ils en* 3 *jours et en travaillant* 5 *heures par jour?*

Solution. 6 ouv. en 1 j. en travaill. 8 h. = 48 ouv. en 1 h.; 4 ouv. en 3 j. et en travaill. 5 h. = 60 ouv. en 1 h.; d'où l'on a la proportion 48 : 60 : : 24 : x = 30 mètres.

278. — 7 *ouvriers ont fait* 40 *mètres d'ouvrage en* 8 *jours et en travaillant* 11 *heures par jour; combien* 10 *ouvriers en feront-ils par heure?*

Solution. 7 ouv. en 8 j. et trav. 11 h. = 616 ouv. en 1 h.; d'où l'on a la proportion 616 : 10 : : 40 : x = 0m·,649.

279. — 3 *copistes ont fait en* 8 *jours* 50 *pages; en combien de jours* 5 *copistes feront-ils* 100 *pages.*

Solution. x représente le nombre de jours employés par 5 copistes. 3 copistes en 8 jours = 24 copistes en 1 jour; 5 copistes en x jours = $5 \times x$ copistes en 1 jour.

24 copistes : $5 \times x$ copistes : : 50 : 100.

Si l'on avait la valeur totale de $5 \times x$, il serait facile de trouver celle de x en divisant la somme par 5. Or on trouvera cette valeur en multipliant les deux extrêmes 24 et 100, et divisant le produit par le moyen connu 50, ce qui donne 48 pour valeur de $5 \times x$. En divisant 48 par 5, on trouve pour réponse à la question 9 jours $\frac{3}{5}$.

4 *tisserands font en* 24 *jours, et en travaillant* 12 *heures par jour,* 100 *mètres de toile;* 6 *autres tisserands ont fait en* 30 *jours* 200 *mètres de toile; on demande combien ces derniers ont travaillé d'heures par jour?*

Solution. $4 \times 24 \times 12 : 6 \times 30 \times x :: 100 : 200$
ou $1152 : 180 \times x :: 100 : 200$.
ou $1152 : 180 \times x :: 1 : 2$.

Multipliant les deux extrêmes et divisant par le moyen connu 1, on reçoit 2304 pour valeur de $180 \times x$. Divisant ce nombre par 180, on trouve 12 h. 48 minutes pour la valeur de x.

Remarque. Après avoir divisé 2304 par 180 on trouve pour quotient 12 heures et il reste 144; pour voir combien ce reste divisé par 180 fait de minutes, il faut le multiplier par 60, ce qui donne 8640; ce nombre divisé par 180 donne pour quotient 48 minutes et il ne reste rien. S'il y avait eu un reste et qu'on eût voulu avoir des secondes, il aurait fallu le multiplier de nouveau par 60 et diviser le produit par 180 (115 *bis*).

280. — *Un propriétaire veut faire entourer son champ d'un fossé qui doit avoir* 300 *mètres de longueur sur* 3 *de largeur et* 2 *de profondeur. Il s'adresse à un entrepreneur qui lui demande* 8 *fr. par jour et qui fera l'ouvrage en* 16 *jours en employant* 7 *ouvriers travaillant* 5 *heures par jour.*

Un autre entrepreneur lui demande 9 *fr. par jour et il emploiera* 4 *ouvriers travaillant* 10 *heures par jour.*

Lequel des deux coûtera le moins cher?

Solution. La question se réduit à savoir combien le second entrepreneur emploiera de jours; or le nombre de jours dépendant du nombre d'ouvriers, plus il y a d'ouvriers moins il faudra de jours; c'est donc une règle de trois inverse. On aura pour le premier entrepreneur : 7 ouv. travaillant 5 h. = 35 ouv. trav. 1 h.; pour le second : 4 ouv. trav. 10 h. = 40 ouvriers trav. 1 h. Puisque le nombre de jours cherché est celui du second entrepreneur qui a le plus d'ouvriers, x représentera le plus petit nombre de jours, et l'on aura la proportion suivante : le plus petit nombre d'ouvriers 35 est au plus grand 40, comme le plus petit nombre de jours x est au plus grand 16, ou

$$35 : 40 :: x : 16 = 14 \text{ jours.}$$

Par le premier entrepreneur qui demande 8 fr. par jour, l'ouvrage coûtera 8 × 16 ou 128 fr. et par le second 9 × 14 ou 126 fr.

Remarque. L'ouvrage étant le même pour les deux cas, l'énoncé des diverses dimensions du fossé est indifférente pour la solution de la question ; il n'en est pas de même dans la question suivante.

281. — 10 *ouvriers ont fait en 3 jours, en travaillant 6 heures par jour, un fossé de 30 mètres de longueur, 3 mètres de largeur et 2 mètres de profondeur ; combien faudra-t-il d'ouvriers pour faire en 6 jours, et en travaillant 7 heures par jour, un fossé long de 40 mètres, large de 4 mètres et profond de 3 mètres?*

Solution. Les termes exprimés par les trois dimensions des fossés peuvent être réduits chacun à un seul nombre en multipliant la longueur par la largeur et par la profondeur, ce qui donne pour le premier fossé 180 mètres, et pour le second 480 mètres.

10 ouvriers en 3 jours en travaillant 6 heures = 180 ouvriers en 1 heure ; x ouvriers en 6 jours et à 7 heures par jour = $x \times 42$ ouvriers en 1 heure.

Ce qui donne la proportion

	ouv.		ouv.		m.		m.
	180	:	$x \times 42$	::	180	:	480
ou	180	:	$x \times 42$	::	18	:	48
ou	20	:	$x \times 42$	::	3	:	48
ou	30	:	$x \times 42$	::	1	:	16

Multipliant les deux extrêmes 16 et 30 on a 480 qui divisé par le moyen connu 1 donne 480 pour valeur de $x \times 42$. Or puisque 480 est un produit dont l'un des facteurs est 42, on trouvera l'autre facteur x en divisant 480 par 42 ce qui donne 11 $\frac{18}{42}$ ou $\frac{3}{7}$, nombre d'ouvriers cherché.

Remarque. On s'étonnera sans doute de voir employer une fraction d'ouvrier ; mais elle doit s'entendre du temps employé, ou de l'ouvrage fait par un ouvrier.

§ V. Règle de Société.

282. — *Deux personnes ont fait une entreprise dans laquelle le bénéfice est monté à* 80000 *fr. Le premier a mis* 10000 *fr. dans cette entreprise, et le second* 20000 *fr.; que revient-il à chacun selon sa mise de fonds?*

Solution. Il est certain que le bénéfice doit être en proportion de la mise de fonds. Dans la question ci-dessus, par exemple, celui qui a mis le double de fonds doit avoir un bénéfice double. Dans toute société le bénéfice individuel est au bénéfice total comme la mise de fonds individuelle est à la mise de fonds totale. Il faut donc faire autant de proportions qu'il y a d'associés, d'où l'on a les proportions :

$$30000 : 10000 :: 80000 : x$$
$$30000 : 20000 :: 80000 : x$$
ou
$$3 : 1 :: 80000 : x = 26666{,}67$$
$$3 : 2 :: 80000 : x = 53333{,}33$$

— *4 personnes que nous désignerons par les lettres A B C D ont mis en société une somme de* 100000 *fr., sur laquelle A a fourni* 20000 *fr., B* 12000 *fr., C* 30000 *fr. et D* 38000 *fr. Ils ont perdu* 50000 *fr.; quelle perte éprouve chaque associé suivant sa mise de fonds?*

Solution.
A $100000 : 20000 :: 50000 : x = 10000$ fr.
B $100000 : 12000 :: 50000 : x = 6000$
C $100000 : 30000 :: 50000 : x = 15000$
D $100000 : 38000 :: 50000 : x = 19000$ fr.

50000 fr.

On voit d'après cela que la règle de société sert à trouver le bénéfice qui revient à chaque associé, ou la perte qu'il doit essuyer suivant sa mise de fonds. Ce n'est autre chose qu'une application de la règle de trois.

— *Trois négociants A B C ont mis en société les sommes suivantes, savoir : A* 6000 *fr., B* 7000 *fr., et*

C 2000 *fr. Le bénéfice total s'est élevé à* 34000 *fr.; que revient-il à chacun?*

Solution. 6000 + 7000 + 2000 = 15000. On aura pour proportion : la mise totale est à la mise particulière comme le bénéfice total est au bénéfice particulier.

A 15 : 6 :: 34000 : x = 13600 fr.
B 15 : 7 :: 34000 : x = 15866,67
C 15 : 2 :: 34000 : x = 4533,33

283. — *Deux personnes A et B ont mis en société, savoir : A* 6000 *fr. pendant* 6 *mois, et B* 8000 *fr. pendant* 11 *mois. Le bénéfice total est de* 50000 *fr.; que revient-il à chacun?*

Solution. On voit que dans cette question le bénéfice particulier dépend de deux causes, savoir : de la mise de fonds de chacun et du temps que cette somme est restée dans la société. A a fourni un capital de 6000 fr. pendant 6 mois; mais pour que ce capital rapportât pendant 1 mois ce qu'il rapporte pendant 6 mois, il faudrait qu'il fût 6 fois plus fort; donc 6000 fr. pendant 6 mois = 36000 fr. pendant 1 mois.

On trouvera de même pour B que 8000 fr. pendant 11 mois = 88000 fr. pendant 1 mois, ce qui donne les proportions suivantes :

A 124000 : 36000 :: 50000 : x
B 124000 : 88000 :: 50000 : x fr.
ou A 124 : 36 :: 50000 : x = 14516,12
B 124 : 88 :: 50000 : x = 35483,87
49999,99

Il manque un centime pour que la somme des bénéfices particuliers soit égale au bénéfice total. Cette erreur provient des restes que l'on a négligés dans les divisions; mais on peut la regarder comme nulle.

Lorsque, dans une opération de société, on exprime le temps pendant lequel les sommes sont restées dans l'association, l'opération s'appelle *règle de société par temps*. Elle consiste, comme on l'a vu, à multiplier les fonds de chacun par le temps. C'est une application de la règle de trois composée.

— *Deux associés A et B ont mis chacun les fonds suivants dans une entreprise, savoir : A 13000 fr. pendant 8 mois, et B 12000 fr. pendant 1 an. Le bénéfice est de 10000 fr.; que revient-il à chacun?*

Solution. A 13000 fr. pendant 8 mois = 13000 × 8 = 104000 fr. pendant 1 mois. B. 12000 fr. pendant 1 an ou 12 mois = 12000 × 12 = 144000 fr. pendant 1 mois. Il revient à A 4193 fr. 54 c., et à B 5806 fr. 45 c.

— *Trois négociants A B C ont fait une entreprise dans laquelle il y a eu un bénéfice de 30000 fr. A a mis 6000 fr. pendant 2 ans, B 12000 fr. pendant 6 mois, et C 10000 fr. pendant 1 an et 4 mois; que revient-il à chacun?*

Solution. A 6000 fr. pendant 2 ans = 6000 × 24 = 144000 fr. pendant 1 mois. B 12000 fr. pendant 6 mois = 12000 × 6 = 72000 fr. pendant 1 mois. C 10000 fr. pendant 16 mois = 10000 × 16 = 160000 fr. pendant 1 mois. On fait les proportions comme il a été indiqué.

284. — Cette règle sert aussi à partager un nombre en parties proportionnelles à des nombres donnés, comme dans cette question :

Partager 100 en deux portions qui soient entre elles comme 1 à 2, c'est-à-dire que la première doit être la moitié de la seconde?

On peut faire cette opération de deux manières : 1° d'après l'énoncé de la question, 100 doit avoir trois parties. On prendra donc le tiers de 100 et on le répètera deux fois, ce qui répondra à la question ; 2° par deux proportions ainsi qu'il suit :

Première portion $3 : 100 :: 1 : x = 33\frac{1}{3}$
Seconde portion $3 : 100 :: 2 : x = 66\frac{2}{3}$

100

— *Partager* 156 *en trois parties qui soient entre elles comme les nombres* 2, 4, 7?

Solution. 156 doit contenir 13 parties. En multipliant la treizième partie de 156 par 2, on aura la première portion ; en multipliant la treizième partie par 4, on aura la seconde ; enfin en multipliant cette treizième partie par 7, on aura la troisième ; ou par les proportions :

$$13 : 156 :: 2 : x = 24$$
$$13 : 156 :: 4 : x = 48$$
$$13 : 156 :: 7 : x = 84$$
$$\overline{\quad 156}$$

— *Un père laisse en mourant une somme de* 20000 *fr. à partager entre ses deux fils, de manière que le cadet ait les quatre cinquièmes de l'aîné.*

Solution. En prenant la neuvième partie de la somme et en la répétant 4 fois on aura la part du cadet ; en la répétant 5 fois on aura celle de l'aîné ; ou par les proportions :

$9 : 20000 :: 4 : x =$ 8888 fr. 89 cent.
$9 : 20000 :: 5 : x =$ 11111 11

§ VI. Règle d'Intérêt.

285.—L'intérêt est un bénéfice que l'on retire d'une somme prêtée ou employée d'une manière quelconque ; ce bénéfice se calcule à tant par 100 francs ; en sorte que si l'on prête une somme de 1000 fr. pendant un an à 5 pour 100, la personne qui a emprunté rendra au bout d'un an 1000 fr., plus autant de fois 5 fr. qu'il y a de fois 100 fr. dans la somme empruntée : elle rendra donc 1050 fr. Au bout de deux ans l'intérêt serait double, elle rendrait donc 1100 fr. La somme prêtée ou placée d'une manière quelconque s'appelle le *capital,* et le *tant pour cent* s'appelle le *taux* de l'intérêt.

L'intérêt légal que l'on retire d'une somme est 5

pour 100, c'est-à-dire qu'elle rapporte autant de fois 5 fr. qu'il y a de fois 100 fr. dans le capital ; en sorte que 100 fr. est toujours le terme de comparaison. Cependant on a quelquefois à calculer l'intérêt à 2, 3, 4, 6, 8, 10, etc., pour 100.

Les revenus d'une personne se calculent ordinairement sur le taux de 5 pour 100, c'est-à-dire que si la fortune d'une personne se monte à 100000 fr., soit en argent placé, soit en immeubles, elle doit en retirer par an 5 pour 100 d'intérêt ou 50000 fr., ce qui est son revenu. Si donc on dit qu'une personne a 10000 fr. de revenu ou de rente, cela veut dire que 10000 fr. est l'intérêt à 5 pour 100 d'un capital placé d'une manière quelconque.

On évalue encore l'intérêt *au denier tant*, comme au dernier 10, 20, 25, etc., cela veut dire que 10, 20 ou 25 fr. rapportent 1 fr. ; mais le denier 10 est la même chose que 10 pour 100, puisque si 10 fr. rapportent 1 fr., 100 fr. en rapporteront 10. Le denier 20, par la même raison, est la même chose que 5 pour 100. Le denier 25 est la même chose que 4 pour cent, et le denier 50 est égal à 2 pour cent. Le tant pour cent s'écrit ainsi par abréviation, *tant p.* %.

Le bénéfice ou la perte qu'un marchand fait sur la vente d'une marchandise se calcule aussi à *tant p.* %.

Une marchandise qui coûte 100 fr. et que l'on revend 110 fr., donne un bénéfice de 10 p. %. Seulement ce bénéfice est indépendant du temps, tandis que l'intérêt étant calculé à *tant* par an dépend de la durée du placement.

—*On veut connaître l'intérêt de* 35000 *fr. pendant un an à* 5 *p.* %.

Solution. Puisque 100 fr. rapportent 5 fr., autant 100 est contenu de fois dans le capital, autant on a de fois 5 fr. Donc pour trouver l'intérêt d'une somme, il faut diviser cette somme par 100 et multiplier le résultat par le taux de l'intérêt. 35000 | 100 = 350, × 5 = 1750 fr.

— *Quel est l'intérêt d'un capital de* 66720 *fr. placé à* 6 *p.* % ?

Solution. 66720 | 100 = 667 fr. 20 cent. × 6 = 4003 fr. 20 c.

— *Quel est l'intérêt de* 84750 *fr. au denier* 25?

Solution. Puisque 25 fr. rapportent 1 fr., autant 25 sera contenu de fois dans le capital, autant on aura de francs. Pour trouver l'intérêt d'un capital par le *denier tant*, il suffit de diviser par ce dernier, le quotient est la somme cherchée. 84750 | 25 = 3390 fr.

On pourrait aussi mettre ces questions sous la forme de proportions, en disant : le capital 100 est au capital total comme l'intérêt 5 est à l'intérêt total. C'est encore, comme on le voit, une application de la règle de trois. Pour la question précédente on aura :

$$100 : 84750 :: 4 : x = 3390.$$

En calculant par le denier tant on aura : le capital 25 est au capital total comme l'intérêt 1 est à l'intérêt total (car 25 est un capital dont l'intérêt est 1 franc).

$$25 : 84750 :: 1 : x = 3390.$$

Mais on voit qu'on peut facilement se passer de ces proportions en calculant directement l'intérêt comme nous l'avons expliqué.

286. — *On a prêté la somme de* 22000 *fr. à* 6 *p.* %. *On la retire au bout d'un an avec les intérêts ; quelle somme a-t-on retirée ?*

Solution. L'intérêt de 22000 fr. à 6 p. % est 1320 fr. On a donc retiré 22000 + 1320 ou 23320 fr.

— *On a placé dans une maison de commerce une somme de* 12000 *fr. à* 6 *p.* % ; *au bout d'un an on y place de nouveau* 8000 *fr., et au bout de la seconde année encore* 16000 *fr. ; à la fin de la troisième année on retire les capitaux et les intérêts simples ; quelle somme a-t-on retirée ?*

Solution. Il faut chercher l'intérêt de 12000 fr. pour

trois ans, celui de 8000 fr. pour deux ans, et celui de 16000 fr. pour un an; ajouter ces intérêts et les capitaux, et l'on aura la somme cherchée.

L'intérêt de 12000 fr. pour 3 ans est de. .	2160 fr.
L'intérêt de 8000 fr. pour 2 ans est de. .	960
L'intérêt de 16000 fr. pour 1 an est de. .	960
	12000
	8000
	16000
	40080 fr.

287. — *Une personne emprunte* 15000 *fr. à* 5 % *et rembourse cette somme au bout de* 7 *mois; quel intérêt a-t-elle dû payer?*

Solution. L'intérêt de 15000 fr. à 5 % est pour un an de 750 fr.; pour un mois ce sera la douzième partie de 750 fr. ou 62 fr. 50 cent., et pour 7 mois ce sera 7 fois la douzième partie ou 437 fr. 50 cent.

— *Quel est pour* 9 *mois l'intérêt de* 20000 *fr. placés à* 8 %?

Solution. L'intérêt d'un an est 1600 fr.; pour un mois ce sera la douzième partie de 1600 fr., et pour 9 mois 9 fois la douzième partie; mais on peut remarquer que 9 mois sont les trois quarts de 12 mois, qu'ainsi il suffira de prendre les trois quarts de 1600 qui sont 1200.

288. — *Une personne ayant emprunté une certaine somme à* 5 %, *rembourse au bout d'un an* 13650 *fr., intérêt et capital; on demande quelle est la somme empruntée?*

Solution. 13650 fr. renferment le capital et l'intérêt. Nous aurons la proportion : 105 capital et intérêt, est à 13650 capital et intérêt, comme 100 capital seul est à x capital seul;

$$\text{Ou } 105 : 13650 :: 100 : x = 13000.$$

289. — *L'intérêt d'une somme de* 25600 *fr. se*

monte au bout d'un an à 1024 *fr.; on demande quel est le taux de l'intérêt?*

Solution. Le capital 100 est au capital 25600, comme x, intérêt de 100, est à l'intérêt total 1024.

$$100 : 25600 :: x : 1024 = 4\ \%.$$

— *A quel taux faut-il prêter* 50000 *fr. pour en retirer* 3000 *fr. par an?*

Solution. 100 : 50000 :: x : 3000
ou 1 : 500 :: x : 3000 = 6 %.

— *A quel taux faut-il prêter* 36000 *fr. pour retirer* 2400 *fr. d'intérêt au bout de* 8 *mois?*

Solution. Si 2400 fr. est l'intérêt de 8 mois, celui d'un mois sera la huitième partie ou 300 fr. et celui de 12 mois ou un an sera 12 fois autant ou 3600 fr., d'où l'on a la proportion :

$$100 : 36000 :: x : 3600 = 10\ \%.$$

— *Quel est l'intérêt de* 24000 *fr. pour* 25 *jours à* 4 %?

Solution. On cherche d'abord l'intérêt d'un an qui est 960 fr., puis on fera la proportion :

365 jours sont à 25 jours comme 960, intérêt d'un an, est à x, intérêt de 25 jours.

$$365 : 25 :: 960 : x = 65 \text{ fr. } 75 \text{ cent.}$$

§ VII. Méthode commerciale pour le calcul des intérêts.

289 *bis*. — L'intérêt, dans le commerce, se compte généralement à 6 %; pour la manière d'en faire le calcul, il est des usages adoptés qu'il est nécessaire de connaître et qui s'écartent quelque peu des règles que nous venons de donner. Le commerce ayant constamment à faire le décompte des intérêts pour un certain nombre de jours, la méthode que nous allons indiquer est plus expéditive que l'autre, aussi est-elle la seule adoptée aujourd'hui. Elle est fondée sur les principes suivants :

1° L'année commerciale, pour le calcul des intérêts, n'est que de 360 jours ; par conséquent 3 mois font 90 jours, sans égard aux mois de 31 jours.

2° 6 °/₀ par an ou pour 12 mois reviennent à 3 °/₀ pour 6 mois; à 1 $\frac{1}{2}$ °/₀ pour 3 mois, à 1 °/₀ pour 2 mois et à $\frac{1}{2}$ °/₀ pour 1 mois; d'où il suit que si l'on a à calculer l'intérêt de 1200 fr. pour 1 mois, il suffit de chercher l'intérêt de 1200 fr. à $\frac{1}{2}$ °/₀, au lieu de chercher d'abord l'intérêt à 6 °/₀, puis d'en prendre ensuite la 12ᵉ partie.

3° L'intérêt de 100 fr. étant de 6 fr. pour un an ou 360 jours, pour 1 jour il sera de $\frac{6}{360}$ ou $\frac{1}{60}$ de franc. L'intérêt de 100 fr. étant pour 1 jour de $\frac{1}{60}$ de fr., l'intérêt de 1 fr. pour 1 jour sera 100 fois moindre, c'est-à-dire qu'il sera de $\frac{1}{6000}$ de franc.

Dans la méthode ordinaire le point de départ et de comparaison est un intérêt de *tant* par an pour un capital de 100 fr. ; dans la méthode commerciale le point de départ est l'intérêt de 1 fr. pour 1 jour ; ce qui produit :

	Pour 100 fr. par jour.	Pour 1 fr. par jour.
Au taux de 6 %. . .	$\frac{6}{360}$ ou $\frac{1}{60}$	$\frac{1}{6000}$
— 5 %. . .	$\frac{5}{360}$ ou $\frac{1}{72}$	$\frac{1}{7200}$
— 4 %. . .	$\frac{4}{360}$ ou $\frac{1}{90}$	$\frac{1}{9000}$
— 3 %. . .	$\frac{3}{360}$ ou $\frac{1}{120}$	$\frac{1}{12000}$
— 2 %. . .	$\frac{2}{360}$ ou $\frac{1}{180}$	$\frac{1}{18000}$

Soit donc la question suivante :

— *Quel est l'intérêt à 6 % d'un effet de 3000 fr. souscrit le 15 mai et payable le 30 juillet?*

Solution. Du 15 mai au 30 juillet il y a 2 mois $\frac{1}{2}$ ou 75 jours.

Si l'intérêt de 1 fr. pour 1 jour est de $\frac{1}{6000}$ de fr., l'intérêt de 3000 fr. pour 1 jour sera de $\frac{3000}{6000}$ de fr., et pour 75 jours il sera 75 fois plus fort, c'est-à-dire $\frac{3000 \times 75}{6000} = 37$ fr. 50.

L'opération consiste en résumé à multiplier la somme par le nombre de jours et à diviser le produit par 6000, si, comme c'est l'usage dans le commerce, l'intérêt est à 6 %.

Pour abréger l'opération on divise immédiatement le dividende et le diviseur par 1000 en supprimant de part et d'autre 3 chiffres à droite. Soit la question :

— *Quel est l'intérêt à 6 % d'un effet de 2546 fr. à 55 jours?*

Solution. 2546 × 55 = 140030

140030 | 6000 ou 140 | 6 = 23 fr. 33

— *Quel est l'intérêt à 5 % d'un effet de 3428 fr. à 90 jours?*

Solution. D'après le tableau ci-dessus on sait qu'à 5 % l'intérêt de 1 fr. pour 1 jour est de $\frac{1}{7200}$; donc on aura :

3428 × 90 = 308520

308520 | 7200 ou 3085 | 72 = 42 fr. 85 c.

§ VIII. Intérêt composé.

290. — Lorsqu'en plaçant des fonds on ne retire pas les intérêts et qu'au contraire on les laisse accumuler pour les joindre au capital, ces intérêts augmentent d'autant le capital et portent intérêt à leur tour; c'est ce qu'on appelle retirer *l'intérêt des intérêts*, ou *intérêt composé.*

— *Une personne a placé pendant 4 ans une somme de 25000 fr. à 5 %, et a joint au capital l'intérêt de chaque année, qui à son tour a porté intérêt; au bout de 4 ans elle retire ses fonds; à combien se montent-ils?*

Solution. A la fin de la première année la somme se montera à 25000 fr., plus les intérêts d'un an, ce qui fait en tout 26250 fr.

A la fin de la seconde année le capital étant de 26250 fr. se trouvera augmenté de l'intérêt de ce même capital; l'intérêt de 26250 fr. est 1312 fr. 50 cent., ensemble cela fait 27562 fr. 50 cent.

A la fin de la troisième année le capital 27562 fr. 50 c. se trouvera augmenté de l'intérêt de ce même capital, ce qui se monte à 28940 fr. 62 c.

Enfin, au bout de la quatrième année, on retirera encore l'intérêt de ce dernier capital, ce qui produit en tout 30387 fr. 65 c.

291. — *On désire savoir à combien se montent les intérêts des intérêts d'une somme de* 20000 *fr., placés pendant trois ans à* 4 %?

Solution. La première année on aura l'intérêt simple de 20000 fr. qui est 800 fr.

La seconde année on aura l'intérêt de 20800 fr. qui est 832 fr.

La troisième année on aura l'intérêt de 21632 fr. qui est 865 fr. 28 c.

La somme des intérêts des intérêts pendant ces trois ans = 800 + 832 + 865 fr. 28 c. = 2497 fr. 28 c.

292. — *Une somme prêtée pendant cinq ans à* 5 *p. % a rapporté* 4800 *fr. d'intérêt composé; quel est le capital?*

Solution. L'intérêt composé de 100 fr. pour 5 ans est de 27 fr. 61 c. On aura donc la proportion :

Le capital 100 est au capital cherché x, comme 27,61 intérêt composé de 100, est à 4800, intérêt composé du capital x.

Ou 100 : x : : 27,61 : 4800 = 17385 fr.

— *A combien se montent les intérêts des intérêts d'une somme de* 15000 *fr. prêtée pendant* 3 *ans* 4 *mois à* 4 *p. %?*

Solut. 1re année, intérêt de 15000 fr.	= 600 fr.	
2e année, intérêt de 15600 fr.	= 624	
3e année, intérêt de 16224 fr.	= 648	96 c.
Int. de 16872 fr. 9 : c. p. 4 m.	= 224	97
Total.	2097 fr.	93 c.

§ IX. Du Cours des actions industrielles et des fonds publics.

293. — Nous croyons utile de donner ici quelques explications sur le cours des actions et des fonds publics que les personnes étrangères à ce genre d'opérations ont souvent de la peine à comprendre.

Supposons qu'on veuille former une entreprise pour laquelle

il faut un capital de 100000 fr. Pour réunir ce capital on le divise en petites sommes égales de 1000 fr., de 500 fr. ou de toute autre valeur. Supposons le capital de 100000 fr. divisé en 100 parts chacune de 1000 fr. Ces sommes partielles s'appellent *actions*. Si 100 personnes s'intéressent chacune pour une action, il y aura 100 associés chacun pour 1000 fr., ou autrement dit 100 actionnaires. Chaque action est représentée par un titre remis à l'actionnaire et qui en constate la valeur.

La société doit d'abord payer à chaque actionnaire l'intérêt des fonds versés. Cet intérêt, qui est fixé par les statuts de la société, est ordinairement de 5 p. °/₀. Si l'entreprise est productive et donne des bénéfices en sus de l'intérêt, ce bénéfice est réparti entre chaque action. Si, dans le cas supposé ci-dessus, le bénéfice est de 20000 fr., puisqu'il y a 100 actions, la part de chacune sera de 200 fr. Ce bénéfice s'appelle *dividende*; il se calcule à tant p. °/₀ comme l'intérêt, et peut varier d'une année à l'autre suivant le degré de prospérité de l'entreprise, tandis que l'intérêt est toujours le même. Or si une action de 1000 fr. rapporte 200 fr. de dividende, cela fait 20 fr. pour 100 fr., c'est-à-dire 20 °/₀.

Si un actionnaire veut rentrer dans ses fonds, comme il ne peut pas les retirer de la société, il peut vendre son action. Si l'entreprise est avantageuse, il se trouvera des acheteurs qui la paieront plus que la valeur primitive; parce que, tout en la payant au delà de cette valeur, on trouve encore dans les dividendes un bénéfice suffisant. Si, au contraire, l'entreprise est nouvelle, peu productive, ou si l'on conçoit des craintes sur son avenir, on ne trouve d'acheteurs qu'au dessous de la valeur primitive. Le taux primitif de l'action s'appelle *le pair* ou *le taux nominal*. Dans le premier cas on dit qu'elle est *au dessus du pair*, et dans le second, qu'elle est *au dessous*. Le cours des actions d'une entreprise, c'est-à-dire le prix auquel on trouve des acheteurs, est un indice de son degré de prospérité.

Il est à remarquer que, quelque soit le prix que l'on a payé une action, l'intérêt et le dividende sont toujours les mêmes que si elle avait été achetée au pair. Ainsi une action de 1000 fr. que l'on aura payée par exemple 2000 fr., ne recevra toujours que 5 p. °/₀ d'intérêt pour 1000 fr., ce qui ne fait en réalité que $2\frac{1}{2}$ p. °/₀ pour les 2000 fr.; mais l'importance du dividende compense au delà cette perte sur l'intérêt. Si elle n'a été payée que 500 fr. l'intérêt étant toujours payé à raison de 5 p. °/₀ pour 1000 fr., cela fait 10 p. °/₀ pour les 500 fr.; mais la faiblesse ou la nullité du dividende, l'inexactitude du paiement de l'intérêt, et par dessus tout la chance de non réussite, compensent cet avantage apparent.

On voit d'après cela que le calcul de la répartition des dividendes n'est autre qu'une application des règles d'intérêt et de société. Le nombre d'actions représente un nombre égal d'associés. Si un actionnaire a plusieurs actions, 10 par exemple, il compte pour 10 associés, ou pour un associé ayant une mise de fonds dix fois plus forte que ceux qui n'en ont qu'une; son bénéfice est alors proportionnel au nombre de ses actions.

Soit donc une entreprise au capital social de 1,000,000 fr., divisé en 1000 actions de 1000 fr. chacune, et ayant fait dans l'année un bénéfice de 136786 fr.; quel sera le dividende de chaque action, et le taux du dividende à tant p. °/o?

Cette somme répartie entre 1000 actions donne à chacune pour son dividende 136 fr. 78 c. Pour savoir quel est le taux du dividende à tant p. °/o, il suffira d'en prendre la 10e partie, ce qui fait 13 fr. 68 c. pour 100 fr., ou environ $13\frac{1}{2}$ p. °/o. Par les proportions on aura : le cap. 1000 est au cap. 100, comme le dividende 136 fr. 78 est au divid. x; ou 1000 : 100 :: 136 fr. 78 c. : x = 13 fr. 68 c.

Ces 13 fr. 68 c. sont en sus de l'intérêt de 5 p. °/o que l'actionnaire a dû recevoir, ce qui lui fait en réalité 18 fr. 68 c. p. °/o. La somme de 50000 fr. nécessaire au paiement des intérêts du capital social 1,000,000 a été comptée dans les frais de l'entreprise, de sorte qu'on ne compte comme bénéfice réel que la somme qui reste à répartir après que l'intérêt a été payé. Cette dernière observation s'applique à toutes les sociétés commerciales.

Ce que nous venons de dire sur le cours des actions rendra facile à comprendre le cours dit *de la rente* ou *des effets publics*.

Les fonds placés sur le gouvernement doivent rapporter 5 °/o d'intérêt. Si le porteur d'un titre de rente veut réaliser tout ou portion de son capital, comme il ne peut en exiger le remboursement de la part du gouvernement, il vendra son titre comme un actionnaire vend son action.

Par la même raison, celui qui veut placer des fonds sur le gouvernement ne pouvant obliger celui-ci à prendre son argent s'il ne veut pas emprunter, achète un titre de rente; ainsi il achètera 5 fr. de rente avec 100 fr., 50 fr. avec 1000 fr.; 500 fr. avec 10000 fr., etc. Or, comme il y a toujours des gens qui veulent réaliser leurs fonds et d'autres qui veulent les placer, il en résulte qu'il y a constamment des achats et des ventes de ces sortes de titres. Ces transactions se font à la Bourse par le ministère des *agents de change*.

Lorsque, par suite de certaines circonstances, tels que des événements politiques qui peuvent donner des craintes, il se trouve beaucoup de personnes qui veulent vendre pour réaliser leurs fonds, et peu qui veulent acheter, les vendeurs sont quelquefois obligés de céder leurs titres à un prix inférieur à leur valeur réelle, faute d'acheteurs qui consentent à les payer plus cher; ils donneront par exemple, 5 fr. de rente pour 90 fr., ou même moins, au lieu de 100 fr.

Lorsque, au contraire, ce placement paraît offrir toute sécurité, et qu'il y a beaucoup d'acheteurs, les vendeurs ne donnent leurs titres qu'à un prix supérieur à la valeur nominale; pour 5 fr. de rente ils exigeront par exemple, 105, 110, ou même 120 fr. au lieu de 100 fr.

Le taux auquel se vendent les titres de rentes sur l'état se nomme *cours de la rente* ou *de la Bourse*. Quand ces titres se vendent au taux de 100 fr. pour 5 fr. de rente, on dit que la rente est *au pair*. Elle est dite *au dessus* ou *au dessous* du pair selon qu'ils se vendent plus ou moins de 100 fr.

Quel que soit le taux auquel des rentes ont été achetées, l'intérêt payé par l'état est toujours le même; le titre représentant pour lui 5 fr. de rente pour 100 fr. de capital, sans qu'il ait à s'occuper du prix qu'il a été payé; tandis que pour le rentier son argent lui rapportera 5 p. °/₀ s'il a acheté au pair, plus de 5 p. °/₀ s'il a acheté au dessous, et moins de 5 p. °/₀ s'il a acheté au dessus.

— *Quel capital représente 6000 fr. de rente, 1° au pair; 2° au cours de 92 fr.; 3° au cours de 115 fr.? C'est-à-dire quel capital faut-il débourser pour avoir 6000 fr. de rente selon ces différents cours?*

Solution. 1° 6000 fr. étant l'intérêt à 5 p. °/₀ de 120000 fr., il faudrait cette somme si la rente était au pair.

2° Si le cours est à 92 fr. il faudra moins de 120000 fr. On aura la proportion 100 fr. : 92 fr. : : 120000 fr. : x = 110400 fr.

3° Si le cours est à 115 fr. il faudra plus de 120000 fr. On aura la proportion 100 : 115 : : 120000 : x = 138000 fr.

— *Une personne a acheté 4400 fr. de rente au cours de 94 fr. Elle les revend lorsque la rente ayant monté est arrivée à 112 fr. Quel bénéfice fait-elle sur le capital?*

Solution. Il faut d'abord voir quel est le capital de 4400 fr. de rente au pair, ce que l'on trouve par la proportion :

$$5 : 4400 : : 100 : x = 88000 \text{ fr.}$$

Puis pour les cours de 94 et de 112 on aura :

$$100 : 94 : : 88000 : x = 82720$$
$$100 : 112 : : 88000 : x = 98560$$

Ainsi on aura acheté 4400 fr. de rente pour 82720 fr. de capital au lieu de 88000 fr., et on les aura revendus 98560 fr. Donc on aura gagné la différence 98560 — 82720 = 15840 fr.

§ X. Règle d'Escompte.

294. — Si l'on emprunte une somme de 15000 fr. par exemple, payable dans un an à 5 °/₀ d'intérêt, au bout de l'année on remboursera le capital 15000 fr., plus l'intérêt de ce capital, ce qui fait une somme de 15750 fr. ; c'est ce que l'on appelle intérêt *en dedans*.

D'autres fois la personne qui prête se retient de suite l'intérêt ; ainsi on remboursera dans un an 15000 fr. ; mais on n'en aura reçu que 15000 — 750 ou 14250 fr. ; c'est ce que l'on appelle intérêt *en dehors*.

Il arrive souvent que la personne qui emprunte se réserve le droit de rembourser avant le terme ; le prêteur doit alors lui faire une réduction sur les intérêts ; cette réduction s'appelle *escompte*. L'escompte est dit *en dedans* ou *en dehors*, selon que l'intérêt a été calculé en dedans ou en dehors.

Si un particulier ayant une lettre de change payable dans six mois veut en recevoir le montant de suite, on lui fera une retenue sur cette valeur, c'est-à-dire que la personne qui doit la lui payer se retiendra tant pour cent, suivant le temps qui doit s'écouler jusqu'à *l'échéance*. On appelle *échéance* d'un billet, l'époque à laquelle il doit être remboursé.

On appelle encore *escompte* une réduction faite sur le prix d'une marchandise, le plus ordinairement au profit de l'acquéreur qui paie comptant. Cet escompte est aussi calculé à tant p. °/₀ sur le prix de la marchandise et sans condition de temps.

Dans certains cas, lorsque cette réduction est faite au profit d'un marchand qui achète la marchandise pour la revendre, elle prend le nom de *remise*, comme dans la librairie, la musique, la gravure. Dans ce cas le prix sans remise s'appelle *prix fort*, et le prix réduit s'appelle *prix net*.

Il est encore d'usage, dans quelques commerces, et notamment en librairie, d'accorder aux marchands, outre la remise, le 13e gratis ; c'est-à-dire que si l'on achète 12 exemplaires d'un ouvrage, l'acheteur en recevra 13 ; s'il en prend 2 douzaines, il en recevra 26.

On voit d'après cela que l'escompte et la remise s'établissant à tant p. °/₀ se calculent comme l'intérêt.

295. — *Un particulier a une lettre de change de 5000 fr. payable dans un an; il en désire le remboursement de suite moyennant escompte de 7 %; combien recevra-t-il?*

Solution. Si l'escompte est de 7 fr. pour 100 fr., combien sera-t-il pour 5000 fr.? On aura la proportion : l'escompte 7 est à l'escompte x, comme le capital 100 est au capital 5000.

$$7 : x :: 100 : 5000 = 350 \text{ fr.}$$

Le débiteur se retiendra donc 350 fr. et paiera par conséquent 4650 fr.

On peut encore résoudre cette question de la manière suivante : si 100 fr. se réduisent à 93 fr., à combien se réduiront 5000 fr.?

$$93 : x :: 100 : 5000 = 4650.$$

— *Une personne ayant emprunté pour 6 mois une somme de 5000 fr. à 6 p. %, s'est réservé le droit d'avancer le paiement. En conséquence, désirant rembourser au bout de 4 mois, on demande quelle sera la réduction faite sur les intérêts? (Intérêt en dedans).*

Solution. Le capital étant de 5000 fr., le billet se montera à 5000 fr., plus les intérêts de ce capital pour 6 mois, c'est-à-dire que le débiteur devra payer au bout de 6 mois 5150 fr.; mais remboursant au bout de 4 mois, le paiement se trouve avancé de 2 mois; il faudra donc diminuer sur le billet l'intérêt de 2 mois. Or, si l'intérêt de 6 mois est 150 fr., celui de 2 mois en sera le tiers, par conséquent 50 fr. Le débiteur remboursera donc seulement 5100 fr.

— *Une personne a souscrit un billet de 8480 fr. payable dans 18 mois, à 4 p. % (intérêt en dedans); cette personne se présentant pour payer au bout de 8 mois, on demande quel sera l'escompte qu'on lui fera sur son billet?*

Solution. Le billet de 8480 fr. renferme le capital et l'intérêt. Le paiement étant avancé de 10 mois, il faut en escompter l'intérêt de ce temps. A cet effet on cherchera l'intérêt d'un an, puis celui d'un mois, qu'on répètera 10 fois, et l'on retranchera cette somme du billet.

Pour trouver l'intérêt d'un an on dira : si l'intérêt de 100 fr. est de 4 fr. pour un an, il sera de 6 fr. pour 18 mois, on aura donc :

106 fr. capital et intérêt de 18 mois, est à 8480 capital et intérêt de 18 mois, comme 4 intérêt d'un an de 100 fr. est à x intérêt d'un an de 8480 fr.

$$106 : 8480 :: 4 : x = 320.$$

Si l'intérêt d'un an est 320 fr., celui d'un mois en sera la douzième partie ou 26 fr. 66 c., et celui de 10 mois sera 10 fois autant ou 266 fr. 66 c.

Le billet sera donc réduit à 8480 — 266,66, c'est-à-dire à 8213 fr. 34 c.

296.—*Une personne ayant emprunté une certaine somme, souscrit un billet de 4000 fr. payable dans un an, à 6 p. % (intérêt en dehors). Le remboursement se trouvant effectué au bout de 4 mois, on demande à combien se monte l'escompte?*

Solution. Puisque l'intérêt est en dehors, le billet renferme le capital emprunté, mais l'emprunteur n'a pas reçu 4000 fr. ; on a commencé à se retenir l'intérêt de cette somme. L'intérêt de 4000 fr. à 6 p. % est 240 fr. ; donc l'emprunteur n'a reçu que 3760 fr. et doit en rembourser 4000. Mais le paiement étant avancé de 8 mois, il faut en escompter l'intérêt de ce temps. L'intérêt de 8 mois est 160 fr., somme qui doit être escomptée sur le billet de 4000 fr. ; on remboursera donc seulement 3840 fr.

§ XI. Règle de Change.

297.—Supposons qu'un négociant de Paris veuille faire passer à son correspondant de Lyon une somme de 5000 fr. Pour éviter les frais de transport et les risques que l'argent peut courir en route, il s'adresse à un banquier auquel il remet ladite somme. Le banquier lui remet en échange une traite que le négociant de Paris envoie à son correspondant de Lyon, et au moyen de laquelle il se fait rembourser cette somme chez un banquier de cette dernière ville. Mais le banquier qui reçoit l'argent se fait payer un droit de commission qui se paie en sus de la somme qu'on lui remet, ou qu'il retient sur cette même somme. Ce droit se nomme *le change*, ou simplement *commission* dans certains cas, et se calcule comme l'intérêt ordinaire à tant °/o, avec cette différence que le montant de l'intérêt dépend de la durée, tandis que pour le change le temps n'est pas déterminé. Il varie selon les localités et d'autres circonstances; ordinairement il est de $\frac{1}{8}$, $\frac{1}{4}$, $\frac{1}{2}$, $\frac{7}{8}$ ou 1 °/o. Lorsqu'il s'agit de l'escompte d'une traite ou lettre de change, le banquier prélève en outre l'intérêt pour le nombre de jours à courir jusqu'à l'échéance.

— Quel est le change de 12000 fr. à $\frac{1}{2}$ %?

Solution. 100 : 12000 : : $\frac{1}{2}$: $x = 60$ fr.

On devra donc remettre au banquier 12060 fr. pour recevoir dans l'autre ville 12000 fr., ou il se retiendra les 60 fr., et l'on ne touchera que 11940 fr.

— *Quel est le change et l'escompte d'une traite de* 3529 *fr sur Marseille, remise au banquier de Paris le* 10 *avril et payable fin juin? (esc. à* 6 %; *change* $\frac{1}{4}$ %.)

Solution. Pour l'esc. du 10 avril au 30 juin il y a 80 jours. 3529 × 80 = 282320 | 6000 ou 282 | 6 = 47 fr. (289 *bis*).

Pour le change. 100 : 3529 : : $\frac{1}{4}$: x; ou simplement 3529 | 4 = 882,25 | 100 = 8 fr. 82 c. Total 47 fr. + 8 fr. 82 c. = 55 fr. 82 c.

— *Quelle est la commission pour* 845 *fr.* 50 *c. à* $\frac{7}{8}$ %?

100 : 845 fr. 50 c. : : $\frac{7}{8}$ x,
ou 800 : 845 fr. 50 c. : : 7 x = 7 fr. 39 c.

§ XII. Règle d'Alliage.

298. — Lorsqu'on mélange plusieurs choses de différentes valeurs, il en résulte une chose d'une valeur moyenne. Par exemple, si l'on mêle un litre de vin à 75 c. et un litre d'un autre vin à 55 c., on obtient un mélange de 2 litres qui vaut 75 c. + 55 c. = 130 c.; mais un seul litre coûtera la moitié de 130 ou 65 c., prix moyen entre le prix de la première qualité de vin et celui de la seconde que l'on a mélangées.

Tel est le but de la règle d'alliage, qui, comme on le voit, sert à trouver la valeur moyenne de plusieurs choses de différentes valeurs mêlées ensemble.

Ces sortes de questions peuvent se présenter sous deux points de vue, soit qu'on recherche la valeur moyenne des divers objets, soit qu'on recherche la proportion suivant laquelle ils ont été mélangés, connaissant la valeur moyenne et la valeur de chacun en particulier. C'est ce qui constitue les deux espèces de questions renfermées dans cette règle.

299. — *On a mêlé un litre de vin à 1 fr. 25 c., un litre d'une autre qualité à 1 fr. 50 c., et un litre d'une 3e qualité à 75 c.; quelle est la valeur du litre du mélange?*

Solution. Il est certain qu'en mélangeant ces trois sortes de vins on doit recevoir trois litres valant ensemble 1 fr. 25 c. + 1 fr. 50 c. + 75 c. ou 3 fr. 50 c.; mais un seul litre coûtera la troisième partie du prix du mélange ou 1 fr. 16 c.

300. — *Un marchand de vin fait un mélange de 6 litres de vin à 1 fr. 50 le litre et de deux litres d'eau; combien doit-il vendre le litre de ce mélange pour gagner 50 c. par litre?*

Solution. 6 litres à 1 fr. 50 c. = 9 fr.; mais comme il y joint 2 litres d'eau, il résulte qu'il a 8 litres pour 9 fr. Un litre coûtera donc la huitième partie de 9 fr. ou 1 fr. 12 c. Mais en vendant le litre 1 fr. 12 c., il n'y gagnerait rien; il faut donc qu'il le vende 50 c. de plus ou 1 fr. 62 c.

301. — *Un marchand achète du vin à 1 fr. 50 c. le*

litre; combien gagnera-t-il en le vendant au même prix si, sur 10 litres, il met 3 litres d'eau?

Solution. 10 litres à 1 fr. 50 c. = 15 fr. Puisqu'on y ajoute 3 litres d'eau, on aura donc 13 litres pour 15 fr.. Si 13 litres coûtent 15 fr., 1 litre en coûtera la treizième partie ou 1 fr. 15 c. Puisqu'il le vend 1 fr. 50 c., il gagne donc 35 c. par litre.

D'après les questions précédentes, on peut voir que le principe général pour résoudre ces sortes de questions est de chercher la valeur totale du mélange, et de diviser ce produit par la quantité totale des unités mélangées.

On voit encore que ces questions peuvent se résoudre sans le secours des proportions; mais si l'on voulait s'en servir, on aurait pour la question n° 299 : 3, somme totale des litres, est à 1 litre, comme 3 *fr.* 50 c., prix total du mélange, est à x, prix d'un litre.

$$3 : 1 :: 3{,}50 : x = 1 \text{ fr. } 16 \text{ c.}$$

302. — *Pour faire des confitures on a employé 20 livres de groseilles à 20 c. la livre, 10 livres de framboises à 25 c. la livre, et 24 livres de sucre à 90 c. Le produit a donné 25 livres de confitures; à combien revient la livre?*

Solution. 20 liv. à 20 c. = 4 fr.; 10 liv. à 25 c. = 2 fr. 50; 24 liv. à 90 c. = 21 fr. 60 c. Total, 28 fr. 10 c. La livre de confitures en coûtera la vingt-cinquième partie ou 1 fr. 12 c.

303. — *Pour faire une liqueur on a employé 40 livres de cerises à 10 c., 10 livres de groseilles à 20 c., 22 livres de sucre à 75 c., alcool pour 3 fr. 50 c., épices et autres substances pour 6 fr. Le tout a produit 23 litres et demi de liqueur; à combien revient le litre?*

Solution.	40 livres à 10 c.	=	4 fr.	
	10 livres à 20 c.	=	2 fr.	
	22 livres sucre à 75 c. . . .	=	16 fr.	50 c.
	Alcool		3 fr.	50 c.
	Epices.		6 fr.	
	Total.		32 fr.	00 c.

Pour trouver le prix du litre il faut diviser 32 fr. par 23 $\frac{1}{2}$. A cet effet on réduit les litres en demies, ce qui en donne 47. Mais il faut aussi multiplier 32 par 2 afin d'établir l'équilibre entre le dividende et le diviseur. On aura donc 64 à diviser par 47, ce qui donne pour résultat et pour prix du litre 1 fr. 36 c.

304. — *On veut mêler du vin à 15 sous le litre et du vin à 24 sous le litre pour en faire un mélange qui revienne à 18 sous le litre; dans quelle proportion faut-il les mélanger?*

Le vin à 15 sous étant vendu 18, on gagne 3 sous; mais le vin à 24 sous étant vendu 18 sous, on en perd 6. Il faut donc établir une compensation entre ces deux qualités, afin qu'en mettant plus ou moins de l'une ou de l'autre il n'y ait ni perte ni gain. Puisque la perte que l'on fait sur la première qualité est plus grande que le gain que l'on fait sur la seconde qualité, il est évident qu'il en faut plus de cette dernière, afin de compenser la perte faite sur la première.

Mais si le prix moyen était également éloigné du prix supérieur et du prix inférieur, comme dans cette question : *On fait un mélange de vin à 10 sous et de vin à 20 sous pour avoir un vin mixte qui coûte 15 sous; dans quelle proportion*, etc.? il s'ensuivrait qu'ils doivent être mélangés par quantités égales; car sur la première qualité on perd 5 sous, et sur la seconde on en gagne 5; il n'y a donc ni perte ni gain. On s'assure de cela en supposant cette question : *On mélange 1 litre de vin à 10 sous et 1 litre à 20 sous; combien coûte le litre du mélange?* Les deux litres coûteront 30 sous, et chaque litre en coûtera 15.

D'après ce qui vient d'être dit, on voit : 1° que dans un mélange de deux choses de diverses qualités pour en avoir une d'une qualité moyenne, il y a toujours perte sur la première qualité et gain sur la seconde; 2° si le prix moyen est également distant des deux autres, la perte compense le gain, et par conséquent les choses doivent être mélangées en quantités égales; 3° si le prix moyen est plus près du prix inférieur, comme dans la première question, la perte est plus forte que le gain, et conséquemment il faut plus de la seconde partie que de la première; 4° si le prix moyen est plus près du prix supérieur, c'est que le gain est plus fort que la perte, en sorte qu'il faut plus de la première qualité que de la seconde. D'après cela, soit cette question : *Mélanger du vin à 10 sous et du vin à 20 sous pour avoir un vin mixte à 18 sous; dans quelle proportion faut-il les mélanger?*

Solution. La différence du prix du mélange au prix de la seconde qualité indique la quantité de vin de la première qualité, et la différence du prix du mélange au prix de la première qualité indique la quantité de vin de la seconde qualité. Ainsi le prix moyen étant 18, et la différence de 18 à 20 étant 2, on en conclut qu'il faut 2 litres de la seconde qualité; la différence de 18 à 10 étant 8, il en faut 8 de la première.

Donc 8 litres à 20 sous et 2 litres à 10 sous donnent un mélange qui revient à 18 sous.

On peut s'assurer de l'exactitude de cette règle, en changeant la question en celle-ci :

— *On mêle 8 litres de vin à 20 sous et 2 litres à 10 sous; quel est le prix du litre du mélange?*

Réponse. 8 litres à 20 sous font 160 sous, 2 litres à 10 font 20 sous; le mélange coûte donc 180 sous; mais ce mélange contenant 10 litres, chaque litre coûtera la dixième partie ou 18 sous.

— *On mélange deux espèces d'eau-de-vie, l'une à 2 fr. le litre et l'autre à 3 fr.; dans quelle proportion faut-il les mélanger pour que le prix moyen soit de 2 fr. 50 cent.?*

Solution. Puisque le prix moyen est également éloigné du prix supérieur et du prix inférieur, il en faudra autant de l'une que de l'autre.

— *Même question que la précédente, le prix moyen étant de 2 fr. 75 cent.*

Solution. La différence du prix moyen au prix supérieur étant de 25 cent. et la différence du prix moyen au prix inférieur étant de 75 cent., on en conclut que 25 litres de la seconde qualité et 75 litres de la première donnent un mélange qui revient à 2 fr. 75 cent.

Si l'on calculait en sous on aurait pour prix inférieur 40 sous, pour prix supérieur 60 sous, et pour prix moyen 55 sous. D'après cela il faudra donc 15 litres de la première qualité sur 5 de la seconde, ce qui équivaut à 75 d'une part et 25 de l'autre.

305.—*On veut mélanger du blé à 6 fr., à 8 fr. et*

à 10 f. le décalitre; combien en faut-il de chaque qualité pour faire un mélange qui revienne à 9 fr.?

Solution. 9 { 10. . . . 3 + 1 / 8. . . . 1 / 6. . . . 1

La différence du prix moyen 9 au prix *supérieur* 10 donne la quantité de blé de la qualité inférieure. On pose donc 1 en face de 6, prix de la moindre qualité. La différence du prix moyen 9 au prix *inférieur* 6 donne la quantité de blé de la première qualité. On pose donc 3 en face de 10, prix de la première qualité. Quant à la qualité intermédiaire, on prendra également la différence du prix moyen au prix supérieur, que l'on place en face de 8, puis on prend la différence du prix moyen au prix intermédiaire 8, ce qui donne 1 que l'on ajoute à la qualité supérieure. Donc en mêlant ensemble 4 décalitres de la première qualité, 1 de la seconde et 1 de la troisième, on aura du blé à 9 fr.

§ XIII. Règle de Fausse position.

306.—120 *fr. à partager entre deux personnes, de manière que la première ait la moitié de la part de la seconde; quelle est la part de chacune?*

Solution. Puisque l'une des deux personnes a une partie comme l'autre en a deux, elles en ont ensemble trois. En prenant le tiers de 120, on aura la part de la première, et en la doublant on aura celle de la seconde. On trouve 40 et 80; en effet, les deux parts font ensemble 120.

307. —600 *fr. à partager entre trois personnes A B C d'après les conditions suivantes: B aura le double de A et C aura le triple de A; quelle est la part de chacune?*

Solution. Il faut chercher combien les trois parts contiennent de parties semblables à celle de A. Or, A en a une, B en a deux et C en a trois; cela fait ensemble six. En prenant la sixième partie de 600 qui est 100, on aura la part de A; en la doublant on aura 200 pour celle de B, et en la triplant on aura 300 pour celle de C.

308. — 500 *fr. à partager entre trois personnes A B C, de manière que B ait le double de A et C le double de B; quelle est la part de chacune?*

Solution. A a une partie, B en a deux, C en a deux comme B ou quatre comme A, cela fait ensemble sept parties.

En prenant la septième partie de 500 on aura 71 fr. 43 c. pour la part de A, en la doublant on aura 142 fr. 86 c. pour la part de B, et en la quadruplant on aura 285 fr. 72 c. pour la part de C.

En général, pour ces sortes de questions, il faut voir combien toutes les parties réunies contiennent de fois la plus petite. Lorsqu'on connaît cette dernière, les autres sont faciles à déterminer.

D'après ce qui vient d'être dit, on voit que la règle de fausse position a pour but de partager un nombre suivant des conditions données. Jusqu'à présent les parties ont été faciles à déterminer : mais il est des cas où il faut supposer un nombre qui n'existe pas dans la question; c'est de cette fausse supposition que cette règle tire son nom, comme on le verra un peu plus tard, et qu'il serait plus exact d'appeler règle de *fausse supposition*.

309. — *Partager* 200 *en deux parties, de manière que la première soit les* $\frac{2}{3}$ *de la seconde?*

Solution. Si la première part a deux parties comme la seconde en a trois, elles en ont ensemble cinq; la cinquième partie de 200 est 40, or 2 fois 40 = 80 pour la première et 3 fois 40 = 120 pour la seconde, 80 + 120 = 200.

310.—*Partager* 1200 *en trois parties, de manière que la première soit la moitié de la seconde, et la seconde les* $\frac{2}{3}$ *de la troisième?*

Solution. La première part est la plus petite; les trois parts contiennent ensemble 6 parties semblables à la plus petite. 1200 | 6 = 200 pour la première;

200 × 2 = 400 pour la seconde ; 200 × 3 = 600 pour la troisième.

311. — *Partager* 650 *fr. entre trois personnes, de manière que la seconde ait le double de la première, et la troisième deux fois et ½ autant que la seconde?*

Solution. Supposons que la première part soit 4, la seconde sera 8 et la troisième 20. Quoique ces nombres ne soient pas exacts, ils nous serviront néanmoins à trouver les véritables nombres, parce que ceux-ci doivent être dans le rapport de 4, 8 et 20. La somme des trois parts supposées est 32 ; on aura donc trois proportions :

$$32 : 650 :: 4 : x = 81\frac{1}{4}$$
$$32 : 650 :: 8 : x = 162\frac{1}{2}$$
$$32 : 650 :: 20 : x = 406\frac{1}{4}$$

La somme des parties supposées est à la somme totale des parties réelles, comme chaque partie supposée est à chaque partie réelle. On voit donc que cette question se réduit à une simple règle de société, puisqu'il s'agit de partager un nombre en parties proportionnelles à des nombres donnés.

312. — *Deux associés ont gagné dans une entreprise* 20000 *fr.; quelle est la part de chacun, sachant que le second a mis 3 fois et ½ autant que le premier?*

Solution. Supposons que le premier ait mis 2 fr. (je choisis un nombre dont on puisse prendre la moitié), le second aura mis 7 fr., d'où l'on a les proportions :

$$9 : 20000 :: 2 : x = 4444 \text{ fr. } 44 \text{ c.}$$
$$9 : 20000 :: 7 : x = 15555 \text{ fr. } 56 \text{ c.}$$
$$20000 \text{ fr. } 00 \text{ c.}$$

313. — *Trois associés ont fait dans une entreprise une perte de* 6000 *fr.; quelle perte chacun doit-il supporter, suivant sa mise de fonds. Le second a mis 2 fois et ½ autant que le premier, et le troisième 3 fois autant que le second?*

Solution. Supposons que le premier ait mis 2 fr., le second en aura mis 5 et le troisième 15, ensemble 22 fr.

$$22 : 6000 :: 2 : x = 545 \text{ fr. } 45 \text{ c. } \tfrac{5}{11}$$
$$22 : 6000 :: 5 : x = 1363 \quad 63 \quad \tfrac{7}{11}$$
$$22 : 6000 :: 15 : x = 4090 \quad 90 \quad \tfrac{10}{11}$$
$$6000 \text{ fr. } 00 \text{ c.}$$

314.—*Trouver un nombre dont la moitié plus le quart fassent* 36 ?

Solution. Je suppose que ce nombre soit 8 (je choisis 8, parce qu'on peut en prendre la moitié et le quart). Si le nombre cherché était 8, la moitié plus le quart seraient 6 ; 6 renferme donc la moitié et le quart de 8, comme 36 renferme la moitié et le quart du nombre inconnu. D'où l'on a la proportion :

$$8 : 6 :: x : 36 = 48.$$

315.—*Trouver un nombre dont la moitié, le tiers et les trois quarts fassent* 60 ?

Solution. Je suppose que ce nombre soit 12 (nombre dont on peut prendre la moitié, le tiers et les trois quarts). Si ce nombre est 12, la moitié est 6, le tiers est 4, et les trois quarts sont 9. $6 + 4 + 9 = 19$.

$$12 : 19 :: x : 60 = 37 \tfrac{17}{19}.$$

316.—*Quel est le nombre dont les deux tiers, les trois quarts et les quatre neuvièmes font* 100 ?

Solution. Il faut que le nombre supposé soit à la fois divisible par les dénominateurs 3, 4 et 9. Pour cela on les multipliera les uns par les autres, ce qui donne 108, nombre multiple de 3, 4 et 9. Si le nombre cherché était 108, les deux tiers, les trois quarts et les quatre neuvièmes seraient 201. D'où la proportion :

$$108 : 201 :: x : 100 = 53 \tfrac{147}{201}.$$

317. —*Partager* 100 *en deux parties de manière que la seconde soit de* 18 *plus grande que la première ?*

Solution. En retranchant 18 de 100 il reste 82, dont la moitié est 41. En ajoutant 18 à l'une des deux parties, on aura 41 et 59, qui remplissent les conditions de la question, puisque ensemble elles font 100.

— *Partager* 148 *en trois parties de manière que la troisième ait* 28 *de plus que la seconde ?*

Solution. 148 moins 28 = 120. Le tiers de 120 est 40. Les trois parties sont donc 40, 40 et 68.

318. — *Partager* 300 *en trois parties de manière que la seconde ait* 12 *de plus que la première, et la troisième* 18 *de plus que la seconde?*

Solution. La seconde partie se compose de la première plus 12. La troisième se compose de la première plus 12 plus 18. Si donc on avait la première partie, il serait facile de trouver les autres. Or, on trouvera la première en retranchant 12 + 12 + 18 ou 42 de 300, ce qui donne 258. Le tiers de 258 est 86. Puisque la première partie est 86, la seconde sera 86 + 12 ou 98. La troisième sera 86 + 12 + 18 ou 116. En effet, 86 + 98 + 116 = 300.

319. — *Partager* 600 *fr. entre trois personnes de manière que la seconde ait trois fois autant que la première et* 24 *fr. de plus, et que la troisième ait le double de la seconde et* 18 *fr. de plus; quelle est la part de chacune?*

Solution. La seconde partie est composée de trois fois la première plus 24. La troisième est composée de deux fois la seconde plus 18, ou de six fois la première plus deux fois 24 plus 18. On retranchera donc 24 de 600 pour la seconde partie, et deux fois 24 plus 18 ou 66 pour la troisième; en tout 90. Il faut partager les 510 fr. qui restent en parties proportionnelles à 1, 3 et 6. Les trois parts contiennent ensemble 10 parties. La dixième partie de 510 donne 51 pour la première part; 3 × 51 + 24 = 177 pour la seconde; 2 × 177 + 18 = 372 pour la troisième. En effet, 51 + 177 + 372 = 600.

320.—Les trois dernières questions sont ordinairement appelées règles de *double fausse position*, parce qu'on emploie quelquefois pour les résoudre un autre procédé qui nécessite la supposition de deux nombres étrangers à la question. Mais ce dernier moyen est plus compliqué que celui que nous avons indiqué.

—*Partager* 239 *en trois parties de manière que la seconde soit de* 12 *plus grande que la première, et que la troisième soit de* 20 *plus grande que les deux premières ensemble?*

Solution. Il suffit de connaître la première partie pour former les autres. Or, en supposant que cette première partie soit 1, la seconde sera $1 + 12$ ou 13. La troisième sera $1 + 12 + 20$ ou 33. Les trois parties ensemble feront donc $1 + 13 + 33$ ou 47. Mais puisque les trois parties réelles font 239, il y a une erreur de 192.

Supposons maintenant que la première part soit 3; la seconde sera $3 + 12$ ou 15, et la troisième sera $3 + 12 + 20$ ou 35. La somme des trois parts est $3 + 15 + 35$ ou 53. L'erreur est de 186 au lieu d'être de 192; elle a donc diminué de 6. Or, puisqu'en augmentant de 2 la première partie l'erreur a diminué de 6, de combien faut-il l'augmenter pour que cette erreur diminue de 192? D'où l'on a la proportion : l'augmentation de 2 est à l'augmentation totale x comme 6 est à 192.

$$2 : x :: 6 : 192 = 64.$$

Puisqu'il faut augmenter la première supposition de 64, on aura donc 65 pour la première partie, $65 + 12$ ou 77 pour la seconde, et $65 + 12 + 20$ ou 97 pour la troisième. $65 + 77 + 97 = 239$.

CHAPITRE XVI.

EXTRACTION DES RACINES.

§ I. Des Puissances (*).

321. — On a vu, chap. VII, page 90, ce que l'on entend par former le carré ou le cube d'un nombre.

On nomme *puissances* d'un nombre les divers produits d'un nombre multiplié par lui-même.

La 1re puissance est le nombre lui-même. *Exemple* 4.

La 2e puissance, ou carré, est le produit d'un nombre multiplié par lui-même. *Ex.* $4 \times 4 = 16$.

La 3e puissance ou cube, est le produit d'un nombre multiplié 2 fois par lui-même. *Ex.* $4 \times 4 \times 4 = 64$.

La 4e, la 5e, la 6e, etc., puissance sont les produits d'un nombre multiplié 3, 4, 5, etc., fois par lui-même. *Ex.*

4e puissance $4 \times 4 \times 4 \times 4 = 256$.
5e puissance $4 \times 4 \times 4 \times 4 \times 4 = 1024$.
6e puissance $4 \times 4 \times 4 \times 4 \times 4 \times 4 = 4096$.

D'où l'on dit : élever un nombre à la 2e, 3e, 4e, 5e, etc., puissance pour le multiplier 1, 2, 3, 4, etc., fois par lui-même.

On indique la puissance à laquelle un nombre doit être élevé par un petit chiffre placé à droite et un peu au dessus. Ainsi 10^3 signifie que 10 doit être élevé à la 3e puissance ou au cube.

§ II. Racine carrée.

322. — On est souvent obligé de revenir du carré à la racine ; c'est-à-dire que connaissant le carré total, on veut savoir sur quelle racine il a été formé ; c'est cette opération que l'on appelle *extraction de la racine carrée*.

Cette opération se déduit de la formation même du carré ; pour cela nous nous aiderons des observations suivantes :

(*) Voir, pour la formation des carrés et la mesure des surfaces rectangulaires, page 90.

Les carrés des nombres simples

1, 2, 3, 4, 5, 6, 7, 8, 9,
sont 1, 4, 9, 16, 25, 36, 49, 64, 81.

Le carré de 10 est 100 et celui de 99 est 9801.

Le carré de 100 est 10000 et celui de 999 est 998001.

De ces observations on déduit les suivantes :

1° Les carrés des nombres d'un seul chiffre en ont 2 au plus.

2° Le plus petit nombre exprimé par 2 chiffres, qui est 10, en a 3 à son carré.

3° Le plus grand nombre exprimé par 2 chiffres, qui est 99, en a 4 à son carré.

4° Le plus petit nombre de 3 chiffres, qui est 100, en a 5 à son carré.

5° Le plus grand nombre de 3 chiffres, qui est 999, en a 6 à son carré, etc.

De ces observations on conclut, 1° que tout carré composé de deux chiffres ne doit en avoir qu'un à sa racine; 2° que tout carré composé de 3 ou 4 chiffres doit en avoir 2 à sa racine; 3° que tout carré composé de 5 ou 6 chiffres doit en avoir 3 à sa racine, etc., etc.

On en conclut encore que le carré des unités est toujours exprimé par des unités ou par des dizaines; que le carré des dizaines est toujours exprimé par des centaines ou par des mille, etc.

On conclut encore que 1 est en nombre entier la racine carrée de tous les carrés depuis 1 à 3 inclusivement. La racine carrée de 2 est 1, plus une fraction; il en est de même à l'égard de 3 et de tous les nombres qui ne sont pas des carrés parfaits, et qui ont pour racine, en nombre entier, la racine du nombre carré qui les précède, plus une fraction. Ainsi la racine carrée de 20 est 4, plus une fraction; celle de 50 est 7, plus une fraction, etc. Les racines des nombres qui ne sont pas des carrés parfaits sont appelées *incommensurables* ou *irrationnelles*, parce que, comme nous le verrons tout-à-l'heure, on ne peut pas les évaluer exactement.

323. — Pour indiquer qu'on doit prendre la racine d'un nombre, on le fait précéder du signe $\sqrt{}$ surmonté d'un petit chiffre indiquant à quelle puissance est ce nombre. Ainsi $\sqrt[2]{2025} = 45$ signifie que la racine carrée de 2025 est 45; $\sqrt[3]{729} = 9$ signifie que la racine cubique de 729 est 9.

324. — Observons maintenant ce qui se passe dans la formation du carré, et nous en déduirons la formule au moyen de laquelle on en extrait la racine.

Soit à former le carré de 24.

```
   24          24
×  24       ×  24
   ---        ----
   96          16
  48           80
  ---          80
  576         400
              ----
              576
```

24 est composé de 20 + 4. En multipliant 24 par 24, remarquez que l'on obtient, 1° le carré des unités, 2° le produit des dizaines par les unités et le produit des unités par les dizaines, ou 2 fois le produit des dizaines par les unités, 3° le carré des dizaines.

```
 5.7 6  } 24 (racine.)
 -----  } --
 4 0 0  } 4
 1 7.6
   1 6
```

Pour revenir du carré à la racine, on extraira d'abord la racine des 5 centaines, qui est 2 dizaines ou 20. Le carré exact de 2 dizaines étant 4 centaines, il reste 176 qui doit contenir le carré des unités, plus 2 fois le produit des dizaines par les unités ou le produit du double des dizaines par les unités; or ce produit ne peut pas être contenu dans les unités du dividende. C'est pourquoi on sépare le dernier chiffre à droite 6; 17 doit donc contenir le produit du double des dizaines par les unités; 17 est donc un produit dont les facteurs sont le double des dizaines et les unités: donc en divisant 17 par le double des dizaines, qui est 4, on aura pour second facteur 4 qui sont les 4 unités de la racine. Il reste une dizaine qui, ajoutée aux 6 unités, font 16; 16 contient le carré des unités. Or la racine carrée de 16 est exactement 4; mais nous avons déjà trouvé les unités, cela nous prouve seulement que le nombre 576 est un carré parfait, puisqu'il n'y a point de reste. La preuve se fait naturellement en multipliant 24 par lui-même.

325. — Extraire la racine carrée de 3364.

```
33.6 4  } 58 (racine.)
 8 6.4  } --
   6 4  } 10
   0 0
```

Ce carré n'étant composé que de 4 chiffres, doit en avoir 2 à sa racine.

Le carré des dizaines étant des centaines ou des mille, il ne peut se trouver que dans les deux derniers chiffres à gauche.

Le carré des unités étant des unités ou des dizaines, il ne peut se trouver que dans les deux chiffres à droite; c'est pourquoi on les sépare des deux autres par un point.

La racine carrée de 33 est 5 pour 25 et il reste 8 que l'on place sous 33, et à côté duquel on descend les deux chiffres suivants, ce qui fait 864; mais ce reste contient le produit du double des dizaines par les unités, plus le carré des unités. Le produit du double des dizaines par les unités étant des dizaines ou des centaines, ne peut point être renfermé dans le dernier chiffre à droite, c'est pourquoi on le sépare des autres par un point. En divisant 86 par le double des dizaines qui est 10, on reçoit 8 qui est la racine carrée des unités. Il reste 6 qui, joint aux 4 unités, font 64. Ce reste 64 doit contenir le carré des unités; et en effet le carré de 8 est 64, et, puisqu'il ne reste rien, c'est une preuve que le nombre 3364 est un carré parfait.

326.—Soit à extraire la racine carrée de 60025.

1° Ce nombre composé de 5 chiffres doit en avoir 3 à la racine.

2° Le carré des unités devant être renfermé dans les deux premiers chiffres à droite, celui des dizaines dans les deux suivants, et celui des centaines dans les deux suivants, etc., il s'ensuit qu'on peut partager le nombre de deux en deux chiffres, en commençant par la droite; la dernière tranche à gauche peut n'en contenir qu'un seul, si le nombre des chiffres est impair.

3° Tout nombre peut être décomposé de la manière suivante : par exemple 634 = 63 dizaines et 4 unités, 38367 = 3836 dizaines et 7 unités.

4° Si dans un nombre, par exemple dans 38367, les 8 mille sont considérés comme 8 unités, les 3 dizaines de mille sont considérées comme 3 dizaines, etc.

```
6.0 0.2 5  } 245 (racine).
2 0.0      } ---
  2 4 2.5  } 44
  2 4 2.5    485
---------
  0 0 0 0
```

Après avoir partagé ce carré par tranches, comme il a été indiqué, on extrait la racine carrée du dernier chiffre à gauche, cette racine est 2. Cette racine 2 peut être considérée comme 2 dizaines, et l'on procèdera comme dans les opérations précédentes pour avoir le chiffre suivant, qui est censé exprimer des unités. Mais le véritable carré de 2 étant 4, il reste 2 à côté duquel on abaisse la tranche suivante, ce qui fait 200. Divisant 20 par 4, double des dizaines, on reçoit 4 pour quotient ou pour racine carrée des unités (*).

On pose ce 4 à la racine et à côté du double des dizaines, ce qui fait 44. Or ce nombre 44 renferme le double des dizaines, plus les unités, et le dividende 200 renferme le double des dizaines multiplié par les unités, plus le carré des unités; donc en multipliant 44 par 4, nombre des unités, on reçoit 176 qui renferme exactement le double des dizaines multipliées par les unités, et le carré des unités. On soustrait 176 de 200 et il reste 24, à côté duquel on abaisse la tranche suivante, ce qui donne 2425. Remarquez bien que nous n'avons pas divisé 200 par le double des dizaines, mais 20 seulement; parce que 200 étant censé exprimer un nombre d'unités, le double des dizaines de la racine multiplié par les unités ne peut se trouver que dans les 20 dizaines du dividende. Cette division donne les unités de la racine. Remarquez encore que le nombre 44, placé sous la racine, renferme le double des dizaines et les unités; c'est pourquoi, en le multipliant par 4, on reçoit 176, nombre qui renferme le carré des unités et le produit du double des dizaines par les unités. C'est encore pourquoi on soustrait ce nombre du dividende total 200.

Actuellement le dividende est 2425. Le nombre 24, placé à la racine, sera considéré comme 24 dizaines et le chiffre cherché comme des unités. On procèdera comme précédemment: 2425 renferme le produit du double des dizaines par les unités; ayant séparé le dernier chiffre à droite par un point, il reste 242 que l'on divise par 48, double des 24 dizaines (on place 48 sous 44). Le quotient 5 indique les unités de la racine: on le place donc à la racine et à côté de 48, ce qui donne 485. En multipliant 485 par 5, on reçoit 2425 qui renferme exactement le produit du double des dizaines par les unités et le carré des unités. En le soustrayant du dividende 2425, il ne reste rien, ce qui prouve que le carré total 60025 est un carré parfait.

327. — Tout carré, quelque grand qu'il soit, peut être considéré comme composé de dizaines et d'unités, ainsi que la ra-

---

(*) 4 est bien réellement contenu 5 fois dans 20; mais 5 est trop fort; nous indiquerons dans un instant comment on peut reconnaître qu'un chiffre de la racine est ou trop fort ou trop faible.

cine. Le premier chiffre à droite exprimant les unités et tous les autres des dizaines, il suit de là que, lorsque la racine a plus de 2 chiffres, on considère tous les chiffres trouvés comme exprimant des dizaines et le chiffre cherché comme exprimant des unités. On a alors pour diviseurs partiels le double des dizaines, c'est-à-dire le double des chiffres déjà trouvés à la racine ; d'où l'on conclut que tout carré, quelque grand qu'il soit, est toujours considéré comme composé de ces trois parties : 1° le carré des dizaines ; 2° le produit du double des dizaines par les unités ; 3° le carré des unités.

328. — Dans l'opération précédente, c'est-à-dire dans l'extraction de la racine de 60025, nous avons trouvé 4 pour le second chiffre de la racine au lieu de 5, que l'on semblait devoir mettre, puisque 4, double de la racine des dizaines, est contenu 5 fois dans 20. Mais ayant à soustraire de 200 le produit du double des dizaines par les unités, plus le carré des unités, il aurait fallu soustraire le produit de 45×5, ce qui ne se peut, puisque $45 \times 5 = 225$.

On conclut de là qu'un chiffre de la racine est trop fort lorsque le produit du double des dizaines par les unités et le carré des unités ne peuvent pas être soustraits du dividende partiel. Ce cas est semblable à celui de la division, lorsque le produit du diviseur par le chiffre du quotient que l'on vient de trouver ne peut pas être soustrait du dividende partiel.

On connaîtra de même qu'un chiffre de la racine est trop faible, lorsqu'après avoir soustrait du dividende partiel le produit du double des dizaines par les unités et le carré des unités, on trouve un reste trop fort, ce dont il est facile de s'assurer, parce que ce reste, s'il est trop fort, doit être au moins de 1 plus grand que le double de la partie de la racine déjà trouvée. La division présente un cas semblable.

329. — Un autre cas qui pourrait encore embarrasser, c'est lorsqu'après avoir abaissé les deux chiffres suivants à côté du reste et avoir séparé le dernier chiffre sur la droite, on ne peut pas diviser le dividende partiel par le double de la racine.

Il faut alors mettre un zéro à la racine et à côté du double de la racine, descendre la tranche suivante à côté de la précédente, et continuer l'opération comme il a été indiqué.

Opérations toutes faites.

```
7.1 7.1 6.8 4 ) 2678        25.80.6 4 )  508
3 1.7         } ----             80 6.4 } ----
2 7 6           46               80 6 4   1008
------          527           ---------
  4 1 1.6       5348             00 0 0
  3 6 8 9
  -------
    4 2 7 8.4
    4 2 7 8 4
  -----------
    0 0 0 0 0
```

```
82.62.8 1 )  909        61.3 4.0 2.2 4 )  7832
 1 62.8.1 } ----         12 3.4         } ----
 1 62 8 1   1809         11 8.4            148
---------               ---------          1563
 0 00 0 0                  5 0 0.2         15662
                           4 6 8 9
                          ---------
                            3 1 3 2.4
                            3 1 3 2 4
                          -----------
                            0 0 0 0 0
```

§ III. Racines irrationnelles ou incommensurables.

330. — On appelle ainsi les racines qui ne peuvent pas être prises exactement, c'est-à-dire celles des nombres qui ne sont pas des carrés parfaits; mais on en approche aussi près que l'on veut par le moyen des décimales. L'opération est analogue à celle de la division, qui présente un reste; plus on met de décimales, plus le quotient est exact. Si l'on en met une, on a le quotient à un dixième près; deux décimales donnent le quotient à un centième près; trois décimales le donnent à un millième près, etc. Or, supposons qu'on veuille avoir une racine incommensurable à un dixième près, c'est-à-dire avec un chiffre décimal, le chiffre qui exprime les dixièmes peut être regardé comme des unités, celui des unités comme des dizaines, celui des dizaines comme des centaines, etc. Puisqu'on partage le carré par tranches de deux chiffres, et que chaque tranche produit un chiffre à la racine, on ajoutera donc à droite du nombre dont on veut avoir la racine une nouvelle tranche composée de deux zéros. En un mot on ajoute à la droite de ce

nombre autant de fois 2 zéros qu'on veut avoir de décimales à la racine. L'opération ne diffère ensuite en aucune manière des précédentes. On a soin de séparer sur la droite de la racine autant de décimales qu'on a ajouté de tranches de deux zéros.

331.—Soit à extraire la racine carrée de 367812 à un millième près.

```
36.78.1 2.0 0.0 0.0 0.0 } 606,475
   78 1.2               } 120 6
   72 3 6                 121 24
    5 7 6 0.0             121 287
    4 8 4 9.6             121 2945
      9 1 0 4.0.0
      8 4 9 0 0 9
        6 1 3 9 1 0.0
        6 0 6 4 7 2 5
              7 4 3 7 5
```

Pour avoir la racine d'un nombre à un millième près, il faut ajouter 3 tranches ou 6 décimales. Après avoir trouvé que la racine de 367812 est en nombres entiers 606, et qu'il reste 576, on abaisse les deux zéros suivants, on sépare le dernier chiffre sur la droite, et l'on divise 5760 par 1212, double de la racine 606. On trouve pour quotient 4, que l'on pose à côté de 1212. On multiplie ensuite 12124 par 4, ce qui donne 48496, que l'on soustrait de 57600, et à côté du reste 9104 on abaisse la tranche suivante, etc. A la fin de l'opération le reste 74375 peut être négligé, à moins que l'on veuille avoir un plus grand nombre de décimales.

§ IV. Racine carrée des fractions.

332. — Puisque, pour former le carré d'une fraction, il faut prendre le carré du numérateur pour numérateur, et celui du dénominateur pour dénominateur, il est évident que pour retourner du carré à la racine il faut prendre la racine carrée des deux termes. La racine carrée de $\frac{9}{25}$, par exemple, est donc $\frac{3}{5}$. En effet, le carré du numérateur ayant 9 parties comme celui de l'unité en a 25, la racine du numérateur aura 3 parties comme l'unité en a 5.

Mais il peut arriver, ce qui même est le plus ordinaire, que l'un des deux termes ou tous les deux ne soient pas des nombres carrés, ce qui donne lieu à trois cas différents.

333. — *Premier cas.* Si le dénominateur seul est un nombre carré, comme dans $\frac{7}{25}$. Il faut alors extraire la racine du numérateur par approximation, et celle du dénominateur sera exactement 5. Il faut toujours que la racine du dénominateur soit exacte. La racine carrée de 7 est 2,64, et la racine de $\frac{7}{25}$, $=$ $\frac{2,64}{5}$ ou 2 cinquièmes $+$ 64 centièmes de cinquième. On peut faire disparaître le dénominateur 5 en divisant 2,64 par 5, ce qui donne 0,528; car en supprimant simplement le dénominateur, on obtiendrait 2 entiers 64 centièmes, nombre cinq fois trop fort, et auquel on rend sa véritable valeur en le divisant par 5.

334. — *Deuxième cas.* Si le numérateur seul est un nombre carré, comme dans $\frac{9}{10}$. Il faut dans ce cas changer l'expression de la fraction de manière à avoir un nombre carré pour dénominateur, ce qui, comme nous l'avons dit tout-à-l'heure, est indispensable. A cet effet on multiplie les deux termes de la fraction par son dénominateur, ce qui donne $\frac{90}{100}$; par ce moyen le dénominateur se trouve carré, et la fraction n'a pas changé de valeur. On procède alors pour l'extraction de sa racine comme dans le cas précédent; on trouve 0,948.

335. — *Trosième cas.* Si aucun des termes n'est un carré parfait, comme $\frac{3}{5}$. Par le moyen indiqué dans le deuxième cas, on change l'expression de la fraction de manière à avoir un nombre carré pour dénominateur, ce qui se fait en multiplant les deux termes par le dénominateur; on aura $\frac{15}{25}$, dont la racine carrée approximative est en décimales 0,1548.

§ V. Racine carrée des fractions décimales.

336. — Soit à extraire la racine carrée de 25,48. Puisque lorsqu'on veut extraire une racine carrée irrationnelle au moyen des décimales, il faut ajouter à droite du carré deux fois autant de zéros qu'on veut avoir de chiffres décimaux à la racine, de même lorsqu'il s'agit d'extraire la racine d'une quantité décimale, il faut ajouter des zéros à droite, de manière à avoir au carré deux fois autant de décimales qu'on veut en avoir à la racine, et que le nombre des décimales soit pair. L'opération est alors semblable à celle des nombres entiers.

Si l'on veut extraire la racine carrée du nombre ci-dessus à un millième près, c'est-à-dire si l'on veut avoir 3 décimales, il faut ajouter 4 zéros. On extraira la racine de 25480000, sur la droite de laquelle on séparera 3 décimales. Le résultat est 3,047.

Extraire la racine de 0,2 à un cent-millième près.

```
0,20.0 0.0 0.0.0.0 0 ) 0,44721
   4 0.0             }--------
   3 3 6                84
  -------               887
     6 4 0.0            8942
     6 2 0 9            89441
    ---------
       1 9 1 0.0
       1 7 8 8 4
      -----------
         1 2 1 6 0.0
```

Remarque. D'après ce qui a été expliqué n° 166, la racine carrée d'une fraction ordinaire ou décimale doit être exprimée par une fraction plus forte que celle qui exprime le carré.

§ VI. Racine cubique.

337.—Pour bien comprendre l'extraction de la racine cubique, il faut se pénétrer de la manière dont se compose le cube par la multiplication de ses facteurs.

En examinant la formation du cube d'après le nombre des chiffres de la racine, on verra que 1° tout nombre composé d'un seul chiffre en a 1 ou 3 à son cube.

1	2	3	4	5	6	7	8	9
1	8	27	64	125	216	343	512	729

2° Tout nombre composé de 2 chiffres en a 4 ou 6 à son cube. Le cube de 10 est 1000, celui de 999 est 970299.

3° Tout nombre composé de 3 chiffres en a 7 ou 9 à son cube. Le cube de 100 = 1000000, celui de 999 = 997002999.

4° Tout nombre composé de 4 chiffres en a 10 ou 12 à son cube. Le cube 1000 = 1000000000, celui de 9999 = 999700029999.

On conclut de là que, puisqu'un chiffre de plus à la racine augmente le cube de 3 chiffres, les unités de la racine ne peuvent se trouver que dans les trois premiers chiffres à droite du cube; les dizaines de la racine ne peuvent être que dans les trois suivants, ainsi de suite. C'est pourquoi avant d'extraire la racine d'un nombre on le partage par tranches de trois chiffres, en commençant par la droite.

338.—Soit à former le cube de 24.

```
    24
  × 24
  ----
    96
   48
  ----
   576
  × 24
  ----
  2304
 1152
 -----
 13824
```

En examinant la formation du cube 13824, on verra qu'il est composé du carré de 24 multiplié par 24; et le carré étant composé du carré des unités, du double des dizaines multipliées par les unités et du carré des dizaines, il suit que le cube est composé 1° du cube des unités; 2° de trois fois le carré des dizaines multiplié par les unités; 3° de trois fois les dizaines multipliées par le carré des unités; 4° du cube des dizaines.

339.—S'il s'agit maintenant d'extraire la racine cubique de 13824, on partagera d'abord ce nombre par tranches, comme on l'a indiqué plus haut.

```
 13.8 24  | 24 (racine.)
  8       |------
 -------  | 12
  5 8.24
  1 0 24
  1 0 24
 -------
  0 0 00
```

Le cube des dizaines ne peut se trouver renfermé que dans la tranche à gauche. On prendra donc la racine cubique de 13, qui est 2. On forme le cube de 2 et on le soustrait de 13, il reste 5; on abaisse à côté la tranche suivante, ce qui donne 5824. Ce reste doit contenir les trois autres parties du cube, c'est-à-dire trois fois le carré des dizaines multiplié par les unités; trois fois le produit des dizaines multipliées par le carré des unités et le cube des unités. Mais la seconde partie du cube, c'est-à-dire le triple du carré des dizaines multiplié par les unités, ne peut se trouver dans les deux derniers chiffres à droite ; car le carré des dizaines étant des centaines, le triple de ce carré doit être aussi des centaines, c'est pourquoi on sépare les deux derniers chiffres à droite par un point. On place sous la racine le triple du carré de 2, qui est 12. Or, puisque 58 est un produit dont 12 est un facteur, et les unités inconnues l'autre facteur, on trouvera ces unités en divisant 58 par 12. Le quotient est 4, que l'on place aux unités de la racine. Il reste 10 ; on abaisse à côté les deux chiffres que l'on avait séparés sur la droite du reste. Nous avons trouvé la racine ; mais ce dernier reste contient les deux dernières parties du cube. Or si on les retranche de ce reste, il ne doit rien rester si l'opération est exacte, parce que 13824 est un cube parfait.

Les deux autres parties du cube sont : trois fois les dizaines multipliées par le carré des unités et le cube des unités. On prendra donc le triple de 2 ou plutôt de 20, qui est 60, et on le multipliera par 16, carré des unités ; on reçoit 960. Le cube des unités est 64. $960 + 64 = 1024$. Donc la racine 24 est exacte.

340. — Lorsque la racine a plus de deux chiffres, on se conduit comme on l'a fait pour la racine carrée, c'est-à-dire que l'on considère la racine comme composée de dizaines et d'unités ; le chiffre cherché étant censé exprimer des unités, et tous les chiffres trouvés exprimant des dizaines (326).

```
 41.0 63.6 25 | 345
 27           |-----
 ----         | 27
 14 0.63      | 3468
 12 3 04
-----------
  1 7 59 6.25
  1 7 59 6 25
  -----------
  0 0 00 0 00
```

Le cube ayant 8 chiffres indique qu'il doit y en avoir 3 à la racine. On le partage par tranches de 3 chiffres. Puisqu'on se conduit comme si le nombre ne devait avoir que 2 chiffres, on fait pour le moment abstraction de la dernière tranche à droite.

La racine cubique de 41 est 3, que l'on pose à la racine. Le cube de 3 est 27, on le retranche de 41, il reste 14 ; on abaisse la tranche suivante, ce qui donne 14063, qui doit contenir les 3 autres parties du cube. On sépare par un point les deux chiffres de la droite, parce que le triple produit du carré des dizaines par les unités ne peut se trouver dans ces deux chiffres.

3 fois le carré des dizaines donne 27. 27 est contenu 4 fois dans 140 (il y est bien réellement contenu 5 fois; mais nous allons voir comment on peut s'assurer qu'un chiffre de la racine est trop fort ou trop faible). 4 $\times$ 27 = 108. 140 — 108 = 32. Le reste total est 3263, qui doit contenir les deux autres parties du cube. Mais pour éviter une double opération, il faut rechercher les deux autres parties du cube, les ajouter à 108 et retrancher le tout de 14063. 1° trois fois les dizaines ou 90 multipliées par le carré des unités ou 16. 16 $\times$ 90 = 1440. 2° le cube des 4 unités ou 64. Remarquez que 108 devant être soustrait de 140 centaines et non de 14063, exprime des centaines, et qu'il faut le considérer comme 10800. Or 10800 + 1440 + 64 = 12304, qui soustrait de 14063 donne 1759 pour reste. Si le nombre qui exprime les trois dernières parties du cube n'avait pu être soustrait de 14063, c'eût été une preuve que le chiffre placé à la racine était trop fort.

A côté du reste 1759 on abaisse la tranche suivante, ce qui donne 1759625, dont on sépare les deux derniers chiffres sur la droite. Maintenant, considérant la partie trouvée de la racine comme 34 dizaines, on divise 17596 centaines par le triple carré de 34, ce qui donnera les unités de la racine. Le triple carré de 34 est 3468 centaines que l'on place sous la racine; le quotient est 5. 5 fois 3468 font 17340 centaines ou 1734000; à ce produit on ajoute les deux autres parties du cube. 1° 3 $\times$ 34 dizaines = 102 dizaines ou 1020. 1020 $\times$ 25, carré des unités, = 25500. 2° le cube de 5 = 125. 1734000 + 25500 + 125 = 1759625. Cette somme retranchée de 1759625, il ne reste rien.

341. *Opérations toutes faites.*

```
182.2 84.2 63 } 567          344.4 72.1 01 } 701
125           } ---          343           } ---
---             75           ---             147
 57 2.84        9408           1 4.72 1.01   14700
 50 6 16                       1 4 72 1 01
 -------                       -----------
  6 6 68 2.63                  0 0 00 0 00
  6 6 68 2 63
  -----------
  0 0 00 0 00
```

§ VII. Racines cubiques incommensurables.

342. — Lorsque le nombre dont il faut prendre la racine n'est pas un cube parfait, on la tire approximativement au

moyen des décimales, comme on l'a fait pour la racine carrée. Si l'on ne veut avoir qu'un chiffre décimal à la racine, c'est-à-dire si l'on veut se borner aux dixièmes, on peut considérer les dixièmes comme des unités, les unités comme des dizaines, etc., et comme chaque tranche de 3 chiffres produit un chiffre à la racine, on ajoute une nouvelle tranche de 3 zéros à droite du nombre dont on veut extraire la racine; on ajoutera par la même raison autant de fois 3 zéros qu'on veut avoir de décimales, et l'opération ne diffère en rien des précédentes. On a soin de séparer sur la droite de la racine autant de chiffres décimaux qu'on a ajouté de tranches à la droite du cube. Le reste que présente l'opération peut être négligé.

Soit à extraire la racine cubique de 4 à 1 centième près, c'est-à-dire avec 2 décimales.

```
4.0 00.0 00  | 1,58
1            |-----
----         | 3
3 0.00         6 75
2 3 75
----------
  6 25 0.00
  5 69 3 12
  ----------
    55 6 88
```

En formant le cube de la racine 158, et en y ajoutant le reste 55688, on retrouve 4, ce qui prouve que l'opération est exacte.

§ VIII. Racine cubique des fractions décimales.

343. — Puisque pour tirer une racine cubique approximative il faut ajouter au nombre proposé autant de fois trois zéros qu'on veut avoir de décimales à la racine, lorsque le nombre proposé a déjà des décimales, il faut ajouter à sa droite autant de zéros que cela est nécessaire pour former autant de tranches de 3 chiffres à droite des unités qu'on veut avoir de décimales à la racine. Ainsi soit à tirer la racine de 10,34 à un centième près, on ajoutera quatre zéros, ce qui donne 10,340,000 avec 2 tranches de 3 chiffres pour les décimales.

Considérant ensuite 10340000 comme un nombre entier, on en extrait la racine comme on l'a indiqué, et l'on sépare deux décimales sur la droite de la racine.

§ IX. Racine cubique des fractions.

344. — Nous avons vu (168) que pour former le cube d'une

fraction il fallait cuber chaque terme. Il s'ensuit que pour extraire la racine cubique d'une fraction, il faut extraire celle de chaque terme. Cette opération présente aussi trois cas comme a racine carrée.

1° Lorsque les deux termes sont des cubes parfaits comme $\frac{8}{27}$; la racine est $\frac{2}{3}$.

2° Lorsque le numérateur seul n'est pas un cube parfait comme $\frac{10}{64}$.

On extrait alors la racine approximative du numérateur, et on lui donne pour dénominateur la racine de ce terme. On fait ensuite disparaître le dénominateur par le moyen indiqué n° 333.

3° Lorsqu'aucun des termes n'est un cube parfait comme $\frac{15}{24}$.

On multiplie les deux termes par le carré du dénominateur, ce qui ne change rien à la valeur de la fraction, et par ce moyen on a un cube parfait pour dénominateur. L'opération est analogue à celle qui précède.

CHAPITRE XVII.

PROGRESSIONS.

345.—Lorsque l'on dit que 2 est à 5 comme 5 est à 8, comme 8 est à 11, comme 11 est à 14, etc., on forme une suite de rapports égaux dont la raison arithmétique est 3, ou une proportion continue dont le nombre des termes peut aller à l'infini. Cette suite de rapports égaux s'appelle *progression*. Une progression est dite arithmétique ou géométrique suivant que les termes sont arithmétiques ou géométriques. Elle est dite aussi *croissante* ou *décroissante*, selon que les termes vont en augmentant ou en diminuant. Une progression décroissante prise à rebours devient une progression croissante. La progression précédente devrait s'écrire ainsi 2 . 5 : 5 . 8 : 8 . 11 : 11 . 14, etc., mais par abréviation on écrit ÷ 2 . 5 . 8 . 11 . 14, etc., ce qui signifie toujours 2 est à 5 comme 5 est à 8, comme 8 est à 11, comme 11 est à 14. Mais on évite, ainsi que dans la proportion continue, de répéter les termes moyens. D'après cela on voit que chacun des termes moyens est à la fois conséquent du terme précédent et antécédent du terme suivant.

346. — Si l'on a cette progression géométrique 2 est à 4 comme 4 est à 8, comme 8 est à 16, comme 16 est à 32, comme 32 est à 64, on devrait l'écrire ainsi 2 : 4 : : 4 : 8 : : 8 : 16 : : 16 : 32 : : 32 : : 64; mais par abréviation on écrit ∺ 2 : 4 : 8 : 16 : 32 : 64. Dans cette progression chaque terme moyen est aussi conséquent et antécédent.

347. — En examinant la série des membres d'une progression arithmétique, on verra que chaque terme se compose du terme précédent plus la raison. En effet, dans la progression arithmétique précédente on voit que 5 se compose du premier terme 2 et de la raison 3; 8 se compose du second terme 5 et de la raison 3, etc.

La série naturelle des nombres 1, 2, 3, 4, 5, etc., forme une progression arithmétique dont le premier terme est 1 et la raison 1.

La série des nombres décuples 10, 20, 30, 40, 50, etc., forme une progression arithmétique dont la raison est 10.

La série des nombres pairs 2, 4, 6, 8, 10, etc., ainsi que celle des nombres impairs 1, 3, 5, 7, 9, etc., forment encore deux progressions dont la raison est 2.

D'après le système de numération, les différentes valeurs qu'un chiffre acquiert suivant la colonne dans laquelle il est placé forment une progression géométrique dont la raison est 10; croissante en allant de droite à gauche, et décroissante dans le sens contraire.

348. — De ce que nous avons dit sur la formation des membres d'une progression arithmétique, on peut déduire la réponse à cette question :

N'y a-t-il pas un moyen de calculer le dernier terme d'une progression arithmétique sans employer les termes moyens? par exemple, on veut connaître de suite le huitième terme d'une progression dont le premier est 2 et la raison 4.

D'après la manière connue on aura :

Pour le 1er 2
Pour le 2e 2+4 ou 6
Pour le 3e 2+4+4 ou 10
Pour le 4e 2+4+4+4 ou 14
Pour le 5e 2+4+4+4+4 ou 18
Pour le 6e 2+4+4+4+4+4 ou 22
Pour le 7e 2+4+4+4+4+4+4 ou 26
Pour le 8e 2+4+4+4+4+4+4+4 ou 30.

On voit donc que ce huitième terme se compose du premier plus la raison répétée 7 fois, ou autant de fois qu'il y a de termes après le premier.

Si l'on avait à calculer le vingtième terme de cette même progression, on répèterait la raison 4 dix-neuf fois, parce qu'il y a dix-neuf termes après le premier, et l'on ajouterait ce produit au premier terme. $4 \times 19 = 76, + 2 = 78$. Le dernier terme est donc 78.

349. — *On désire savoir quel est le centième nombre pair?*

Solution. Ce centième terme se compose donc du premier plus 99 fois la raison. $99 \times 2 = 198, + 2 = 200$.

— *On désire savoir quel est le cinquantième terme de la série des nombres quintuples, c'est-à-dire de la progression formée par les nombres* 5, 10, 15, 20, 25, 30, *etc.?*

Solution. Ces nombres forment une progression dont le premier terme est 5 et la raison 5. $49 \times 5 = 245, + 5 = 250$.

350. — *On veut insérer entre* 5 *et* 53 *cinq moyens arithmétiques, c'est-à-dire cinq nombres moyens qui forment avec* 5 *et* 53 *une progression arithmétique?*

Solution. Puisqu'entre 5 et 53 il doit y avoir cinq nombres, 53 est le septième terme de la progression. Si l'on connaissait la *raison*, il serait facile de former les termes moyens; mais on peut trouver cette *raison* en observant que 53 est composé du premier terme plus la raison répétée six fois. Or si l'on retranche le premier terme de 53, il restera 48, qui est composé de la raison multipliée par 6. On trouvera donc la raison en divisant 48 par 6, ce qui donne 8.

La progression sera donc formée de cette manière :

5
$5+8$ ou 13
$5+8+8$ ou 21
$5+8+8+8$ ou 29
$5+8+8+8+8$ ou 37
$5+8+8+8+8+8$ ou 45
$5+8+8+8+8+8+8$ ou 53.

Ou bien ÷ 5 . 13 . 21 . 29 . 37 . 45 . 53.

351. — Dans la progression précédente la somme des deux extrêmes est $5 + 53 = 58$. La somme du second et du sixième est $13 + 45 = 58$. La somme du troisième et du cinquième est $21 + 37 = 58$. 29 qui reste seul est la moitié de 58.

De cette observation qui peut être répétée sur un plus grand nombre de progressions, on conclut 1° que dans une progression arithmétique la somme des deux extrêmes est toujours égale à la somme de deux moyens pris à égale distance des extrêmes ; 2° si le nombre des termes est impair, le terme du milieu est la moitié de la somme des extrêmes.

Démonstration du premier principe. Les deux premiers et les deux derniers termes peuvent former une proportion exacte, 5 . 13 : 45 . 53, dans laquelle il est évident que la somme des moyens est égale à la somme des extrêmes.

En prenant le premier et le dernier terme comme extrêmes, et le troisième et le cinquième comme moyens, on aura la proportion 5 . 21 : 37 . 53, dans laquelle il est évident que les rapports sont égaux, et que la somme des moyens est de même égale à la somme des extrêmes.

Donc, dans toute progression arithmétique, les deux extrêmes et deux moyens quelconques, pris à égale distance des extrêmes, pouvant former une proportion, les deux sommes doivent être égales.

Démonstration du second principe. Les deux extrêmes et le terme moyen forment ensemble une proportion continue ÷ 5 . 29 . 53. Nous avons vu que dans toute proportion arithmétique continue le terme moyen est la moitié de la somme des deux extrêmes (236).

352. — Soit à former une progression *géométrique* de 5 termes dont le premier est 2 et la raison 3.

On comprend facilement que pour avoir le second terme il faut multiplier le premier par la raison ; pour avoir le troisième il faut multiplier le second par la raison, etc. Pour la progression précédente on aura donc :

1er terme 2
2e terme $2 \times 3 = 6$
3e terme $2 \times 3 \times 3 = 18$
4e terme $2 \times 3 \times 3 \times 3 = 54$
5e terme $2 \times 3 \times 3 \times 3 \times 3 = 162$.

Ou ∺ 2 : 6 : 18 : 54 : 162.

D'après ce tableau il est évident que le troisième terme est composé du premier multiplié deux fois par la raison ; le quatrième est composé du premier multiplié trois fois par la raison, etc., ou, ce qui est la même chose, chaque terme est composé du premier multiplié par la raison autant de fois qu'il y a de termes après le premier ; ou encore : chaque terme est composé du premier multiplié par la raison élevée à la puissance marquée par le nombre des termes qui suivent celui-ci ; car dans la question précédente le cinquième terme 162 est composé du premier 2 multipié par la raison 3 élevée à sa quatrième puissance. La quatrième puissance de 3 est $3 \times 3 \times 3 \times 3 = 81$. $2 \times 81 = 162$.

353. — De cette observation on conclut qu'on peut trouver un terme quelconque d'une progression géométrique sans calculer ceux qui le précèdent, lorsqu'on connaît le premier terme et la raison.

— *Quel est le septième terme d'une progression géométrique dont le premier est 4 et la raison 2?*

Solution. Le septième terme est composé du premier multiplié par la raison élevée à sa sixième puissance. $2 \times 2 \times 2 \times 2 \times 2 \times 2 = 64$. $4 \times 64 = 256$.

— *Calculer le vingtième terme d'une progression géométrique dont le premier terme est 1 et la raison 2 ? R.* 524288.

— *Quel est le douzième terme d'une progression géométrique dont le premier terme est 4 et la raison 3? R.* 708368.

— *Quel est le centième terme d'une progression géométrique dont le premier terme est 1 et la raison 2?*

R. 1254849781650614758275503717247.

— *Une personne mettant à la loterie avait fait ce raisonnement : en suivant un numéro, c'est à dire en mettant à tous les tirages sur le même, il finira par sortir, et en doublant la mise à chaque tirage, il rapportera beaucoup lorsqu'il sortira.*

Cette personne met 1 centime au premier tirage, 2 centimes au second, 4 au troisième et ainsi de suite, en doublant jusqu'au quinzième tirage, ses fonds étant alors épuisés. Le numéro n'est sorti qu'au trentième tirage ; on demande quelle somme cette personne a perdue, et quelle est celle qu'il aurait fallu pour suivre ce numéro jusqu'à sa sortie?

Solution. Cette question est une progression géométrique dont le premier terme est 1 et la raison 2. Il faut en outre chercher la somme des quinze premiers et celle des 30 termes (354). La somme perdue est de 10484 fr. 25 c., et il aurait fallu 10737599 fr. 99 c. pour suivre jusqu'à la sortie.

On voit par là quel est le prodigieux effet des progressions, effet qui serait bien plus étonnant encore si, au lieu de la raison 2, on en avait une plus forte.

354. — L'observation a conduit au principe suivant pour trouver la somme des termes d'une progression géométrique sans les additionner. Multipliez le dernier terme par la raison, du

10 *

produit retranchez le premier terme, et divisez le reste par la raison diminuée de l'unité.

355. — *Insérer entre 7 et 189 deux moyens géométriques, c'est-à-dire deux nombres qui forment avec 7 et 189 une progression géométrique?*

Solution. Si l'on connaissait la *raison*, il serait facile de trouver les nombres cherchés; c'est cette raison qu'il importe d'abord de déterminer. La progression devant avoir quatre termes, 189 est composé de la troisième puissance de la raison multipliée par le premier terme. Donc si l'on divise 189 par 7, on trouve 27 pour la troisième puissance de la raison, et 3 pour la raison elle-même, en extrayant la racine cubique de 27. Le second terme sera 3×7 ou 21, et le troisième 3×21 ou 63; c'est-à-dire ∺ 7 : 21 : 63 : 189.

356. — *Insérer un moyen géométrique entre 8 et 128?*

La progression devant avoir trois termes est une proportion continue qui s'écrit ainsi par abréviation ∺ 8 : x : 128 ou 8 : x : : x : 128. On sait que dans toute proportion géométrique le produit des extrêmes est égal au produit des deux moyens. Ainsi $x \times x = 128 \times 8 = 1024$. D'après cela il est aisé de comprendre que la valeur de x est la racine carrée de 1024.

Donc pour trouver un moyen géométrique entre deux nombres il faut extraire la racine carrée du produit de ces deux nombres.

Si l'on avait à insérer un plus grand nombre de moyens proportionnels, il faudrait extraire la racine d'une puissance supérieure à celle du carré.

L'extraction des racines d'une puissance supérieure au cube se fait au moyen d'opérations qui sortent de l'arithmétique usuelle et ne sont pas du ressort de cet ouvrage.

357. — Les progressions ont encore quelques propriétés que nous allons examiner.

1° Soit la progression

$$∺ 2 : 4 : 8 : 16 : 32 : 64 : 128 : 256.$$

Remarquez qu'on recevra le même produit en multipliant les deux extrêmes 2 et 256 et les deux moyens 4 et 128. On recevra encore le même produit en multipliant les moyens 8 et 64, 16 et 32. Remarquez encore que les moyens que l'on multiplie sont toujours pris à égale distance des extrêmes. Cette observation est fondée sur ce que les deux extrêmes 2 et 256, et les deux moyens 4 et 128 forment une proportion 2 : 4 : : 128 : 256 dont la raison est 2, et dans laquelle il est évident que le produit des extrêmes est égal au produit des moyens. Les deux extrêmes et les deux moyens 8 et 64 forment encore une proportion 2 : 8 :: 64 : 256 dont la raison est 2 × 2 ou 4. Il en est de même des autres termes.

Cette observation a conduit à ce principe que, *dans toute progression géométrique, le produit des extrêmes est égal au produit de deux moyens, pris à égale distance des extrêmes.*

2° ÷ 3 : 9 : 27 : 81 : 243.

Dans cette progression le nombre des termes est impair, les deux extrêmes et le moyen qui est au centre de la progression forment une proportion continue ÷ 3 : 27 : 243, dans laquelle le terme moyen est la racine carrée du produit des extrêmes, suivant le principe établi (n° 356). Donc, *lorsque dans une progression géométrique le nombre des termes est impair, le terme du centre est la racine carrée du produit des extrêmes.*

Les progressions reçoivent peu d'applications dans l'arithmétique proprement dite ; mais il est important de les comprendre parfaitement pour entendre les parties plus élevées des mathématiques.

FIN DE LA PREMIÈRE PARTIE.

SECONDE PARTIE.

EXERCICES ET PROBLÈMES.

CHAPITRE Ier. — SYSTÈME DE NUMÉRATION.

Tableau des nombres par unités (*).

0 0 0	0 0 0	0 0 0	0
0 0 0	0 0 0	0 0 0	0
0 0 0	0 0 0	0 0 0	0
0 0 0	0 0 0	0 0 0	0
0 0 0	0 0 0	0 0 0	0
0 0 0	0 0 0	0 0 0	0
0 0 0	0 0 0	0 0 0	0
0 0 0	0 0 0	0 0 0	0
0 0 0	0 0 0	0 0 0	0
0 0 0	0 0 0	0 0 0	0

Remarque. Les questions ci-après ne sont que les types des exercices que l'on peut faire ; on les multipliera ou on les restreindra suivant ce que l'on jugera à propos d'après l'intelli-

(*) Ce tableau est destiné à donner l'intuition des nombres en les montrant matériellement composés d'autant d'unités, dizaines, etc., qu'ils en contiennent en réalité. Pour l'usage de l'enseignement et surtout des classes, on en a établi d'une plus grande dimension sur des feuilles détachées. En réunissant plusieurs feuilles on peut représenter de cette manière un nombre quelconque. A cet effet on disposera les feuilles sur un carton ou sur une toile, à l'instar d'une carte de géographie, en les groupant par rangées de 10 ; en mettant ainsi 10 rangées de 10 on aura sur chacune 10 centaines ou 1 mille, et les 10 rangées feront 10 mille. En appliquant à ce tableau les exercices que nous indiquons dans ce chapitre, on donnera de la valeur des nombres, et des diverses collections dont ils se composent, cette idée claire et intuitive qui manque à la plupart des élèves, et sans laquelle il est impossible de se rendre parfaitement compte des opérations de l'arithmétique.

Ces tableaux se trouvent chez l'éditeur.

gence de l'élève. Chaque question doit toujours être démontrée sur le tableau des unités.

1er EXERCICE. Montrer sur le tableau 1, 2, 3, 4, 5, etc., unités, dizaines, centaines, mille, etc.

2e EXERCICE. Combien font 1 dizaine et 1, 2, 3, 4, etc., unités?

Même question sur différents nombres de dizaines.
Dans 28 combien y a-t-il de dizaines et d'unités?
Même question sur d'autres nombres.
Combien font 1 centaine et 1, 2, 3, 4, etc., unités?
Id. 1 centaine et 1, 2, 3, 4, etc., dizaines?
Id. 1 centaine, 1 dizaine et 1, 2, 3, 4, etc., unités?

Même question sur différents nombres de centaines, dizaines et unités.

Même question sur différents nombres de mille.

3e EXERCICE. Montrer, sur le tableau, des nombres donnés au hasard, tels que 12, 15, 18, 22, 36, 45, 72, 139, 254, 3629, etc.

4e EXERCICE. Combien 1 centaine vaut-elle de dizaines?
Même question sur 2, 3, 4, etc., centaines.
Combien 1 mille vaut-il de centaines?
Même question sur 2, 3, 4, 5, etc., mille.
Combien 1 mille vaut-il de dizaines?
Même question sur 2, 3, 4, etc., mille.

5e EXERCICE. *Sur le tableau de la valeur des chiffres.*
(Voir ce tableau page 11, et la note qui y est relative.)
Quelles sont les différentes valeurs que peut avoir le chiffre 1?
Même question sur chacun des autres chiffres.

Montrer sur le tableau ci-dessus les chiffres qui valent 30, 40, 5, 400, 60, 8000, etc. Montrer en même temps la même valeur sur le tableau des unités, si cela se peut.

Dans quelle colonne peut-on mettre les nombres *un*, *deux*, *trois....... neuf?*

Même question sur les chiffres 1, 2, 3, 4, 5, 6, 7, 8, 9.

Quel est le plus petit et quel est le plus grand nombre que l'on peut mettre dans la colonne des unités?

Même question sur les autres colonnes.

6e EXERCICE. *Sur le tableau des tranches ou ternaires.*
(Voir ce tableau page 12, et la note qui y est relative.)

Lecture et écriture des nombres.

Lire des nombres écrits dans les colonnes du tableau.
Ecrire dans les colonnes du tableau des nombres dictés.

Montrer sur le tableau des unités les nombres écrits en chiffres.

Lire et écrire des nombres sans le secours des colonnes du tableau des tranches.

7e EXERCICE. *Analyse des nombres.*

Remarque. L'analyse des nombres est un des exercices les plus importants de la numération pour l'intelligence des opérations de l'arithmétique ; mais il est surtout essentiel que l'élève ne le fasse pas par routine ; c'est à ce résultat que doivent conduire les exercices préliminaires précédents.

Dans 256 combien y a-t-il de centaines, dizaines et unités dans tout le nombre? — *Rep.* 2 cent. ; 25 dizaines ; 256 unités.

Solution pour les dizaines. 1 centaine vaut 10 dizaines ; 2 centaines font 2 fois 10 dizaines ou 20 dizaines ; plus 5 dizaines cela fait 25 dizaines.

— *Dans 3544 combien y a-t-il de mille, centaines, dizaines et unités dans tout le nombre?* — *Rép.* 3 mille ; 35 centaines ; 354 dizaines ; 3544 unités.

Solution pour les dizaines. 1 mille vaut 100 dizaines ; 3 mille font 3 fois 100 dizaines ou 300 dizaines ; 1 cent. vaut 10 dizaines ; 5 cent. font 5 fois 10 dizaines ou 50 dizaines ; plus 4 dizaines cela fait 354 dizaines.

Mêmes questions sur d'autres nombres.

Questions théoriques sur la numération (*).

1° Qu'est-ce qu'une *unité?* (1). — 2° Qu'appelle-t-on quantité? (1).

3° Qu'est-ce qu'un nombre? (2). — 4° Quel est le plus petit et quel est le plus grand nombre qui existent? (3). — 5° Qu'est-ce que l'*arithmétique?* (4). — 6° Quelle est l'origine du mot *calcul?* (4).

7° Qu'est-ce qu'un nombre concret? (5) — 8° Qu'est-ce qu'un nombre abstrait? (5)

9° Qu'est-ce que la *numération?* (8) — 10° Serait-il possible d'avoir un nom particulier pour chaque nombre? (8) — 11° Qu'appelle-t-on *dizaine*, *centaine*, *mille*, etc.? (9) — 12° Qu'appelle-t-on *progression décuple?* (11) — 13° Comment

(*) Nous ne donnerons point les réponses à ces questions, parce qu'il est très-utile que l'élève s'habitue à les extraire lui-même du texte de l'ouvrage ; les résumés théoriques lui en fourniront d'ailleurs les éléments. Chaque question est en outre suivie du numéro indiquant l'article qui traite la matière de la demande.

a-t-on pu exprimer tous les nombres avec une petite quantité de mots et sans avoir un nom particulier pour chacun? (12)

14° Quel est le premier moyen employé pour écrire les nombres? (13) — 15° Pourrait-on avoir un signe particulier pour chaque nombre? (13) — 16° Qu'est-ce qu'un chiffre? (14-22) — 17° De combien de chiffres se sert-on pour représenter tous les nombres? (14) — 18° A qui est attribuée l'invention des chiffres? (14) — 19° Comment a-t-on pu représenter tous les nombres avec neuf chiffres? (16) — 20° Dans quelle progression a lieu l'augmentation de la valeur des chiffres? (16) — 21° Quel est l'usage du zéro? (16-20) — 22° Qu'appelle-t-on *système décimal?* (16) — 23° Qu'appellerait-on *système duodécimal?* (16) — 24° Quelles sont les différentes valeurs que peut avoir chaque chiffre? (16-17) — 25° Quel rang occupe la colonne des centaines? — Même question sur les autres colonnes (16) — 26° Quel est le plus petit et quel est le plus grand nombre que l'on peut mettre dans chaque colonne? (16) — 27° Dans 6728 combien y a-t-il de mille, de centaines, de dizaines et d'unités dans tout le nombre? (16-17)

28° Quel est le moyen de lire facilement un nombre? (19) — 29° Quel est le nom de chaque tranche? (18) — 30° Pourquoi faut-il commencer à partager un nombre en tranches en commençant par la droite? (19) — 31° Comment lit-on un nombre partagé en tranches? (19) — 32° Quel changement s'opère-t-il dans un nombre quand on ajoute à la droite de ce nombre 1, 2, 3, etc., zéros? Pourquoi? (21) — 33° Même question quand on retranche 1, 2, 3, etc., zéros? (21) — 34° Même question quand on ajoute des zéros à la gauche d'un nombre? Pourquoi? (21)

35° Quelle différence y a-t-il entre un chiffre et un nombre? (22) — 36° Qu'entend-on par la valeur absolue et la valeur relative d'un chiffre? (22)

CHAP. III. — ADDITION DES NOMBRES ENTIERS (*).

Exercices (**).

Sur le § II. *Additions simples sans retenues* (*).

28. (*)

1)	2)	3)	4)	5)
4	25	51	21	20
2	12	12	2	21
1	40	15	12	4
2	11	20	3	33

6)	7)	8)	9)	10)
560	3	600	421	201
121	20	101	203	402
108	231	23	110	120
10	302	44	204	21

11)	12)	13)	14)	15)
412	211	101	501	103
20	21	202	41	210
320	2	23	22	420
214	300	610	212	132
21	200	20	120	21
2	60	31	3	2

Sur le § III. *Additions avec retenues.*

29.

1)	2)	3)	4)	5)
18	26	44	68	68
23	39	16	44	88

(*) Les chapitres, paragraphes et numéros de cette seconde partie correspondent à ceux de la première partie ; de sorte qu'on trouvera dans les chapitres, paragraphes et numéros correspondants, les démonstrations nécessaires pour la solution des exercices. On a omis, dans cette seconde partie, les chapitres, paragraphes et numéros sur lesquels il n'y a pas d'exercices spéciaux, ce qui explique les lacunes que l'on peut trouver dans la suite de ces indications.

(**) Ces premiers exercices sur l'addition seront multipliés autant que cela sera nécessaire pour faire acquérir à l'élève une grande habitude pratique de cette opération. On aura soin d'en faire faire beaucoup à l'aide de nombres écrits dans des colonnes tracées comme celles du tableau des tranches indiqué au n° 18, p. 12 ; c'est le seul moyen de l'habituer à se rendre compte de la valeur des chiffres et des retenues.

6)	7)	8)	9)	10)
471	563	344	79	740
268	246	701	621	862
19	34	96	880	671

11)	12)	13)	14)	15)
2623	3678	29	6789	5440
5824	238	664	432	268
7287	921	7845	8200	79

16)	17)	18)	19)	20)
6781	8423	3670	6712	8423
245	572	299	3782	567
371	9245	81	4029	4500
8940	6200	7	561	89
56	81	459	72	9

Problèmes sur l'addition.

1) Un individu doit à son tailleur 225 fr.; à son bottier 61 fr.; à son chapelier 34 fr.; à son épicier 171 fr.; à son boucher 99 fr.; à son boulanger 31 fr.; à son propriétaire 744 fr. Combien doit-il en tout?

2) Il s'est vendu dans une foire 184 bœufs, 204 vaches, 75 chevaux, 870 moutons, 356 porcs. Combien s'est-il vendu d'animaux?

3) Une personne devait une certaine somme; elle rembourse une fois 634 fr., une autre fois 218 fr.; elle redoit encore 118 fr. Combien devait-elle en tout?

4) On a acheté un cheval 1560 fr.; en le revendant on a gagné 229 fr. Combien l'a-t-on revendu?

5) La population de Bordeaux est de 99512 habitants; Lyon a 44465 hab. de plus que Bordeaux. Quelle est la population de Lyon?

6) L'Europe a 222,700,000 habitants; l'Asie 390 millions; l'Afrique 60,000,000; l'Amérique 39,000,000; l'Océanie 20,300,000. Quelle est la population de toute la terre?

7) La population du département de la Seine-Inférieure est répartie de la manière suivante en 5 arrondissements, savoir : celui de Rouen 238805 hab.; ce-

lui de Dieppe 112427 hab. ; celui du Hâvre 142292 h. ; celui d'Yvetot 142680 hab. et celui de Neufchâtel 84321 hab. Quelle est la population du département ?

8) Il est né en France en 1836 979820 individus ; en 1837 943349 ; en 1838 961476 ; en 1839 957740 ; en 1840 952318 ; en 1841 976929. Combien est-il né de personnes pendant ces 6 années ?

9) Il est mort en France en 1836, 390380 individus du sexe masculin et 381320 du sexe féminin ; en 1837, 440007 mas. et 438694 fém. ; en 1838, 426899 m. et 419300 fém. ; en 1839, 391765 mas. et 388835 fém. ; en 1840, 410853 mas. et 405633 fém. ; en 1841, 409128 mas. et 395634 fém. Combien dans ces six années est-il mort d'hommes ? combien de femmes, et combien d'individus en tout ?

10) Il est mort à Paris pendant l'année 1840, savoir : à domicile 7995 hommes et 9223 femmes ; dans les hôpitaux civils 4576 h. et 4772 f. ; dans les hôpitaux militaires 1262 h. et 7 f. ; dans les prisons 125 h. et 61 f. ; déposés à la Morgue 220 h. et 61 f. Quelle a été la mortalité de Paris pendant cette année ?

11) Un homme a laissé à sa mort 10845 fr. à son frère ; 3740 fr. à chacun de ses 3 neveux ; 2800 fr. à chacune de ses 2 nièces ; 12000 fr. aux hôpitaux, et 24500 fr. à sa femme. Combien a-t-il laissé en tout ?

12) Le déluge est arrivé 3308 ans avant J.-C. Combien y a-t-il d'années ?

13) Romulus a fondé Rome 753 ans avant J.-C. Combien y a-t-il d'années ?

14) Combien d'années se sont écoulées depuis la prise de la ville de Troie qui eut lieu 1280 ans avant J.-C. ?

15) Selon Bossuet le monde fut créé 4004 ans, et selon d'autres chronologistes 4963 ans avant J.-C. Depuis combien d'années le monde est-il créé selon chacune de ces chronologies ?

16) Un homme est né en 1744 ; en quelle année a-t-il eu 36 ans ?

17) Un individu est né en 1806; il est mort à 29 ans; en quelle année?

18) Louis XIV est monté sur le trône en 1643, et régna 72 ans; en quelle année est-il mort?

19) La comète de 1811 fait sa révolution en trois mille-trois cents ans; en quelle année reparaîtra-t-elle?

20) La bataille de Marathon fut livrée 490 ans av. J.-C.; combien y a-t-il d'années?

21) Le partage de l'empire romain en empire d'Orient et en empire d'Occident eut lieu en 395 après J.-C.; combien d'années après la fondation de Rome qui eut lieu 753 ans av. J.-C.?

22) L'Empire d'Occident fut détruit par Odoacre en 476 après J.-C.; combien d'années après la fondation de Rome?

23) 3 ouvriers travaillent à un fossé; le premier fait 24 mètres d'ouvrage; le deuxième 15 mètres de plus que le premier; le troisième autant que les deux premiers ensemble; il reste encore 35 mètres pour finir le fossé. On demande :

1° Quelle est la longueur totale du fossé?

2° Combien les 3 ouvriers ont fait d'ouvrage ensemble?

3° Combien chaque ouvrier a fait d'ouvrage?

24) Une certaine somme a été partagée entre 3 personnes ainsi qu'il suit : la première a reçu 60 francs; la deuxième 28 francs de plus que la première; la troisième 30 francs de plus que la deuxième. Quelle somme chaque personne a-t-elle reçue, et quelle était la somme totale à partager?

25)		26)		27)		28)	
	2.30		6.39		58..		324.
	.529		242.		3929		..32
	362.		12.8		.58.		56.4
	11580		.371		8.15		1.35
			17058		20824		16886

Dans les quatre additions ci-dessus certains chiffres ayant

été effacés ont été remplacés par des points ; connaissant le total il s'agit de retrouver ces chiffres.

Questions théoriques sur l'addition.

1° Qu'est-ce que l'addition ? (25) — 2° Comment appelle-t-on le résultat de l'addition? (25) — 3° Peut-on additionner des quantités d'espèces différentes? (26)—4° De quelle espèce sont les unités du total? (26) — 5° Quel est le signe algébrique de l'addition et que signifie-t-il? (27) — 6° Quel est le signe de l'égalité et que signifie-t-il ? (27) — 7° Comment dispose-t-on les nombres pour l'addition ? (28)—8° Comment additionne-t-on? (28) — 9° Que fait-on lorsque la somme des chiffres d'une colonne dépasse 9? (29) — 10° Peut-on commencer l'addition par la gauche? (30) — 11° Peut-on faire une addition sans que les nombres soient disposés en colonnes? (30)

CHAP. IV. — SOUSTRACTION DES NOMBRES ENTIERS.

Exercices.

Sur le § II. *Soustractions simples sans emprunts.*

35.

1)	2)	3)	4)	5)
46 33	84 61	57 5	99 8	56 20

6)	7)	8)	9)	10)
346 212	724 324	800 500	374 24	912 900

11)	12)	13)	14)	15)
4529 500	7881 2820	6409 204	3021 1010	9270 2060

Sur les § III *et* IV. *Soustractions avec emprunts ou par compensation.*

36.

1)	2)	3)	4)	5)
31 6	24 8	45 9	68 19	40 24

6)	7)	8)	9)	10)
345 163	506 224	225 135	700 230	931 740

11)	224 131	12)	518 151	13)	484 392	14)	707 321	15)	806 435
16)	477 198	17)	310 71	18)	367 88	19)	244 56	20)	135 46
21)	3542 166	22)	2344 1661	23)	4231 667	24)	8120 4350	25)	9131 4612
26)	8140 5671	27)	71230 8122	28)	35420 676	29)	33012 1004	30)	4740 1845

38.

1)	300 195	2)	400 229	3)	600 344	4)	900 212	5)	700 68
6)	6000 1844	7)	9000 5459	8)	8000 3727	9)	5000 84	10)	5000 4999
11)	24700 15831	12)	50000 9788	13)	10000 9999	14)	20004 6750	15)	8001 2746

(Pour la soustraction par compensation, voir les nos 40 et 41.)

Problèmes sur la soustraction.

1) Une personne devait à une autre 600 fr.; elle paie à compte 223 fr.; combien doit-elle encore?

2) Les recettes d'un marchand ont été de 8744 fr. dans un an; ses dépenses se sont montées à 9000 fr.; quel est son déficit?

3) Une personne hérite de 20000 fr. à charge par elle de payer sur la succession 19945 fr. de dettes du défunt; combien lui reste-t-il?

4) Des marchandises coûtent 2617 fr.; on les revend 3000 fr.; combien gagne-t-on?

5) Des marchandises sont vendues 2540 fr. sur lesquelles on gagne 650 fr.; combien coûtaient-elles?

6) Une personne doit 3740 fr.; n'ayant pas assez

pour payer cette somme elle emprunte 2568 fr.; combien a-t-elle?

7) De Paris à Marseille il y a 833 kilomètres; de Lyon à Marseille il y a 367 kilomètres; quelle est la distance de Paris à Lyon?

8) Le Chimboraço en Amérique, que l'on a cru long-temps être la plus haute montagne du globe, a 6530 mètres d'élévation. On a reconnu depuis que le Dawalaghiri dans le Thibet, en Asie, en a 7821. De combien cette dernière montagne est-elle plus élevée que le Chimboraço?

9) Il y a eu à Paris en 1842 31304 naissances et 28676 décès; quel a été l'accroissement de la population pendant cette année?

10) Il y a eu dans toute la France en 1841 976929 naissances et 804762 décès; quel a été l'accroissement de la population pendant cette année?

11) Même question pour l'année 1840; naissances 952318; décès 816486?

12) Même question pour l'année 1839: naissances 957740; décès 780600?

13) La population de la France était en 1820 de 30451187 habitants, et en 1840 de 34058111 habitants. Quel a été l'accroissement de la population pendant ces 20 années?

14) La population de Paris est de 909126 habitants; celle de Londres est de 1300000 hab. Quelle est la différence entre la population de ces deux villes?

15) Même question entre Lyon 143977 hab., et Bordeaux 99512 hab.?

16) Même question entre Strasbourg 61150 hab., et Rouen 90580 hab.?

17) Il est né à Paris en 1842 15816 garçons et 15488 filles; quelle est la différence entre les naissances des garçons et celles des filles?

18) Il est mort à Paris en 1842 14495 garçons et 14181 filles; quelle est la différence entre les décès des garçons et ceux des filles?

19) Une personne est née en 1740; elle est morte en 1820 ; à quel âge est-elle morte ?

20) L'Amérique fut découverte en 1492 ; combien y a-t-il d'années?

21) L'Imprimerie fut inventée en 1440 ; combien y a-t-il d'années?

22) Si une personne vivait encore 27 ans elle aurait 100 ans ; quel âge a-t-elle?

23) Napoléon est mort en 1821 à l'âge de 52 ans ; en quelle année est-il né ?

24) Bossuet fixe la naissance de J.-C. à l'an du monde 4004, et d'autres chronologistes à l'an 4963. Quelle différence y a-t-il entre ces deux chronologies?

25) Henri IV est né en 1553; il est monté sur le trône en 1589, et il est mort en 1610. Quel âge avait-il à son avènement au trône; à quel âge est-il mort; depuis combien d'années est-il mort?

26) Mêmes questions sur Louis XIII ; né en 1601 ; avèn. en 1610; mort en 1643?

27) Mêmes questions sur Louis XIV ; né en 1638 ; avèn. en 1643; mort en 1715?

28) Mêmes questions sur Louis XV ; né en 1710 ; avèn. en 1715 ; mort en 1774?

29) Mêmes questions sur Louis XVI ; né en 1754 ; avèn. en 1774 ; mort en 1793?

Sur le § VIII. Combinaison de l'addition et de la soustraction.

Expressions arithmétiques à calculer. (Nos 47-48-49.)

47. 1) $24+36-21+12-17-4+65=x$

2) $59+17-19+45+18+19-17+29=x$

3) $6-12-22+44+18-61+19-54=x$

4) $29-36+18-27+84+36-15-18+50=x$

5) $54+33+8-36-12-8+21+14-33=x$

6) $12-27-69+61+27-8-14+36+69=x$

7) $67-39-18-51+43+27+18-20+51=x$

8) $15+7+23+45-19-21-7+9-45=x$

Problèmes.

9) Une personne fait un commerce depuis 6 ans; la première année elle a perdu 254 fr.; la deuxième elle a gagné 568 fr.; la troisième elle a gagné 2784 fr.; la quatrième elle a perdu 3700 fr.; la cinquième elle a gagné 3275 fr. et la sixième elle a perdu 5000 fr. Combien a-t-elle en définitive gagné ou perdu?

10) Je dois à quelqu'un 5000 fr. en principal, plus 258 fr. pour intérêts. Je lui ai remboursé par à comptes 570 fr., 1500 fr. et 2829 fr. Combien lui dois-je encore?

11) J'ai trois créanciers; je dois à l'un 2500 fr., au second 840 fr. et au troisième 754 fr. D'un autre côté j'ai deux débiteurs dont l'un me doit 1800 fr. et l'autre 2544 fr. J'ai de plus en caisse 3768 fr. Mes fonds rentrés et mes dettes payées, que me reste-t-il?

12) Une personne devait une certaine somme. Elle a payé à compte 284 fr., 570 fr., 210 fr. et 345 fr. Pour solde final elle a donné un billet de 1000 fr. sur lequel on lui a rendu 454 fr. Quelle somme devait-elle?

13) Quelqu'un doit à un marchand 5824 fr.; il prend encore chez lui pour 3588 fr. de marchandises et il lui donne en paiement 6500 fr. Combien lui doit-il encore?

14) Un détachement de 120 hommes a perdu dans une escarmouche la moitié de ses soldats, dont 40 furent tués et 20 faits prisonniers. Les ennemis ont perdu 25 hommes tués et 30 prisonniers; ils sont maintenant 100 hommes en comptant les prisonniers qu'ils ont faits. Combien étaient-ils au commencement du combat?

15) Une personne emprunte en différentes fois les sommes suivantes: 356 fr., 699 fr. et 1000 fr. Elle rembourse en différentes fois 200 fr., 255 fr. et 384 fr. Elle emprunte de nouveau 1620 fr. Combien doit-elle encore?

16) Un voyageur doit faire un voyage de 285 lieues. Le premier jour il a fait 24 lieues; le deuxième 26; le

troisième 31 ; le quatrième 29 ; le cinquième 33 ; il apprend alors qu'il doit aller à 64 lieues plus loin. Combien de lieues a-t-il faites, et combien lui en reste-t-il encore à faire ?

17) La population de la France était en 1836 de 33540910 hab.

En 1837 il y a eu	943,349 naissances et	878,701 décès;
1838 —	961,476 —	846,199 —
1839 —	957,740 —	780,600 —
1840 —	952,318 —	816,486 —
1841 —	976,929 —	804,762 —

Quelle a été la population totale en 1841, et quelle a été l'augmentation sur celle de 1836 ?

Questions théoriques sur la soustraction.

1° Qu'est-ce que la soustraction ? (32) — 2° Comment appelle-t-on le nombre qui reste quand on a fait une soustraction ? (32) — 3° Peut-on soustraire des quantités d'espèces différentes ? (33) — 4° De quelle espèce sont les unités du reste d'une soustraction ? (33) — 5° Quel est le signe algébrique de la soustraction, et que signifie-t-il ? (34) — 6° Comment dispose-t-on les nombres pour la soustraction ? (35) — 7° Comment soustrait-on ? (35) — 8° Combien y a-t-il de manières de faire la soustraction quand un chiffre du nombre inférieur est plus fort que le chiffre correspondant du nombre supérieur ? (36-40) — 9° Sur quel principe est fondée la soustraction par compensation ? (40) — 10° Peut-on commencer une soustraction par la gauche, et pourquoi commence-t-on ordinairement par la droite ? (37)

11° Qu'appelle-t-on preuve d'une opération ? (42) — 12° Comment fait-on la preuve de la soustraction ? (43) — 13° Sur quel principe est fondée la preuve de l'addition ? (44) — 14° De combien de manières peut-on faire la preuve de l'addition ? (44-45-46-46 *bis*).

CHAP. V. — MULTIPLICATION DES NOMBRES ENTIERS.

Exercices.

Sur le § IV. *Multiplications par un seul chiffre.*

59.

1)	22×2	2)	33×2	3)	431×2
4)	231×3	5)	112×4	6)	103×3

60.

1) 346×2	2) 632×3	3) 951×3
4) 4563×4	5) 3670×5	6) 6706×6
7) 7085×7	8) 6400×8	9) 8104×9

Sur le § VI. *Multiplications par plusieurs chiffres.*

62.

1) 781×22	2) 456×34	3) 512×55
4) 678×35	5) 3084×62	6) 5620×84
7) 3041×333	8) 542×264	9) 7812×469
10) 8504×644	11) 254×781	12) 4502×629
13) 5836×438	14) 6570×374	15) 8009×269
16) 5704×361	17) 3784×2741	18) 6080×161
19) 8700×672	20) 25902×3544	21) 67204×5611
22) 3672×561	23) 81204×7877	24) 90245×552
25) 2813×6721	26) 4927×3366	27) 5604×3729

Sur le § VII. *Différents moyens d'abréger la multiplication.*

63.

1) 12×3625	2) 44×7256	3) 345×56213

64.

1) 3544×202	2) 8727×609	3) 5672×3004
4) 6721×805	5) 3124×5008	6) 8474×8009

65.

1) 567×10	2) 6542×100	3) 3671×1000

66.

1) 367×20	2) 456×60	3) 2578×50
4) 8234×70	5) 5422×300	6) 8245×620
7) 356×29000	8) 2578×78400	9) 82345×70

67.

1) 60×30	2) 620×50	3) 8600×300
4) 700×2900	5) 8600×5060	6) 90×60000
7) 8050×3060	8) 5670×8000	9) 3600×7000

Problèmes sur la multiplication.

Problèmes à une seule multiplication.

1) Combien y a-t-il d'heures dans un an?

2) 2525 fr. font combien de centimes?

3) La terre a 360 degrés de circonférence et chaque degré est de 25 lieues; combien la terre a-t-elle de lieues de circonférence?

4) Combien y a-t-il de jours dans 1000 ans?

5) Une feuille d'impression in-12 a 24 pages; combien un livre composé de 19 feuilles a-t-il de pages?

6) Une rame de papier contient 20 mains; combien y a-t-il de mains dans 572 rames?

7) Une personne dépense 25 fr. par jour; combien cela fait-il par an?

8) Une personne met toutes les semaines 15 fr. à la caisse d'épargne; combien cela lui fait-il dans un an? (1 an a 52 semaines.)

9) Combien y a-t-il de minutes dans un jour de 24 heures?

10) Si une pièce de vin contient 213 litres, combien y aura-t-il de litres dans 136 pièces semblables?

11) Si une pièce d'étoffe contient 56 mètres, combien en contiendront 264 pièces?

12) Combien coûteront 375 mètres d'étoffe à 25 fr. le mètre?

13) Combien peut-il tenir de personnes dans une salle qui contient 25 rangs de banquettes, si sur chaque rang on peut placer 30 personnes?

14) Combien une personne âgée de 84 ans a-t-elle vécu de jours?

15) Combien s'est-il écoulé de jours depuis la naissance de J.-C. jusqu'au 31 décembre 1844? (sans tenir compte des années bissextiles.)

16) Combien 236 mètres font-ils de millimètres?

17) Si un ouvrier fait 12 mètres d'ouvrage par jour, combien fera-t-il en 1 an en travaillant tous les jours?

18) On a vendu 3600 exemplaires d'un ouvrage à 12 fr. l'exemplaire ; combien cela fait-il?

19) Combien y a-t-il de plumes dans 234 paquets, chaque paquet contenant 25 plumes?

20) Combien y a-t-il de plumes métalliques dans 200 boîtes contenant chacune une grosse ou 144 plumes?

Problèmes à plusieurs multiplications.

21) Un ouvrier gagne 7 fr. par jour ; combien aura-t-il gagné en 7 ans, en ne supposant aucune interruption?

22) Combien coûteront 240 pièces d'étoffe contenant chacune 44 mètres, à 17 fr. le mètre?

23) Combien 30 ouvriers feront-ils de mètres d'ouvrage en un an, si chaque ouvrier en fait 18 mètres par jour?

24) Combien y a-t-il de minutes dans un an?

25) Combien y a-t-il de secondes dans un an?

26) Combien y a-t-il de secondes dans 1844 ans?

27) Combien une personne âgée de 33 ans a-t-elle vécu de minutes?

28) Combien y a-t-il de feuilles de papier dans 500 rames? (1 rame a 20 mains et 1 main 25 feuilles.)

29) Combien y a-t-il de secondes dans la circonférence d'un cercle? (1 cercle a 360 degrés, 1 degré 60 minutes et 1 minute 60 secondes.)

30) Combien 1 volume de 30 feuilles in-8° contient-il de lettres, si chaque page contient 45 lignes et chaque ligne 58 lettres? (la feuille in-8° a 16 pages.)

31) Dans un incendie on a formé une chaîne de 300 personnes; on passe à chacune 4 seaux d'eau par minute ; combien a-t-on passé de seaux pendant 2 heures qu'a duré l'incendie?

32) Une pompe fait monter de l'eau par 4 tuyaux; chaque tuyau alimente 10 fontaines; chaque fontaine donne 2 voies d'eau par minute; combien toutes ces fontaines donneront-elles d'eau en 24 heures?

33) Combien l'aiguille des secondes fait-elle de fois le tour du cadran en un an? (elle fait 1 tour par minute.)

34) Une famille se compose de 8 personnes; chacune travaille 14 heures par jour et fabrique 30 objets par heure; combien en feront-elles en 305 jours?

35) Un magasin renferme 554 boîtes contenant chacune 1 grosse ou 12 douzaines d'objets à 3 fr. la pièce; quelle est la valeur des marchandises?

36) 50 pièces de 20 fr. font combien de centimes?

37) 200 pièces de 20 fr. font combien de sous?

38) Un damier a 24 cases; si l'on met un grain de blé sur la première case, 2 sur la seconde, 4 sur la troisième, 8 sur la quatrième et ainsi de suite en doublant jusqu'à la dernière, combien y aura-t-il de grains sur la 24e case?

Sur le § VIII. ***Combinaison de la multiplication avec l'addition et la soustraction.***

68. Expressions arithmétiques à calculer.

1) $(36 \times 2) + (6 \times 240) - 210 = x$
2) $44 + 29 + 65 \times 7 + (8 \times 12) - (50 \times 10) = x$
3) $71 \times 8 \times 2 \times 3 - (22 \times 8) - (7 \times 9) + 81 = x$
4) $14 + 19 + (8 \times 2 \times 3 \times 2) - (7 \times 2 \times 3) + 60 = x$
5) $6 - 15 - 8 + (50 \times 5) - (12 \times 4) + 36 + 17 = x$
6) $29 - 36 + 16 - (12 \times 2) + 47 + 29 - (5 \times 8) = x$
7) $30 \times 3 \times 7 \times 9 + (8 \times 6 \times 9) - (15 \times 2) = x$
8) $35 + 5 + 7 \times 6 \times 8 - 92 - 36 \times 9 \times 10 = x$
9) $25 \times 4 \times 9 - 258 + 154 \times 2 + (12 \times 4) - 56 = x$
10) $365 \times 24 \times 60 \times 60 - 2444 - 721 + (15 \times 3) = x$

Problèmes.

11) On a acheté 25 mètres de drap à 18 fr. le mètre; 31 m. à 21 fr.; 44 m. à 28 fr. Pour combien a-t-on acheté?

12) Un fabricant a vendu 25 pièces d'étoffe de chacune 55 mètres à 12 fr. le mètre; 36 pièces de 49 m.

à 15 fr.; 29 pièces de 42 m. à 20 fr. Pour combien a-t-il vendu?

13) Une personne a vécu 33 ans, 25 jours, 16 heures, 44 minutes; combien a-t-elle vécu de minutes?

14) 254 francs 18 sous font combien de sous?

15) On a dépensé 15 fr. 10 sous; 24 fr. 8 sous; 36 fr. 15 sous; combien cela fait-il de sous?

16) 321 fr. 55 centimes font combien de centimes?

17) 6 livres (anciennes mesures), 12 onces, 5 gros et 35 grains font combien de grains? (Voy. nos 109 et 191.)

18) 20 toises (anciennes mesures), 4 pieds, 10 pouces, 8 lignes, font combien de lignes?

19) 34 mètres, 5 décimètres, 8 centimètres, 2 millimètres font combien de millimètres? (Voy. no 194.)

20) La latitude de Paris est de 48 degrés 50 minutes 49 secondes; à combien de secondes Paris est-il de l'équateur?

21) On a employé à l'impression d'un ouvrage 25 rames, 15 mains et 12 feuilles de papier; combien cela fait-il de feuilles?

22) Un ouvrier gagne 5 fr. par jour et travaille 310 jours dans l'année; il dépense pour lui et sa famille 3 fr. par jour pendant les 365 jours de l'année; que lui reste-t-il à la fin de l'année?

23) Un employé a une place de 2400 fr.; il dépense 5 fr. par jour; combien aura-t-il économisé en 10 ans?

24) Un marchand achète 344 mètres d'étoffe pour 6250 fr.; il la revend à raison de 25 fr. le mètre; combien a-t-il gagné sur le marché?

25) On vend 4608 fr. 128 mètres d'étoffe qui coûte 40 fr. le mètre; a-t-on gagné ou perdu et combien?

26) On a acheté 84 mètres d'étoffe à 12 fr.; on la revend à raison de 15 fr. le mètre; combien a-t-on vendu la totalité et combien a-t-on gagné?

27) On a vendu 28 mètres d'étoffe à 14 fr. le mètre, sur quoi on gagne 3 fr. par mètre; combien a-t-on payé et vendu le tout, et combien a-t-on gagné en tout?

28) Une facture se compose des articles suivants :

3 pièces de toile de chacune	41	mètres	à	5 fr.	le mètre ;
6 *id.* *id.*	39	—	à	5 fr.	—
21 mètres de ruban.			à	2 fr.	—
15 — de velours.			à	24 fr.	—
10 pièces de mousseline de	28	mètres	à	4 fr.	—
5 — de madapolam de	44	—	à	1 fr.	—

A combien se monte la facture et combien doit-on payer si l'on fait sur le total un escompte de 166 fr. ?

29) Une maison de commerce emploie 10 commis dont 2 ont 1000 fr. d'appointements chacun, 5 ont 500 fr., et 3 ont 300 fr. ; elle a de plus 2 autres employés pour la correspondance et la tenue des livres qui coûtent ensemble 1200 fr., et 2 domestiques à 200 fr. chacun. Le loyer de la maison est de 2000 fr. par an ; la dépense totale pour la nourriture et les menus frais est de 500 fr. par mois. Dans un an on a vendu pour 66000 fr., sur quoi on avait déboursé 40000 fr. Y a-t-il eu perte ou gain ?

30) Une salle de concerts contient 125 places à 10 fr. ; 256 places à 6 fr. et 315 places à 3 fr. Les frais de la salle sont de 150 fr. pour la location et 80 fr. pour l'éclairage. Combien aurait gagné le bénéficiaire si toutes les places eussent été payées ; et combien a-t-il gagné en réalité sachant qu'il a donné 20 billets gratuits pour les premières places, 52 pour les secondes et 33 pour les troisièmes ?

31) Une pompe fait monter de l'eau dans 4 tuyaux ; chacun de ces tuyaux alimente 12 fontaines ; 30 de ces fontaines coulent pendant 48 heures et fournissent 2 voies par minute ; les 18 autres ne coulent que pendant 24 heures et fournissent 3 voies par minute ; combien ont-elles donné d'eau en tout ?

32) Il y a dans une ferme 200 vaches qui donnent chacune par jour 3 litres de lait ; combien auront-elles donné de lait dans un an, sachant que sur les 200 vaches 25 sont mortes au bout de 140 jours et 30 au bout de 220 jours ?

33) A doit à B 546 fr. ; il achète encore chez lui

25 mètres de drap à 18 fr., 45 mètres à 21 fr. et 54 mètres de toile à 3 fr. Il lui donne en paiement 1 pièce de vin de 250 litres à 2 fr. le litre, et 50 bouteilles de vin de Champagne à 4 fr. la bouteille ; plus un billet de 200 fr. et le reste en argent. Combien lui donne-t-il d'argent ?

34) Un joueur perd 12 coups de suite ; combien a-t-il perdu en tout s'il joue 1 fr. le premier coup, 2 fr. le deuxième, 4 fr. le troisième, 8 fr. le quatrième et ainsi de suite en doublant sa mise à chaque coup ? (on ne demande pas combien il a perdu au dernier coup, mais en tout ; par conséquent il faut à chaque coup ajouter la perte précédente).

Questions théoriques sur la multiplication.

1° Qu'est-ce que la multiplication ? (51) — 2° Qu'est-ce que le multiplicande? (52) — 3° Qu'est-ce que le multiplicateur? (52) — 4° Quel nom commun donne-t-on au multiplicande et au multiplicateur? (52) — 5° Comment appelle-t-on le résultat de la multiplication? (52) — 6° Les unités du multiplicande et celles du multiplicateur sont-elles de la même nature? (53) — 7° De quelle espèce sont les unités du produit? (53) — 8° Quel est le signe algébrique de la multiplication? (54) — 9° Le produit change-t-il si l'on prend le multiplicande pour le multiplicateur et réciproquement? (55)

10° Qu'appelle-t-on *nombres premiers?* (56-57) — 11° Qu'appelle-t-on *nombres multiples?* (57) — 12° Qu'appelle-t-on *sous-multiples?* (57) — 13° Tous les nombres peuvent-ils être multiples et sous-multiples? (57) — 14° Quels sont les nombres qui ne peuvent pas être multiples? (57)

15° A quelle opération correspond la multiplication? (58) — 16° Comment peut-on faire une multiplication par l'addition? (58)

17° Comment multiplie-t-on par un seul chiffre? (59-60)

18° Qu'appelle-t-on *table de multiplication?* (61)

19° Comment multiplie-t-on quand le multiplicateur a plusieurs chiffres? (62) — 20° Qu'appelle-t-on *produits partiels* et *produit total?* (62) — 21° Qu'y a-t-il à observer en écrivant chaque produit partiel? (62)

22° Comment simplifie-t-on la multiplication quand les deux facteurs n'ont pas le même nombre de chiffres? (63) — 23° Même question quand le multiplicateur a des zéros dans le milieu du nombre? (64) — 24° Même question quand le multiplicateur est 10, 100, 1000, etc.? (65) — 25° Pourquoi un nombre est-il multiplié par 10,100, 1000, etc., en ajoutant à la droite 1, 2 ou 3 zéros? (65) — 26° Comment abrége-t-on la multiplication quand le multiplicateur est terminé par des zéros, comme 20, 300, etc? (66) — 27° Même question quand les deux facteurs sont terminés par des zéros? (67)

CHAP. VI. — DIVISION DES NOMBRES ENTIERS.

Exercices.

Sur le § IV. *Divisions par un seul chiffre.*

78.

1)	26 : 2	2)	622 : 2	3)	6248 : 2	4)	4464 : 2

79.

1)	38 : 2	2)	876 : 2	3)	388 : 2	4)	946 : 2
5)	558 : 2	6)	354 : 2	7)	5376 : 2	8)	9778 : 2

80.

1)	126 : 2	2)	148 : 2	3)	1964 : 2	4)	1198 : 2

81.

1)	240 : 2	2)	460 : 2	3)	1880 : 2	4)	1620 : 2
5)	600 : 2	6)	5400 : 2	7)	100 : 2	8)	5700 : 2
9)	2040 : 2	10)	1010 : 2	11)	3002 : 2	12)	6028 : 2

82.

1)	45 : 2	2)	69 : 2	3)	353 : 2	4)	9575 : 2

84.

1)	639 : 3	2)	663 : 3	3)	339 : 3	4)	3693 : 3
5)	1561 : 3	6)	1778 : 3	7)	2996 : 3	8)	8029 : 3
9)	448 : 4	10)	8040 : 4	11)	1280 : 4	12)	3176 : 4
13)	5701 : 4	14)	6282 : 4	15)	9503 : 4	16)	7135 : 4
17)	5505 : 5	18)	4040 : 5	19)	6700 : 5	20)	8195 : 5
21)	6271 : 5	22)	3112 : 5	23)	9243 : 5	24)	1119 : 5
25)	6660 : 6	26)	1236 : 6	27)	3636 : 6	28)	5400 : 6
29)	7153 : 6	30)	8204 : 6	31)	9990 : 6	32)	4307 : 6
33)	7770 : 7	34)	8407 : 7	35)	5642 : 7	36)	3024 : 7
37)	8004 : 7	38)	5072 : 7	39)	1120 : 7	40)	6008 : 7
41)	8808 : 8	42)	4320 : 8	43)	1184 : 8	44)	5432 : 8

45) 3061 : 8 46) 5702 : 8 47) 9944 : 8 48) 7540 : 8
49) 9990 : 9 50) 1809 : 9 51) 2790 : 9 52) 5472 : 9
53) 7275 : 9 54) 8176 : 9 55) 3570 : 9 56) 8546 : 9

Sur le § V. Divisions par un nombre de plusieurs chiffres (*).

85.

1) 60 : 10 2) 80 : 10 3) 220 : 10
4) 4350 : 10 5) 629 : 10 6) 2365 : 10
7) 57844 : 10 8) 78059 : 10 9) 600 : 10
10) 700 : 100 11) 3300 : 100 12) 4400 : 100
13) 745 : 100 14) 809 : 100 15) 2669 : 100
16) 7000 : 1000 17) 9000 : 1000 18) 6551 : 1000
19) 67000 : 1000 20) 92300 : 1000 21) 45008 : 1000

86.

1) 400 : 20 2) 640 : 20 3) 570 : 20 4) 999 : 20
5) 600 : 30 6) 850 : 30 7) 800 : 40 8) 479 : 40
9) 500 : 50 10) 660 : 50 11) 720 : 50 12) 860 : 50
13) 240 : 12 14) 480 : 12 15) 600 : 12 16) 720 : 12
17) 269 : 13 18) 394 : 13 19) 285 : 14 20) 700 : 14
21) 300 : 15 22) 450 : 15 23) 600 : 15 24) 6000 : 15
25) 3200 : 16 26) 6408 : 16 27) 3400 : 17 28) 689 : 17
29) 720 : 18 30) 1080 : 18 31) 5700 : 19 32) 1524 : 19
33) 3644 : 24 34) 5749 : 25 35) 3672 : 36 36) 9200 : 48
37) 5672 : 55 38) 3000 : 64 39) 60740 : 47 40) 74000 : 72
41) 5000 : 64 42) 4829 : 51 43) 80000 : 92 44) 52968 : 85

91.

1) 1200 : 200 2) 1621 : 200 3) 1569 : 300
4) 2500 : 400 5) 3678 : 500 6) 7590 : 800
7) 2400 : 120 8) 6638 : 221 9) 20700 : 345
10) 56740 : 365 11) 30000 : 456 12) 67829 : 556
13) 67400 : 144 14) 56702 : 320 15) 27814 : 315
16) 6748 : 365 17) 6740 : 144 18) 85049 : 360
19) 6678 : 4000 20) 8674 : 3000 21) 95432 : 2000
22) 45671 : 2544 23) 36742 : 1200 24) 81402 : 3650
25) 42300 : 6700 26) 89124 : 5439 27) 67812 : 8544

(*) Voir les notes des nos 78 et 85, pag. 55 et 62.

Sur le § VI. *Différents moyens d'abréger la division.*

On trouvera dans les exemples ci-dessus l'application des différents cas où la division peut être abrégée, et qui sont expliqués aux nos de 92 à 101; c'est pourquoi nous n'en donnons pas de spéciaux sur ce paragraphe. Après les avoir fait résoudre par le moyen ordinaire et le plus long, on les fera résoudre une seconde fois par les moyens abrégés.

Problèmes sur la division.

Problèmes à une seule division.

1) 2500 centimes font combien de francs?
2) Même question sur 1° 3644, 2° 6829, 3° 10244 centimes?
3) 340 décimètres font combien de mètres?
4) *Id.* sur 1° 2540, 2° 3625, 3° 89445 décimètres?
5) *Id.* sur 1° 3800, 2° 8544, 3° 7889 centimètres?
6) *Id.* sur 1° 3000, 2° 5070, 3° 25740 millimètres?
7) 5824 livres font combien de quintaux?
8) Combien y a-t-il de siècles depuis J.-C. jusqu'à la fin de 1845?
9) *Id.* sur 1° 1589, 2° 1610, 3° 1789 ans?
10) 3525 centimes font combien de sous?
11) *Id.* sur 1° 2429, 2° 1159, 3° 3025 centimes?
12) 367 liards font combien de sous?
13) *Id.* sur 1° 2567, 2° 812, 3° 567 liards?
14) 4525 pieds (anc. mes.) font combien de toises?
15) *Id.* sur 1° 256, 2° 3784, 3° 8924 pieds?
16) 3545 sous font combien de francs?
17) *Id.* sur 1° 4829, 2° 6744, 3° 7800 sous?
18) 3845 pouces (anc. mes.) font combien de pieds?
19) *Id.* sur 1° 5674, 2° 3251, 3° 8924 pouces?
20) 3678 heures font combien de jours?
21) *Id.* sur 1° 5678, 2° 8100, 3° 81245 heures?
22) 6784 minutes font combien d'heures?
23) *Id.* sur 1° 2746, 2° 5892, 3° 9700 minutes?
24) Un ouvrage in-8° contient 1280 pages; combien

cela fait-il de feuilles d'impression? (1 feuille in-8° fait 16 pages.)

25) Même question sur 300 pages in-12? (1 feuille in-12 fait 24 pages.)

26) Même question sur 432 pages in-18? (1 feuille in-18 fait 36 pages.)

27) 8754 jours font combien d'années?

28) *Id.* sur 1° 7956, 2° 3880, 3° 9600 jours?

29) Une personne a dépensé en un an 4380 fr.; combien cela fait-il par jour?

30) Un marchand a vendu un certain nombre de tonneaux de vin pour 16756 fr. à raison de 236 fr. la pièce; combien y avait-il de tonneaux?

31) On achète 244 mètres d'étoffe pour 1952 fr.; combien coûte le mètre?

32) Si un copiste écrit 25 pages par jour, combien lui faudra-t-il de temps pour copier 3544 pages?

33) 34 pièces de toile d'égale longueur contiennent 1666 mètres; quelle est la longueur de chaque pièce?

34) Une succession de 68400 fr. a été partagée également entre 8 héritiers; quelle est la part de chacun?

35) Un héritier a reçu 10950 fr. sur une succession de 54750 fr. Quelle partie a-t-il reçue?

36) La terre parcourt autour du soleil 206144880 lieues dans un an; combien cela fait-il de lieues par jour?

37) Par quel nombre faut-il diviser 17982 pour avoir 54?

38) Quel est le nombre qui multiplié par 55 donne 20075?

39) Le quotient de 157716 est 674; quel est le diviseur?

40) Si un facteur est 812 et le produit 51,968, quel est l'autre facteur?

Problèmes à plusieurs divisions.

41) 35500 centimes font combien de pièces de 5 francs?

42) 22359 centimes font combien de pièces de 20 francs?

43) 2000 sous font combien de pièces de 20 francs?

44) 3545 minutes font combien de jours?

45) Même question sur 1° 8429, 2° 10000, 3° 12521 minutes?

46) 25700 secondes font combien de jours?

47) Même question sur 1° 8014, 2° 24900, 3° 3290 secondes?

48) 9236 secondes (mesure du cercle) font combien de degrés? (1 degré = 60 minutes; 1 minute = 60 secondes.)

49) 1,051,200 minutes font combien d'années?

50) 3,153,600,000 secondes font combien de siècles?

51) 869 lignes (anc. mes.) font combien de pieds?

52) *Id.* sur 1° 2544, 2° 3000, 3° 1200 lignes?

53) 8544 feuilles de papier font combien de rames? (1 rame = 20 mains; 1 main = 25 feuilles.)

54) 216237 grains (anc. mes.) font combien de livres? (1 livre = 16 onces; 1 once = 8 gros; 1 gros = 72 grains.)

55) 50 tonneaux de vin ont été vendus 27,000 fr.; à combien revient le litre si chaque tonneau en contient 180?

56) Une personne laisse en mourant une fortune de 120,000 fr. Le tiers de cette fortune doit être partagé entre ses 2 frères; et les deux autres tiers entre ses 5 cousins; quelle est la part de chacun?

57) La terre parcourt en 1 an 206,144,800 lieues; combien cela fait-il 1° par heure; 2° par minute; 3° par seconde?

Sur le § VIII. *Combinaison des quatre opérations.*

Expressions arithmétiques à calculer. (Nos de 105 à 107.)

105.

1) $$\frac{4 + 18 + 12 - 15 + 24 - 36}{5 + 8 + 7}$$

2) $$\frac{15 - 36 - 54 + 68 + 84}{12 - 8 + 15}$$

3) $$\frac{5 \times 4 \times 2 \times 3 \times 6 \times 5}{5 \times 2 \times 2}$$

4) $$\frac{8 \times 9 \times 5 \times 8 \times 12 \times 7}{14 \times 3 \times 5 \times 4}$$

5) $$\frac{8 \times 12 \times 24 \times 6 \times 5 \times 10}{10 \times 5 \times 30 \times 6 \times 6}$$

6) $$\frac{20 \times 8 \times 30 \times 25 \times 55 \times 8}{10 \times 4 \times 3 \times 5 \times 11 \times 8}$$

7) $$\frac{3 + 6 + 4 + (8 \times 9)}{4 + 5}$$

8) $$\frac{25 - 12 + 7 + (5 \times 6) - 24}{3 \times 4}$$

9) $$\frac{(6 \times 2 \times 4) + (8 \times 5) - 24}{(2 \times 3) + (5 \times 4)}$$

10) $$\frac{24 - (6 \times 5 \times 2) + (12 \times 4 \times 2)}{7 + 3 \times 4 - (5 \times 3 \times 2)}$$

11) $$\frac{30 - (5 \times 3 \times 2 \times 4) + (25 \times 4 \times 2)}{(2 \times 3) + 6 \times 3 \times 2) - 12 \times 4}$$

12) $$\frac{8 + 6 \times 12 \times 4 \times (10 \times 5)}{15 \times 3 - 5 + (3 \times 6) - 8}$$

Problèmes sur les quatre opérations.

13) Un marchand a acheté 3 pièces de toile pour 1210 fr.; la première contenait 30 mètres, la seconde 39, et la troisième 52; à combien lui revient le mètre?

14) On achète 68 mètres d'étoffe pour 2720 fr.; on

la revend 3128 fr.; à combien revient le mètre et combien a-t-on gagné par mètre?

15) On achète 324 mètres de drap pour 5832 fr. On le revend 24 fr. le mètre; combien a-t-on gagné en tout sur le marché?

16) En vendant 200 stères de bois pour 4600 fr. on gagne 4 fr. par stère; combien a-t-on payé les 200 stères?

17) Un négociant a payé 2 pièces de drap 1968 fr. On demande combien elles contenaient de mètres en tout, sachant qu'il en a vendu 18 mètres pour 540 fr. et qu'il a gagné 6 fr. par mètre?

18) 52 ouvriers ont fait 544 mètres d'ouvrage en 34 jours; 36 autres ouvriers ont fait 504 mètres en 28 jours, et 21 autres ouvriers ont fait 1308 mètres en 62 jours. On demande combien il a été fait de mètres par jour en tout?

19) 6 ouvriers demandent chacun 3 fr. par jour pour faire un ouvrage de 864 mètres, et feront chacun 4 mètres par jour. 6 autres ouvriers demandent pour le même ouvrage 5 fr. par jour, et feront chacun 6 mètres. Est-il plus avantageux d'employer les premiers ou les seconds?

20) Un homme a une fortune qui lui permet de dépenser 12 fr. par jour; mais il doit payer à la fin de l'année une somme de 1460 fr. On demande quel est son revenu, et à combien il doit restreindre sa dépense journalière pour mettre de côté la somme qu'il doit payer?

21) Une personne doit une somme de 5450 fr. qu'elle est convenue d'acquitter en dix paiements égaux d'année en année. Son revenu annuel est de 4925 fr. Combien lui reste-t-il à dépenser par jour après avoir payé ce qu'elle doit payer chaque année?

22) Un employé a une place de 2400 fr. par an. Il a économisé en 10 ans 5750 fr. Quelle a été sa dépense journalière?

23) Un individu a acheté une maison 100,000 fr. Sur

ce prix il a payé chaque année, pendant 10 ans, 8273 francs. A sa mort ses 5 héritiers acquittent ce qui reste dû chacun par égales portions. Quelle somme chacun a-t-il payée?

Sur le § IX. *Opérations de règles de trois simples résolues par la méthode de l'unité* (*).

108. 1) Si 10 mètres d'étoffe coûtent 240 fr., combien en coûteront 14 mètres?

2) Si 225 mètres d'étoffe coûtent 675 fr., combien coûteront 20 mètres?

3) On a dépensé 132 fr. en 22 jours; combien dépensera-t-on en 28 jours?

4) Si une pièce de toile de 44 mètres vaut 176 fr., combien vaudra une pièce de 51 mètres de la même qualité?

5) 25 ouvriers ont fait en un certain temps 300 mètres d'ouvrage; combien 18 ouvriers en feront-ils dans le même temps, en travaillant autant?

6) 35 mètres d'étoffe coûtent 210 fr.; combien coûteront 18 mètres?

7) On a acheté un coupon d'étoffe de 18 mètres pour 216 fr. On en emploie 11 mètres pour une robe; à combien revient cette robe?

8) Un ouvrier a gagné en 30 jours 210 fr.; en combien de jours pourra-t-il avoir gagné 2555 fr.?

9) Un employé peut écrire 384 pages en 8 jours; combien en écrira-t-il en 1 mois ou 30 jours?

10) Un fabricant consomme 2200 kilogrammes de charbon en 10 jours; combien en consommera-t-il en 1 an ou 365 jours?

Sur le § X. *Opérations simples et usuelles sur les nombres complexes.* (De 109 à 115.)

109. 1) 25 francs 15 sous font combien de sous?

(*) Voir la note pag. 81, n° 108.

2) Même question sur 100 francs 12 sous?

3) 10 jours 12 h. 15 min. font combien de minutes?

4) Même question sur 3 ans 56 jours 18 heures?

5) 20 jours 15 h. 30 min. 45 sec. font combien de secondes?

6) Même question sur 34 jours 25 minutes?

7) *Id.* sur 25 ans, 256 j. 8 h. 50 m. 55 sec.?

8) La planète de Mercure fait sa révolution autour du soleil en 87 jours, 23 h. 15 min. 44 sec.; combien cela fait-il de secondes?

9) Même question sur Vénus : 224 j. 16 h. 49 min.?

10) *Id.* sur la terre : 365 j. 5 h. 48 min. 48 sec.?

11) *Id.* sur Mars : 1 an, 321 j. 23 h. 30 min.?

12) *Id.* sur Jupiter : 11 ans, 218 j. 14 h. 27 m.?

13) *Id.* sur Saturne : 29 ans, 170 j. 0 h. 18 m. 31 s.?

14) *Id.* sur Herschel : 84 ans, 29 j.?

15) La latitude de Paris est de 48°, 54′ 55″; combien cela fait-il de secondes?

16) Quelle est la somme de 6 fr. 4 sous + 8 fr. 10 sous + 12 fr. 7 sous?

17) *Id.* de 9 fr. 8 sous + 8 fr. 8 sous + 15 sous?

Id. de 10 fr. 12 sous + 7 fr. 8 sous + 5 fr. 14 sous + 15 fr. 18 sous?

18) On a employé à un travail en différentes fois : 4 jours 6 heures, 6 j. 8 h., 10 j. 7 h., 3 j. 9 h.; combien a-t-on employé de temps?

19) Pour l'impression d'un ouvrage en 5 vol. on a employé :

—Pour le	1er vol.	3	rames	15	mains	12	feuilles.
—	2[e]	—	4	—	18	—	16	—
—	3[e]	—	3	—	10	—	12	—
—	4[e]	—	4	—	17	—	21	—
—	5[e]	—	4	—	»	—	6	—

Combien a-t-on employé de papier?

20) Les 4 côtés d'une cour ont (anc. mes.) le premier 6 toises 5 pieds 9 pouces; le deuxième 5 t. 4 pi. 8 po.; le troisième 8 t. 10 pi. 4 po.; le quatrième 7 t. 0 pi. 3 po.; combien a-t-elle de tour?

21) De 24 fr. 12 sous on dépense 10 fr. 15 s.; combien reste-t-il?

22) Même question sur 35 fr. 8 s. — 12 fr. 18 s.

23) *Id.* 40 fr. 0 s. — 18 fr. 16 s.

24) *Id.* 38 fr. 5 s. — 19 fr. 7 s.

25) *Id.* 25 fr. 0 s. — 0 fr. 17 s.

26) De 6 jours 5 heures il s'est écoulé 3 j. 12 h.; combien reste-t-il?

27) Même question sur 12 j. 6 h. 35 m. — 6 j. 8 h. 40 m.?

28) *Id.* sur 15 j. 10 h. — 8 j. 15 h. 25 m.?

29) *Id.* sur 20 j. — 18 h. 40 m.?

30) *Id.* sur 18 j. 5 h. 35 m. 54 s. — 12 j. 5 h. 40 m. 29 s.?

31) *Id.* sur 25 j. 12 m. — 7 h. 30 s.?

32) *Id.* sur 3 ans, 15 h. 34 m. — 2 ans, 244 j. 18 h.?

33) *Id.* sur 6 ans, 120 j. — 344 j. 10 h. 38 m. 21 s.?

34) A Paris le plus long jour de l'année est de 16 h. 7 m.; le plus court est de 8 h. 10 m.; quelle est la différence?

35) Une éclipse de lune a commencé à 9 h. 59 m. du soir et a fini à 1 h. 49 m. du matin; combien a-t-elle duré?

36) Combien font 6 toises 3 pi. 8 po. 9 l. — 2 t. 6 pi. 9 po. 10 lig.?

37) Combien font 18 toises — 8 pi. 9 lig.?

38) Combien font 25 toises — 10 pouces 5 lig.?

39) Si l'on dépense 6 fr. 15 sous par jour, combien dépensera-t-on en 12 jours? — *Id.* en 30 jours? — *Id.* en 1 an?

40) On a employé pour l'impression d'un ouvrage en 10 volumes, pour chaque volume 6 rames 12 mains 16 feuilles de papier; combien en a-t-on employé pour tout l'ouvrage?

41) L'année a 365 jours, 5 h. 48 m. 48 s., combien cela fait-il de secondes en 1 siècle?

42) Le mètre vaut 3 pieds 11 lig. (anc. mes.); combien valent 12 mètres?

43) Même question sur 15, 20, 28, 35, 44, 51, 68 mètres?

44) Le kilogramme pèse 2 liv. 0 onc. 5 gr. 35 grains (anc. mes.); combien pèsent 6 kilogrammes?

45) Même question sur 6, 10, 15, 20, 30 kilogr.?

46) On a dépensé 354 fr. 18 sous en 1 mois ou 30 jours; combien cela fait-il par jour?

47) Une montre retarde de 1 h. 15 m. 34 sec. en 8 jours; de combien retarde-t-elle par jour?

Sur le § XI. Du terme moyen.

116. 1) Une personne a 4 chevaux qui lui coûtent l'un 450 fr.; le deuxième 525 fr.; le troisième 644 fr., et le quatrième 821 fr. A combien lui revient chaque cheval l'un dans l'autre?

2) On a dépensé dans une semaine, savoir : lundi 12 fr., mardi 8 fr., mercredi 5 fr., jeudi 13 fr., vendredi 11 fr., samedi 3 fr., dimanche 18 fr. Quelle est la dépense moyenne de chaque jour?

3) Un fabricant emploie 10 ouvriers à 3 fr. par jour; 5 ouvriers à 4 fr.; 4 ouvriers à 5 fr., et 2 ouvriers à 9 fr. Combien coûte chaque ouvrier l'un dans l'autre?

4) La durée du printemps est de 92 j. 21 h.; l'été 93 j. 14 h.; l'automne 89 j. 17 h.; l'hiver 89 j. 1 h. Quelle est la durée moyenne de chaque saison?

5) Il est mort à Paris en 1842 28676 individus; quelle est la mortalité moyenne par jour?

6) L'accroissement de la population a été en France pendant les 10 années de 1831 à 1841, savoir : 1831 de 183948 hab.; 1832 de 4453 hab.; 1833 de 157435 hab.; 1834 de 68662 hab.; 1835 de 177420 hab.; 1836 de 208120 hab.; 1837 de 64648 hab.; 1838 de 115277 h.; 1839 de 177140 hab.; 1840 de 135832 hab.; 1841 de 172167 hab. Quel a été l'accroissement moyen annuel de la population pendant ces 10 années?

7) La superficie de la France est de 26809 lieues carrées; la population totale est de 34230178 habit. Quelle est la population moyenne par lieue carrée?

8) Même question sur l'Espagne : superficie 22845 lieues carrées ; popul. 14000000 hab.

9) *Id.* sur l'Angleterre (*) : superf. 15300 l. carrées ; popul. 23000000 hab.

10) *Id.* sur la Russie d'Europe : superf. 249377 l. carrées ; popul. 52000000 hab.

11) *Id.* sur la Sibérie : superf. 600000 l. carrées ; popul. 4000000 hab.

Questions théoriques sur la division.

1° Qu'est-ce que la division ? (70) — 2° Qu'est-ce que le dividende ? (71) — 3° Qu'est-ce que le diviseur ? (71) — 4° Comment appelle-t-on le résultat de la division ? (71) — 5° Les unités du dividende et celles du diviseur sont-elles de la même nature ? (72) — 6° De quelle espèce sont les unités du quotient ? (72) — 7° Quel est le signe algébrique de la division ? (73)

8° Quel résultat obtient-on si l'on multiplie le quotient par le diviseur ? (75) — 9° Quel résultat obtient-on si, dans une multiplication, on divise le produit par l'un des deux facteurs ? (75) — 10° En comparant la division à la multiplication, comment peut-on considérer le dividende, le diviseur et le quotient ? (75)

11° A quelle opération peut-on rapporter la division ? (76) — 12° A quelles opérations se réduisent tous les calculs de l'arithmétique ? (77) — 13° Comment une division peut-elle se faire par la soustraction ? (76)

14° Comment se fait la division ? (78) — 15° Qu'appelle-t-on dividende partiel ? (86) — 16° De combien de chiffres se compose chaque dividende partiel ? (88) — 17° De combien de chiffres se compose le quotient ? — 18° Que met-on au quotient quand le diviseur n'est pas contenu dans un dividende partiel ? — 19° Qu'appelle-t-on *reste* d'une division ? (82) — 20° Qu'y a-t-il à remarquer sur le reste final d'une division, ou sur le reste de chaque dividende partiel comparé au quotient ? (87)

21° Comment abrège-t-on la division quand le diviseur est 10, 100, 1000, etc. ? — (92) — 22° Même question quand le diviseur et le dividende sont terminés par des zéros ? (93) —

(*) Cette population et cette superficie comprennent l'Angleterre, l'Écosse et l'Irlande.

23° D'après quel principe peut-on retrancher un nombre égal de zéros de la droite du dividende et du diviseur? (94) — 24° Quel changement subit le quotient si l'on rend le diviseur 2, 3, 4, etc., fois plus petit? (95) — 25° Même question si on rend le diviseur 2, 3, 4, etc., fois plus fort? (95) — 26° Même question si on rend le dividende et le diviseur 2, 3, 4, etc., fois plus forts ou plus faibles? (95)

27° Comment se fait la preuve de la multiplication? (102) — 28° Sur quel principe est fondée la preuve de la multiplication? (75) — 29° Comment se fait la preuve de la division? (75-102) — 30° Par quel moyen plus abrégé peut-on faire la preuve de la multiplication et de la division? (102) — 31° Comment se fait la preuve par 9? (103-104)

CHAP. VII. — DES CARRÉS ET DES CUBES (*).
(Nos de 118 à 126.)

Problèmes.

118. 1) Quelle est la superficie d'une cour carrée qui a 8 mètres sur chaque face?

2) Même question sur une cour rectangulaire qui a 12 mètres de long sur 9 mètres de large?

3) Même question sur un terrain rectangulaire qui a 54 mètres de long sur 22 mètres de large?

4) Un peintre en bâtiment a peint un mur à raison de 2 fr. par mètre carré; le mur a 15 mètres de long sur 3 mètres de haut. A combien revient la peinture?

5) Quelle est la capacité d'un fossé qui a 33 mètres de long sur 4 mètres de large et 2 mètres de profondeur?

6) Combien est-il entré de briques dans un mur si l'on en a mis 233 dans la longueur, 58 dans la hauteur, et 3 dans l'épaisseur?

(*) Nous ne donnons ici que quelques exemples faciles et en nombres ronds sur le calcul des surfaces et des volumes rectangulaires, afin de poser le principe de ce genre de calcul. Dans les exercices sur les fractions décimales et les mesures métriques, nous donnerons des applications nombreuses en ce genre sur toutes espèces de nombres et sur la surface et le volume des cercles, des cylindres et des sphères.

7) Combien y a-t-il d'arbres dans un verger planté en quinconce s'il y en a 108 dans la longueur et 64 dans la largeur?

8) Combien y a-t-il de lettres dans une page de 61 lignes et ayant 49 lettres à la ligne?

9) Combien peut-on mettre de paquets dans une caisse pouvant en contenir 18 dans la longueur, 6 dans la largeur et 12 dans la profondeur?

10) Combien y a-t-il de mètres cubes dans une pile de bois de 21 mètres de long, 15 mètres de hauteur et 4 mètres d'épaisseur?

11) Combien y a-t-il de mètres cubes de moellons dans un tas ayant 6 mètres de long, 4 mètres de large et 2 mètres de haut?

12) Combien coûte le terrain d'une maison ayant 35 mètres de long sur 28 mètres de large, à raison de 250 fr. le mètre carré?

CHAP. VIII. — FRACTIONS ORDINAIRES. PROPRIÉTÉS DES FRACTIONS. ADDITION ET SOUSTRACTION.

Exercices.

Sur le § I. Notions préliminaires.

Remarque. Les questions préparatoires de la nature de celles qui suivent sont résolues de tête et doivent être démontrées matériellement au moyen de lignes divisées, ou autres objets sensibles. Nous recommandons beaucoup d'insister sur ces exercices préliminaires, seul moyen de donner à l'élève des notions claires sur les fractions, et de le mettre à même de se rendre compte des opérations subséquentes. Le point essentiel n'est pas de viser à faire résoudre de cette manière des questions difficiles; on doit au contraire borner les exercices à des nombres simples et dont l'élève puisse aisément se représenter la valeur.

On trouvera à ce sujet des exercices analogues plus étendus dans le Cours de calcul de tête à l'usage des jeunes enfants.

128. 1) Montrer sur des lignes divisées : 1 entier, une demie, 2 demies, 1 tiers, 2 tiers, 3 tiers, etc.

2) Combien manque-t-il à une demie pour faire un entier?

3) Même question sur 1 tiers, 2 tiers, 1 quart, 2 quarts, 3 quarts, etc.

4) Combien 1, 2, 3, 4, etc., entiers font-ils de demies?

5) Mêmes questions sur les tiers, les quarts, etc.

6) Combien 2 entiers et 1 demie font-ils de demies?

7) Questions analogues sur d'autres nombres et d'autres fractions.

8) Combien 5 demies font-elles d'entiers?

9) Questions analogues sur d'autres nombres et d'autres fractions.

10) Combien manque-t-il à 1 demie pour faire 2 entiers?

11) Questions analogues sur d'autres nombres et d'autres fractions.

129. 1) Quelle est la plus forte des deux fractions 1 demie et 1 tiers?

2) Même question sur 1 quart et 1 cinquième; 2 quarts et 3 quarts, etc.

130. 1) Quelle est la moitié de 2, 4, 6, 8, 10, etc.?

2) Quel est le tiers de 3, 6, 9, 12, 15, 18, etc.?

3) Quels sont les deux tiers de 3, 6, 9, 12, 15, 18?

4) 2 est quelle partie de 3, de 4, de 5, de 6, de 7, de 8, etc.?

5) 3 est quelle partie de 4, 5, 6, 7, 8, 9, 10, etc.?

6) Questions analogues sur d'autres nombres et d'autres fractions?

Sur le § II. Manière d'écrire les fractions.

131. Ecrire en chiffres sous la dictée les fractions 1 demie, 1 tiers, 2 tiers, 1 quart, 2 quarts, 3 quarts, etc.

Observation. On fera autant que possible, et en commençant surtout, montrer à l'élève, sur les lignes divisées, les fractions qu'il écrit en chiffres, afin qu'il se rende compte exactement de la nature et des fonctions du dénominateur et du numérateur.

Sur le § III. Réduction des entiers en fractions et des nombres fractionnaires en entiers.

132. Réduire en fractions les nombres fractionnaires ci-après :

1)	$3\frac{1}{2}$	$4\frac{1}{2}$	$8\frac{1}{2}$	$2\frac{1}{3}$	$3\frac{2}{3}$	$15\frac{1}{3}$
2)	$7\frac{1}{4}$	$9\frac{3}{4}$	$10\frac{1}{4}$	$3\frac{1}{5}$	$5\frac{2}{5}$	$10\frac{4}{5}$
3)	$4\frac{1}{6}$	$6\frac{2}{6}$	$10\frac{5}{6}$	$6\frac{1}{7}$	$12\frac{5}{7}$	$20\frac{6}{7}$

4) $4\ \frac{3}{8}$ $10\ \frac{5}{8}$ $20\ \frac{7}{8}$ $44\ \frac{2}{9}$ $69\ \frac{6}{9}$ $80\ \frac{7}{9}$

5) $3\ \frac{3}{10}$ $7\ \frac{6}{10}$ $12\ \frac{9}{10}$ $25\ \frac{8}{10}$ $56\ \frac{9}{10}$ $68\ \frac{7}{10}$

6) $5\ \frac{6}{11}$ $8\ \frac{7}{12}$ $10\ \frac{2}{13}$ $15\ \frac{11}{20}$ $20\ \frac{6}{20}$ $14\ \frac{7}{24}$

7) $7\ \frac{1}{100}$ $25\ \frac{25}{100}$ $35\ \frac{50}{100}$ $245\ \frac{64}{100}$ $356\ \frac{77}{100}$

8) $8\ \frac{1}{1000}$ $12\ \frac{45}{1000}$ $54\ \frac{244}{1000}$ $68\ \frac{736}{1000}$ $999\ \frac{999}{1000}$

134. Extraire les entiers des nombres fractionnaires ci-après :

1) $\frac{3}{2}$ $\frac{8}{2}$ $\frac{11}{2}$ $\frac{21}{2}$ $\frac{50}{2}$ $\frac{84}{2}$

2) $\frac{6}{3}$ $\frac{12}{3}$ $\frac{20}{3}$ $\frac{100}{3}$ $\frac{255}{3}$ $\frac{500}{3}$

3) $\frac{9}{4}$ $\frac{15}{4}$ $\frac{20}{4}$ $\frac{30}{4}$ $\frac{50}{4}$ $\frac{100}{4}$

4) $\frac{12}{5}$ $\frac{19}{5}$ $\frac{31}{5}$ $\frac{64}{5}$ $\frac{100}{5}$ $\frac{669}{5}$

5) $\frac{15}{6}$ $\frac{20}{6}$ $\frac{30}{7}$ $\frac{100}{7}$ $\frac{51}{8}$ $\frac{286}{9}$

6) $\frac{25}{10}$ $\frac{68}{10}$ $\frac{100}{10}$ $\frac{234}{10}$ $\frac{720}{10}$ $\frac{999}{10}$

7) $\frac{245}{100}$ $\frac{821}{100}$ $\frac{2345}{100}$ $\frac{7900}{100}$ $\frac{25000}{1000}$

8) $\frac{6784}{1000}$ $\frac{24200}{1000}$ $\frac{61921}{1000}$ $\frac{84540}{1000}$ $\frac{784231}{1000}$

Sur le § IV. *Réduction du reste d'une division en fractions.*

134 *bis*. Quel est le quotient de 3, 4, 5, 6, 7, etc., divisés par 8, 9, 10, 11, 12, etc.?

Même question sur 10, 12, 15, 17, 20, etc., divisés par 7, 8, 9, etc.?

Sur le § V. *Augmentation et diminution de la valeur d'une fraction.*

Rendre les fractions ci-après 2, 3, 4, 5, 6, 10 fois plus fortes, soit en multipliant le numérateur, soit en divisant le dénominateur si cela se peut. On le fera des deux manières quand la nature de la fraction le permettra.

Rendre les mêmes fractions, et par le même double procédé quand cela se pourra, 2, 3, 4, 5, 6, 10 fois plus faibles. (Nos 135-136-137.)

135.

1) $\frac{1}{2}$ $\frac{1}{3}$ $\frac{2}{3}$ $\frac{3}{3}$ $\frac{4}{4}$ $\frac{2}{4}$ $\frac{3}{4}$ $\frac{1}{5}$ $\frac{2}{5}$ $\frac{4}{5}$

2) $\frac{1}{6}$ $\frac{2}{6}$ $\frac{3}{6}$ $\frac{4}{6}$ $\frac{5}{6}$ $\frac{1}{7}$ $\frac{2}{7}$ $\frac{3}{7}$ $\frac{4}{7}$ $\frac{6}{7}$

3) $\frac{1}{8}$ $\frac{2}{8}$ $\frac{3}{8}$ $\frac{4}{8}$ $\frac{5}{8}$ $\frac{1}{9}$ $\frac{2}{9}$ $\frac{3}{9}$ $\frac{4}{9}$ $\frac{6}{9}$

4) $\frac{1}{10}$ $\frac{2}{10}$ $\frac{3}{10}$ $\frac{4}{10}$ $\frac{6}{10}$ $\frac{1}{12}$ $\frac{2}{12}$ $\frac{3}{12}$ $\frac{6}{12}$ $\frac{10}{12}$

5) $\frac{1}{20}$ $\frac{5}{20}$ $\frac{7}{20}$ $\frac{10}{20}$ $\frac{18}{20}$ $\frac{2}{24}$ $\frac{5}{24}$ $\frac{6}{24}$ $\frac{15}{24}$ $\frac{21}{24}$

6) $\frac{1}{100}$ $\frac{10}{100}$ $\frac{20}{100}$ $\frac{25}{100}$ $\frac{50}{100}$ $\frac{60}{100}$ $\frac{68}{100}$ $\frac{80}{100}$ $\frac{90}{100}$ $\frac{99}{100}$

Sur le § VI. *Fractions équivalentes.*

Observations. Avant d'enseigner le procédé par lequel on change l'expression d'une fraction sans en changer la valeur, on fera chercher des fractions équivalentes aux fractions suivantes par le seul raisonnement et par l'intelligence seule de la véritable valeur des fractions. Cet exercice ne peut être fait que sur des fractions faciles à calculer de tête et dans lesquelles les fractions équivalentes, ou d'une valeur égale, se comprennent en quelque sorte à vue d'œil. Cette égalité dans la valeur des fractions sera rendue sensible au moyen de lignes divisées. L'élève cherchera des fractions équivalentes exprimées soit en nombres plus faibles, soit en nombres plus forts.

138.

1) $\frac{1}{2}$ $\frac{1}{3}$ $\frac{2}{3}$ $\frac{1}{4}$ $\frac{2}{4}$ $\frac{3}{4}$ $\frac{1}{5}$ $\frac{2}{5}$ $\frac{3}{5}$ $\frac{4}{5}$

2) $\frac{3}{6}$ $\frac{4}{6}$ $\frac{5}{6}$ $\frac{1}{8}$ $\frac{2}{8}$ $\frac{3}{8}$ $\frac{4}{8}$ $\frac{6}{8}$ $\frac{3}{9}$ $\frac{6}{9}$

3) $\frac{2}{10}$ $\frac{4}{10}$ $\frac{5}{10}$ $\frac{8}{10}$ $\frac{2}{12}$ $\frac{3}{12}$ $\frac{4}{12}$ $\frac{6}{12}$ $\frac{8}{12}$ $\frac{9}{12}$

4) $\frac{1}{20}$ $\frac{5}{20}$ $\frac{10}{20}$ $\frac{15}{20}$ $\frac{2}{24}$ $\frac{6}{24}$ $\frac{12}{24}$ $\frac{10}{30}$ $\frac{15}{30}$ $\frac{20}{30}$

5) $\frac{10}{100}$ $\frac{20}{100}$ $\frac{25}{200}$ $\frac{40}{100}$ $\frac{50}{100}$ $\frac{100}{1000}$ $\frac{500}{1000}$

Sur le § VII. *Réduction des fractions à leur plus simple expression.*

Observation. Cet exercice a beaucoup d'analogie avec le précédent ; il en diffère en ce que, dans le premier, on se bornait à chercher une fraction équivalente exprimée avec des nombres ou plus forts ou plus faibles ; tandis que dans celui-ci on s'attache, par la division des deux termes par le même nombre, à rechercher l'expression la plus simple d'une fraction. (Voir les n[os] de 139 à 143.)

139.

1) $\frac{2}{4}$ $\frac{2}{6}$ $\frac{3}{6}$ $\frac{4}{6}$ $\frac{2}{8}$ $\frac{4}{8}$ $\frac{6}{8}$ $\frac{3}{9}$ $\frac{6}{9}$

2) $\frac{2}{10}$ $\frac{4}{10}$ $\frac{5}{10}$ $\frac{6}{10}$ $\frac{8}{10}$ $\frac{2}{12}$ $\frac{3}{12}$ $\frac{4}{12}$ $\frac{6}{12}$

3) $\frac{8}{12}$ $\frac{9}{12}$ $\frac{10}{12}$ $\frac{2}{14}$ $\frac{4}{14}$ $\frac{6}{14}$ $\frac{5}{15}$ $\frac{10}{15}$ $\frac{12}{15}$

4) $\frac{8}{16}$ $\frac{10}{16}$ $\frac{12}{16}$ $\frac{14}{16}$ $\frac{2}{18}$ $\frac{3}{18}$ $\frac{4}{18}$ $\frac{6}{18}$ $\frac{8}{18}$

5) $\frac{6}{20}$ $\frac{8}{20}$ $\frac{10}{20}$ $\frac{12}{20}$ $\frac{14}{20}$ $\frac{15}{20}$ $\frac{16}{20}$ $\frac{18}{20}$ $\frac{19}{20}$

6) $\frac{24}{30}$ $\frac{48}{60}$ $\frac{60}{80}$ $\frac{63}{72}$ $\frac{17}{30}$ $\frac{17}{51}$ $\frac{21}{24}$ $\frac{21}{22}$ $\frac{87}{100}$

7) $\frac{84}{100}$ $\frac{120}{200}$ $\frac{250}{400}$ $\frac{662}{888}$ $\frac{555}{700}$ $\frac{900}{999}$

8) $\frac{650}{1000}$ $\frac{575}{2500}$ $\frac{467}{3000}$ $\frac{2671}{7824}$ $\frac{8125}{9784}$ $\frac{569}{2621}$

Sur le § IX. Addition des fractions. — Réduction des fractions au même dénominateur.

144.

1) $\frac{1}{10}+\frac{3}{10}+\frac{2}{10}+\frac{1}{10}=x.$ 2) $\frac{5}{9}+\frac{1}{9}+\frac{2}{9}+\frac{1}{9}=x.$

3) $\frac{3}{15}+\frac{6}{15}+\frac{2}{15}+\frac{2}{15}=x.$ 4) $\frac{2}{12}+\frac{3}{12}+\frac{1}{12}+\frac{2}{12}=x.$

5) $\frac{5}{7}+\frac{2}{7}+\frac{3}{7}+\frac{4}{7}=x.$ 6) $\frac{3}{10}+\frac{4}{10}+\frac{9}{10}+\frac{8}{10}=x.$

7) $\frac{5}{12}+\frac{4}{12}+\frac{10}{12}+\frac{11}{12}=x.$ 8) $\frac{5}{9}+\frac{8}{9}+\frac{7}{9}+\frac{5}{9}=x.$

9) $\frac{10}{20}+\frac{4}{20}+\frac{5}{20}+\frac{7}{20}+\frac{9}{20}+\frac{18}{20}+\frac{15}{20}+\frac{8}{20}+\frac{14}{20}=x.$

10) $\frac{4}{25}+\frac{2}{25}+\frac{20}{25}+\frac{9}{25}+\frac{11}{25}+\frac{11}{25}+\frac{24}{25}=x.$

11) $\frac{48}{100}+\frac{34}{100}+\frac{71}{100}+\frac{84}{100}+\frac{21}{100}+\frac{91}{100}=x.$

145.

1) $2\frac{1}{4}+3\frac{2}{4}+3\frac{3}{4}=x.$ 2) $6\frac{3}{8}+2\frac{5}{8}+3=x.$

3) $4\frac{2}{10}+\frac{6}{10}+3\frac{9}{10}=x.$ 4) $8+\frac{6}{10}+\frac{4}{10}=x.$

5) $9+\frac{5}{12}+7\frac{10}{12}=x.$ 6) $11\frac{7}{11}+9+\frac{8}{11}=x.$

7) $8\frac{2}{16}+5\frac{15}{16}+10\frac{11}{16}+\frac{5}{16}+\frac{6}{16}+5+\frac{14}{16}=x.$

146.

1) $3\frac{1}{2}+2\frac{1}{4}+3\frac{3}{4}=x.$ 2) $6\frac{1}{2}+4\frac{2}{3}+3\frac{5}{6}=x.$

3) $4\frac{3}{4}+5\frac{7}{8}+\frac{1}{2}=x.$ 4) $5\frac{1}{2}+9\frac{3}{4}+4\frac{5}{8}=x.$

5) $8\frac{1}{2}+4\frac{5}{12}+6\frac{2}{3}=x.$ 6) $6\frac{1}{4}+5\frac{1}{2}+\frac{8}{12}=x.$

7) $\frac{3}{4}+\frac{5}{8}+\frac{9}{16}=x.$ 8) $3\frac{1}{2}+2\frac{3}{4}+5\frac{3}{16}=x.$

9) $6\frac{1}{2}+7\frac{3}{4}+7\frac{21}{28}+6\frac{1}{7}+3\frac{3}{14}=x.$

10) $3\frac{2}{3}+6\frac{1}{2}+5\frac{3}{4}+2\frac{1}{24}+5\frac{5}{6}+8\frac{7}{12}=x.$

147.

1) $6\frac{1}{2}+3\frac{1}{3}+2\frac{2}{3}=x.$ 2) $2\frac{1}{3}+5\frac{1}{4}+5\frac{1}{2}=x.$

3) $6\frac{5}{6} + 2\frac{2}{3} + 1\frac{1}{4} = x.$ 4) $9\frac{3}{5} + 6\frac{3}{4} + 2\frac{1}{2} = x.$

5) $5\frac{7}{10} + 8\frac{1}{2} + 5\frac{5}{6} = x.$ 6) $4\frac{3}{4} + 7\frac{7}{8} + 3\frac{1}{6} = x.$

7) $4\frac{1}{7} + 5\frac{3}{4} + 3\frac{5}{14} = x.$ 8) $6\frac{1}{2} + \frac{8}{9} + \frac{5}{6} = x.$

9) $2\frac{1}{2} + 3\frac{1}{6} + 5\frac{3}{4} + 2\frac{5}{12} + 5\frac{3}{8} + 2\frac{1}{3} = x.$

10) $5\frac{1}{9} + 2\frac{1}{4} + 3\frac{1}{2} + 7\frac{5}{12} + 2\frac{2}{3} + 8\frac{3}{4} = x.$

148.

1) $3\frac{4}{8} + 2\frac{2}{4} + 5\frac{3}{6} = x.$ 2) $7\frac{2}{6} + 3\frac{1}{3} + 5\frac{6}{9} = x.$

3) $4\frac{4}{10} + 3\frac{12}{20} + 6\frac{9}{15} = x.$ 4) $10\frac{1}{4} + \frac{6}{24} + 3\frac{9}{12} = x.$

5) $2\frac{5}{10} + 3\frac{4}{6} + \frac{2}{8} = x.$ 6) $4\frac{10}{15} + 2\frac{10}{12} + 3\frac{12}{16} = x.$

7) $6\frac{4}{10} + 1\frac{3}{12} + 3\frac{7}{14} = x.$ 8) $5\frac{9}{18} + 3\frac{6}{18} + \frac{10}{15} = x.$

9) $3\frac{9}{12} + 1\frac{4}{8} + \frac{6}{15} = x.$ 10) $2\frac{12}{15} + \frac{10}{20} + \frac{8}{10} = x.$

11) $1\frac{2}{6} + 2\frac{6}{9} + 4\frac{16}{24} + \frac{7}{21} + \frac{12}{18} + \frac{10}{15} + \frac{12}{36} + \frac{9}{27} = x.$

12) $2\frac{2}{6} + 3\frac{4}{8} + \frac{12}{16} + \frac{3}{12} + \frac{10}{20} + 2\frac{6}{9} + 3\frac{4}{6} = x.$

Sur le § X. Formule de réduction au même dénominateur.

149.

1) $\frac{2}{3}$ $\frac{3}{4}$ 2) $\frac{1}{2}$ $\frac{1}{6}$ 3) $\frac{4}{5}$ $\frac{3}{8}$ 4) $\frac{5}{7}$ $\frac{2}{5}$ 5) $\frac{3}{7}$ $\frac{5}{11}$

6) $\frac{5}{6}$ $\frac{2}{7}$ 7) $\frac{5}{8}$ $\frac{3}{10}$ 8) $\frac{10}{11}$ $\frac{1}{2}$ 9) $\frac{15}{16}$ $\frac{2}{3}$ 10) $\frac{7}{12}$ $\frac{9}{11}$

11) $\frac{3}{7}$ $\frac{5}{8}$ 12) $\frac{1}{6}$ $\frac{1}{9}$ 13) $\frac{1}{4}$ $\frac{3}{20}$ 14) $\frac{5}{9}$ $\frac{4}{7}$ 15) $\frac{2}{5}$ $\frac{4}{13}$

150.

1) $\frac{2}{3}$ $\frac{1}{2}$ $\frac{5}{6}$ 2) $\frac{3}{4}$ $\frac{4}{5}$ $\frac{1}{2}$ 3) $\frac{4}{7}$ $\frac{2}{3}$ $\frac{1}{5}$ 4) $\frac{5}{8}$ $\frac{2}{3}$ $\frac{1}{5}$

5) $\frac{1}{9}$ $\frac{1}{2}$ $\frac{2}{3}$ 6) $\frac{4}{7}$ $\frac{2}{3}$ $\frac{5}{8}$ 7) $\frac{7}{10}$ $\frac{1}{2}$ $\frac{3}{4}$ 8) $\frac{7}{8}$ $\frac{3}{5}$ $\frac{6}{7}$

9) $\frac{2}{3}$ $\frac{3}{5}$ $\frac{1}{2}$ $\frac{3}{4}$ 10) $\frac{2}{3}$ $\frac{1}{4}$ $\frac{1}{6}$ $\frac{1}{2}$ 11) $\frac{4}{5}$ $\frac{5}{6}$ $\frac{1}{2}$ $\frac{2}{3}$

12) $\frac{5}{6}$ $\frac{2}{3}$ $\frac{1}{4}$ $\frac{7}{8}$ 13) $\frac{2}{9}$ $\frac{1}{2}$ $\frac{2}{5}$ $\frac{2}{3}$ 14) $\frac{3}{4}$ $\frac{1}{6}$ $\frac{2}{9}$ $\frac{1}{10}$

151.

1) $\frac{6}{9}$ $\frac{2}{10}$ 2) $\frac{10}{15}$ $\frac{12}{20}$ 3) $\frac{15}{20}$ $\frac{20}{22}$ 4) $\frac{11}{33}$ $\frac{18}{20}$ 5) $\frac{25}{30}$ $\frac{12}{14}$

6) $\frac{1}{3}$ $\frac{8}{10}$ $\frac{4}{7}$ 7) $\frac{2}{7}$ $\frac{9}{12}$ $\frac{10}{15}$ 8) $\frac{3}{5}$ $\frac{7}{8}$ $\frac{1}{2}$ 9) $\frac{30}{40}$ $\frac{70}{100}$ $\frac{50}{70}$

152.

1) $\frac{8}{12}$ $\frac{1}{9}$ $\frac{10}{15}$ 2) $\frac{3}{5}$ $\frac{9}{15}$ $\frac{18}{20}$ 3) $\frac{4}{6}$ $\frac{4}{12}$ $\frac{9}{20}$ 4) $\frac{9}{10}$ $\frac{20}{200}$ $\frac{50}{60}$

5) $\frac{10}{12}$ $\frac{10}{15}$ $\frac{25}{30}$ $\frac{1}{3}$ 6) $\frac{15}{20}$ $\frac{3}{4}$ $\frac{14}{21}$ $\frac{8}{16}$ 7) $\frac{4}{10}$ $\frac{9}{12}$ $\frac{9}{18}$ $\frac{5}{20}$

Sur le § XI. Soustraction des fractions.

153.

1) $3\frac{4}{5}$	2) $6\frac{8}{9}$	3) $12\frac{7}{10}$	4) $20\frac{5}{8}$	5) $15\frac{12}{13}$	6) $10\frac{9}{10}$
$-\ 2\frac{1}{5}$	$-$ » $\frac{5}{9}$	$-\ 1\frac{2}{10}$	$-$ » $\frac{2}{8}$	$-\ 15\frac{11}{13}$	$-$ » $\frac{4}{10}$

154.

1) $6\frac{1}{6}$	2) $7\frac{1}{3}$	3) $8\frac{1}{5}$	4) $10\frac{1}{9}$	5) $11\frac{1}{12}$	6) $13\frac{2}{7}$
$-\ 2\frac{5}{6}$	$-\ 3\frac{2}{3}$	$-$ » $\frac{4}{5}$	$-$ » $\frac{8}{9}$	$-\ 10\frac{11}{12}$	$-\ 4\frac{5}{7}$
7) 8	8) 9	9) 10	10) 8	11) 12	12) 15
$-\ 2\frac{3}{4}$	$-\ 2\frac{2}{5}$	$-\ 9\frac{7}{8}$	$-$ » $\frac{2}{5}$	$-$ » $\frac{4}{7}$	$-$ » $\frac{9}{10}$

155.

1) $6\frac{1}{2}$	2) $9\frac{2}{3}$	3) $8\frac{1}{4}$	4) $10\frac{1}{5}$	5) $6\frac{1}{2}$	6) $8\frac{1}{5}$
$-\ 2\frac{3}{4}$	$-\ 3\frac{4}{5}$	$-$ » $\frac{6}{7}$	$-\ 3\frac{1}{9}$	$-$ » $\frac{5}{12}$	$-\ 3\frac{4}{7}$
7) $3\frac{6}{8}$	8) $6\frac{3}{10}$	9) $8\frac{6}{18}$	10) $12\frac{15}{20}$	11) $6\frac{3}{4}$	12) $8\frac{9}{15}$
$-\ 2\frac{8}{12}$	$-\ 3\frac{4}{6}$	$-$ » $\frac{6}{12}$	$-\ 1\frac{4}{6}$	$-\ 2\frac{12}{15}$	$-$ » $\frac{1}{2}$

Problèmes.

1) S'il faut 7 heures pour faire 6 mètres d'ouvrage, combien faut-il de temps pour faire un mètre?

2) Un cheval fait 40 lieues en 18 heures; combien fait-il par heure?

3) Un équipage ne peut plus donner que 9 livres de biscuit par jour pour 21 hommes; quelle est la ration de chacun?

4) Un robinet donne 4 voies d'eau en 10 minutes; combien donne-t-il par minute?

5) Un écrivain a copié en différentes fois 6 pages $\frac{1}{2}$, 3 pages $\frac{3}{4}$, 2 pages $\frac{2}{3}$ et 8 pages $\frac{5}{8}$; combien a-t-il écrit de pages en tout?

6) On avait à copier 25 pages $\frac{1}{2}$; on en a écrit 15 pages $\frac{7}{8}$; combien reste-t-il encore à écrire?

7) On doit attendre quelqu'un 2 heures $\frac{1}{2}$; il s'est

déjà écoulé $\frac{3}{4}$ d'heure ; comb. faut-il encore attendre ?

8) On a travaillé à un ouvrage 6 heures $\frac{1}{4}$, 8 heures $\frac{3}{4}$, 7 heures $\frac{1}{2}$, 11 heures $\frac{1}{3}$, 10 heures $\frac{2}{3}$; combien cet ouvrage a-t-il demandé de temps ?

9) Sur une pièce de toile de 33 aunes $\frac{5}{8}$ (anc. mes.) on a vendu en différentes fois 3 aunes $\frac{1}{2}$, 5 aunes $\frac{2}{3}$, 4 aunes $\frac{3}{8}$, 6 aunes $\frac{1}{4}$; combien en a-t-on vendu, et combien en reste-t-il ?

10) Sur un tonneau contenant 230 bouteilles $\frac{1}{4}$ on a tiré 125 bout. $\frac{2}{3}$; combien en reste-t-il ?

11) Un voyageur fait le premier jour 20 lieues $\frac{1}{2}$; le deuxième jour 18 lieues $\frac{2}{3}$; le troisième jour 22 lieues $\frac{1}{4}$; le quatrième jour 17 lieues $\frac{3}{4}$; combien a-t-il fait de lieues et combien lui reste-t-il à faire si son voyage était de 100 lieues ?

12) Deux chandelles ont duré l'une 6 heures $\frac{2}{3}$ et l'autre 6 heures $\frac{5}{8}$; laquelle a duré le plus ?

13) Dans une course on fait lutter 3 chevaux. Le cheval A parcourt la distance en 10 minutes $\frac{2}{3}$; le cheval B en 10 min. $\frac{7}{10}$ et le cheval C en 10 min. $\frac{11}{15}$; quel est le premier arrivé au but ?

14) D'un coupon d'étoffe on a retiré les $\frac{2}{3}$; du reste on retire les $\frac{3}{7}$; il reste encore 4 mètres ; quelle était la longueur totale du coupon ?

Questions théoriques sur les fractions.

1° Qu'est-ce que les fractions ? (128) — 2° Qu'y a-t-il à remarquer lorsqu'on augmente ou lorsqu'on diminue le nombre des parties contenues dans une unité ? (129) — 3° Combien de nombres sont nécessaires pour exprimer une fraction ? (131) — 4° Qu'est-ce que le *dénominateur ?* (131) — 5° Qu'est-ce que le *numérateur ?* (131) — 6° Quel nom commun donne-t-on au numérateur et au dénominateur ? (131) — 7° Qu'appelle-t-on *nombre fractionnaire ?* (132) — 8° Qu'y a-t-il à remarquer dans une fraction 1° quand le numérateur est plus petit que le dénominateur ? 2° quand il est égal au dénominateur ? 3° quand il est plus grand que le dénominateur ? (132)

9° Comment réduit-on un nombre d'entiers et de fractions en fractions ; par exemple, combien 4 $\frac{3}{4}$ font-ils de quarts ?

(133) — 10° Comment extrait-on les entiers d'un nombre fractionnaire; par exemple, combien $\frac{14}{4}$ font-ils d'entiers? (134)

11° Qu'y a-t-il à remarquer lorsqu'on divise un nombre par un nombre plus fort? (134 *bis*) — 12° Quel rapport y a-t-il entre une fraction et une division? (134 *bis*)

13° De deux fractions qui ont le même dénominateur et des numérateurs différents, quelle est la plus forte? (135)—14° Même question sur deux fractions qui ont le même numérateur et des dénominateurs différents? (135) — 15° Quel changement s'opère-t-il dans une fraction quand on augmente le dénominateur? (135) 16° Même question quand on le diminue? (135) — 17° Même question quand on augmente le numérateur? (135) — 18° Même question quand on le diminue? (135) — 19° De combien de manières peut-on rendre une fraction 2, 3, 4, etc., fois plus petite? (136) — 20° De combien de manières peut-on rendre une fraction 2, 3, 4, etc., fois plus forte? (136)—21° Peut-on toujours employer ce double moyen pour rendre une fraction plus forte ou plus faible? (137)

22° La même fraction peut-elle être exprimée par des nombres différents et conserver la même valeur? (138) — 23° Qu'appelle-t-on fractions équivalentes? (138)

24° Qu'y a-t-il à remarquer dans une fraction quand on multiplie ou quand on divise les deux termes par le même nombre? (139) — 25° Pourquoi une fraction ne change-t-elle pas de valeur quand on multiplie ou quand on divise les deux termes par le même nombre? (139) — 26° Qu'appelle-t-on réduire une fraction à sa plus simple expression? (140) — 27° Comment réduit-on une fraction à sa plus simple expression? (140)

28° Qu'appelle-t-on *le plus grand commun diviseur*? (141) — 29° Comment s'y prend-on pour trouver le plus grand commun diviseur d'une fraction? (142)

30° Comment additionne-t-on les fractions? (144) — 31° Comment additionne-t-on des entiers et des fractions? (145) — 32° Quelle est la condition indispensable pour que des fractions puissent être additionnées? (146) — 33° Quelle est la première chose à faire dans toute opération sur les fractions afin d'en simplifier le calcul? (148)

34° Comment réduit-on deux fractions au même dénominateur? (149) — 35° Comment se fait-il qu'en multipliant les deux termes de chaque fraction par le dénominateur de l'autre, les deux fractions n'aient pas changé de valeur et qu'elles aient le même dénominateur? (149) — 36° Comment réduit-on les fractions au même dénominateur quand il y en a plus de 2? (150) — 37° Peut-on, dans certains cas, réduire des fractions au même dénominateur d'une manière plus abrégée, et sans employer la formule ordinaire? (146-147-148)

38° Comment soustrait-on une fraction d'une autre fraction? (153) — 39° Que fait-on lorsque la fraction à soustraire est plus forte que la fraction dont on doit soustraire? (154) — 40° Quelle est la condition essentielle pour que des fractions puissent être soustraites? (155)

CHAPITRE IX. — MULTIPLICATION DES FRACTIONS.

Exercices.

Sur le § I. Multiplication d'une fraction par un nombre entier.

157.

1) $\frac{1}{3} \times 6$ $\frac{3}{4} \times 8$ $\frac{2}{5} \times 7$ $\frac{8}{9} \times 12$ $\frac{7}{10} \times 15$
2) $\frac{2}{5} \times 20$ $\frac{7}{9} \times 11$ $\frac{3}{10} \times 25$ $\frac{4}{9} \times 16$ $\frac{5}{8} \times 30$
3) $\frac{11}{12} \times 10$ $\frac{9}{10} \times 50$ $\frac{17}{20} \times 100$ $\frac{23}{24} \times 12$ $\frac{30}{31} \times 29$

4) $\frac{2}{4} \times 8$ $\frac{4}{6} \times 7$ $\frac{9}{12} \times 9$ $\frac{6}{12} \times 15$ $\frac{10}{15} \times 10$
5) $\frac{25}{30} \times 25$ $\frac{18}{24} \times 7$ $\frac{14}{30} \times 20$ $\frac{16}{20} \times 25$ $\frac{18}{30} \times 40$
6) $\frac{12}{20} \times 18$ $\frac{60}{100} \times 9$ $\frac{100}{300} \times 10$ $\frac{250}{500} \times 30$ $\frac{584}{829} \times 54$

158.

1) $3\frac{1}{2} \times 6$ $4\frac{2}{3} \times 7$ $6\frac{1}{4} \times 9$ $5\frac{3}{4} \times 3$
2) $8\frac{9}{10} \times 5$ $5\frac{4}{11} \times 6$ $2\frac{5}{6} \times 2$ $7\frac{2}{9} \times 2$
3) $3\frac{4}{5} \times 12$ $6\frac{9}{11} \times 3$ $8\frac{7}{12} \times 5$ $10\frac{4}{15} \times 6$

4) $6\frac{5}{6} \times 8$ $5\frac{3}{10} \times 3$ $8\frac{4}{6} \times 5$ $3\frac{10}{12} \times 8$
5) $3\frac{15}{20} \times 4$ $6\frac{30}{400} \times 9$ $10\frac{12}{20} \times 4$ $6\frac{15}{25} \times 9$
6) $12\frac{4}{10} \times 3$ $8\frac{25}{30} \times 4$ $6\frac{40}{50} \times 9$ $12\frac{40}{100} \times 5$

Sur le § II. Multiplication d'un nombre entier par une fraction.

159.

1) $6 \times \frac{1}{2}$ $6 \times \frac{1}{3}$ $6 \times \frac{2}{3}$ $8 \times \frac{1}{2}$ $8 \times \frac{3}{4}$
2) $9 \times \frac{1}{3}$ $9 \times \frac{2}{3}$ $10 \times \frac{1}{2}$ $10 \times \frac{1}{4}$ $10 \times \frac{3}{4}$
3) $18 \times \frac{4}{6}$ $18 \times \frac{4}{16}$ $16 \times \frac{40}{50}$ $19 \times \frac{3}{27}$ $24 \times \frac{25}{30}$

Sur le § III. *Multiplication d'une fraction par une fraction.*

162.

1) $\frac{1}{2}\times\frac{1}{2}$ $\frac{1}{3}\times\frac{1}{2}$ $\frac{2}{3}\times\frac{1}{4}$ $\frac{3}{4}\times\frac{1}{3}$ $\frac{4}{5}\times\frac{1}{2}$

2) $\frac{7}{10}\times\frac{1}{2}$ $\frac{1}{10}\times\frac{1}{10}$ $\frac{3}{10}\times\frac{9}{10}$ $\frac{1}{100}\times\frac{1}{10}$ $\frac{1}{100}\times\frac{1}{100}$

3) $\frac{33}{100}\times\frac{3}{10}$ $\frac{99}{100}\times\frac{1}{100}$ $\frac{63}{100}\times\frac{21}{100}$ $\frac{71}{100}\times\frac{9}{100}$ $\frac{91}{100}\times\frac{81}{100}$

4) $\frac{2}{4}\times\frac{3}{6}$ $\frac{4}{6}\times\frac{4}{8}$ $\frac{8}{10}\times\frac{9}{12}$ $\frac{10}{12}\times\frac{6}{8}$ $\frac{12}{20}\times\frac{3}{4}$

5) $\frac{6}{12}\times\frac{9}{10}$ $\frac{5}{15}\times\frac{3}{9}$ $\frac{12}{16}\times\frac{4}{10}$ $\frac{20}{30}\times\frac{5}{10}$ $\frac{7}{28}\times\frac{21}{28}$

6) $\frac{8}{20}\times\frac{2}{6}$ $\frac{12}{15}\times\frac{6}{8}$ $\frac{15}{20}\times\frac{10}{20}$ $\frac{40}{100}\times\frac{3}{4}$ $\frac{18}{30}\times\frac{3}{7}$

Sur le § IV. *Multiplication d'un nombre fractionnaire par un autre nombre fractionnaire.*

164.

1) $2\frac{1}{2}\times3\frac{1}{2}$ $4\frac{2}{3}\times2\frac{1}{4}$ $6\frac{3}{4}\times4\frac{1}{2}$ $5\frac{1}{3}\times2\frac{2}{3}$

2) $6\frac{4}{5}\times3\frac{2}{6}$ $10\frac{4}{10}\times3\frac{6}{12}$ $9\frac{8}{12}\times5\frac{10}{12}$ $5\frac{14}{21}\times3\frac{12}{14}$

3) $3\frac{30}{100}\times2\frac{1}{2}$ $8\frac{25}{100}\times2\frac{5}{10}$ $5\frac{60}{100}\times2\frac{4}{10}$ $8\frac{90}{100}\times$ » $\frac{6}{5}$

Sur le § V. *Fractions de fractions.*

165.

1) $\frac{1}{2}\times\frac{2}{3}\times\frac{3}{4}$ 2) $\frac{1}{2}\times\frac{1}{2}\times\frac{1}{2}$ 3) $\frac{1}{3}\times\frac{1}{3}\times\frac{1}{3}$

4) $\frac{3}{4}\times\frac{2}{3}\times\frac{5}{6}$ 5) $\frac{1}{5}\times\frac{2}{7}\times\frac{3}{8}$ 6) $\frac{5}{7}\times\frac{2}{3}\times\frac{3}{4}$

7) $\frac{1}{2}\times\frac{1}{2}\times\frac{1}{2}\times\frac{1}{2}\times\frac{1}{2}$ 8) $\frac{1}{3}\times\frac{1}{3}\times\frac{1}{3}\times\frac{1}{3}\times\frac{1}{3}$

9) $\frac{2}{3}\times\frac{3}{4}\times\frac{4}{5}\times\frac{5}{6}\times\frac{1}{3}$ 10) $\frac{5}{6}\times\frac{4}{8}\times\frac{3}{9}\times\frac{9}{12}\times\frac{6}{10}$

Sur le § VI. *Des carrés et des cubes des fractions.*

Calculer le carré, et ensuite le cube des fractions et des nombres fractionnaires suivants :

166.

1) $\frac{1}{2}$ $\frac{1}{3}$ $\frac{1}{4}$ $\frac{1}{5}$ $\frac{2}{3}$ $\frac{3}{4}$ $\frac{5}{8}$ $\frac{4}{9}$

2) $\frac{1}{10}$ $\frac{3}{10}$ $\frac{4}{10}$ $\frac{5}{10}$ $\frac{6}{10}$ $\frac{7}{10}$ $\frac{8}{10}$ $\frac{9}{10}$

3) $\frac{1}{100}$ $\frac{25}{100}$ $\frac{50}{100}$ $\frac{1}{1000}$ $\frac{100}{1000}$ $\frac{999}{1000}$

167.

1) $3\frac{1}{2}$ $2\frac{1}{3}$ $4\frac{2}{3}$ $6\frac{1}{8}$ $4\frac{1}{10}$

2)	$5\frac{2}{7}$	$10\frac{1}{2}$	$12\frac{5}{10}$	$20\frac{3}{4}$	$25\frac{6}{10}$
3)	$20\frac{8}{20}$	$15\frac{9}{18}$	$9\frac{12}{16}$	$17\frac{30}{100}$	$50\frac{33}{100}$

Problèmes sur la multiplication des fractions.

1) Il faut 3 heures $\frac{3}{4}$ pour faire 1 mètre d'ouvrage; en combien de temps fera-t-on 6 mètres?

2) Un courrier fait 3 lieues $\frac{1}{2}$ par heure; combien de chemin fera-t-il en 12 heures $\frac{3}{4}$?

3) Un copiste écrit 5 pages par heure; combien en écrira-t-il en 10 heures $\frac{1}{4}$?

4) Si 5 ouvriers font ensemble 8 mètres d'ouvrage par jour, combien 7 ouvriers en feront-ils?

5) Si 4 ouvriers font 11 mètres d'ouvrage par heure, combien 7 ouvriers en feront-ils en 2 heures $\frac{3}{4}$?

6) Si 8 copistes font ensemble 36 pages par heure, combien 11 copistes en feront-ils en 3 heures?

7) Deux courriers partent en même temps en sens opposé; le premier fait 2 lieues $\frac{3}{8}$ par heure et court pendant 22 h.; le second fait 2 lieues $\frac{2}{9}$ par heure, et court pendant 24 h. Lequel des deux a fait le plus de chemin et à quelle distance sont-ils l'un de l'autre?

8) Deux courriers partent en même temps et suivent la même route; le premier fait 3 lieues $\frac{9}{10}$ par heure et court pendant 20 h. $\frac{3}{4}$; le second fait 4 lieues $\frac{5}{6}$ par heure et ne court que pendant 15 h. $\frac{3}{7}$. Lequel des deux est le plus loin du point de départ, et à quelle distance sont-ils l'un de l'autre?

9) Un courrier doit faire 80 lieues $\frac{5}{8}$; il fait 3 lieues $\frac{2}{5}$ par heure et a déjà couru pendant 12 heures $\frac{3}{4}$; combien a-t-il encore de chemin à faire?

10) On a employé pour une robe 8 mètres $\frac{3}{8}$ d'étoffe à 4 fr. le mètre; et pour une autre robe 10 mètres $\frac{5}{6}$ à 3 fr. Laquelle des deux revient le plus cher?

11) Un homme laisse à 3 héritiers savoir : à A 10000 francs, à B les $\frac{3}{5}$ de la part de A; à C les $\frac{3}{4}$ de la part de B. Quelle est la somme totale, et quelle est la part de chacun?

12) Une montagne a 1500 mètres d'élévation. Aux $\frac{4}{5}$ de sa hauteur est un châlet; aux $\frac{3}{4}$ de la hauteur du châlet est une autre habitation; aux $\frac{2}{3}$ de la hauteur de cette habitation est un rocher; et aux $\frac{3}{7}$ de la hauteur de ce rocher est une caverne. A quelle hauteur se trouve chacun de ces objets?

13) $\frac{3}{8}$ d'heure font combien de minutes et secondes?

14) $\frac{4}{7}$ de jour font combien d'heures, minutes, etc.?

15) Quel est le $\frac{1}{3}$ et demi de 1, 2, 3, 4, 10, etc.?

16) Quelle est la moitié des $\frac{3}{4}$ de 9?

17) Quels sont les $\frac{3}{4}$ des $\frac{2}{3}$ de $\frac{1}{2}$ pomme?

18) Les $\frac{2}{3}$ des $\frac{3}{4}$ de $\frac{1}{2}$ journée font combien d'heures, minutes, etc.?

Questions théoriques sur la multiplication des fractions.

1° Comment multiplie-t-on une fraction par un nombre entier? (157) — 2° Comment multiplie-t-on un nombre fractionnaire par un nombre entier? (158) — 3° Qu'y a-t-il à remarquer sur le produit d'une quantité quelconque multipliée par une fraction? (159) — 4° Comment multiplie-t-on un nombre entier par une fraction? (160-161) — 5° Comment multiplie-t-on une fraction par une fraction? (162) — 6° Expliquez la raison du procédé de la multiplication d'une fraction par une autre fraction sur cette question : *si l'on fait $\frac{3}{4}$ de page en une heure, combien en fera-t-on en $\frac{5}{4}$ d'heure?* (162) — 7° Comment multiplie-t-on un nombre fractionnaire par un autre nombre fractionnaire? (164) — 8° Qu'appelle-t-on *fractions de fractions?* (165) — 9° Comment opère-t-on pour résoudre les questions analogues à celle-ci : quels sont les $\frac{2}{3}$ des $\frac{2}{3}$ de $\frac{3}{4}$? (165)

10° Comment forme-t-on le carré d'une fraction? (166) — 11° Qu'y a-t-il à remarquer sur la valeur du nombre qui exprime le carré d'une fraction? (166) — 12° Le carré d'une fraction exprime le rapport entre le carré de cette fraction et quelle autre quantité? (166) — 13° Démontrez par une figure le rapport du carré de $\frac{3}{4}$ avec le carré de l'unité? (166) — 14° Comment forme-t-on le carré d'un nombre fractionnaire? (167)

15° Comment forme-t-on le cube d'une fraction? (168) — 16° Le cube d'une fraction exprime le rapport entre le cube de cette fraction et quelle autre quantité? (168)

CHAPITRE X. — DIVISION DES FRACTIONS.

Exercices.

Sur le § I. Division d'un nombre entier par une fraction.

171.

1) $8 : \frac{1}{4}$ 2) $9 : \frac{1}{5}$ 3) $12 : \frac{1}{3}$ 4) $20 : \frac{1}{5}$ 5) $18 : \frac{1}{6}$
6) $10 : \frac{1}{5}$ 7) $15 : \frac{1}{4}$ 8) $13 : \frac{1}{5}$ 9) $30 : \frac{1}{4}$ 10) $100 : \frac{1}{2}$

172.

1) $8 : \frac{2}{3}$ 2) $12 : \frac{2}{3}$ 3) $10 : \frac{5}{6}$ 4) $10 : \frac{5}{10}$ 5) $20 : \frac{4}{5}$
6) $18 : \frac{2}{5}$ 7) $15 : \frac{3}{4}$ 8) $24 : \frac{3}{8}$ 9) $25 : \frac{5}{7}$ 10) $40 : \frac{2}{9}$
11) $22 : \frac{2}{5}$ 12) $16 : \frac{4}{5}$ 13) $28 : \frac{5}{6}$ 14) $26 : \frac{4}{10}$ 15) $50 : \frac{5}{9}$
16) $14 : \frac{5}{11}$ 17) $16 : \frac{9}{12}$ 18) $25 : \frac{8}{15}$ 19) $31 : \frac{12}{20}$ 20) $45 : \frac{12}{21}$

Sur le § II. Division d'une fraction par une fraction.

173.

1) $\frac{6}{7} : \frac{1}{7}$ 2) $\frac{8}{9} : \frac{1}{9}$ 3) $\frac{6}{10} : \frac{1}{10}$ 4) $\frac{7}{12} : \frac{1}{12}$ 5) $\frac{4}{5} : \frac{1}{5}$
6) $\frac{6}{8} : \frac{2}{8}$ 7) $\frac{9}{10} : \frac{3}{10}$ 8) $\frac{10}{12} : \frac{5}{12}$ 9) $\frac{12}{15} : \frac{4}{15}$ 10) $\frac{13}{16} : \frac{3}{16}$
11) $\frac{8}{9} : \frac{3}{9}$ 12) $\frac{10}{11} : \frac{4}{11}$ 13) $\frac{11}{15} : \frac{2}{15}$ 14) $\frac{16}{17} : \frac{6}{17}$ 15) $\frac{20}{21} : \frac{6}{21}$

174.

1) $\frac{2}{3} : \frac{4}{6}$ 2) $\frac{5}{4} : \frac{1}{8}$ 3) $\frac{4}{5} : \frac{3}{10}$ 4) $\frac{8}{9} : \frac{2}{3}$ 5) $\frac{11}{12} : \frac{2}{3}$
6) $\frac{10}{11} : \frac{2}{3}$ 7) $\frac{8}{11} : \frac{3}{10}$ 8) $\frac{9}{10} : \frac{5}{12}$ 9) $\frac{15}{20} : \frac{1}{5}$ 10) $\frac{12}{18} : \frac{2}{6}$
11) $\frac{10}{12} : \frac{4}{10}$ 12) $\frac{9}{15} : \frac{2}{14}$ 13) $\frac{18}{20} : \frac{4}{10}$ 14) $\frac{25}{30} : \frac{8}{14}$ 15) $\frac{19}{20} : \frac{2}{16}$

175.

1) $4\frac{1}{2} : 2\frac{1}{3}$ 2) $6\frac{2}{3} : 2\frac{1}{4}$ 3) $9\frac{1}{2} : 2\frac{1}{3}$ 4) $10\frac{2}{3} : 3\frac{1}{4}$
5) $8\frac{3}{4} : 5\frac{1}{2}$ 6) $12\frac{1}{3} : 5\frac{1}{6}$ 7) $11\frac{7}{8} : 3\frac{1}{6}$ 8) $15\frac{1}{2} : 4\frac{2}{3}$
9) $7\frac{1}{4} : 1\frac{1}{2}$ 10) $8\frac{5}{6} : \frac{5}{9}$ 11) $14\frac{9}{12} : \frac{12}{15}$ 12) $20\frac{15}{21} : 3\frac{12}{16}$

Problèmes sur la division des fractions.

1) Si $\frac{1}{2}$ mètre coûte 3 fr., combien coûteront 220 mètres?

2) Si $\frac{4}{5}$ de mètre coûtent 2 fr., combien coûteront 100 mètres?

3) Si 2 mètres $\frac{1}{2}$ coûtent 3 fr., combien coûteront 100 mètres?

4) Si l'on fait 3 mètres d'ouvrage en 7 heures $\frac{1}{2}$, en combien de temps fera-t-on 5 mètres?

5) Si un voiturier fait 9 lieues $\frac{1}{2}$ en 15 heures, en combien de temps fera-t-il 20 lieues $\frac{3}{4}$? Exprimez la fraction du résultat en minutes et secondes.

6) Si l'on fait 2 lieues $\frac{1}{2}$ en 1 heure, en combien de temps fera-t-on 12 lieues $\frac{3}{4}$? *Id.*

7) Si l'on fait 4 mètres $\frac{1}{2}$ d'ouvrage en 5 heures, en combien de temps fera-t-on 8 mètres $\frac{2}{5}$? *Id.*

8) Si $\frac{2}{5}$ de mètre coûtent 12 fr., comb. coûte 1 mètre?

9) Un copiste doit écrire 56 pages $\frac{3}{5}$; il fait 4 pages $\frac{2}{7}$ par heure, et travaille 3 heures par jour; en combien de temps aura-t-il fini?

10) Trois copistes A, B, C, ont chacun l'ouvrage suivant : A doit faire 48 pages $\frac{1}{2}$, il fait 3 pages $\frac{4}{5}$ par heure; B doit faire 50 pages $\frac{5}{7}$, il fait 3 pages $\frac{1}{3}$ par heure; C doit faire 53 pages $\frac{4}{9}$, il fait 4 pages $\frac{1}{5}$ par h. Quel est celui qui aura fini le premier?

11) Combien fera-t-on de chemises avec 1 pièce de 40 mèt. $\frac{1}{2}$ de percale, s'il faut 2 mèt. $\frac{2}{3}$ par chemise?

12) Un ouvrier reçoit 19 fr. pour 6 journées $\frac{1}{2}$; combien gagne-t-il par jour?

13) Un ouvrier fait les $\frac{4}{5}$ de son ouvrage en 3 jours; en combien de temps l'aura-t-il achevé?

14) Deux voyageurs partent ensemble et suivent la même route; A fait 5 lieues en 3 heures et B 7 lieues en 4 heures. Lequel va le plus vite, et de combien?

15) Même question : A fait 4 lieues $\frac{1}{2}$ en 2 heures $\frac{1}{4}$; B fait 4 lieues $\frac{3}{5}$ en 3 heures $\frac{1}{2}$?

16) Quel est le nombre dont les $\frac{4}{5}$ font 7?

17) Les $\frac{3}{4}$ d'un nombre font 1; quel est ce nombre?

18) Quel est le nombre dont les $\frac{3}{7}$ font $\frac{1}{2}$?

19) 3 $\frac{3}{4}$ sont les $\frac{2}{5}$ de quel nombre?

Questions théoriques sur la division des fractions.

1° Quel but se propose-t-on en divisant par une fraction? (170) — 2° Qu'y a-t-il à remarquer sur le quotient d'une quantité divisée par une fraction? (170) — 3° Comment divise-t-on un nombre entier par une fraction dont le numérateur est 1; par exemple 12 par $\frac{1}{4}$? — Pourquoi? (171) — 4° Comment divise-t-on un nombre entier par une fraction dont le numérateur est plus que 1; par exemple 12 par $\frac{3}{4}$? — Pourquoi? (172)

5° Comment divise-t-on une fraction par une autre fraction ayant le même dénominateur? (173) — 6° Même question quand les dénominateurs sont différents? (174) — 7° Comment divise-t-on un nombre fractionnaire par un nombre fractionnaire? (175)

8° Quel autre procédé emploie-t-on encore pour diviser une fraction par une autre fraction; par exemple $\frac{6}{7}$ par $\frac{2}{5}$? (176) — 9° Expliquez la raison de cette opération sur cette question $\frac{6}{7} : \frac{2}{5}$? (176)

CHAPITRE XI. — FRACTIONS DÉCIMALES. — NOTIONS FONDAMENTALES.

Exercices.

Sur le § I. *Nature des fractions décimales.*

Observations. Les exercices suivants seront rendus sensibles au moyen d'un mètre divisé sur lequel on fera vérifier les différentes questions. Ces questions, dont on ne donne ici que les types, seront multipliées autant que cela sera nécessaire pour l'intelligence parfaite de ces premières notions, auxquelles on ne saurait attacher trop d'importance.

178. 1° Qu'est-ce qu'un dixième?
2° Combien y a-t-il de dixièmes dans une unité?
3° Quelle différence y a-t-il entre 1 dixième et 1 dizaine?
4° Quest. analogues sur les centièmes, les millièmes, etc.?
5° 2, 3, 4, 5, 6, etc., entiers font combien de dixièmes?
6° Quest. analogues sur les centièmes, les millièmes, etc.?
7° 2 entiers et 4 dixièmes font combien de dixièmes?
8° Questions analogues sur d'autres nombres.
9° 4 entiers et 25 centièmes font combien de centièmes?
10° Questions analogues sur d'autres nombres.
11° 34 dixièmes font combien d'entiers?
12° 34 dizaines font combien d'unités?
13° Questions analogues sur d'autres nombres.

Sur le § II. *Lecture et écriture des fractions décimales.*

179-180. Sur un tableau analogue à celui qui est indiqué n° 180, p. 130, on exercera les élèves à désigner la valeur de chaque chiffre.

181. Enoncer, et écrire sous la dictée, les nombres décimaux suivants, dont on augmentera la quantité autant que cela sera nécessaire.

0,1	0,002	0,34	344,2
12,4	15,056	12,020	256,02
10,5	10,264	4,2560	29,008
6,3	2,030	18,9	500,5
0,04	0,0003	0,344	84,256
25,25	8,0045	0,029	8244,1
30,89	20,0267	10,0005	567,50
10,50	32,3678	0,090	81,500

182-183. Ecrire les fractions décimales ci-dessus, et d'autres analogues, simultanément sous forme de fractions décimales et de fractions ordinaires.

Faire distinguer dans les fractions décimales le numérateur et le dénominateur.

Sur le § III. *Propriétés des fractions décimales.*

184. Réduire 0,2 en centièmes, millièmes, dixmillièmes, etc.

Réduire 0,50000 en dixmillièmes, millièmes, centièmes, dixièmes.

Questions analogues sur d'autres nombres.

185-186. Rendre les fractions décimales ci-dessus, et autres analogues, 10, 100, 1000, 10000 fois plus fortes ou plus faibles par le déplacement de la virgule.

Même opération sur les mêmes nombres exprimés sous forme de fractions ordinaires.

187. Réduire les entiers en fractions décimales :

6,2 font combien de dixièmes?

34,25 font combien de centièmes?

Questions analogues sur d'autres membres.

188. Extraire les entiers d'un nombre fractionnaire décimal :

254 dixièmes font combien d'entiers ?
2829 centièmes font combien d'entiers ?
Questions analogues sur d'autres nombres.

Sur le § IV. Réduction des fractions décimales au même dénominateur.

189. Réduire au même dénominateur

0,2	6,256	8,4
4,54	8,0	5,60000
8,029	5,45	0,200
0,2004	12,2542	9,8500

Nota. Tous ces exercices devront, autant que possible, être faits sur les mêmes nombres en fractions décimales et en fractions ordinaires.

CHAPITRE XII. — SYSTÈME DES POIDS ET MESURES.

Sur le § I. Anciennes mesures.

Questions théoriques.

1° En combien de classes peut-on ranger toutes les mesures? — Quelles sont-elles? (190)

2° Quelles étaient les principales anciennes mesures de longueur et leurs subdivisions ? (191)

3° Quel était l'usage spécial de la *perche*, de l'*aune*, de la *lieue*, du *mille*, de la *brasse ?*

4° Quelles étaient les principales anciennes mesures de poids et leurs subdivisions ?

5° Quel était l'usage spécial du *scrupule*, du *karat*, du *tonneau ?*

6° Quelles étaient les principales anciennes mesures de capacité pour les liquides ?

7° Même question pour les matières sèches?

8° Quelles étaient les principales anc. mesures agraires?

9° Même question sur les mesures de solidité pour le bois de chauffage ?

10° Quelle était l'ancienne unité monétaire et ses subdivisions ?

11° Quelles étaient les anciennes pièces de monnaie et leur valeur ?

12° Quelles sont les mesures du temps et leurs subdivisions?

13° Quelles sont les mesures du cercle?

14° Combien d'inconvénients principaux présentaient les anciennes mesures et quels étaient-ils? (192)

15° En quoi consistait l'inconvénient de la multiplicité des mesures?

16° Même question sur le défaut de fixité dans la valeur?

17° Même question sur le défaut d'uniformité dans la subdivision?

18° Même question sur le défaut d'uniformité dans les dénominations?

19° Quel roi avait conçu le projet d'un système uniforme de poids et mesures pour toute la France? (193)

20° A quelle époque le système des poids et mesures fut-il réformé en France?

Sur le § II. *Système métrique.*

Questions théoriques.

1° Quelle est l'unité fondamentale du nouveau système des poids et mesures?

2° D'où vient le nom de ***système métrique*** donné aux nouvelles mesures? (194)

3° Comment a-t-on fait pour avoir la mesure fixe et invariable du mètre?

4° Comment a-t-on obvié à l'inconvénient de la multiplicité des mesures? (194)

5° Même question sur le défaut de fixité dans la valeur des mesures?

6° *Id.* sur le défaut d'uniformité dans les subdivisions?

7° *Id.* sur le défaut d'uniformité dans les dénominations?

8° Quelle est l'unité des nouvelles mesures de *longueur?*

9° Quels sont les noms des divisions et des multiples du mètre?

10° Quelle est l'unité des nouvelles mesures de *capacité?*

11° Comment le litre a-t-il été formé du mètre?

12° Quels sont les noms des divisions et des mult. du litre?

13° Quelle est l'unité des nouvelles mesures de *poids?*

14° Comment le gramme a-t-il été formé du mètre?

15° Quelles précautions a-t-on prises pour que le poids du gramme fût toujours uniforme et invariable?

16° Quels sont les noms des div. et des mult. du gramme?

17° Combien le litre contient-il de centimètres cubes?

18° Quel est le poids d'un litre d'eau distillée?

19° Quelle est l'unité des nouvelles mesures *agraires?*

20° Comment l'are a-t-il été formé du mètre?

21° Quels sont les noms des divisions et des mult. de l'are?

22° Comment évalue-t-on les superficies autres que celles des champs?

23°. Quelle est l'unité des nouvelles mesures de solidité pour le bois de *chauffage?*

24° Comment le stère a-t-il été formé du mètre?

25° Quelle est l'unité des nouvelles *monnaies?*

26° Comment le franc a-t-il été formé du mètre?

27° Quels sont les noms des div. et des mult. du franc?

28° Quelles sont les pièces de monnaie adoptées et en rapport avec le système métrique?

29° Quelles sont les mesures auxquelles le système décimal n'a pas été appliqué?

30° Quels sont les multiples du mètre le plus ordinairement considérés comme unités? (196).

31° Même question sur le litre?

32° *Id.* sur le gramme?

33° *Id.* sur l'are?

Sur le § III. *Application des fractions décimales au système métrique.*

197. Enoncer, et écrire sous la dictée les nombres suivants et d'autres analogues:

3,2	mètres.	4,221	kilom.	4,29	décim.
0,04	mèt.	0,450	kilom.	9,29	décim.
16,0	mèt.	14,0	kilom.	4,2	cent.
225,003	mèt.	20,036	myriam.	8,9	cent.
54,208	mèt.	0,2500	myriam.	0,3	cent.
0,429	mèt.	30,0	myriam.	5,9	cent.
249,2	gram.	8,240	kilogr.	5,60	hectog.
5248,34	gram.	25,036	kilogr.	0,34	hectog.
20,0	gram.	0,400	kilogr.	9,0	hectog.
0,245	gram.	34,0	kilogr.	8,0	hectog.
225,2	litres.	8,3	décal.	250,34	hectol.
68,0	lit.	0,54	décal.	0,09	hectol.
0,84	lit.	6,0	décal.	125,0	hectol.
25,2	ares.	0,38	ares.	60,44	hectar.

30,0	ares.	55,09	ares.	250,0	hectar.
34,2	stères.	221,0	stères.	29,85	stères.
55,25	francs.	556,0	francs.	0,84	francs.

198. Réduire les nombres ci-dessus en unités de la plus petite espèce. *Ex.* 3m,2 font combien de décimètres, centimètres, millimètres? — 16m,0 font combien de décim., centim., millim.? 8,9 kilogr. font combien d'hectogr., décagr., gram., décigr., centigr., milligr.?

199. Extraire les unités principales d'un nombre fractionnaire.

54	décim.	= x	mètres?	856	litres	= x	hectol.?
2458	millim.	= x	décim.?	3679	centil.	= x	litres?
2458	—	= x	centim.?	3675	litres	= x	décal.?
2458	—	= x	mètres?	39235	décil.	= x	hectol.?
3500	centim.	= x	mètres?	3584	ares	= x	hectar.?
3825	mètres	= x	kilom.?	81250	centi.	= x	hectar.?
75900	--	= x	kilom.?	9250	décar.	= x	hectar.?
645	gram.	= x	hectog.?	6284	cent.	= x	francs?
8229	décigr.	= x	gram.?	81200	—	= x	francs?
256781	centigr.	= x	kilogr.?	85000	—	= x	francs?

CHAP. XIII. — OPÉRATIONS DE L'ARITHMÉTIQUE SUR LES FRACTIONS DÉCIMALES ET LES MESURES MÉTRIQUES.

Sur le § I. *Addition des fractions décimales.*

Exercices.

201.

1) fr.	2) fr.	3) fr.	4) fr.
254,75	35,00	0,84	0,50
29,30	644,60	0,68	1,50
66,15	800,25	0,55	6,75
9,02	12,44	0,15	0,95
12,18	61,88	0,05	0,60

202.

1) m.	2) m.	3) m.	4) k.m.
29,2	356,58	0,25	34,25
344,34	25,64	0,68	56,640
0,05	0,256	0,2	240,0
62,20	69,7	0,684	68,29
54,00	0,85	0,05	5,7

5) my.m.	6) m.m.	7) l.	8) h.l.
25,34	12,2	64,22	0,65
6,9	55,25	250,0	0,28
18,655	356,9	25,35	0,855
21,29	21,0	60,84	0,267
0,6	0,75	29,255	0,569

9) gr.	10) gr.	11) k.g.	12) k.g.
254,2	0,25	12,250	0,355
68,65	0,68	29,6	0,720
64,29	0,92	240,68	0,300
554,69	0,50	84,500	0,25
85,80	0,09	90,829	0,525

13) a.	14) h.a.	15) h.a.	16) st.
34,25	3,44	0,425	24,2
68,56	24,68	0,68	18,4
236,32	25,28	0,7	121,0
57,0	250,4	0,056	84,9
6,02	368,06	0,60	8,8

Problèmes.

1) On a payé en différentes fois 344 fr. 65 c. ; 68 fr. 25 ; 250 fr. 84 ; 519 fr. 10 ; comb. a-t-on payé en tout ?

2) On rapporte dans un panier $3^{kil\cdot g}$·250 de café ; 1 pain de sucre de $4^{k.g}$·300 ; 1 paquet de chandelles de $2^{k.g}$·500 ; $4^{k.g}$·40 de viande ; le panier pèse à lui seul $2^{k.g}$·500 ; quel est le poids total ?

3) On achète 3 pièces de vin ; la première contient $184^{lit.}$,4 ; la deuxième $168^{lit.}$,75 ; la troisième $210^{lit.}$,39 ; combien contiennent les 3 pièces ensemble ?

4) Un pieu est enfoncé en terre de 0^m,5 ; la portion qui est dehors a 1^m,35 ; quelle est la longueur du pieu ?

Sur le § II. Soustraction des fractions décimales.

203. **Exercices.**

1) m.	2) m.	3) fr.	4) fr.
256,64	34,25	524,30	300,50
64,22	9,78	68,45	19,85

204.

1) fr.	2) m.	3) l.	4) k.m.
2865,0	760,0	56,0	56,0
87,69	125,75	19,68	18,64

5) gr.	6) k.g.	7) a.	8) h.a.
321,2	44,4	354,2	34,21
12,25	18,721	28,04	29,654

9) h.l.	10) fr.	11) h.a.	12) k.m.
529,68	500,0	68,0	25,35
68,296	28,95	19,256	19,8

Problèmes.

1) La taille d'un enfant à l'âge de 8 ans est de $0^m,98$; à 12 ans il a $1^m,10$; de combien a-t-il grandi ?

2) Un pain qui doit peser 2 kil. ne pèse que $1^{k.g.}908$; quelle différence y a-t-il sur le poids?

3) Un ouvrier demande pour un ouvrage 6 fr. 10 c.; un autre 5 fr. 95 c.; quelle différence y a-t-il entre leurs prix ?

4) Un pieu de $2^m,55$ est enfoncé en terre; la partie qui est dehors a $1^m,98$; de combien est-il enfoncé?

5) Sur un poids de $10^{k.g.},250$ de viande le boucher met $2^{k.g.},4$ de réjouissance; quel est le poids de la viande seule ?

6) L'ancien pied français valait $0^m,3248$; le pied anglais vaut 3,0479 décimètres; quelle est la différence des deux mesures?

7) On a acheté 64 hectares 7 ares 4 centiares, sur quoi on a revendu 25 hectares 19 ares; que reste-t-il?

8) Sur 55 hectares 30 ares on a vendu 18 hectares 55 centiares; que reste-t-il?

9) Pour garnir une robe il faut $6^m,10$ de ruban; on n'en a que $4^m,84$; combien en manque-t-il?

10) Une règle de fer a $0^m,6258$ à la température de 0; à la température de l'eau bouillante ou de 100 degrés elle a $0^m,6270$; de combien s'est-elle dilatée?

11) Un corps pèse 2 kil. hors de l'eau; dans l'eau il

ne pèse plus que $1^{k.g.}544$; de combien a-t-il perdu de son poids ? (La différence est le poids de l'eau déplacée.)

---

12) On a vendu pour 256 fr. 25 c., 69 fr. 84 c., 529 fr. 30 c. ; sur la recette on a dépensé 145 fr. 75 c., 87 fr. 90 c. Combien reste-t-il ?

13) D'une pièce d'étoffe de 44 mètres on a employé $3^m,25$, $6^m 64$, $5^m,58$; combien reste-t-il d'étoffe ?

14) D'un tonneau contenant 2 hectolitres de vin on a tiré 34 lit., 52 lit., 25 lit., $33^{lit.}2$; combien reste-t-il dans le tonneau ?

15) Un tailleur vend un habit 120 fr. ; il a dépensé pour le faire 47 fr. 75 c. de drap ; 5 fr. 30 c. de velours ; 4 fr. 75 c. de doublure et 2 fr. 90 c. de boutons ; il a de plus payé 20 fr. de façon à l'ouvrier. Quel est son bénéfice ?

16) Une personne devait 256 fr. 25 c. ; elle rembourse une fois 50 fr. 45 c., une autre fois 67 fr. 80 c., et donne pour le surplus un billet de banque de 500 francs. Combien doit-on lui rendre ?

17) Une personne avait 10 fr. 90 c. dans sa bourse ; elle a joué 4 coups ; au premier elle a gagné 2 fr. 75 c. ; au deuxième elle a perdu 3 fr. 25 c. ; au troisième elle a perdu 6 fr. 80 c. ; au quatrième elle a gagné 5 fr. 10 c. Combien lui reste-t-il dans sa bourse ?

Sur le § III. Multiplication des fractions décimales.

Exercices.

205.

1)	25,34 × 6	2)	236,08 × 8
3)	50,354 × 9	4)	500,08 × 12
5)	672,069 × 25	6)	29,2354 × 30
7)	0,28 × 6	8)	0,009 × 54
9)	0,542 × 250	10)	0,006 × 8
11)	0,0345 × 300	12)	0,240 × 50

206.

1)	2,4 × 3,5	2)	23,54 × 6,02
3)	55,244 × 2,2	4)	256,7 × 29,04
5)	300,02 × 1,001	6)	502,005 × 6,001
7)	468,09 ×542,094	8)	800,333 × 2,04
9)	23,2045× 72,3067	10)	1000,001 × 10,0001
11)	70,002 ×345,2	12)	810,066 ×501,209

209.

1)	0,2 × 0,05	2)	0,34 × 0,4
3)	0,006 × 0,002	4)	0,024 × 0,256
5)	0,009 × 0,09	6)	0,550 × 0,360
7)	0,0600× 0,200	8)	0,3644× 0,002
9)	0,821 × 0,084	10)	0,0001× 0,0002
11)	0,567 × 0,008	12)	0,0025× 0,024

210. On fera multiplier tous les nombres décimaux ci-dessus par 10, 100, 1000, etc.

Problèmes.

1) Combien coûtent $24^{m},25$ à 5 fr. le mètre?
2) Même question à 8, 9, 10, 11, 12, 15, 20 fr. le mètre?
3) Combien coûtent 8 mètres à 3 fr. 25 c. le mètre?
4) *Id.* $10^{m},55$ à 3 fr. 25 c. le mètre?
5) *Id.* $24^{m},35$ à 5 fr. 35 c. le mètre?
6) *Id.* $24^{lit.},6$ à 1 fr. 45 c. le litre?
7) *Id.* $25^{k.g.}255$ à 5 fr. 75 c. le kilogr.?
8) *Id.* 340 hectares,28 de terrain à 236 fr. l'hect.?
9) *Id.* 64 décal.,44 à 2 fr. 50 c. le litre?
10) *Id.* 30 kilog.,24 à 0 fr. 25 c. le gramme?
11) *Id.* 48 kilog.,763 à 0 fr. 55 c. le gramme?
12) *Id.* 56 hectol.,67 à 120 fr. 35 c. l'hectolitre?
13) *Id.* 64 hectol.,38 à 0 fr. 60 c. le litre?
14) *Id.* 2647 litres à 375 fr. l'hectolitre?
15) Quel est le poids d'un litre ou décimètre cube d'eau pure? — *Id.* d'un centilitre? — *Id.* d'un hectolitre?
16) Quel est le poids d'un décimètre cube d'argent

pur, sachant que la pesanteur spécifique de l'argent est 10,47 (*)? — *Id.* d'un centimètre cube?

17) Même question sur l'or? pesant. spéc. 19,26.
18) *Id.* sur le platine? pesant. spéc. 22,06.
19) *Id.* sur le plomb? pesant. spéc. 11,35.
20) *Id.* sur le cuivre? pesant. spéc. 8,85.
21) *Id.* sur le fer? pesant. spéc. 7,788.
22) *Id.* sur le zinc? pesant. spéc. 7,19.
23) *Id.* sur l'étain? pesant. spéc. 7,29.
24) *Id.* sur le mercure? pesant. spéc. 13,598.
25) *Id.* sur la glace? pesant. spéc. 0,97.
26) *Id.* sur le bois de hètre? pesant. spéc. 0,85.
27) *Id.* sur le liége? pesant. spéc. 0,24.
28) *Id.* sur 1 litre d'eau de mer? pes. sp. 1,02.
29) *Id.* sur 1 lit. d'huile d'olive? pes. sp. 0,91.
30) *Id.* sur 1 lit. de vin de Bordeaux? p. s. 0,9.
31) *Id.* sur 1 litre d'alcool? pesant. spéc. 0,79.
32) *Id.* sur 1 litre d'air? Il pèse 770 fois moins que l'eau. Pesanteur spécifique comparée à l'eau. 0,0013.
33) *Id.* sur 1 mètre cube d'air?
34) *Id.* sur 1 litre d'eau à la température de 30 degrés? pesant. spéc. 0,995.
35) Quelle est la pression de l'air sur 1 mètre carré, sachant qu'elle est de 1,033 kil. sur 1 centim. carré?
36) Quelle est la valeur de 1 décim. cube d'or pur? — *Id.* de 1 centim. cube? (Voir la note p. 319.)
37) Même question sur l'argent?
38) *Id.* sur le cuivre, au prix de 2 fr. 50 c. le kil.?

---

39) Un fabricant emploie 50 ouvriers dont 25 à 1 fr. 25 c. par jour, 10 à 1 fr. 50 c., 5 à 2 fr. 25 c., 5 à 3 fr.

(*) La pesanteur spécifique est le poids d'un corps comparé, à volume égal, avec le poids d'un autre corps pris pour unité. Pour les solides et les liquides, le terme de comparaison est l'eau distillée à la température de zéro, ou plus exactement au maximum de densité,

50 c., et 5 à 4 fr. 75 c.; à combien se monte la paie de chaque samedi?

40) On achète 20 objets à 2 fr. 70 c., et on les revend 3 fr. 85 c.; quel est le bénéfice sur le tout?

41) Que coûte la façon de 5 douzaines de chemises à 70 c. pièce, et que gagne-t-on sur le tout si l'on emploie pour chacune 1^m,45 de calicot à 85 c., et si on les revend 3 fr. 85 c.?

42) Sur 20 journées à 4 fr. 50 c. on retient à un ouvrier 6 demi-journées; que lui revient-il?

43) Un marchand vend en gros 24 pièces d'une marchandise qui lui coûte 1 fr. 95 c. la pièce, à raison de 2 fr. 50 c. Le détaillant les revend, savoir : 6 à 2 fr. 75 c., 10 à 3 fr. 10 c., 4 à 3 fr. 5 c., et 6 à 3 fr. 50 c. Quel est le bénéfice de chacun, et quelle différence y a-t-il entre le produit de la vente en gros et celui de la vente en détail?

44) 35 kilog. de marchandise ont coûté 250 fr. 50 c.; on les revend 8 fr. 25 c. le kilog.; quel bénéfice a-t-on fait sur le tout?

45) Une personne dépense 4 fr. 25 c. par jour pour sa nourriture, 33 fr. 50 c. par mois pour son logement, 1 fr. 50 c. par semaine de blanchissage, 440 fr. par an pour ses habillements, et 500 fr. pour menues dépenses; quelle est sa dépense annuelle?

46) Une femme dépense 3 fr. 75 c. par jour pour son ménage en le faisant elle-même. En prenant une domestique qui lui coûterait 200 fr. de gages et 300 fr. de nourriture, elle pourrait travailler et gagner 1 fr. 70 c. par jour. A-t-elle avantage à prendre une domestique, et dans ce cas combien y gagnerait-elle?

47) Quelle serait la charge d'un homme qui porterait 5624 fr. en argent et 3240 en or, le tout contenu dans une cassette pesant 3,2 kilog.? (Voy. p. 319.)

---

qui est 4° au dessus de zéro. Ainsi, quand on dit que la pesanteur spécifique d'un corps est par exemple de 7,3 celle de l'eau étant 1, cela veut dire qu'il pèse 7,3 fois autant que l'eau.

48) Quel est le montant de la facture suivante :

Vendu 55^{m},5 percale....... à 1 fr. 50 c.
12^{m},75 madapolam... à 1 10
75^{m},90 rubans....... à 0 75
10^{m},50 satin......... à 6 35

49) Quel est le montant de la facture suivante :

Vendu 2 hectol. 34 de vin..... à 1 fr. 75 c. le litre.
12 *id.* 25 *id.* .... à 0 60 le litre.
25 bout. de Champagne à 4 25 la bout.
36 bout. de Bordeaux.. à 2 65 la bout.

50) Quel est le montant de la facture suivante :

Vendu 15 rames de papier à 4 fr. 75 c.
24 *id.* *id.* à 5 30
4 registres.......... à 10 50 pièce.
8 mains de papier à 0 60 la main.
15 litres d'encre.... à 0 40 le litre.
4 douz. de crayons à 0 20 pièce.

51) Quel est le montant du mémoire suivant :

Blanchissage de 8 chemises........ à 30 c. pièce.
7 mouchoirs...... à 10
6 paires de bas... à 10
4 fichus............ à 40
3 paires de draps à 50
11 serviettes........ à 15

52) Quel est le montant du mémoire suivant :

Fourni 2^{m},50 casimir pour pantalon à 12 fr. 50 c.
0^{m},80 doublure................ à 1 50 le m.
Fournitures et façon.................... 8 50
Fourni 2^{m},25 drap pour redingote... à 18 75
18 boutons ; la douzaine....... à 1 10
Fournitures diverses et façon......... 15 50

53) Quel est le montant du compte suivant :

2$^{k.g.}$,250 de sel........... à 0 f. 50 c. le kilog.
12$^{k.g.}$,300 de sucre......... à 0 90 le $\frac{1}{2}$ kilog.
4 paquets de chandelles à 3 75
6 douzaines d'œufs....... à 0 15 la pièce.
0$^{k.g.}$,250 huile d'olive.... à 2 75 le kilog.
6 kilogr. de chocolat..... à 2 25 le $\frac{1}{2}$ kilog.

Sur le § IV. Division des fractions décimales.

Exercices.

211.

1) 54,2	: 8	2) 256,25	: 4
3) 320,3	: 7	4) 502,03	: 24,02
5) 367,02	: 12,25	6) 290,240	: 8,550
7) 28,5	: 6,8	8) 255,30	: 6,10
9) 71,302	: 12,435	10) 68,04	: 10,4

212.

1) 24,2	: 5,33	2) 344,1	: 22,25
3) 12,68	: 5,2	4) 36,354	: 5,4
5) 29,75	: 6,740	6) 56,6	: 4,24

213.

1) 33,50	: 2,5	2) 24,200	: 8,3
3) 56,500	: 9,60	4) 6,300	: 2,44
5) 8,550	: 5,25	6) 344,4	: 6,290

216.

1) 0,8	: 0,2	2) 0,25	: 0,05
3) 0,324	: 0,2	4) 0,34	: 0,002
5) 0,68	: 0,024	6) 0,080	: 0,08
7) 0,708	: 0,5	8) 0,28	: 0,2
9) 0,990	: 0,0020	10) 0,6	: 0,089

217.

1) 6,0	: 0,2	2) 90,0	: 0,90
3) 63,0	: 0,02	4) 55,0	: 0,24
5) 250,0	: 0,12	6) 644,0	: 0,80

218. On fera diviser tous les nombres décimaux ci-dessus par 10, 100, 1000, etc.

Sur le § V. Conversion du reste d'une division en décimales.

219.

1) 8 : 5	2) 10 : 4	3) 12 : 68	4) 567 : 25
5) 100 : 8	6) 34 : 8	7) 68 : 16	8) 366 : 12

220.

1) 10 : 3	2) 100 : 3	3) 34 : 6	4) 55 : 6
5) 781 : 9	6) 342 : 12	7) 834 : 30	8) 254 : 15

Pour complément d'exercice sur ce paragraphe on pourra reprendre les exercices ci-dessus des nos **211** et suivants, dont on fera convertir les restes en décimales.

Sur le § VI. Conversion des fractions ordinaires en décimales.

222.

1) $\frac{1}{2}$ $\frac{1}{3}$ $\frac{2}{3}$ $\frac{1}{4}$ $\frac{3}{4}$ $\frac{1}{5}$ $\frac{2}{5}$ $\frac{3}{5}$ $\frac{4}{5}$ $\frac{5}{6}$

2) $\frac{7}{8}$ $\frac{5}{9}$ $\frac{4}{9}$ $\frac{7}{12}$ $\frac{5}{8}$ $\frac{4}{13}$ $\frac{9}{15}$ $\frac{11}{15}$ $\frac{7}{20}$ $\frac{18}{19}$

3) $\frac{2}{4}$ $\frac{2}{6}$ $\frac{3}{6}$ $\frac{4}{6}$ $\frac{2}{8}$ $\frac{4}{8}$ $\frac{6}{8}$ $\frac{3}{9}$ $\frac{6}{9}$ $\frac{6}{12}$

4) $\frac{3}{12}$ $\frac{4}{12}$ $\frac{9}{12}$ $\frac{10}{15}$ $\frac{8}{20}$ $\frac{12}{20}$ $\frac{20}{40}$ $\frac{30}{40}$ $\frac{20}{80}$ $\frac{18}{20}$

Sur le § VII. Conversion des nombres complexes en décimales de l'unité principale.

Nota. Par abréviation, les minutes se marquent par ′, les secondes par ″ et les tierces par ‴.

223.

1) 3 jours 10 heures.
2) 6 heures 15 minutes.
3) 8 h. 25′.
4) 4 h. 25″.
5) 25′ 55″.
6) 12′ 30″.
7) 4 h. 40′.
8) 8 h. 33″.
9) 5 h. 2′.
10) 3 h. 10′ 20″.
11) 6 h. 33′ 44″.
12) 4 h. 48′ 48″.
13) 4 toises 3 pieds.
14) 4 pieds 8 pouces.
15) 5 pouces 5 lignes.
16) 6 t. 4 pi. 8 po.
17) 5 t. 0 pi. 11 p.
18) 3 p. 0 p. 11 lig.
19) 0 t. 0 pi. 0 po. 3 lig.
20) 0 pi. 7 po. 9 lig.

Problèmes.

1) 4 personnes ont dépensé ensemble 39 fr. 75 c.; quelle est la dépense de chacune?

2) Si 2 rames de papier coûtent ensemble 27 fr. 80 c., combien coûte la main? (1 rame = 20 mains.)

3) Combien tiendra-t-il de personnes sur un banc de 8m,60 de long, s'il faut à chaque personne 55 centimètres?

4) 35 mètres d'étoffe coûtent 84 fr. 75 c.; combien coûte le mètre?

5) 10 mètres coûtent 27 fr. 80 c.; comb. 1 mètre?
6) 4 mètres coûtent 12 fr. 55 c.; comb. 1 mètre?
7) $5^m,25$ coûtent 20 fr. 80 c.; combien 1 mètre?
8) $3^m,50$ coûtent 18 fr. 70 c.; combien 1 mètre?
9) $1^m,80$ coûtent 0 fr. 85 c.; combien 1 mètre?
10) $3^m,70$ coûtent 0 fr. 68 c.; combien 1 mètre?

11) 12 ouvriers ont fait ensemble un ouvrage de $75^m,84$; combien chaque ouvrier en a-t-il fait?

12) Une personne a 534 fr. 65 c. à dépenser; elle dépense 3 fr. 75 c. par jour; combien de temps durera cette somme?

13) $3^{k.g.}300$ ont coûté 12 fr. 80 c.; quel est le prix du kilog.?

14) $34^{k.g.},025$ coûtent 6 fr. 75 c.; comb. 1 kilog.?

15) Un pharmacien doit partager 1 décagramme de poudre en 12 paquets; quel sera le poids de chaque paquet?

16) 10 toises font $19^m,49037$; combien 1 toise vaut-elle de mètres?

17) 8 kilog. coûtent 30 fr. 50 c.; quel est le prix du gramme?

18) Combien aura-t-on de kilog. de pain pour 236 fr. 60 c. si le kilog. coûte 30 c.?

19) Combien aura-t-on de mètres d'étoffe pour 500 francs à raison de 15 fr. 65 c. le mètre?

20) Une roue fait 524 tours par minute; combien cela fait-il de tours par seconde? — *Id.* par heure?

21) Une roue a $2^m,25$ de circonférence; combien fera-t-elle de tours dans une lieue de 4444 mètres?

22) Réduire les nombres suivants en décimales du mètre:

1) $4^m\frac{3}{4}$; 2) $2^m\frac{4}{5}$; 3) $3^m\frac{5}{6}$; 4) $6^m\frac{2}{5}$.

---

23) Une salle contient 20 banquettes dont 10 ont $4^m,80$ de long; 5 ont $3^m,72$ et 5 ont $6^m,20$. Combien pourra-t-on asseoir de personnes, s'il faut pour chaque place 62 centimètres?

24) 2 pièces de drap de chacune 44^m,30 ont coûté 1934 fr. 80 c.; à combien revient le mètre?

25) 25 kilog. de marchandise coûtent 563 fr. Combien faut-il la revendre pour gagner 5 c. par gramme?

26) On mélange 6 litres de vin à 75 c. le litre; 4 litres à 1 fr. 10 c. et 3 litres à 80 c. Quel est le prix du litre du mélange?

27) Dans 20 litres de vin à 60 c. on ajoute 6 litres d'eau; à combien revient le litre du mélange?

28) Une pièce de vin contient 220 litres à 1 fr. 90 c. On ajoute 1 litre d'eau par 10 litres de vin; à combien revient le litre du mélange?

29) Une pièce de vin contenant 216 litres coûte 172 fr. 80 c.; on ajoute 1 litre d'eau par 5 litres de vin; à combien revient le litre du mélange?

30) On veut vendre 12 œufs 1 fr. 80 c.; mais on en casse 3; combien faut-il vendre ceux qui restent pour en retirer le même prix?

31) On achète 12 exemplaires d'un ouvrage à 3 fr. 15 c. l'exemplaire, et on a le 13ᵉ gratis. A combien revient chaque exemplaire?

32) On achète 100 exemplaires d'un ouvrage à 6 fr. 75 c. l'exempl., et on a le 13ᵉ gratis. Quel sera le bénéfice sur chaque exempl. si on les revend 8 fr. 25 c.?

33) On achète 12 exemplaires d'un ouvrage à 1 fr. 80 c., avec le 13ᵉ gratis; on les revend, savoir : 4 à 2 fr. 10 c., 5 à 2 fr. 50 c. et 4 à 2 fr. 75 c. Quel est le bénéfice total?

34) Une substance coûte 18 fr. 50 c. le kilog. Combien gagne-t-on sur le kilog. en la revendant en détail 25 c. le gramme?

35) De l'eau-de-vie coûte 2 fr. 25 c. le litre; combien faut-il vendre le litre si l'on veut gagner 10 fr. sur 12 litres?

36) Un fabricant emploie 12 ouvriers dont 6 à 1 fr. 50 c. par jour, 3 à 2 fr. 25 c., 2 à 3 fr. 75 c. et 1 à 4 fr. 50 c. Quel est le prix moyen de chaque ouvrier?

37) Deux voyageurs vont à la rencontre l'un de l'au-

tre ; l'un fait 5 lieues en 3 heures et l'autre 7 lieues en 2 heures ; de combien se rapprochent-ils par heure?

38) Si 6 mètres d'étoffe coûtent 40 fr. : combien coûteront 10 mètres?

39) Si 10 litres de vin coûtent 36 fr. 50 c., combien coûteront 13 litres?

40) Si l'on gagne 15 fr. sur la vente de 23 mètres d'étoffe, combien gagnera-t-on sur 31 mètres?

41) Si l'on gagne 10 fr. 50 c. sur une douzaine d'objets, que gagnera-t-on sur 100 objets?

42) Une main de papier de 25 feuilles coûte 70 c. ; à combien reviennent 8 feuilles?

43) Une entreprise donne 8 p. % de bénéfice par an ; quel sera le bénéfice d'un associé qui y a mis 50000 fr.?

44) Quel est l'intérêt d'une somme de 24000 fr. à 5 p. %?

45) Quel est l'intérêt pour 2 ans d'une somme de 33584 fr. à 5 p. %?

46) 5 ouvriers fabriquent 22 mètr. d'étoffe par jour ; 8 autres ouvriers en fabriquent 37 mètr. dans le même temps ; quels sont les plus habiles?

47) Quel est le poids de 1000 fr. en argent (*)?

48) *Id.* de 1000 fr. en pièces d'or?

49) Quelle est la valeur de 1 gramme d'argent pur?

50) *Id.* de 1 gramme d'or pur?

51) Quelle est la valeur de 1 kilogramme d'argent monnayé?

52) *Id.* de 1 kilog. d'or monnayé?

53) Quel est le poids de 456 fr. en argent monnayé?

54) Avec 3,25 kilog. d'argent pur, combien peut-on faire de pièces de 5 fr.? — *Id.* de 2 fr.? — *Id.* de 1 fr.? — *Id.* de 50 c.? — *Id.* de 25 c.?

55) Quelle est la quantité d'argent pur contenu dans une pièce de 5 fr.?

(*) Pour cette question et les suivantes, voir la note page 319.

56) Quelle est la quantité d'argent pur contenu dans un objet pesant 57,25 gram. au titre de 0,900?

57) Même question au titre de 0,820?

58) Quelle est la valeur de l'argent pur contenu dans l'objet ci-dessus, 1° au titre de 0,900; 2° au titre de 0,820?

59) Quel est le poids et la valeur de l'or pur contenu dans une guinée, sachant que la pièce pèse 8,380 gram. et que le titre est 0,915?

60) Même question pour 1 ducat d'Autriche : poids 3,490 gram., titre 0,986?

61) A poids égal, combien l'or pur vaut-il de fois plus que l'argent?

62) On fond ensemble 33 gram. d'argent et 4 gram. de cuivre; quelle est la quantité de cuivre pour 1 gr. de l'alliage?

63) Quel est le titre d'un alliage composé de 39 gram. d'argent et de 5 gram. de cuivre?

64) Quelle quantité de cuivre faut-il ajouter à 45 grammes d'argent pour en faire un alliage au titre de 0,860?

Problèmes sur la mesure des surfaces et des solides (*).

1) Quel est le contour et quelle est la surface d'un carré ayant 3m,25 de côté?

(*) La plupart des mesures de surfaces et de solides reposent sur des principes dont la démonstration appartient à la géométrie; nous indiquerons seulement ici le procédé à suivre pour la mesure des cercles, des cylindres et des sphères.

1° Le diamètre d'un cercle est les $\frac{113}{355}$ ou les 0,318 de la circonférence; mais quand on n'a pas besoin d'une appréciation très-rigoureuse on se contente de le considérer comme le $\frac{1}{3}$ de la circonférence. Dans les problèmes ci-après on le prendra pour $\frac{1}{3}$.

2° Le rayon étant la moitié du diamètre sera le $\frac{1}{6}$ de la circonférence.

3° Pour mesurer la surface d'un cercle il faut multiplier la circonférence par la moitié du rayon ou le $\frac{1}{4}$ du diamètre.

2) Même question sur des carrés ayant de chaque côté :

1) 0m,85 ; 2) 1m,66 ; 3) 6m,009 ; 4) 356 décim.
5) 0m,05 ; 6) 0m,25 ; 7) 0,m354 ; 8) 0m,99

3) Quel est le contour et quelle est la surface de rectangles ayant :

1)	3m,25	de long sur	2m,04	de large.
2)	6m,34	*id.*	5m,4	*id.*
3)	8m,29	*id.*	2m,64	*id.*
4)	10m,7	*id.*	1m,2	*id.*
5)	0m,67	*id.*	0m,29	*id.*
6)	0m,1	*id.*	0m,02	*id.*
7)	0m,08	*id.*	0m,007	*id.*

4) Un peintre en bâtiment demande pour peindre un mur 2 fr. 25 c. par mètre carré ; que coûtera la peinture d'un mur ayant 4 mètres de long sur 2 mètres de haut ?

5) Même question sur des murs de

1)	5m,35	de long sur	1m,85	de haut	à 3 fr. 50 c. le m.
2)	4m,69	*id.*	2m,28	*id.*	à 1 fr. 25 c. *id.*
3)	8m,64	*id.*	3m,04	*id.*	à 2 fr. 75 c. *id.*

6) Que coûtera la peinture d'une armoire peinte sur 3 faces dont l'une a 0m,67 de large, les 2 autres chacune 0m,42 de large sur 0m,92 de hauteur pour chacune des 3 faces, à raison de 1 fr. 30 c. le mètre carré ?

4° Pour mesurer la surface d'une sphère il faut multiplier la circonférence par le diamètre.

5° Pour mesurer la surface d'un cylindre (sans les deux bases) il faut multiplier la longueur par la circonférence. Si l'on veut de plus avoir la surface des bases on les calcule comme il a été dit pour les cercles.

6° Pour mesurer la solidité d'un cylindre il faut multiplier la surface de l'une des deux bases par la longueur.

7° Pour mesurer la solidité d'une sphère il faut multiplier la surface par le tiers du rayon.

7) Que coûtera la peinture d'un mur ayant 5^m,5 de long sur 2^m,35 de haut à raison de 4 fr. 50 c. le mètre? Il faut en déduire 3 croisées ayant chacune 0^m,95 de large sur 1^m,55 de haut.

8) Que coûtera la mise en couleur du parquet d'une chambre ayant 5^m,3 de long sur 3^m,8 de large, à raison de 1 fr. 75 c. le mètre carré?

9) Que coûtera le vitrage d'une fenêtre ayant 6 carreaux chacun de 0^m,43 sur 0^m,32, à raison de 12 cent. le décimètre carré?

10) Quel est le diamètre de cercles dont la circonférence est de

1) 4^m,25; 2) 8^m,84; 3) 0^m,254; 4) 1^m,00?

11) Quelle est la circonférence de cercles dont le diamètre est de

1) 0^m,84; 2) 0^m,67; 3) 0^m,025; 4) 6^m,29?

12) Quelle est la circonférence de cercles dont le rayon est de

1) 3^m,25; 2) 1^m,5; 3) 0^m,34; 4) 2^m,037?

13) Quel est le rayon de cercles dont la circonférence est de

1) 2^m,25; 2) 5^m,005; 3) 0^m,647; 4) 0^m,8065;

14) Quel est le diamètre d'un bassin ayant 20^m,19 de circuit?

15) Quel est le diamètre et quel est le rayon de la terre, sachant qu'elle a 9000 lieues de circonférence?

16) Quel est le diamètre d'un tuyau qui a 0^m,71 de circonférence en dedans ou dans œuvre?

17) Quel est le diamètre intérieur d'un tuyau qui a 0^m,34 de circonférence extérieure ou hors d'œuvre, et 0^m,003 d'épaisseur?

18) Quelle est la surface de cercles dont la circonférence est de

1) 4^m,64; 2) 5^m,92; 3) 2^m,29; 4) 0^m,975?

19) Quelle est la surface de cercles dont le diamètre est de

1) $2^m,28$; 2) $0^m,78$; 3) $1^m,02$; 4) $0^m,9$;

20) Quelle est la surface extérieure d'un cylindre (sans compter les bases), ayant $0^m,85$ de circonférence et $2^m,25$ de longueur?

21) Même question en y ajoutant la surface des 2 bases?

22) Combien coûtera la dorure d'un bâton cylindrique (sans les bases) ayant $0^m,16$ de circonférence et $2^m,30$ de longueur à 1 fr. 50 c. le décimètre carré?

23) Combien coûtera la dorure d'un cadre de tableau ayant $1^m,36$ sur $0^m,87$ (hors d'œuvre), et une bordure large de $0^m,12$, à raison de 2 fr. le décimètre carré?

24) Combien coûtera le recrépissage de l'intérieur d'un puits ayant $1^m,60$ de diamètre et $25^m,30$ de profondeur, à raison de 3 fr. le mètre carré?

25) Combien coûtera la cimentation d'un bassin circulaire y compris le fond, ayant $15^m,34$ de circonférence et $0^m,72$ de profondeur, à raison de 4 fr. 25 c. le mètre carré?

26) Quelle est la contenance d'une auge rectangulaire ayant $1^m,25$ de long, $0^m,45$ de large et $0^m,38$ de profondeur?

27) Combien 1 litre contient-il de centimèt. cubes?

28) Combien 1 cube de 2 décimètres de chaque côté contient-il de centimètres cubes?

29) Combien de stères contient une pile de bois de 25 mètres de long, $5^m,5$ de haut et $3^m,5$ d'épaisseur?

30) Quelle est la valeur d'une pile de bois de 18 mètres de long, sur $3^m,5$ d'épaisseur et $4^m,3$ de haut, à raison de 18 fr. 50 c. le stère?

31) Quelle est la solidité d'un bloc de marbre cylindrique ayant $1^m,33$ de haut sur $2^m,18$ de circonfér.?

32) Combien de litres peut contenir un vase cylindrique ayant $0^m,43$ de haut et $0^m,57$ de circonférence en dedans?

33) Même question sur un vase cylindrique ayant

$0^m,38$ de haut et $0^m,60$ de circonférence extérieurement? L'épaisseur du vase est de 9 millimètres.

34) Quelle est la contenance en mètres cubes d'un bassin circulaire ayant $20^m,7$ de circonférence et 1 mètre de profondeur?

35) Quelle est en lieues carrées la superficie de la terre, sachant qu'elle a 9000 lieues de circonférence et que son diamètre réel est de 2865 lieues?

36) Quel est en lieues cubiques le volume de la terre?

37) *Id.* sur le soleil? (diam. 319360 lieues.)

38) *Id.* sur Vénus? (diam. 2794 lieues.)

39) Quel est le poids d'une boule d'or pleine ayant 15 centimètres de circonférence, sachant qu'un centimètre cube d'or pèse $19^{gr.},25$?

40) Quel est le poids d'une boule d'or creuse ayant 20 centim. de circonférence et 5 millim. d'épaisseur?

Questions théoriques sur les fractions décimales.

1° Qu'appelle-t-on fractions décimales? (178) — 2° Quel dénominateur peuvent avoir les fractions décimales? (178)

3° Quelles quantités expriment les chiffres placés à la droite des unités? (179) — 4° Comment appelle-t-on les fractions exprimées par les chiffres placés à la droite des unités? (179) — 5° Quel rapport y a-t-il entre la progression de la valeur des chiffres placés à la droite des unités et celle des chiffres qui expriment des entiers? (179-180) — 5° Comment énonce-t-on les chiffres placés à la droite des unités? (181) 6° De combien de manières peut-on écrire les fractions décimales? (182) — 7° Quel terme représente le nombre écrit à la droite des unités? (183) — 8° Comment est indiqué le dénominateur dans les fractions décimales? (183)

9° Que produit l'addition ou le retranchement d'un ou de plusieurs zéros à la droite d'une fraction décimale? — Pourquoi? (184) — 10° Que produit l'addition d'un ou de plusieurs zéros à la gauche d'une fraction décimale? — Pourquoi? (185) — 11° Quel changement s'opère-t-il dans une fraction décimale quand on recule la virgule de 1, 2, 3, etc., rangs sur la gauche? — Pourquoi? (186) — 12° Même question quand on la recule sur la droite? — Pourquoi? (186) — 13° Comment, dans un nombre fractionnaire décimal, réduit-on les entiers en fractions; par exemple 6,25 en centièmes? — Pourquoi ? (187) — 14° — Comment extrait-on les entiers d'un nombre fractionnaire décimal; par exemple 844 centièmes font combien d'entiers? — Pourquoi ? (188)

15° Comment réduit-on les fractions décimales au même dénominateur ? (189)

16° Comment se fait l'addition des fractions décimales ? (201) — 17° La réduction au même dénominateur est-elle indispensable pour l'addition des fractions décimales comme pour celle des fractions ordinaires ? (202)

18° Comment se fait la soustraction des fractions décimales ? (203) — 19° Pour soustraire des fractions décimales est-il nécessaire de les réduire au même dénominateur ? (204) — 20° La soustraction des fractions décimales peut-elle se faire, comme celle des entiers, par le double moyen des emprunts et de la compensation ? (205)

21° Comment multiplie-t-on 2 nombres décimaux? (205 à 209) — 22° Pourquoi fait-on abstraction de la virgule ? (205-206) — 23° Pourquoi retranche-t-on du produit autant de chiffres décimaux qu'il y en a dans les deux facteurs? (208) — 24° Démontrer l'analogie qu'il y a entre la multiplication des fractions décimales et celle des fractions ordinaires; exemple 3,7 × 8,24? (208) — 25° La réduction au même dénominateur est-elle nécessaire pour la multiplication des fractions décimales? (209) — 26° Quel rapport y a-t-il entre la valeur du produit dans la multiplication par une fraction décimale ou par une fraction ordinaire? (209) — 27° Comment multiplie-t-on un nombre décimal par 10, 100, 1000, etc. ? (210)

28° Comment divise-t-on les nombres décimaux? (211 à 217) — 29° Pourquoi fait-on abstraction de la virgule? (211) — 30° La réduction au même dénominateur est-elle nécessaire pour la division des nombres décimaux? — Pourquoi ? (212) — 31° Peut-on égaliser le nombre des décimales autrement qu'en ajoutant des zéros? (213) — 32° Démontrer l'analogie qu'il y a entre la division des fractions décimales et celle des fractions ordinaires ; par exemple 4,7 divisé par 2,75? (214) — 33° Qu'y a-t-il à remarquer sur la valeur du quotient dans la division des fractions décimales? (215-216-217) — 34° Comment divise-t-on un nombre décimal par 10, 100, 1000, etc. ? (218)

35° Comment se fait la conversion du reste d'une division en fractions décimales ? (219) — 36° A quel chiffre s'arrête-t-on ordinairement lorsque la division du reste d'une division n'a point de fin? (220) — 37° Que produit l'abandon du reste que l'on cesse de diviser ? (220) — 38° Comment diminue-t-on l'erreur causée par l'abandon du reste que l'on cesse de diviser? — Dans ce cas comment est l'erreur? (221)

39° Comment s'y prend-on pour transformer une fraction ordinaire en fraction décimale? (222) — 40° Toutes les fractions ordinaires peuvent-elles être tranformées exactement en fractions décimales? (222) — 41° Comment appelle-t-on les fractions ordinaires qui ne peuvent pas être converties exactement en fractions décimales? — Comment fait-on pour approcher le plus possible de l'exactitude? (222)

42° Comment transforme-t-on un nombre complexe en décimales de l'unité principale; par exemple 6 heures 25 minutes en décimales de l'heure? (225)

CHAPITRE XIV. — DES PROPORTIONS.

Exercices.

Sur le § II. *Des proportions.*

228. Chercher des nombres qui soient en proportion arithmétique.

229. *Id.* en proportion géométrique (1).

Sur le § III. *Proportions continues.*

231. Chercher des nombres qui soient en proportion arithmétique continue.

Id. en proportion géométrique continue.

Sur le § IV. *Propriétés des proportions.*

235. Chercher le terme inconnu des proportions arithmétiques suivantes :

1) $7 . 10 : 12 . x$ 2) $15 . 19 : x . 24$
3) $9 . 15 : 13 . x$ 4) $13 . 18 : x . 30$
5) $12 . 16 : 7 . x$ 6) $21 . 15 : x . 36$

238. Chercher le terme inconnu des proportions géométriques suivantes :

(1) Avant de faire usage du procédé pour trouver le 4e terme d'une proportion, les élèves devront en chercher un certain nombre de tête, et dont, par conséquent, l'égalité des rapports soit évidente à la simple inspection.

1) $8 : 32 :: 7 : x$ 2) $7 : 12 :: x : 20$
3) $5 : 9 :: 12 : x$ 4) $10 : 18 :: x : 25$
5) $10 : 15 :: 18 : x$ 6) $20 : 50 :: x : 10$
7) $14 : 30 :: 25 : x$ 8) $36 : 12 :: x : 4$

239. Chercher le terme inconnu des progressions géométriques suivantes, en simplifiant l'opération par la division des termes.

1) $20 : 30 :: 40 : x$ 2) $48 : 30 :: x : 24$
3) $50 : 25 :: 30 : x$ 4) $36 : 24 :: x : 40$
5) $200 : 300 :: 1500 : x$ 6) $64 : 16 :: x : 42$
7) $3000 : 2000 :: 600 : x$ 8) $446 : 248 :: x : 620$
9) $6000 : 320 :: 200 : x$ 10) $375 : 720 :: x : 255$

240. Dans tous les exemples ci-dessus, et dans d'autres analogues, faire subir aux termes les divers changements de place possibles sans altérer la proportion.

Sur le § V. Proportions des fractions.

251. 1) $\frac{3}{5} : \frac{2}{5} :: 3 : x$ 2) $\frac{3}{15} : \frac{6}{15} :: x : 4$
3) $\frac{1}{6} : \frac{5}{6} :: 4 : x$ 4) $\frac{5}{12} : \frac{11}{12} :: x : 9$
5) $\frac{8}{10} : \frac{4}{10} :: 8 : x$ 6) $\frac{7}{20} : \frac{15}{20} :: x : 10$

252. 1) $\frac{2}{3} : \frac{1}{5} :: 7 : x$ 2) $\frac{4}{5} : \frac{3}{4} :: x : 7$
3) $\frac{3}{4} : \frac{1}{2} :: 5 : x$ 4) $\frac{1}{3} : \frac{1}{5} :: x : 8$
5) $\frac{5}{6} : \frac{1}{3} :: 8 : x$ 6) $\frac{1}{2} : \frac{2}{7} :: x : 5$

253. 1) $\frac{2}{3} : \frac{1}{4} :: \frac{1}{8} : x$ 2) $\frac{6}{10} : \frac{1}{3} :: \frac{8}{12} : x$
3) $\frac{1}{4} : \frac{2}{3} :: \frac{1}{2} : x$ 4) $\frac{1}{10} : \frac{1}{100} :: \frac{2}{8} : x$
5) $\frac{4}{8} : \frac{6}{12} :: \frac{2}{6} : x$ 6) $\frac{9}{10} : \frac{3}{9} :: \frac{12}{16} : x$

254. 1) $6 : \frac{1}{3} :: 8 : x$ 2) $9 : \frac{2}{10} :: 5 : x$
3) $4 : \frac{1}{2} :: 5 : x$ 4) $1 : \frac{2}{5} :: 12 : x$
5) $8 : \frac{3}{5} :: 1 : x$ 6) $2 : \frac{6}{9} :: 1 : x$

255. 1) $4 : 8 :: \frac{1}{4} : x$ 2) $1 : 7 :: \frac{2}{5} : x$
3) $3 : 9 :: \frac{1}{4} : x$ 4) $5 : 1 :: \frac{5}{8} : x$
5) $12 : 4 :: \frac{4}{9} : x$ 6) $10 : 3 :: \frac{5}{6} : x$

256. 1) $3\frac{1}{2} : 5\frac{1}{2} :: 8 : x$ 2) $2\frac{1}{4} : 3\frac{3}{4} :: 10 : x$
3) $2\frac{1}{3} : 3\frac{5}{4} :: 7 : x$ 4) $5\frac{2}{5} : 2\frac{1}{2} :: 8 : x$
5) $5\frac{1}{2} : 2\frac{1}{4} :: 3\frac{2}{3} : x$ 6) $4\frac{4}{6} : 9\frac{8}{12} :: 7\frac{10}{12} : x$
7) $3 : 5\frac{1}{5} :: 8 : x$ 8) $6 : 9 :: 3\frac{1}{3} : x$

Sur le § VI. Proportions des fractions décimales.

257.
1) $3{,}5 : 5{,}3 :: 8 : x$ 2) $5{,}6 : 2{,}4 :: 7 : x$
3) $8{,}25 : 4{,}30 :: 10 : x$ 4) $2{,}34 : 7{,}56 :: 5 : x$
5) $2{,}354 : 4{,}567 :: 6 : x$ 6) $1{,}2 : 2{,}4 :: 5 : x$

258.
1) $4{,}2 : 8{,}04 :: 5 : x$ 2) $3{,}04 : 5{,}8 :: 10 : x$
3) $6{,}25 : 2{,}345 :: 4 : x$ 4) $5{,}3 : 8{,}34 :: 9 : x$
5) $3{,}256 : 1{,}1 :: 8 : x$ 6) $8{,}7 : 10{,}01 :: 4 : x$

259.
1) $6{,}7 : 4 :: 3{,}003 : x$ 2) $3{,}44 : 5 :: 8{,}2 : x$
3) $5{,}55 : 9 :: 8{,}234 : x$ 4) $8{,}200 : 4 :: 5{,}30 : x$
5) $2{,}300 : 5 :: 7{,}210 : x$ 6) $7{,}801 : 1 :: 3{,}7 : x$

260.
1) $8{,}34 : 6{,}9 :: 2{,}324 : x$ 2) $5{,}2 : 2{,}04 :: 3{,}204 : x$
3) $5{,}900 : 3{,}1 :: 4{,}300 : x$ 4) $4{,}340 : 2{,}1 :: 6{,}08 : x$
5) $1{,}2 : 5{,}04 :: 3{,}70 : x$ 6) $5{,}82 : 9{,}4 :: 1{,}544 : x$

261.
1) $0{,}2 : 0{,}25 :: 0{,}3 : x$ 2) $0{,}35 : 0{,}9 :: 0{,}08 : x$
3) $0{,}234 : 0{,}1 :: 0{,}55 : x$ 4) $0{,}8 : 0{,}75 :: 0{,}001 : x$
5) $0{,}6 : 0{,}9 :: 0{,}600 : x$ 6) $0{,}72 : 0{,}02 :: 0{,}825 : x$

Questions théoriques sur les proportions.

1° Qu'est-ce qu'un *rapport?* (225) — 2° Qu'appelle-t-on *raison* d'un rapport ? (225) — 3° Combien distingue-t-on de sortes de rapports? (225) — 4° Qu'appelle-t-on rapport arithmétique ? (225) — 5° *Id.* rapport géométrique? (225) — 6° Quel autre nom donne-t-on aussi aux rapports arithmétiques et géométriques? (225) — 7° Qu'appelle-t-on *termes* d'un rapport? (225) — 8° Comment appelle-t-on chacun des termes d'un rapport? (225)

9° Qu'y a-t-il à remarquer sur un rapport arithmétique lorsqu'on ajoute la même quantité à chaque terme? (226)

10° Qu'y a-t-il à remarquer sur un rapport géométrique si l'on multiplie ou si l'on divise les deux termes par le même nombre? (227)

11° Qu'est-ce qu'une *proportion?* (228) — 12° Qu'appelle-t-on *proportion arithmétique* et *proportion géométrique?* (228-229) — 13° Qu'appelle-t-on *moyens* et *extrêmes* dans une proportion? (229) — 14° Qu'appelle-t-on 1er et 2e antécédant, 1er et 2e conséquent? (229) — 15° Comment écrit-on les proportions et comment les énonce-t-on? (229)

16° Qu'appelle-t-on *proportions continues?* (231) — 17° Quelle est la manière abrégée d'écrire les proportions continues? (231)

17° Qu'est-ce qui constitue une proportion? (232) — 18° Peut-on faire subir des changements à une proportion sans l'altérer? (232) — 19° Quels changements peut-on faire subir à une proportion arithmétique sans l'altérer? (232) — 20° Quelle est la propriété fondamentale des proportions arithmétiques? (233) — 21° Comment s'assure-t-on de l'égalité des rapports d'une proportion arithmétique? (233) — 22° Comment peut-on démontrer que dans une proportion arithmétique la somme des moyens doit être égale à la somme des extrêmes? (234) — 23° Lorsque dans une proportion arithmétique on connaît 3 termes, quel est le moyen de trouver le terme inconnu? (235) — 24° Dans une proportion arithmétique continue qu'y a-t-il à remarquer sur le rapport qu'il y a entre le terme moyen et les deux extrêmes? (236) — 25° Quelle est la manière de trouver un *moyen arithmétique* entre deux nombres? (236) — 26° Quelle est la propriété fondamentale des proportions géométriques? (237) — 27° Comment s'assure-t-on de l'exactitude d'une proportion géométrique? (237) — 28° Comment peut-on démontrer que dans une proportion géométrique le produit des moyens doit être égal à celui des extrêmes? (237) — 29° Lorsque dans une proportion géométrique on connaît 3 termes, quel est le moyen de trouver le terme inconnu? (238) — 30° Quels changements peut-on faire subir à une proportion géométrique sans l'altérer? (239-240)

Problèmes divers.

163. *Remarque.* Dans les exercices sur la combinaison des quatre règles (page 264), et dans tous les exercices précédents, nous avons déjà donné un certain nombre de problèmes sur la règle de trois, et sur les intérêts, résolus sans le secours des proportions. Les questions ci-après seront résolues par l'une et l'autre méthode. C'est un tort de ne s'attacher qu'à l'une des deux.

1) Quels nombres sont les $\frac{3}{4}$ de 10, de 15, de 25?
2) *Id.* les $\frac{2}{5}$ de 16, de 18, de 29?
3) *Id.* les $\frac{4}{7}$ de 20, de 30, de 40?
4) *Id.* les $\frac{7}{10}$ de 15, de 34, de 58?
5) 20, 24, 30 sont les $\frac{4}{7}$ de quels nombres?
6) 24, 25, 36 sont les $\frac{5}{8}$ de *id.*?
7) 50, 60, 70 sont les $\frac{3}{10}$ de *id.*?
8) 1, 2, 3 sont les $\frac{3}{4}$ de *id.*?
9) 1, 2, 3 sont les $\frac{4}{5}$ de *id.*?
10) Comb. coûtent 100 pommes à 50 c. la douzaine?
11) 2 caisses contenant chacune 150 oranges coûtent ensemble 45 fr. A combien revient la douzaine d'oranges?
12) On a 50 kilogr. de sucre pour 90 fr. 50 c.; combien en aura-t-on pour 65 fr.?
13) S'il faut par jour 10 pains de 2 kilogr. pour une pension de 33 personnes, combien en faudra-t-il pour une pension de 50 personnes?
14) Quelle est la hauteur d'un mur qui donne 25 mètres d'ombre, si, à la même heure, un bâton de 2 mètres donne une ombre de $2^m,50$?
15) Un ouvrier gagne 1060 fr. 50 c. en 303 jours de travail; combien aurait-il gagné s'il eût travaillé 365 jours?
16) Un ouvrier aurait gagné 1390 fr. 50 c. en 309 jours de travail; mais ayant été malade, il n'a gagné que 1192 fr. 50 c.; comb. de jours a-t-il été malade?

17) Une machine fabrique 300 objets par heure; combien remplace-t-elle d'ouvriers, si, dans le même temps, 5 ouvriers ne pouvaient faire à la main que 8 des mêmes objets?

18) Si 15 ouvriers font un certain ouvrage en 25 jours, combien faudra-t-il d'ouvriers pour le faire en 18 jours?

19) Si 12 ouvriers font 40 mètres d'ouvrage en 20 jours, en combien de jours 20 ouvriers feront-ils le même ouvrage?

20) S'il faut 12 rouleaux de tapisserie de 5 mètres de longueur pour tendre une pièce, combien faudra-t-il de rouleaux de même largeur et de 6,50 mètres de long pour tendre la même pièce?

21) Pour faire 1 robe il faut 10 mètres d'une étoffe de 1,20 mèt. de large; combien faudra-t-il, pour la même robe, d'une étoffe de 0,65 mèt. de large?

22) Une caisse peut contenir 30 pains de sucre de chacun 8 kilog.; combien en pourrait-elle contenir du poids de 5,5 kilog.?

23) Une garnison de 800 hommes a des vivres pour 30 jours; il arrive un détachement, de sorte qu'il n'y a plus de vivres que pour 21 jours; de combien d'hommes est le détachement?

24) Une garnison a des vivres pour 28 jours; il arrive un détachement de 500 hommes, de sorte qu'elle n'a plus de vivres que pour 18 jours; de combien était la garnison?

25) Une garnison de 1500 hommes a des vivres pour 40 jours; il part 600 hommes; combien de jours dureront les vivres?

26) Il faut 51 becs de lumière à l'huile pour éclairer un magasin; combien faudrait-il de becs de gaz pour donner la même lumière, si 4 becs de gaz éclairent autant que 7 becs d'huile?

27) On veut échanger 45 mètres de drap qui coûte 21 fr. le mètre contre de la toile à 6 fr. le mètre; combien faudra-t-il de toile pour faire l'équivalent?

28) Si 12 ouvriers font en 3 jours 44 mètres d'ouvrage, combien 7 ouvriers en feront-ils en 8 jours?

29) Si 15 ouvriers font en 8 jours 50 mètres d'ouvrage, en combien de jours 9 ouv. feront-ils 30 m. du même ouvrage?

30) 18 ouvriers font 25 mètres d'ouvrage en 8 jours; combien faudra-t-il d'ouvriers pour faire 44 mètres du même ouvrage en 12 jours?

31) 5 ouvriers font 25 mètres d'ouvrage en 3 jours en travaillant 12 heures par jour; combien 7 ouvriers en feront-ils en 2 jours et en travaillant 15 heures par jour?

32) 6 ouvriers font en 8 jours en travaillant 12 h. par jour un fossé de 10 mèt. de long sur 3 m. de large et 2 m. de profondeur; combien faudra-t-il d'ouvriers pour faire le même ouvrage en 5 jours, en travaillant 10 heures par jour?

33) *Même question :* En combien de jours 10 ouv. travaillant 14 h. par j. feront-ils le même ouvrage?

34) *Même question :* En combien de jours 15 ouv. travaillant 13 heures par jour feront-ils un fossé de 15 m. de long sur 4 m. de large et 3 m. de prof.?

35) On a payé 145 fr. pour faire peindre un mur de 10 m. de long sur 4 m. de haut; combien paiera-t-on pour un mur de 15,6 m. de long sur 3,5 m. de haut?

36) Un peintre demande 11 fr. 25 c. pour la mise en couleur à une seule couche d'un parquet d'une chambre de 3 m. de long sur 2,5 m. de large; combien demandera-t-il pour une chambre de 5 m. $\frac{1}{2}$ de long sur 3,3 m. de large à 2 couches?

37) Si une montre retarde de 1 h. 15 m. en 3 j., de combien retardera-t-elle en 8 jours?

38) Un robinet coulant pendant 3 h. 25 m. a donné 50,5 litres d'eau; combien 3 robinets coulant pendant 5 h. 40 m. donneront-ils d'eau?

39) Deux associés A et B ont mis dans une affaire, savoir : A 5000 fr. et B 8000 fr. Le bénéfice est de 1500 fr. Quelle est la part de chacun?

40) Trois associés A, B et C ont mis dans une affaire, savoir : A 4000 fr., B 7500 fr. et C 5250 fr. La perte est de 3690 fr. Quelle perte chacun supporte-t-il?

41) Deux associés A et B ont fait dans une affaire un bénéfice de 6250 fr. La part de A est de 2320 fr. et celle de B de 3930 fr. La mise de A était de 5600 fr.; quelle était celle de B?

42) Trois associés A, B, C ont mis dans une affaire, savoir : A 10000 fr. pendant 8 mois, B 15000 fr. pendant 14 mois et C 8000 fr. pendant 5 mois. La perte est de 5644 fr. 25 c.; quelle est la perte de chacun?

43) Quel est l'intérêt de 8000 fr. à 5 %?

44) Quel est l'intérêt de 6750 fr. à $2 \frac{1}{2}$ %?

45) Quel est l'intérêt de 10000 fr. à $3 \frac{1}{2}$ %?

46) Quel est l'intérêt de 7844 fr. 50 c. à 6 %?

47) Quel est l'intérêt pour 18 m. de 9245 f. à 4 %?

48) Quel est pour 90 j. l'intérêt de 1500 f. à 6 %?

49) Quel est pour 55 j. l'intérêt de 2000 f. à 5 %?

50) Quel est pour 7 m. l'intérêt de 800 fr. à $4 \frac{1}{2}$ %?

51) Quel est le capital d'un revenu de 400 f. à 5 %?

52) Quel est le capital d'un revenu de 1200 f. à 6 %?

53) Un capital de 22500 fr. a produit dans un an 1012 fr. 50 c. d'intérêt; à quel taux était-il placé?

54) On perd 12 % sur une marchandise; combien perd-on sur 2450 fr.?

55) On achète pour 4300 fr. de marchandises que l'on revend 5000 fr. Quel est le bénéfice à tant %?

56) On revend 30 fr. ce que l'on a payé 35; combien perd-on %?

57) On veut gagner 15 % sur une marchandise; combien faut-il la vendre si elle coûte 60 fr.?

58) On fait à un commissionnaire une remise de 12 % sur les ventes qu'il procure; combien lui rapportera une vente de 5256 fr. 30 c.?

59) Un commis a un intérêt de 6 % dans les affaires de son patron; quel bénéfice aura-t-il pour 6 mois si les affaires de l'année se sont élevées à 45630 fr.?

60) Un commis-voyageur reçoit 12 fr. par jour; il

a de plus une remise de $2\frac{1}{2}$ % sur les ventes qu'il fait. Combien touchera-t-il en 3 mois s'il fait dans ce temps pour 15730 fr. d'affaires?

61) Quel capital faut-il pour acheter 500 fr. de rente au cours de 95 fr. 75 c.?

62) Même question au cours de 117 fr. 80 c.?

63) A quel taux réel est l'intérêt d'un capital si l'on achète des rentes 5 % au cours de 90 fr.?

64) Même question au cours de 118 fr.?

65) On fait sur une facture de 82 fr. 50 c. un escompte de 10 %; quel est le montant net?

66) Un libraire fait sur la vente d'un ouvrage une remise de 25 %, plus les 13es. Combien recevra-t-il pour la vente de 244 exemplaires à 3 fr. 25 c. chacun?

67) Quelle est la commission d'un banquier pour la négociation de 3740 fr. de valeurs à $\frac{1}{4}$ %?

68) Même question pour 5600 fr. à $\frac{1}{8}$ %?

69) A combien se montent le capital et les intérêts des intérêts d'une somme de 15000 fr. placée pendant 10 ans à 5 %?

70) Même question pour un capital de 10000 fr. placé pendant 15 ans à 5 %?

71) Une substance subit à la cuisson un déchet de 15 %; à combien seront réduits 30 kilog. de cette substance?

72) Une cargaison de 2000 boucauts de café a été avariée et a perdu la valeur de 454 boucauts. Combien a-t-elle perdu pour %?

73) Une compagnie qui a un capital de 500000 fr. divisé en 2000 actions de 250 fr. peut distribuer à ses actionnaires un dividende total de 10540 fr. Que revient-il à chaque actionnaire, et quel est le taux du dividende à tant %?

74) L'alliage du bronze est composé de 11 parties d'étain et de 89 parties de cuivre. A combien revient le kil. de l'alliage si l'étain coûte 2 fr. 50 c. et le cuivre 1 fr. 80 c. le kil.?

75) L'alliage du laiton ou cuivre jaune est composé

de 70 parties de cuivre et 30 parties de zinc. Quel est le prix du kilog. de laiton si le cuivre coûte 1 fr. 95 c. et le zinc 80 c. le kil. ?

76) Combien faut-il ajouter d'eau à 15 litres d'alcool à 40 degrés, pour l'amener à 32 degr. ; et à combien revient le litre du mélange si l'alcool à 40° coûte 2 fr. 25 c. ?

77) Une pièce d'étoffe de 33 aunes a été payée 115 fr. 50 c. ; combien contient-elle de mètres, et combien doit-on vendre le mètre pour en retirer le même prix ?

78) Un coupon de $4^{m},80$ a été payé à raison de 18 fr. l'aune ; à combien revient le mètre, et combien coûte le tout ?

79) A combien revient le mètre d'une étoffe qui se vendait à l'ancienne mesure 4 fr. 25 c. l'aune ?

80) A combien revient le kilog. d'une substance qui se vendait à l'ancien poids 75 c. l'once ?

81) Quel est le prix d'une pièce d'étoffe de $44^{m},50$ qui a été achetée à raison de 5 fr. 30 c. l'aune ?

82) Même question pour 5 livres $\frac{1}{2}$ d'une substance, à raison de 5 fr. 75 c. le kilog. ?

83) Un acheteur demande chez un marchand 3 onces d'une substance ; combien celui-ci devra-t-il lui donner de grammes, et pour quel prix, si la substance coûte 3 fr. le kilog. ?

84) Quel est le prix d'un terrain de 2500 mèt. de superficie qui a été acheté à raison de 500 fr. la toise, et dont la valeur s'est accrue depuis de 40 % ?

85) Une personne doit acquitter une somme de 1200 fr. en 10 paiements égaux de mois en mois, avec intérêts à 5 % et décroissance des intérêts à mesure des paiements. Quelle sera la somme à payer chaque mois, intérêts compris, et combien aura-t-elle payé en tout ?

86) Une personne achète un fonds de commerce 16,000 fr. Elle paie comptant 5234 fr. et règle le reste en 8 paiements égaux de 6 mois en 6 mois, avec intérêts à 5 %. Quel est le montant de chaque paiement, et combien aura-t-elle payé en tout avec les intérêts ?

TABLE COMPARATIVE

DES MESURES FRANÇAISES ANCIENNES ET NOUVELLES,

et des principales

MESURES ET MONNAIES ÉTRANGÈRES (*).

MESURES DE LONGUEUR.

1 *toise* ou 6 pieds = 1^m,9490365912 (par approxim. 2 m.).
1 *pied* ou 12 pouces = 0^m,32484.
1 *pouce* ou 12 lignes = 0^m,02707.
1 *ligne* ou 12 points = 0^m,002256.
1 *aune* ou 44 pouces = 1^m,19 (1^m,20).
1 *brasse marine* = 5 p. 1 p. 4 l. = 1,66 mèt.

(*) Voir pour le développement du système des poids et mesures, chap. XII, pag. 134. Les valeurs données dans cette Table sont les valeurs légales; celles qui sont indiquées entre parenthèses à la suite de certaines mesures sont les valeurs de convention, en nombres plus ronds, admises par l'usage dans la pratique ordinaire. Celles qui sont désignées comme *approximatives* sont les valeurs approximatives usitées pour les évaluations qui n'exigent pas de précision, et faites seulement pour se rendre compte d'une valeur d'une manière générale.

Pour les pièces d'or et d'argent, la première valeur indiquée est la valeur légale, ou le pair, établie d'après le poids et le titre, c'est-à-dire d'après la quantité de matière pure qu'elles contiennent. En France le titre légal est 0,900; c'est-à-dire que sur 1000 grammes, par exemple, il y en a 900 ou 0,9 d'or ou d'argent et 0,1 de cuivre ou alliage. La valeur de l'argent pur est 222 fr.,222 le kilog., et 200 francs pour l'argent monnayé. L'or pur vaut 3444 fr.,444 le kilog., et l'or monnayé 3100 fr. Le poids de la pièce d'or de 20 fr. est de 6,45 grammes.

Outre la valeur légale, qui est invariable, il y a la valeur commerciale, qui varie suivant l'abondance ou la rareté des pièces, et qui est toujours supérieure au pair. C'est cette différence, désignée sous le nom de *change* ou *agio*, que les changeurs perçoivent ou paient lorsqu'on change de la monnaie. La pièce d'or française de 20 fr., par exemple, se paiera au change 20 fr. 10 c. ou 20 fr. 30 c., selon le cours. La livre sterling anglaise se paie quelquefois 25 fr. 80 c.

1 *lieue commune* de 25 au degré ou 2281 toises = 4444m,444 = ou 4,444 kilom. (par approxim. 4 ½ kilom.).
1 *lieue de poste* de 2000 toises = 3898 mètres ou 3,89 kilom. (par approxim. 4 kilom.).
1 *lieue marine* de 20 au degré ou 2800 toises = 5555 mètres.
1 *mille géographique* de 60 au deg. ou 950 toises = 1851 mèt.

---

1 *mètre* = 3 pieds 0 p. 11,296 lig. ou 0,513074 toises (par approxim. 3 pieds 11 lig. ½ ou 3 pieds 1 pouce).
1 *décimètre* = 3 pouces 8,33 lignes = 3,6942 pouces.
1 *centimètre* = 4,433 lignes.
1 *millimètre* = 0,443 lignes.
1 *mètre* = 0,84 aune (⅚ de l'aune).
1 *mètre* = 0,6 brasse marine.
1 *kilomètre* = 513 toises = 0,224 lieues de 25 au degré (par approxim. ⅕ de lieue).
1 *kilomètre* = 0,2565 lieues de poste (par approx. ¼ de lieue).
1 *myriamètre* = 5130 toises = 2,24 lieues de 25 au degré (par approxim. 2 ¼ lieues).
1 *myriamètre* = 2,565 lieues de poste (par approxim. 2 ½ l.).

(Angleterre.)

1 *fathom* (toise) de 2 yards ou 6 pieds = 1m,828 mètre.
1 *yard* (verge ou aune) de 3 pieds = 0,914 mètre.
1 *pied* de 12 pouces = 0,305 mètre.
1 *pouce* de 12 lignes = 0,025 mètre.
1 *mille* = 825 toises de France = 1609 mètres ou 1,609 kilom. ou $\frac{1609}{4444}$ de lieue commune (par approxim. $\frac{4}{11}$ ou un peu plus de ⅓ de lieue) = $\frac{1609}{3898}$ de lieue de poste ou environ ⅖.

(Allemagne et Hollande.)

1 *aune* de Vienne = 0,779 mètre.
1 *aune* de Berlin = 0,666 mètre.
1 *aune* d'Amsterdam = 0,690 mètre.
(Il y a en Allemagne une grande diversité d'aunes suivant les contrées et variant de 0,547 à 0,885 mètre.)
1 *mille* d'Autriche = 3891 toises = 7,586 kilom.
1 *mille* de Prusse = 3992 toises = 7,785 kilom. (près de 2 l. de poste.)
1 *mille* de Hanovre = 10,624 kilom. (2,7 lieues de poste.)
1 *mille* de Hollande = 5,856 kilom.

1 *mille* de Saxe = 9,064 kilom.
1 *mille* de Bavière = 7,425 kilom.
(Le mille d'Allemagne varie également suiv. les contrées.)

(Italie.)

1 *mille* de Lombardie = 1,856 kilom. (près de ½ l. de poste).
1 *mille* romain = 1,489 kilom. (près de ⅓ de lieue).

(Russie.)

1 *verste* = 1,066 kilom.

MESURES DE POIDS.

1 *livre* de 16 onces ou poids de marc = 489,5 grammes ou 0,4895 kilogr. (500 grammes ou ½ kilogr.).
1 *once* ou 8 gros = 30,59 grammes (31 gram.).
1 *gros* ou 72 grains = 3,82 grammes (4 gram.).
1 *grain* = 0,053 grammes.
1 *scrupule* ou 24 grains = 1,272 grammes.
1 *karat* ou 4 grains = 0,212 grammes.
1 *quintal* ou 100 livres = 48,95 kilogr. (50 kilogr.).
1 *tonneau* ou 2000 livres = 979 kilogr. (1000 kilogr.).

---

1 *décigramme* = 1,9 grain (2 grains).
1 *gramme* = 19 grains (20 grains).
1 *décagramme* = 2 gros 44 grains.
1 *hectogramme* = 3 onces 2 gros 11 grains.
1 *kilogramme* = 2 livres 0 once 5 gros 35 grains (2 livres).
1 *quintal métrique* ou 100 kilogr. = 200 livres.
1 *tonneau métrique* ou 1000 kilogr. = 2000 livres.

(Angleterre.)

1 *livre troy* ou 12 onces = 373 gramm.
1 *livre avoir du poids* ou 16 onces = 453 gramm.

(Allemagne et Hollande.)

1 *livre* d'Autriche de 16 onces = 560 grammes.
1 *livre* de Prusse de 16 onces = 467 grammes.
1 *livre* de Saxe de 16 onces = 466 grammes.
1 *livre* de Hollande de 16 onces — 493 grammes.

MESURES DE CAPACITÉ (pour les liquides).

1 *pinte* ou 2 chopines ou 4 demi-setiers = 0,93 litre.
1 *chopine* ou 2 demi-setiers = 0,46 litre.
1 *demi-setier* ou 2 poissons = 0,23 litre.
1 *pot* ou 2 pintes = 1,86 litre.
1 *velte* ou 8 pintes = 7,44 litres (7,5 lit.).
1 *muid* ou 288 pintes = 267,84 litres.

---

1 *litre* = 1,07 pinte.
1 *décalitre* = 10,7 pintes.
1 *hectolitre* = 107 pintes.

MESURES DE CAPACITÉ (pour les matières sèches.)

1 *boisseau* = 13 litres.
1 *setier* ou 12 boisseaux = 156 litres ou 1,56 hectol.
1 *mine* ou 6 boisseaux = 78 litres.
1 *minot* ou 3 boisseaux = 39 litres.
1 *muid* ou 144 boisseaux = 18,72 hectolitres.

---

1 *litre* = 0,076 boisseaux.
1 *décalitre* = 0,768 boisseaux.
1 *hectolitre* = 7,687 boisseaux ou 0,641 setiers.

MESURES DE SUPERFICIE.

1 *toise* carrée = 3,7987 mèt. carrés (par approx. 4 mèt. carr.).
1 *pied* carré = 0,1055 mètres carrés.
1 *pouce* carré = 7,327 centimètres carrés.
1 *perche* de 18 pieds, carrée, = 34,19 mètres carrés.
1 *perche* de 20 pieds, carrée, = 42,2 mètres carrés.
1 *perche* de 22 pieds, carrée, = 51,07 mètres carrés.
1 *arpent* de Paris ou 100 perch. carr. de 18 pieds = 900 toises carr. = 3418,87 mèt. carr, 0,34188 hectares (par approx. $\frac{1}{3}$ d'hectare.).
1 *arpent* commun ou 100 perch. carr. de 20 pieds = 0,4222 h.
1 *arpent* des eaux et forêts ou 100 perch. carr. de 22 pieds = 0,51072 hectares (par approxim. $\frac{1}{2}$ hectare).
1 *acre* (mesure variable) = environ 1 $\frac{1}{2}$ arpent ou 0,512 hect.

---

1 *mètre* carré = 0,2632 toise carrée = 9,48 pieds carrés (par approxim. $\frac{1}{4}$ de toise carrée).

1 *décimètre* carré = 0,0948 pieds carr. = 13,6471 pouc. carr.
1 *are* = 26,32 toises carrées = 947,7 pieds carrés.
1 *hectare* = 2,9249 arpents de 18 pieds à la perc. (par approx. 3 arpents).
1 *hectare* = 2,6324 arpents de 20 pieds à la perche.
1 *hectare* = 1,958 arpent de 22 pi. à la perc. (par app. 2 arp.).

MESURES DE VOLUMES.

1 *toise* cube = 7,4039 mètres cubes.
1 *pied* cube = 0,03428 mètre cube = 3,428 décim. cubes.
1 *voie* de bois = 1,92 stères (2 stères).
1 *corde* de bois = 3,84 stères (4 stères).
1 *mètre* cube = 0,1351 toise cube = 29,17 pieds cubes.
1 *décimètre* cube = 50,415 pouces cubes.
1 *stère* = 0,52 voie (1 demi-voie).
1 *stère* = 0,25 corde (1 quart de corde).

MONNAIES FRANÇAISES (*).

1 *livre* tournois ou 20 sous = 0,99 fr. (1 fr.). 81 liv. = 80 fr.
1 *sou* tournois = 0,05 fr. ou 5 cent.

---

1 *franc* = 1,01 livre tournois (1 livre). 80 fr. = 81 liv.
1 *décime* = 0,10 liv. = 2 sous.
1 *centime* = 0,01 liv. = 0,2 ou $\frac{1}{5}$ de sou.

MONNAIES ÉTRANGÈRES.

(Angleterre.)

1 *guinée* ou 21 shillings (or) = 26 fr. 47 c.
1 *souverain* ou *livre sterling* de 20 shillings (or) = 25 fr.
1 *couronne* ou 5 shillings (argent) = 6 fr. 25 c.
1 *shilling* ou 12 pence (argent) = 1 fr. 25 c.
1 *penny* ou 4 farthings = 10 c.
1 *farthing* = 2 $\frac{1}{2}$ centimes.

(Allemagne et Hollande.)

1 *ducat* (or) = 11 fr. 86 c.
1 *frédéric* de Prusse (or) = 20 fr. 71 c. (21 fr.).

(*) Dans l'ancien système monétaire français il y avait l'*écu* de 3 livr. Le mot *écu* est resté dans l'usage comme monnaie de compte pour exprimer la valeur de 3 fr.; de là les expressions encore usitées de *dix écus*, *cent écus*, *mille écus*, pour 30 fr., 300 fr., 3000 fr.

1 *thaler* de Prusse (argent) = 3 fr. 71 c. (3 fr. 75 c.).
1 *risdale* ou *reichsthaler* d'Autriche (arg.) = 5 fr. 11 c.
1 *florin* d'Autriche (argent) = 2 fr. 60 c.
1 *florin* de Bavière (argent) = 2 fr. 16 c. (2 fr. 15 c.).
1 *florin* de Hollande (argent) = 2 fr. 10 c. (2 fr. 15 c.).

(Italie.)

1 *sequin* de Rome (or) = 11 fr. 80 c.
1 *sequin* de Lombardie (or) = 12 fr.

(Espagne.)

1 *quadruple* de 16 piastres ou 4 pistoles (or) = 85 fr. 40 c.
1 *quadruple* nouveau depuis 1786 = 81 fr. 51 c.
1 *pistole* ou doublon de 4 piastres ou 80 réaux de veillon (or) = 20 fr. 37 c. (*).
1 *piastre* ou 20 réaux de veillon (argent) = 5 fr. 40 c.
1 *réal de plate* (argent) = 54 centimes.
1 *réal de veillon* ou 34 maravedis (billon) = 27 centimes.
1 *maravedis* (cuivre) = 0,8 centimes.

(Russie.)

1 *rouble* ou 100 kopecks (argent) = 4 francs.
1 *kopeck* (cuivre) = 4 centimes.

(Turquie. — Monnaies très-variables.)

1 *piastre* de 40 paras ou 120 aspres (argent) = 2 francs.
Autre de Sélim 1801 = 1 fr. 37 c.
Autre de 1818 = 0,97.
1 *para* de 3 aspres = 4 centimes.

(Etats-Unis.)

1 *dollar* (argent) = 5 fr. 41 c.

(Perse et Indes.)

1 *roupie* (or) = 36 fr. 75 c.

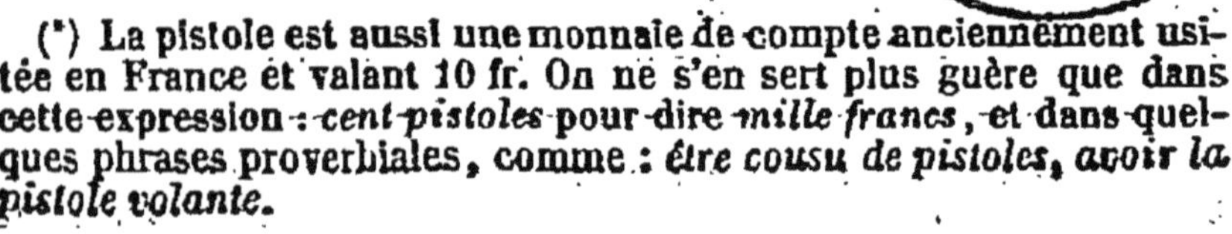

(*) La pistole est aussi une monnaie de compte anciennement usitée en France et valant 10 fr. On ne s'en sert plus guère que dans cette expression : *cent pistoles* pour dire *mille francs*, et dans quelques phrases proverbiales, comme : *être cousu de pistoles*, *avoir la pistole volante*.

TABLE DES MATIÈRES.

(NOTA). La 1re colonne indique les pages de la 1re partie, et la 2e colonne les pages des Exercices de la seconde partie correspondant aux divers paragraphes de la première.

www.ingramcontent.com/pod-product-compliance
Ingram Content Group UK Ltd.
Pitfield, Milton Keynes, MK11 3LW, UK
UKHW020306230726
13925UKWH00001B/254